W0326714

Otto Speck

Die Ökonomisierung sozialer Qualität

Zur Qualitätsdiskussion in Behindertenhilfe und Sozialer Arbeit

Mit 7 Abbildungen

Ernst Reinhardt Verlag München Basel

Prof. em. Dr. phil. Otto Speck, Fakultät für Psychologie und Pädagogik der Ludwig-Maximilians-Universität München.

Umschlagbild: Fernand Léger: Les hommes dans la ville, 1919

Die Deutsche Bibliothek – CIP-Einheitsaufnahme

Speck, Otto:
Die Ökonomisierung sozialer Qualität : zur Qualitätsdiskussion in Behindertenhilfe und sozialer Arbeit / Otto Speck. – München ; Basel : E. Reinhardt, 1999
ISBN 3-497-01502-4

© 1999 by Ernst Reinhardt, GmbH & Co KG, Verlag, München

Dieses Werk, einschließlich aller seiner Teile, ist urheberrechtlich geschützt. Jede Verwertung außerhalb der engen Grenzen des Urheberrechtsgesetzes ist ohne schriftliche Zustimmung der Ernst Reinhardt GmbH & Co KG, München, unzulässig und strafbar. Das gilt insbesondere für Vervielfältigungen, Übersetzungen in andere Sprachen, Mikroverfilmungen und für die Einspeicherung und Verarbeitung in elektronischen Systemen.

Printed in Germany

In ihren Händen wird aus allem Ware.
In ihrer Seele brennt elektrisch Licht.
Sie messen auch das Unberechenbare.
Was sich nicht zählen läßt, das gibt es nicht!

Erich Kästner
(Aus: „Zeitgenossen, haufenweise")

„Bei uns steht der Mensch im Mittelpunkt –
und gerade da steht er uns im Wege."

Ironie eines Betriebsrats
(zit. n. D. Goedevert 1999)

Inhalt

Vorwort

Seit Anfang der neunziger Jahre ist die fachliche und institutionelle Weiterentwicklung der Qualität der sozialen Arbeit, der Behindertenhilfe, der Pflege und des Gesundheitswesen in Turbulenzen geraten. Sie sieht sich mit ihr bisher fremden Qualitätsinteressen konfrontiert. Ein betriebswirtschaftlich orientiertes Qualitätsmanagement erhält Leitfunktion. Bisherige Leitbilder werden abgedrängt. Die Verwirrung ist groß.

Die bisher im Sozial-, Bildungs- und Gesundheitsbereich gültigen Werte und Normen werden in Frage gestellt. Sie seien nicht mehr bezahlbar. Zugleich wird nach mehr Qualität gerufen – ein offensichtlicher Widerspruch, vor allem, wenn man in Rechnung zieht, daß es insgesamt noch nie so viel Geld gegeben hat wie heute, und daß auf der anderen Seite dem Sozial- und Gesundheitsbereich in empfindlicher Weise Mittel entzogen werden, so daß logischerweise seine Qualität herabgesetzt wird. Was bedeutet unter diesem Aspekt die dominant werdende Forderung nach mehr betriebswirtschaftlicher Effizienz? Lassen sich überhaupt Caritas und Diakonie einerseits und Kommerz andererseits miteinander vereinbaren? In wessen Interesse ist die gegenwärtig forcierte Qualitätsdiskussion eigentlich in Gang gesetzt worden?

Die sich hier abzeichnenden Entwicklungen sind derart beunruhigend, daß sie mich drängten, deren Hintergründen nachzugehen. Dabei mußte ich mich in Gebiete vorwagen, in denen ich kein Fachmann bin, nämlich in das uns Heilpädagogen unbekannte Land der Ökonomie und Ökonomik. Diese „Grenzüberschreitung“, die natürlich mit Kritik von „fachlicher Seite“ rechnen muß, erschien mir unausweichlich. Schließlich werden fachliche Spezialisierungen dann gefährlich, wenn sie sich isolieren und zugleich generalisierende Ansprüche erheben. Der Blick über den Zaun ist nötig, wenn es gilt, Vereinseitigungen zu verhindern, und wirklich förderliche Perspektiven für das Ganze zu erschließen, in welchem das einzelne Fach immer nur ein Teilchen ist.

Ich mußte entdecken, daß die realen Zusammenhänge, in denen heil- und sozialpädagogisches Handeln stehen, weithin unbekannt, jedoch für die aktuelle Diskussion unentbehrlich sind. Sie deuten auf eine Remarginalisierung des Sozialen hin. Was hier an engagierten Anmerkungen zum „Qualitätszirkus“ eingebracht wird, soll zur Klärung beitragen – allein schon durch bloße Information. Wichtig schien mir auch, schulpädagogische und sozialpädagogische Ansätze von Qualitätsentwicklung einander gegenüberzustellen. Der Vergleich ergibt interessante Aufschlüsse, aus denen beide Seiten lernen könnten.

Die Heil- und Sozialpädagogik hat sich in ihrer Geschichte wiederholt Herausforderungen durch andere Disziplinen zu stellen gehabt: einer sich dominant gebenden Medizin, einer sich absolut setzenden behavioristischen Psychologie, einer gesellschaftskritisch totalisierenden Soziologie oder einer utilitaristischen Ethik. Nun ist es eine sich nahezu allmächtig gebende Ökonomie. Ihr gegenüber sind die Ausführungen hier als engagierte Anmerkungen im Sinne von Warnzeichen zu verstehen, die verhindern helfen sollen, daß der eingeleitete Vereinseitigungsprozeß allzu großen Schaden anrichtet und das erhalten bleibt, was wirkliche soziale Qualität – trotz aller realen Nötigung zur Wirtschaftlichkeit – ausmacht.

Den Anstoß zu dieser Arbeit verdanke ich Franz Peterander und unserem Forschungsteam. Wir hatten in unseren Projekten zur Verbesserung der Arbeit in der Frühförderung und in anderen sozialen Bereichen plötzlich feststellen müssen, daß sich unter der Firmierung von „Qualitätsentwicklung“ völlig neue Kräfte ins Feld drängten. Dies zeigte sich im besonderen auf dem von uns 1998 veranstalteten Kongreß „Qualitätsmanagement in sozialen Einrichtungen“ an der Universität München. Ich danke Franz Peterander für viele Anregungen und auch für die Durchsicht des Manuskriptes, ebenso Angelika Speck-Hamdan.

Otto Speck

1. Qualitätsdiskussion im Zwielicht

Die Szene der Behindertenhilfe, der Sozialarbeit und der gesundheitlichen Versorgung ist verunsichert. Es geht die Angst um, der Sozialstaat werde abgebaut. Er sei nicht mehr bezahlbar. Was wird aus den Institutionen der sozialen Sicherung und der Rehabilitation behinderter, kranker und sozialbenachteiligter Menschen, wenn soziale Dienstleistungen reduziert werden? Droht ein Qualitätsabbau? Geraten diese Menschen wiederum an den Rand der Gesellschaft?

Neue Wertepriorisierungen: Die Fragen ließen sich fortsetzen. Sie gehen von konkreten Fakten aus, die aber möglicherweise nur die Oberfläche eines tiefgreifenden gesellschaftlichen Veränderungsprozesses darstellen. In den Vordergrund treten neue Werte. Es sind vornehmlich ökonomische Werte, wie Produktivität, Wettbewerb oder Effizienz. Sie ziehen Überlegungen nach sich, den Aufwand, der nicht unmittelbar der Produktivität dient, also auch die sozialen Dienstleistungen, zu überprüfen und zu rationalisieren.

Konkret werden finanzielle Mittel gekürzt, Stellen abgebaut, Gruppen- und Klassenstärken in Heimen und Schulen heraufgesetzt. Einrichtungen müssen schließen, andere sehen sich in ihrer Existenz bedroht. Findige Buchhalter kommen auf die pervertierte Idee, die Integration behinderter Schülerinnen und Schüler als *billigere* Lösung einer Beibehaltung von Sonderklassen vorzuziehen, und bringen damit das Bildungsrecht aller in Gefahr (Haeberlin 1998). Aus Finanzierungsgründen werden organisatorische Umschichtungen erwogen oder bereits praktiziert, z. B. die Umwandlung von Wohnheimen in Pflegeheime. Dabei ist klar, daß mit Qualitätsminderungen zu rechnen ist.

Neue Mentalitäten: Zugleich ändern sich mit dem Geltendmachen ökonomischer Werte auch Mentalitäten: Behindertes Leben wird – wiederum – als „lebensunwertes Leben" bewertet und als Kostenfaktor auf den utilitaristischen Prüfstand gestellt. Soziale Dienstleistungen werden privatisiert und dem Wettbewerb des Marktes ausgesetzt. Eine „Demontage von Solidarität mit Behinderten und Leistungsschwachen" zeichnet sich ab (Haeberlin 1998, 315), eine wirtschaftspolitische Demontage.

Demgegenüber wird politischerseits immer wieder versichert, daß an einen Abbau des Sozialstaates und an die Preisgabe der sozialen Errungenschaften und Verpflichtungen des Staates gegenüber den Schwachen und Benachteiligten nicht gedacht sei. Immerhin ist Deutschland nach wie vor kein Entwicklungsland, sondern gehört zu den reichsten Ländern der Erde.

Schützt aber allgemeiner Wohlstand in jedem Falle auch diejenigen, die weniger vermögen und auf andere angewiesen sind?

Die Widersprüche verstärken sich, soweit sie überhaupt wahrgenommen werden. Erst allmählich wird gefragt, was hier eigentlich vor sich geht. Handelt es sich nur um eine vorübergehende Finanzkrise, oder haben wir es mit einer grundlegenden gesellschaftlichen Neuordnung zu tun? Auf jeden Fall sieht sich das Prinzip der sozialen Sicherung der sozial Schwachen, der Behinderten, der Kranken und der Alten in Frage gestellt bzw. an den Rand gedrängt. Die Gesellschaft steht vor einer Spaltung.

Haeberlin (1998) sah sich genötigt, in einem engagierten Artikel zum Widerstand gegen die wirtschaftpolitisch gesteuerte Demontage der heilpädagogischen Institutionen aufzurufen. In einer „enthemmten Marktgesellschaft" würden leistungsschwache und behinderte Menschen erneut benachteiligt und sozial abgedrängt.

Qualitätsentwicklung als neues Thema: Das Thema „Qualitätsentwicklung" ist in der heilpädagogischen Diskussion bisher nur ansatzweise erörtert worden. I. Beck hatte (1994) auf dieses Defizit und Desiderat hingewiesen. Fischer (1998) hat in einem Beitrag die heraufziehende Problematik und Herausforderung der Heilpädagogik durch eine forcierte Qualitätsdiskussion angedeutet.

Die Aktualität des Themas hat sich inzwischen durch sozialpolitische und gesetzliche Konsequenzen aus der kritischen ökonomischen Situation noch gesteigert. Jantzen (1994) und Sander (1994) hatten auf die neu entstehenden und politisch bedingten sozialen Probleme und Spannungen und die damit bedingten Auswirkungen auf die Heilpädagogik aufmerksam gemacht. Jantzen hat in seinem Buch „Die Zeit ist aus den Fugen" (1998) auf die ernsten Gefahren hingewiesen, die sich aus der fortschreitenden Ökonomisierung, der damit verbundenen Entsolidarisierung und der „Zerschlagung des Wohlfahrts- und Sozialstaates" für Menschen mit Behinderungen ergeben.

Im Bereich der *Sozialarbeit* und der Behindertenhilfe spielt das Thema „Qualitätsentwicklung" seit wenigen Jahren eine geradezu bestimmende Rolle. Sämtliche Publikationsorgane räumen diesem Thema und seinen Implikationen breiten Raum ein (Heiner 1996; Deutscher Caritasverband 1997; Brunner et al. 1998, Peterander/Speck 1999).

Im Bereich der *Schule* beschäftigt sich die Forschung zwar schon seit längerer Zeit mit Möglichkeiten und Notwendigkeiten von „Schulentwicklung" (Fend 1998; Rolff 1995). Die Schule selber aber nähert sich nur zögerlich diesem Thema, dessen Dringlichkeit aber nicht zu übersehen ist. Sie spitzt sich gegenwärtig durch die sich verschärfende ökonomische Entwicklung zu, die auf eine forcierte Leistungsförderung hinauszulaufen droht und damit neue Probleme der sozialen Integration heraufbeschwört.

Behindertenhilfe und soziale Sicherung – Geschichte gewordene gesellschaftliche Errungenschaften

Deutschland kann mit Stolz auf die Errungenschaften seines Sozialstaates zurückblicken. Sie beziehen sich zum einen auf das System der allgemeinen sozialen Sicherung, wie z. B.

die Krankenversicherung für Arbeiter (seit 1883)
die Unfallversicherung (seit 1884)
die Invaliden- und Altersversicherung (seit 1889)
die Arbeitslosenversicherung (seit 1927)
die Lohnfortzahlung im Krankheitsfall (seit den fünfziger Jahren)
die Koppelung der Renten an die Lohnentwicklung und
die Pflegeversicherung (seit 1995).

Unter unserem speziellen Aspekt sind die verschiedensten Gesetze, Einrichtungen und Maßnahmen zur speziellen sozialen Sicherung und Rehabilitation „körperlich, geistig oder seelisch behinderter" Menschen oder solcher, bei denen eine derartige Behinderung droht, zu nennen. Nach § 10 des Ersten Buches Sozialgesetzbuch soll jeder dieser Menschen ein „soziales Recht" auf diejenige Hilfe haben, die notwendig ist, um (1) eine Behinderung abzuwenden, zu beseitigen, zu bessern, ihre Verschlimmerung zu verhüten oder ihre Folgen zu mildern, und um (2) diesen Menschen einen ihren Neigungen und Fähigkeiten entsprechenden Platz im gesellschaftlichen Leben, vor allem im Arbeitsleben, zu sichern.

Sozialpolitische Innovationen der siebziger Jahre: Der damalige Sozialminister ließ erklären, daß nach dem Schwerbehindertengesetz von 1974 „alle Schwerbehinderten", unabhängig von der Art und Ursache ihrer Behinderung, nun ein „Sonderrecht auf Beschäftigung und Sicherung ihrer Arbeitsplätze" erhalten. Zu deren „langfristiger Sicherung wurde für sie ein erweiterter Kündigungsschutz" eingeführt. Es sollte „Chancengleichheit im beruflichen Wettbewerb mit Nichtbehinderten" hergestellt werden. Die berufliche Rehabilitation erhielt auch in der Weise Vorrang, daß das Prinzip „Rehabilitation vor Rente" und das der „Rehabilitation vor Pflege" eingeführt wurden (Dritter Bericht der Bundesregierung „Die Lage der Behinderten und die Entwicklung der Rehabilitation" 1994).

Zu verweisen ist auch auf das Bundessozialhilfegesetz aus dem Jahre 1961, dessen Bestimmungen zur „Eingliederungshilfe für Behinderte" (§ 39ff.) wiederholt verbessert wurden, auf das Gesundheitsreformgesetz (1989) und das Kinder- und Jugendhilfegesetz (1990). Hinzu kommen die Ländergesetze, die die Bildungsmöglichkeiten für Kinder, Jugendliche und Erwachsene mit Entwicklungsauffälligkeiten oder Behinderungen sicherstellen sollten. Rechtliche Geltung erlangten u. a. die Prinzipien der sozialen Eingliederung, der Normalisierung, der möglichst frühzeitigen Hilfe und der Orientierung der Hilfe an den individuellen Bedürfnissen.

Bildungspolitische Innovationen: In diesem Zusammenhang sei an die bildungspolitische Leitbildorientierung erinnert, die im „Strukturplan für das

Bildungswesen" von 1970 als Reformidee niedergelegt war. Da hieß es noch:

„Das Recht auf schulische Bildung ist dann verwirklicht, wenn Gleichheit der Bildungsschancen besteht und jeder Heranwachsende so weit gefördert wird, daß er die Voraussetzungen besitzt, die Chancen tatsächlich wahrzunehmen (...). Die Verbesserung der Bildungschancen wird vorwiegend unter dem Gesichtspunkt gesehen, daß Benachteiligungen aufgrund regionaler, sozialer und individueller Voraussetzungen aufgehoben werden müssen" (Deutscher Bildungsrat 1970, 30).

Die damals insgesamt umfangreichen Innovationen schlugen sich in einem entsprechend hohen Finanzaufwand nieder. Er bedeutete damals kein besonderes volkswirtschaftliches Problem. Es galt, Bildungsreserven für die wirtschaftliche Weiterentwicklung zu mobilisieren. Pädagogisch-programmatisch kam dem „sozialen Lernen" eine besondere Bedeutung zu. In diesem Zusammenhang sind auch die „Empfehlungen" des Deutschen Bildungsrates „Zur pädagogischen Förderung behinderter und von Behinderung bedrohter Kinder und Jugendlicher" von 1973 zu nennen. Sie zielten darauf ab, daß neben die Aufgabe der individuellen Lernförderung behinderter Kinder und Jugendlicher die ihrer sozialen Einbeziehung in gemeinsame Lernprozesse zusammen mit nichtbehinderten Schülerinnen und Schülern treten sollte, das heißt, daß die eine Aufgabe nicht ohne die andere zu legitimieren sei.

Der pädagogische Grundgedanke war der, daß Bildung nicht nur Leistungsförderung, sondern wie eh und je auch soziale Erziehung umfassen sollte. Wenn es sich bei dem damaligen Schlagwort „soziales Lernen" auch um einen recht variabel zu gebrauchenden und schillernden Begriff handelte, so war doch dessen Grundintention klar: Starke und schwache Schüler haben prinzipiell miteinander zu tun; also müssen sie aufeinanderzuerzogen werden; einer sich verfestigenden Auseinanderentwicklung der Gesellschaft sollte vorgebeugt werden; in der Schule sollte es nicht primär um Leistungswettkampf und die besten Plätze gehen, sondern immer auch um die Erziehung einer Gesamtpersönlichkeit, die tüchtig und zugleich auch solidarisch handlungsfähig ist.

Insgesamt handelte es sich schätzungsweise um einen Anteil von 8–10 % der Bevölkerung, die zu den Personenkreisen gerechnet wurden, denen die genannten Hilfen zugutekommen sollten. Ihre sozialen Rechte konnten sich auf die im Grundgesetz verankerten Grund- oder Menschenrechte stützen, wonach allen Bürgern der Bundesrepublik die Achtung der Menschenwürde, das Recht auf Leben und körperliche Unversehrtheit, die freie Entfaltung der Persönlichkeit und die Beachtung des Sozialstaatsgrundsatzes zusteht. Ausdrücklich wurde noch das Grundgesetz 1994 im Artikel 3 Abs. 3 durch den Satz erweitert: „Niemand darf wegen seiner Behinderung benachteiligt werden."

Die genannten Gesetze sind z. T. immer wieder an neue Erfordernisse angepaßt worden. So ist z. B. die Entwicklung der Rehabilitation den Erfordernissen entsprechend weiterentwickelt worden. Die Ausgaben sind mit dem Ausbau der Dienste entsprechend den gesetzten Kriterien und Rechten laufend gestiegen. Sie wurden in der Öffentlichkeit immer wieder als Ausdruck der Sozialstaatsverpflichtung gewürdigt und u. a. mit dem auf den Heilpädagogen H. Hanselmann zurückgehenden Satz gerechtfertigt, daß der Gradmesser der Kultur eines Landes nicht nur in den Höchstleistungen Einzelner, sondern zugleich auch im Aufwand für die Schwachen, Behinderten und Benachteiligten bestehe.

Die Wende in den neunziger Jahren

Diese Entwicklung scheint seit Anfang der neunziger Jahre eine Wendung genommen zu haben und zwar von den Fakten her in ein kritisches Stadium. Die Gründe sind vielfältig. Von entscheidender Bedeutung war der massive Rückgang der Beschäftigung. Der bisherige Sozialstaat war von der Voraussetzung ausgegangen, daß die allgemeine soziale Sicherung von einer genügend großen Zahl Erwerbstätiger über Steuern und Sozialabgaben sichergestellt werde, während die Zahl der Leistungsempfänger entsprechend klein bleiben werde. Das ideale Gleichgewicht war in der Zeit der „Vollbeschäftigung" in den sechziger Jahren erreicht worden.

Diese Basis ist inzwischen durch die enorme Zunahme der Arbeitslosigkeit, aber auch durch den wachsenden Anteil alter Menschen an der Bevölkerung erschüttert worden. Immer weniger Erwerbstätige haben für immer mehr arbeitslose und alte Menschen Steuern und Sozialabgaben aufzubringen. Durch die Beschäftigungskrise ist der Sozialstaat in eine Finanzierungskrise geraten. Betroffen sind vor allem die neuen Bundesländer. Die Sozialleistungen im engeren Sinn, die sich im Jahre 1971 auf 136 Milliarden beliefen, haben 1992 die Billionengrenze überschritten; die Sozialleistungsquote – gemessen am Bruttosozialprodukt – betrug 1994 33,3 Prozent (v. Krockow 1998). *Das Bruttosozialprodukt im ganzen ist gegenwärtig so hoch wie noch nie!*

Als Gründe für den aktuellen Kostendruck gelten – kurz gesagt – globale ökonomische Veränderungen, die im besonderen in Verbindung mit dem gesteigertem wirtschaftlichen Wettbewerb auf den Weltmärkten und einer damit bedingten allgemeinen Ausweitung der Arbeitslosigkeit stehen. Sie haben zu einer Erhöhung der Sozialausgaben geführt, während gleichzeitig das Steueraufkommen des Staates zurückging. Der Sozialstaat sieht sich genötigt, seine sozialen Sicherungsverpflichtungen zu überprüfen, und gegebenenfalls seine Sozialausgaben zu kürzen. Dabei kommt er selber nicht umhin, Arbeitsplätze einzusparen, um einen kostenintensiven Personalstand zu senken und den nötig gewordenen wirtschaftlichen Strukturwandel zu beschleunigen. Das führt dann zu der paradoxen Situation, daß die Regierungen versprechen, die Bekämpfung der Arbeitslosigkeit zum obersten Ziel ihrer Politik zu machen, sich aber gleichzeitig genötigt sehen, Tausende von Arbeitsplätzen in der eigenen Verwaltung zu streichen.

Was den Staat veranlaßt hat, seine Sozialleistungen zu überprüfen, wird gemeinhin isoliert als *Finanzkrise* des Staates verstanden. Die Mittel seien knapp geworden, und im übrigen habe man es mit einer Aufblähung der Sozialleistungen zu tun, die abgebaut werden müsse (C. Ch. v. Weizsäcker 1997). Eine „Verschlankung" des Staates, „weniger Staat" und dafür mehr private Verantwortlichkeit bzw. eine „neue Kultur der Selbständigkeit" werden gefordert. Sie werde sogar eine qualitative Verbesserung des Sozialwesens erbringen, das gegenwärtig in einem Innovationsstau stecke, heißt es.

Umbruch in der Sozialpolitik

Der nicht mehr zeitgemäße Wohlfahrtsstaat: Überlegungen zum Umbau des Sozialstaates stoßen auf Mißtrauen in der Öffentlichkeit. Man vermutet eher Schutzbehauptungen für den bloßen Bankrott des Staates. So einfach liegen die Dinge aber nicht. Immerhin gehen die nun anlaufenden Veränderungen auf abgestimmte gesetzliche Innovationen zurück. Sie blieben aber wohl für die meisten unbeachtet.

Nach Dettling (1995), einem früheren Ministerialdirektor im Bundesministerium für Jugend, Familie, Frauen und Gesundheit, liegt den strukturellen Innovationen nicht eine bloße Finanzkrise des Staates zugrunde, sondern sie sei der willkommene Anlaß für eine grundlegend *neue Sozialpolitik.* Der bisherige Wohlfahrtsstaat sei nicht mehr zeitgemäß, und zwar nicht nur, weil er unbezahlbar geworden sei, sondern auch deshalb, weil er an innere, an gesellschaftliche Grenzen gestoßen sei. Stichworte dafür seien Bürokratisierung, Verrechtlichung, Professionalisierung und Monetarisierung.

Am Horizont tauche die Gefahr einer sozialen Dienstleistungskatastrophe auf (54). „Der ökonomisch geschärfte kritische Blick auf die sozialen Dienste" habe deren Schwächen sichtbar gemacht, die sich „nicht nur aus ökonomischer Sicht als Vergeudung von Ressourcen und als Effizienzmängel" erwiesen, sondern die auch an den Bedürfnissen der Menschen vorbeigingen (160). Der Grund liege in der Allzuständigkeit des Staates. Sie habe zu einer Erstarrung der sozialen Dienste geführt. Diese seien heute so organisiert, daß sie sich über ihre eigenen Ziele und Erfolgskriterien nicht im klaren seien, also weder aus ihren Erfolgen noch aus ihren Fehlern lernen könnten.

Mehr soziale Aktivitäten von unten: Wenn diese Behauptung auch eine nicht belegbare Verallgemeinerung darstellt, so muß doch konzediert werden, daß sich schwerbewegliche Sozialversorgungssysteme ausgebildet haben, die soziale Innovationen hemmen. Diese wären gerade auf Initiativen und soziale Aktivitäten von unten angewiesen. Gefragt sei eine stärker gesellschaftlich-bürgerschaftliche Beteiligung. Nur so könne die soziale Qualität der Gesellschaft verbessert werden (163). Aus einer Zukunftsperspektive heraus sei die ökonomische Krise des Sozialstaates als eine Chance anzusehen, um eine neue Kultur des Sozialen zu entwickeln (161). Dabei wirke die Ökonomisierung stimulierend. Diese aber bedinge auch mehr Markt in den sozialen Dienstleistungen und damit auch mehr Wettbewerb. Dieser Perspektivenwechsel beinhalte jedoch „keine Abkehr vom Sozialstaat", sondern den Aufbau einer aktiveren bürgerschaftlichen Verantwortlichkeit für das Soziale und damit den Umbau „vom Wohlfahrtsstaat zur Wohlfahrtsgesellschaft".

Dieser Gedanke ist zweifellos von einer grundlegenden Bedeutung für die künftige Weiterentwicklung sozialer Qualität in einem finanzschwächer werdenden Staat. Es zeigt sich aber, daß eine bloße gute Idee noch lange nicht allen Problemen gewachsen ist, die die Wirklichkeit bereithält. Die Verwirklichung der Idee von einer sozial-aktiven Gesellschaft setzt voraus, daß auch die gesellschaftliche Interessenslage eine entsprechende geworden ist oder sich wenigstens auf dem Wege dorthin befindet, und daß sie hinreichend stark ist gegenüber anderen Kräften in der Gesellschaft. Das aber ist gegenwärtig nicht unbedingt der Fall. Ökonomisierung heute erweist sich auch als Machtentfaltung von Wirtschaft und Finanz. Sie betrachten aus ihrer Sicht das Soziale als Hemmnis.

Man hat sich also auf eine Übergangszeit einzustellen, in der es nicht nur um eine neue Sozialidee geht, sondern auch um die Abwehr entgegengerichteter Kräfte. Die Realität entwickelt sich nur allmählich und stets im Widerstreit. Die anzustrebende aktive und partizipative Rollenveränderung gegenüber dem Staat zeichnet sich erst in Ansätzen ab. Die Staatsversorgungsmentalität ist immer noch sehr stark ausgeprägt. Sie kann nicht einfach gesetzlich gekippt werden.

Eine *neue Kultur der Selbständigkeit* ist im übrigen auch als eine relative Größe zu sehen. Aus der Sicht der Rehabilitation und der Sozialen Arbeit wäre hier anzumerken, daß nicht jeder Bürger zu dieser ökonomischen Selbständigkeit imstande ist, so daß mit einer strukturellen Verlagerung der Verantwortlichkeiten in den Privatbereich auch neue Belastungen für sozial benachteiligte und funktionsbeeinträchtigte Menschen zu befürchten sind. Es geht immerhin bereits ganz konkret um die Frage, wieweit auch die Kosten für die sozial Schwachen und Benachteiligten gesenkt werden können, und wieweit auch ihnen mehr „Selbsthilfe" zugemutet werden kann. Damit deutet sich eine Neuverteilung der Lasten an, wobei auch die Prinzipien der Solidarität und Verteilungsgerechtigkeit im Gemeinwesen tangiert werden.

Galoppierende Qualitätsdiskussion

Derartige Fragen scheinen gegenwärtig weniger allgemeine Aufmerksamkeit in der Öffentlichkeit zu finden als Überlegungen bezüglich ökonomischer Erfordernisse mit Spareffekten, aber auch mit Konsequenzen für die innere Organisation der sozialen Dienste. Was auffällt, ist die Geschwindigkeit, mit der in kürzester Zeit in der gesamten sozialen und rehabilitativen Szene ein Orientierungsumschwung in Gang gekommen bzw. gesetzt worden ist. Den Erneuerern geht es nicht schnell genug mit der Umwandlung, die z. T. groteske Züge von Überstürzung annimmt und damit auch vieles einzureißen droht, was u. U. unverzichtbar wichtig wäre. Die Anpassungsbereiten stimmen ergeben in den allgemeinen Chor des großen Sparens ein: Die Kassen seien, wie jedermann jeden Tag in der Zeitung lesen könne, eben „leer“, die Krankenkassen, die Sozialhilfekassen, die Kassen der Arbeitsverwaltung. Der arme Staat sei hochverschuldet – bei den Banken, die dafür Zinsen erhalten. Nahezu resignativ heißt es dann, jeder müsse „den Gürtel enger schnallen“. – Wirklich jeder?

In der Öffentlichkeit ist von einer sozialen Aufbruchstimmung kaum etwas zu verspüren. Es entsteht eher der Eindruck, als werde der politische Versuch unternommen, aus der Not eine Tugend zu machen. Man rede viel vom „Gesundschrumpfen“, meine aber bloßen Abbau. Wenn das neue Motto *more for less!* – also bessere Leistungen für weniger Geld! – laute (Dettling 1995), so heißt das noch lange nicht, daß es in der gegebenen gesellschaftlichen Situation auch so realisierbar sei, auch wenn es da oder dort durchaus zutreffen mag. Mit dem Kürzen von Mitteln assoziiert man allzu leicht das Muster der (Weg-) Rationalisierung von Arbeitsplätzen in der Industrie, mit dem tatsächlich – da oder dort – die bisherige Produktionsqualität und -menge nicht nur gehalten, sondern sogar verbessert werden kann. Damit aber werden zugleich neue soziale Probleme geschaffen!

Derartigen Rationalisierungen sind nahezu alle gesellschaftlichen Bereiche ausgesetzt, Industrie-Unternehmen und soziale Dienstleistungsbetriebe ebenso wie Universitäten und Schulen. Bei den Verwaltungen ist es üblich geworden, zum Zwecke der eigenen Kostenersparnis externe *Unternehmensberater* einzustellen, die prompt Möglichkeiten für Ausgabenkürzungen entdecken: Das Erfolgserlebnis dieser Spezialisten? Die erfahrenen Fachleute haben sich danach zu fragen, woher die Nicht-Fachleute (z. B. für sozial- oder heilpädagogische Fragen) die Kompetenz haben, um beurteilen zu können, was nötig und was nicht nötig sei. – Gegen einen Versuch solcher fachfremder TÜV-Eingriffe z. B. in den ärztlichen Handlungsbereich durch die Krankenkassen haben sich die entsprechenden Berufsverbände mit Erfolg zur Wehr gesetzt.

Neue Begrifflichkeiten: Faktum ist, daß in erstaunlich kurzer Zeit Begriffe, wie *Qualitätsstandards, Qualitätssicherung* und *Qualitätsmanagement* hochaktuelle und vieldiskutierte, um nicht zu sagen, beherrschende Begriffe im Bereich sozialer und rehabilitativer Arbeit geworden sind. Obwohl sie eine grundlegende Herausforderung des bisherigen Verständnisses dieser Arbeit darstellen, die in diesem Lande auf einem allgemein anerkannt hohen Niveau geleistet wird, hat man nicht den Eindruck, als verliefe die Diskussion besonders dynamisch, oder als schieden sich an ihr die Geister. Keine scharfen Polarisierungen sind zu erkennen; das Konfliktniveau ist auffallend niedrig. Es breitet sich angesichts der Machtlosigkeit der Betroffenen eher Resignation aus.

Auf der anderen Seite gibt sich das Neue betont forsch und selbstbewußt und betrachtet seine Absichten als etwas längst Fälliges. Es heißt, es ginge nicht so sehr um den Vollzug von Gesetzen als vielmehr um eine *innovative Weiterentwicklung des Systems sozialer Dienste.* Bei näherem Hinsehen entdeckt man aber viel Ideologie, von der ein enormer Konformitätsdruck zum Mitmachen ausgeht: Qualitätsmanagement – was auch immer damit gemeint ist – ist „in". Wer nicht mitmacht oder Skepsis anmeldet, sieht sich der Lächerlichkeit preisgegeben.

Dabei vermißt man durchaus nähere Erklärungen, in welcher Weise das Neue *dem Menschen* tatsächlich besser dienen werde. Das Gefühl, mit fälschlichen Begründungen an der Nase herumgeführt zu werden, und einem Schwindel aufzusitzen, schleicht sich ein.

Die Entwicklung und Sicherung fachlicher und institutioneller Qualität ist an sich nichts Neues. Sie stellt stets etwas unverzichtbar Notwendiges für jede Fachinstitution dar. Soziale Arbeit lebt auch von ihrer Erneuerung. Bei jeder Veränderung ist aber auch zu bedenken, was sie für das Ganze und auf Dauer bedeutet, und welche Teilinteressen möglicherweise bei geplanten Veränderungen im Spiele sind. Hier tauchen wichtige Fragen auf. Sie beziehen sich u. a. auf Spannungen, die eher im unklaren bleiben, so gegenwärtig auf die kritische Spannung zwischen einem gleichzeitig neu einzuführenden ökonomischen Reglersystem und dem tiefverwurzelten Anspruch, die bisherigen und unüberholbaren Leitprinzipien und Qualitätsniveaus in unseren Institutionen zu erhalten. Wandel und Konstanz sind aufeinander angewisen. Es gibt nie nur Wandel!

Diese Fragen nach offenen oder verdeckten Zusammenhängen sollen hier ebenso erörtert werden wie die nach der Notwendigkeit einer fachlich zu verantwortenden und überlegten Qualitätsentwicklung. Antworten sind umso schwieriger geworden, als sich unsere Systeme immer mehr spezialisiert und differenziert und damit kompliziert haben. Die neue Unübersichtlichkeit macht den Durchblick für den einzelnen schwer. Zudem haben sich die sozialen Utopien als einstige Orientierungspunkte verflüchtigt.

Zirkuläre Kausalitäten: Angesichts der zugleich gewachsenen Vielfalt der sozialen Phänomene ist es nicht mehr möglich, Detailfragen für sich zu klären, bzw. Fragen von grundlegender Bedeutung für die Praxis aus einem partiellen Blickwinkel oder durch beauftragte Autoritäten zu beantworten. Soziale Fragen können auch nicht mehr monokausal, sondern müssen in ihrer *zirkulären Kausalität* gesehen werden. Wenn also verschiedene und in Wechselwirkung miteinander stehende Faktoren und Kräfte im Spiele sind, so sind sie alle ins Gesichtsfeld zu nehmen und in ihrer Eigenwirkung und ihrer Wechselwirkung und Verflochtenheit zu bewerten.

Wie die *Systemtheorie* lehrt, kann kein Teil eines in sich interaktiven Systems sich selbst verabsolutieren und das Ganze bestimmen und kontrollieren, es sei denn, es ginge um reine Machtentscheidungen eines bestimmten

Teils oder einer bestimmten Interessensgruppe gegen andere. Damit würde aber das in Frage gestellt, was Menschen unter dem Prinzip der Menschlichkeit und der gemeinsamen Verpflichtungen im Sinne des Gemeinwohls verbindet, und was wir auch unter Wahrung der Menschenwürde und unter Solidarität verstehen. Generelle Skepsis ist gegenüber allen Versuchen angebracht, die Dinge *ein-fach* lösen zu wollen. Wachsamkeit ist gegenüber ideologisierenden *Vereinfachern* geboten.

Wir kommen also nicht umhin, den gesamten Kontext ins Auge zu fassen, aus dem heraus sich eine Qualitätssicherung legitimieren läßt. Das ist nicht einfach, da die Veränderungen sehr komplex und in ihren möglichen Wechselwirkungen schwer durchschaubar und kaum berechenbar sind.

Gab es bisher keine Qualität?

Verfolgt man die gegenwärtige Qualitätsdiskussion, so könnte man den Eindruck gewinnen, als habe es bisher keine Qualität gegeben, oder als sei es nicht die „richtige" gewesen. In Wirklichkeit verhält es sich so, daß ein bisher verwendeter Begriff für einen neuen Zweck benutzt wird. Dieser neue Zweck ist die Straffung und Erhöhung der ökonomischen Effizienz bzw. die Reduzierung von Kosten im Sozial- und Gesundheitsbereich. Wir bezeichnen diese neue Tendenz als *Ökonomisierung*. Man hat allerdings eher den Eindruck, als würde verdeckt, was eigentlich gespielt wird. Von einem „alten Wein in neuen Schläuchen" kann nicht ohne weiteres die Rede sein.

Für die nötige Klärung der unterschiedlichen Ansätze oder Perspektiven ist es nötig, beides ins Auge zu fassen: Das, was bisher unter Güte und Verbesserung der Arbeit und ihrer Ergebnisse verstanden wurde, und das, was als neue Intention favorisiert wird, bzw. das, was diese bedingt hat.

Analysiert man die bisherige Entwicklung, so zeigt sich, daß bestimmte neue Wertigkeiten und Argumente, die heute im Zusammenhang mit der Qualitätsdiskussion ins Feld geführt werden, durchaus nicht neu sind und durchaus nicht in einem zwingenden inhaltlichen Zusammenhang mit dem heutigen, von ökonomischen Erwägungen dominierten Qualitätswirbel stehen. Dafür gibt es genügend Belege.

Als Beispiel sei eine Veröffentlichung der „Deutschen Vereinigung für die Rehabilitation Behinderter" mit dem Titel „Qualitätssicherung und Vernetzung in der Rehabilitation" genannt, die sich auf einen Kongreß im Jahre 1989 bezog, auf dem es programmatisch um die Klärung von Qualitäts- und Evaluierungsfragen und -aufgaben ging, auf dem aber in keinem einzigen Beitrag explizit die neue Terminologie verwendet wurde.

Qualitätsentwicklung vor der Ökonomisierung

Wer die Entwicklung der sozialen und rehabilitativen Arbeit wirklich kennt, der weiß, daß es schon lange vor der inzwischen in Gang gekommenen Ökonomisierung eine fachlich und human orientierte Qualitätsentwicklung gegeben hat. Sie reicht ungebrochen bis in die Gegenwart. Sie ist u. a. mit den Kriterien „Lebensqualität" und auch „Kundenorientierung" und – unter schulischem Aspekt – mit den auf Leistungsverbesserung bezogenen Begriffen der Effektivitätskontrolle und -sicherung auf curricularer (Lernziel-) Basis verbunden. Hinzuzufügen ist auch, daß diese Tendenzen – vor allem im anglo-amerikanischen Bereich – auch mit ökonomischen Gesichtspunkten verquickt waren und sind.

Die forcierte Forderung nach einer *ökonomisch* bestimmten Qualitätssicherung wird heute vor allem mit der Notwendigkeit der *„Kundenorientierung"* begründet. Dabei wird übersehen oder ignoriert, daß diese von fachlicher Seite wie von seiten der behinderten Menschen selber schon seit Ende der siebziger Jahre in die Diskussion eingebracht worden ist. Gefordert wurde eine stärkere Orientierung der professionellen Arbeit an den Bedürfnissen der betroffenen Menschen, der „Abnehmer" von Hilfe, ohne daß damals von „Qualitätssicherung" oder gar von mehr Markt die Rede gewesen wäre.

Entmündigung durch Experten: Zu erinnern ist beispielsweise an das 1979 erschienene – sicherlich provozierende – Buch zur Kritik der Dienstleistungsberufe von I. Illich u. a., in welchem die Bestimmungsmacht der Experten kritisiert wurde. Deren Dienstleistungen seien Systeme, die sich primär an sich selbst orientierten und sogar die Bedürfnisse ihrer Klienten festlegten: Eine Entmündigung durch Experten! In der Folge dieser Diskussion, die vor allem von den betroffenen Menschen selber geführt wurde („Krüppelbewegung") und bei der es auch zu einer ausgeprägten „Profischelte" kam, entstand die *Selbsthilfebewegung* (Vereinigung Integrationsförderung 1982). Ihre für viele provozierende Dynamik war vor allem der Ignoranz oder Schwerfälligkeit vieler Fachleute und Institutionen zu verdanken. Sie sahen in den neuen Begriffen vorschnell einen Totalangriff auf alles Professionelle.

Autonom-Leben: Rüggeberg (1985), selbst blind, entwickelte das Paradigma des „Autonom-Lebens" als Hilfe zum selbständigen Leben mit einer Behinderung ohne unausweichliche Regie durch Fachinstanzen, und zwar in Anlehnung an den amerikanischen *Independent Living-Ansatz.* Hier ging es, wie heute offiziell gefordert, schon damals um eine „neue Kultur der Selbständigkeit", aber eben für Menschen mit Behinderungen und um eine Zurückdrängung der verordneten, jedoch entmündigenden Hilfe durch Großorganisationen, speziell der stationären Dienste. Derartige Erneuerungen stießen zunächst und lange Zeit auf den erklärten Widerstand der Wohlfahrtsverbände, die aber schließlich doch dem Ausbau der ambulanten Dienste zustimmten.

Das Assistenz-Modell, ambulante Helferdienste und Selbsthilfegruppen entstanden mit dem ausdrücklichen Zweck, den Bedürfnissen der Adressaten als Subjekten der Hilfe stärker gerecht zu werden (Speck 1985; Speck/Martin 1990). Alle diese frühen Ansätze wurden ohne einen Bezug auf Erfordernisse des Marktes und einer ökonomisch orientierten Qualitätssicherung auf den Weg gebracht und zielten eindeutig auf qualitative Verbesserungen ab.

Elternorientierung: Erinnert sei auch an die Entwicklung der Frühförderung, die als eines der ersten Systeme sich auf eine „Kundenorientierung" umstellte, nämlich auf die Bedürfnisse der *Eltern und Kinder*, und sich zu einem System der „Zusammenarbeit mit den Eltern" entwickelte. Es kam zu einem Paradigmawechsel (Speck, Arbeitsstelle Frühförderung 1982). Dieser bezog sich auch auf die Ablehnung einer kaschierten Expertendominanz über das sog. Ko-Therapeuten-Modell (Speck 1989).

Lebensqualität für den Menschen – ein Leitbegriff

Der andere Schwerpunkt, zumal wissenschaftlicher Forschung, wie sie zunächst und vor allem in den USA betrieben wurde, bezog sich auf den Begriff der *Lebensqualität* (Quality of Life). Er bestimmte lange Zeit die dortige sozialpolitische Diskussion, als es darum ging, die bisherige einseitige Bewertung der sozialen Erfordernisse von den Institutionen oder den Geldgebern her aufzuheben und sie mit Hilfe objektiver sozialer Indikatoren (Menge und Wert aufzuwendender Güter und Dienstleistungen, bezogen auf Grundbedürfnisse, wie Gesundheit, Persönlichkeitsentwicklung, Arbeit, Freizeit, Verfügbarkeit über öffentliche Dienstleistungen, Eingliederung in die Gemeinde u. ä.) zu ergänzen durch Werte, wie sie vom einzelnen, also subjektiv, erlebt und geschätzt werden.

Solche Werte sind zwar auch von objektivierbaren und quantifizierbaren ökonomischen und gesellschaftlich definierten Lebensstandards abhängig, unterscheiden sich aber aus der individuellen Sicht und Wahrnehmung. Was das individuelle Leben, relativ unabhängig von materiellen Bedingungen oder über diese hinaus, lebenswert macht, drückt sich in persönlichem Wohlbefinden, in Zufriedenheit und Lebenszuversicht aus, d. h. in ganz persönlichen Grundbedürfnissen, Einstellungen und auch moralischen Maximen.

Subjektives Wohlbefinden: Die sozialwissenschaftliche Forschung erhielt durch den Begriff der Lebensqualität starke Impulse. Sie machte sich daran, objektive Lebensbedingungen und subjektives Wohlbefinden sichtbar und diskutierbar zu machen (Glatzer/Zapf 1984). Eine Schwierigkeit bestand und besteht nicht nur in der Subjektivität des zu beachtenden und anzustrebenden „Sich-Wohlbefindens" des Einzelnen im Verhältnis zu realen Bedingungen, sondern auch darin, daß Qualitäten im Unterschied zu Quantitäten generell nicht meßbar sind. Quantifizierbare Elemente von Qualität sind nur in beschränktem Maße bestimmbar. Sie dienen als Lebensqualitäts-Indikatoren (objektive Lebensbedingungen und subjektive Merkmale für Lebensqualität, z. B. Einkommen, Wohnungsverhältnisse u. ä.). In Betracht kommen auch Werteskalen, über die Einschätzungen von Lebensstandard und Lebensbefindlichkeit (Nutzen, Glück etc.) möglich sind.

Die Umsetzung derartiger Befunde und Erkenntnisse in die Praxis stellt ein eigenes Problem dar. Abgesehen davon, daß der nötige Aufwand immens wäre, wollte man derartige Befragungen regelmäßig und an jedem Betroffenen und Beteiligten vornehmen, was prinzipiell wichtig wäre, fragt es sich doch, was ein solcher Aufwand von der gegebenen Struktur der Institutionen und ihrer externen Abhängigkeit her tatsächlich einbrächte. Die Adressaten solcher Ermittlungen und Nachweise heute sind – im Unterschied zur einstigen Zeit des sozialen Aufbruchs – nicht mehr an optimalen Zielen und Erfordernissen interessiert. Es sind Finanzierer, die unter Kostendruck stehen. Sie fragen primär nach der Notwendigkeit auch des kleinsten Aufwandes. Sie sehen sich nicht mehr imstande, Kosten nach persönlicher „Lebensqualität" zu bewilligen; sie sehen sich genötigt, mißtrauisch zu fragen, ob eine bestimmte Maßnahme oder ein bestimmtes Therapiegerät „objektiv" und vergleichbar tatsächlich erforderlich seien.

Umstellungsschwierigkeiten: Das Quality-of-Life-Konzept ist ebenso wie der Begriff der Lebensqualität in Deutschland nur zögerlich in die Sozialwissenschaft und auch in die Praxis übernommen worden (Beck 1994; Wacker 1994). Im Unterschied zu den USA ist Lebensqualität hierzulande zwar zu einem allgemein akzeptierten, programmatischen Leitbegriff geworden, blieb aber für die Praxis relativ wenig relevant, möglicherweise deshalb, weil die Strukturen des deutschen Sozialwesens andere sind und hier – jedenfalls bislang – kein Anlaß oder Zwang bestand, Kriterien und Meßinstrumente als Basis für die Bereitstellung entsprechender Ressourcen zu entwickeln. Im übrigen wurde der Begriff Lebensqualität hierzulande vielfach in einem allgemeinen, nicht operationalisierten, auf subjektive Zufriedenheit reduzierten Sinne rezipiert. so daß er auch Reserviertheit in bezug auf eine nötige Objektivierung in Form von Konzepten und Ressourcen hervorrief (Fischer 1998).

Das dürfte sich inzwischen geändert haben, und zwar unter dem Druck des öffentlichen Sparzwangs. Dieser hat dazu geführt, daß der Begriff Lebensqualität als *Abwehrbegriff* benutzt werden muß. Mit seiner Hilfe kann und soll verhindert werden, daß die staatlichen Kostendämpfungsabsichten über bloße objektiv normierte Kataloge von Lebensnotwendigkeiten umgesetzt werden und den subjektiven Aspekt von Lebenswert und Lebensqualität vernachlässigen (Beck 1994).

Schulische Erfolgsoptimierung durch curriculare Präzision – ein gescheiterter Versuch

Auch im schulischen Bereich kam es unter fachlichem Aspekt zu einem Erfolgssteigerungskonzept, also zu expliziten Modellen zur Erhöhung der Ergebnisqualität an den Schulen. Für die Verwirklichung waren zwar auch wirtschaftspolitische Interessen im Spiel, die – im Anschluß an den sog. Sputnik-Schock (1957) – die Alarmglocken im Bildungssystem hatten läuten lassen. Es galt, einen (möglichen) Rückstand in der Technologie-Entwicklung durch neue Organisationsformen des Lehrens und Lernens auszugleichen. Entscheidende Grundlagen lieferte die Wissenschaft. Der Behaviorismus versprach ungeahnte Leistungssteigerungsmöglichkeiten.

Die verhaltenstheoretische Lernpsychologie entwickelte die entsprechenden Instrumente und Modelle. Diese beruhten vor allem auf der Curriculum-Konstruktion, also auf exakten, bis ins kleinste Lernziel ausdifferenzierten und systematisierten Lernzielkatalogen und verhaltenspsychologisch orientierten Methoden der Verstärkung und der Lernkontrolle. Sie sollten dazu dienen, eine höhere Lehr-Lern-Effizienz zu erreichen, und unerwünschte Leerläufe zu vermeiden. Ganze Lehrplanentwicklungszentren wurden ins Leben gerufen, um die entsprechende Umsetzung dieser Methoden im Unterricht sicherzustellen und eine fortlaufend nötige Lehrplanrevision zu organisieren.

Aus heutiger Sicht ist damals ein nicht nachvollziehbarer Aufwand mit einem kaum mehr nennenswerten Resultat und einem pädagogisch höchst desillusionierenden Fazit in Gang gesetzt worden: Der Mensch läßt sich keinen noch so sehr ausgeklügelten und vorgegebenen Lehrstrategien samt Lernstandards und Kontrollinstrumenten von außen her unterwerfen. Er ist nicht einfach als Ergebnis externer Zielsetzungen und Maßnahmen zu definieren, so daß weder durch Ziel- noch durch Verfahrensstandards das bewirkt werden kann, was extern geplant und erwartet wird. Lehrer sind keine Lehrmaschinen und Schüler keine Lernobjekte. Ausgeklammert wurde eine entscheidende Größe allen Lernens: die *Lernautonomie* des Kindes: *Das Kind* lernt! Es kann nicht be-lernt werden. Nicht alles, was systematisch geplant und gelehrt wird, wird auch vom Schüler gelernt (Speck 1997).

Analoge Erfahrungen waren in verhaltensmodifikatorischen Projekten gemacht worden, wo man versucht hatte, unter Zugrundelegung differenzierter Entwicklungsstandards kindliche Störungen und Retardierungen auszugleichen bzw. zu beheben. Man sprach von Präzisionslernen mittels systematisierter Lehrprogramme. Auch um diese Formen einer extern gesteuerten Entwicklungs- oder Lerntherapie, die zunächst vor allem in den USA weite Anwendung fanden, ist es heute relativ still geworden.

Es muß deshalb verwundern, wenn trotz dieser negativen Erfahrungen heute wiederum Qualitätskontrollen zum Zweck der Sicherstellung von Ergebnisqualitäten eingeführt werden sollen.

Das Eindringen ökonomisierender Tendenzen in die Diskussion um die Weiterentwicklung professioneller Qualität

Geht man den Gründen nach, die zur aktuellen Qualitätsdiskussion im Bereich von Rehabilitation und sozialer Arbeit geführt haben, so sind es zwar in erster Linie fachliche und institutionelle Entwicklungen. Diese aber werden immer auch von ökonomischen und finanziellen Bedingungen mitbestimmt. Die Unterscheidung ist zwar wichtig, gestaltet sich aber schwierig, da vielfach verschiedene Interessen miteinander vermengt sind.

So werden z. B. ökonomische Gesichtspunkte geltend gemacht, von denen gesagt wird, daß sie für die Verbesserung der Lebensqualität wichtig seien, ohne daß dies im einzelnen klar belegt oder erprobt wäre. Wer dagegen an seinen fachlich qualitativen Zielen festhält, um die Lebensqualität in den Einrichtungen und Diensten zu erhalten und zu verbessern, gerät in Konflikte mit primär ökonomischen Zwecken. Er erlebt die immer deutlicher werdende Abhängigkeit der Lebensqualität von den finanziellen Ressourcen.

Sind Kontrollsysteme förderlich? Geschichtlich gesehen stammt das ökonomisch favorisierte Qualitätsdenken mit ausgeprägten Kontrollsystemen aus dem anglo-amerikanischen Bereich. Es ist in der Struktur des dortigen Wohlfahrts- und Schulwesens begründet: Soziale Dienste und Einrichtungen – auch Schulen, z. B. Sonderschulen – werden generell auf der Basis des Nachweises ihrer Effektivität finanziert. Kontinuierlich müssen Leistungsnachweise vorgelegt werden, damit private oder staatliche Gelder bewilligt werden. Die Finanzierer wollen sichergehen, daß die zur Verfügung gestellten Mittel zweckgebunden und zielgerecht verwendet werden. Es genügt also nicht ein bloßer Verwendungsnachweis, der lediglich die Kosten auflistet, die nachträglich zu finanzieren sind.

Man könnte sich fragen, warum gerade in den USA, in Kanada oder Großbritannien ein derartiges Nachweis- und Kontrollsystem im Sozialbereich etabliert wurde. Die Antwort liefe auf Spekulationen hinaus; es liegt aber nahe, von einem Zusammenhang mit dem Wirtschaftssystem in diesen Ländern auszugehen, das sich im Anschluß an die erste Industrialisierung konstituiert hat. Immerhin prägte sich in diesen Ländern – im wesentlichen im Anschluß an die Schriften von Adam Smith (1723–1790) – erstmals eine politische Ökonomie aus, bei der die sozialen Fragen in den Gesamtbereich gesellschaftlich organisierter Wirtschaftstätigkeit einbezogen waren (1776). Im Unterschied zur alten Kultur der mitteleuropäischen Länder stand die Wirtschaft hier stets in einer stärkeren Position gegenüber dem Staat.

Der ökonomisch bedingte Zwang zum Nachweis zweckvoller und erfolgreicher Arbeit in sozialen und schulischen Einrichtungen ist in den USA sehr stark ausgeprägt. Er hat seine Vor- und Nachteile, vor allem aber prägt er eigene Strukturen in den Einrichtungen aus. Da die professionelle Arbeit ständig unter Nachweis- und Erfolgsdruck steht, konzentriert sie sich am ehesten auf diejenigen Tätigkeiten und Aufgaben, mit denen sich Erfolge nachweisen lassen, vor allem in der Schule. Dieser Druck ist vermutlich umso größer, je mehr Geld durch die Finanziers zur Verfügung gestellt wird bzw. je wichtiger diese für den Staat sind. Der entstehende Wettbewerb begünstigt die jeweils besseren Schulen und benachteiligt die jeweils schlechter abschneidenden Schulen, die es nun wegen gekürzter Mittel noch schwerer haben, sich höher zu qualifizieren.

Auf der anderen Seite entsteht ein *aufwendiges Nachweis- und Kontrollsystem.* In keinem anderen Land werden regelmäßig so viele Leistungstests wie in den USA durchgeführt: Schätzungsweise 250 Mill. pro Jahr für ca. 44 Millionen Schülerinnen und Schüler (Ysseldyke/Algozzine 1982) Einzukalkulieren ist dabei auch ein erheblicher Zeit- und Kostenaufwand für derartige Tests und entsprechende Auswertungen samt Entscheidungen. Das Ernüchternde daran ist, daß das Ergebnis dieses Riesenaufwandes in fachlicher Hinsicht generell als „günstigstenfalls marginal" eingeschätzt wird (Ysseldyke/Algozzine 1982).

Die Förderung Schwerstbehinderter – eine Kostenfrage: Wie kritisch sich ein System auswirken kann, das auf ökonomischen Kriterien basiert, zeigte sich ebenfalls in den USA, und zwar in negativem Sinne bei Menschen mit schwersten Behinderungen, d. h. in Fällen, wo eine Förderung keine meßbaren Erfolgsspuren hinterläßt. Es dürfte auch kein Zufall sein, daß sich gerade in amerikanischen Massenheimen für zurückgebliebene Kinder und Jugendliche derart verheerende, inhumane Zustände ausbilden konnten, wie sie B. Blatt in seinem die amerikanische Öffentlichkeit schockierenden Buch „Chrismas in Purgatory" (1966) beschrieben hat. Hier lag von Seiten der Finanzierer offensichtlich kein ausgeprägtes Investitions- und Kontrollbedürfnis vor. Wir werden freilich auch an hiesige Zustände in Massenanstalten erinnert.

Die kritische Seite des Erfolgs- und Leistungsnachweissystems zeigte sich u. a. auch bei einem aufsehenerregenden Prozeß in Alabama/USA 1972 (Wyatt v. Stickney, b. König 1984). Es ging um die Frage der Finanzierung von Förderungsprogrammen für schwerst geistigbehinderte Menschen, bei denen „keine signifikanten Fortschritte" auszumachen seien. Uns interessieren hier die Argumente, die gegen eine derartige Förderung vorgebracht wurden, u. a. auch von namhaften wissenschaftlichen Gesellschaften, wie der „American Association on Mental Deficiency". Experten machten geltend, daß derartige aufwendige Förderungsprogramme weder kostenmäßig noch moralisch zu verantworten seien, wenn keine meßbaren Fortschritte vorlägen. Die Sorgen der Steuerzahler wurden ins Feld geführt, die „für ihr Geld Erfolge sehen" wollten.

Bei dem Kriterium des „Erfolgs" hat man es mit einem primitiven Input-Output-Denkansatz zu tun. Bekanntlich ist bei schwerstbehinderten Menschen eine „Weiterentwicklung" nur schwer „nachweisbar", und sie erstreckt sich auf längere Zeitabschnitte. Mit dem Geltendmachen eines Kosten-Nutzen-Denkens prägt sich eine Versorgungsmentalität aus, für die

Rentabilität und damit Meßbarkeit von Fortschritten bei sozialen und pädagogischen Aktionen entscheidende Kriterien darstellen.

Mehr Markt in der sozialen Arbeit - eine gute Lösung?

Seit Ende der achtziger Jahre wird im Bereich der sozialen Dienste immer häufiger Klage darüber geführt, daß diese in ihren Strukturen erstarrten und sich nicht in Anpassung an veränderte Rahmenbedingungen weiterentwikkelten. Trotz der beachtlichen Innovationen der siebziger Jahre verharrte die Soziale Arbeit im wesentlichen in ihren Strukturen eines caritativ bzw. diakonisch begründeten Wohlfahrtsdienstes. Ihr Ausbau war vor allem von Expansion bestimmt. Ihre Funktion war vom Staat her gesetzlich gesichert, ihre Grundsätze galten als unangefochten.

Unbeachtet blieben zunächst die Probleme, die sich aus den Größenordnungen der nun zu bewältigenden Massenaufgaben ergaben. Sie legten vielfach ein unzureichendes Management und unzulängliche Praktiken des Wirtschaftens bloß. Nichtsdestoweniger entwickelten sich die Träger der Freien Wohlfahrt, die immerhin einen Marktanteil von zwei Dritteln darstellen, zu Großunternehmen und nahmen eine Monopolstellung ein. Sie konnten relativ frei über die zur Verfügung gestellten Ressourcen verfügen und ihre Dienstleistungen selber definieren und bemessen. Sie konnten damit eine gewisse Kontinuität der Erbringung der gesetzlich vorgeschriebenen Dienstleistungen sichern und waren dabei nicht von Marktkriterien eingeengt.

Umgekehrt gerieten sie aber in immer mehr staatlich-finanzielle Abhängigkeit. Solange der Staat finanzkräftig war, konnte sich eine zunehmende Selbstgesetzlichkeit und Verfestigung der eigenen Strukturen für die Erbringung der Dienstleistungen und eine Entwicklung zu monopolartigen Großkonzernen ausprägen, die mit viel Bürokratie und einem Verlust an Kontakt zur sozialen Wirklichkeit der Abnehmer dieser Dienstleistungen verbunden war (Oppl 1992). Diese wurden angeboten, weil dazu eine gesetzliche Verpflichtung bestand, nicht also primär aus der Nachfrage von seiten der Abnehmer oder Bedürftigen selber. Diese Einseitigkeit führte zu gewissen Erstarrungen, aus denen heraus nun gefragt wurde, ob nicht „mehr Markt" positive Veränderungen bewirken könnte (Deutscher Caritasverband 1997).

Die herausragende Bedeutung von Qualitätsentwicklungskonzepten für die soziale und heilpädagogische Arbeit

Es wurde bereits darauf verwiesen, daß das Bemühen um Qualität in sozialen Dienstleistungen und Einrichtungen, also um die Sicherung und Verbesserung von Lebensqualität für die Menschen, stets eine immanente Aufgabe und Verpflichtung der sozial Tätigen und der sozialen Institutionen gewesen war. Zu allen Zeiten ist um eine bessere Lebensqualität für sozial benachteiligte und behinderte Menschen gerungen worden. Die Widerstände waren stets ebenso groß. Die Verpflichtung, um eine Verbesserung der Lebensqualität dieser Menschen – auch der sozial Dienstleistenden – besorgt zu sein, bleibt also weiter bestehen. Sie ist ein Wert und eine Dynamik eigener Art. Sie orientiert sich im wesentlichen am Menschenbild und an den Bedürfnissen der Menschen und den fachlich-professionellen Erfordernissen, um ein menschenwürdiges Leben zu ermöglichen.

Die Verwirklichung dieser permannten Aufgabe ist aber auch von Veränderungen im gesellschaftlichen, wissenschaftlichen und ökonomischen Kontext abhängig. Sie hat sich ihnen zu stellen, da sich mit ihnen die Gesamtsituation der Menschen und des professionellen Ansatzes verändert. Auf einige aktuelle Veränderungen sei kurz hingewiesen:

1. Unter *fachlich-professionellem* Aspekt hat die *Spezialisierung* derart zugenommen, daß eine an Ganzheitlichkeit orientierte psycho-soziale Arbeit immer schwieriger geworden ist. Die professionelle Partialisierung hat, unterstützt durch korporatistische Identitätsbemühungen, z. B. über Berufsverbände, das wirksame Zusammenspiel der verschiedenen Professionen im Feld erschwert. Durch die Festlegung auf spezialisierte Rollen und Funktionen ging ein hohes Maß der innerbetrieblich nötigen profesionellen Flexibilität verloren. Umgekehrt erweisen sich nicht professionelle Mitarbeiter, z. B. Zivildienstleistende, gerade durch ihre Einsatz-Flexibilität als besonders willkommen.

2. Die fortgeschrittene *Individualisierung*, sowohl bezogen auf Klienten und Edukanden wie auf den einzelnen Dienstleistenden, führte zu einer Verlagerung der Orientierungspunkte ins *Subjektive*. Objektive Maßstäbe verloren an Gültigkeit. Eine kaum mehr kontrollierbare Vielfalt an subjektiven Theorien und damit an subjektiv orientierten Therapien und Methoden breitete sich aus. Der Rückgriff auf objektivierende wissenschaftliche Belege verlor an Bedeutung. Die Folge waren da oder dort Wildwuchs und Leerlauf.

3. Aus *organisatorisch-rechtlicher* Sicht sind soziale Dienstleistungen immer mehr staatlich geregelt worden, von der Ausbildung angefangen bis zur unmittelbaren Dienstleistung im Alltag. Eine soziale oder rehabilitative Einrichtung ist ein hochorganisierter Betrieb geworden, für den immer mehr externe (staatlich-rechtliche) Maßgaben wie auch interne Normen, Kontrollen und Hierarchien notwendig sind. Die Einhaltung dieser Maßgaben, also die Forderung nach innerorganisatorischer Loyalität, hat an Geltung gewonnen. Ohne strikte Regelhaftigkeit wäre die Funktionabilität eines solchen Betriebs in seiner Komplexität nicht möglich. Es stellt sich damit verstärkt die Frage nach Effektivität und Effizienz, aber auch nach neuen Führungsmustern.

4. Aus *ethischer* Sicht haben die früheren allgemeinverbindlichen moralischen Ordnungen an Gültigkeit verloren. Die normative Pluralität ist macht sich u. U. in jeder Einrichtung bemerkbar. Sie impliziert normative Konflikte, die probaterweise am ehesten dadurch gelöst werden, daß man sich

einer unverbindlichen Toleranz bedient und mehr persönliche Flexibilität empfiehlt. Normative Probleme können dabei aber nur eingekapselt werden, soweit dies überhaupt möglich ist.

Die normative Pluralität ist längst in jeder Einrichtung Tatsache geworden. Sie hat ganz unterschiedliche Auffassungen von sozialer Verpflichtung zur Folge. Was aus einigen Einrichtungen gelegentlich berichtet wird, hat viel mit moralischer Unverbindlichkeit, gleicher Gültigkeit jeglicher Werte und Normen und individualistischem Eigensinn zu tun (Speck 1996). Selbst innerhalb einer Heimgruppe können unterschiedliche Normen das Zusammenleben erschweren. Ohne Zweifel ist der Sinn von Selbstverwirklichung pervertiert worden. Je weniger zuverlässig moralische Verpflichtungen im Sinne übergreifender Prinzipien gelten, umso mehr muß rechtlich-bürokratisch geregelt werden, wobei ein Ende des Regelungsbedarfs nicht absehbar ist.

5. In *finanzieller* Hinsicht ist ganz offensichtlich eine staatliche Finanzierungskrise ein entscheidender Grund für entsprechende Überlegungen zu einer Qualitätssicherung geworden. Der Druck der auf die Einrichtungen wird immer größer und stellt das in Frage, was an Qualität bisher aufgebaut worden ist. Dabei sollte nicht unerwähnt bleiben, daß vereinzelt Einrichtungen oder Trägerverbände durch dubiose Finanzierungsmanipulationen selber dazu beigetragen haben, daß das Vertrauen in die Wirtschaftlichkeit und Effektivität der Dienstleistungen Schaden genommen hat bzw. als Argument für Restriktionen benutzt wird. Andererseits erscheint es höchst unwahrscheinlich, daß mit einer Reduzierung der Sozialleistungen für Behinderte, Arme und sozial Benachteiligte ein nennenswerter Beitrag zur Sanierung der Staatsfinanzen geleistet werden könnte.

Weiterentwicklung und Sicherung professioneller Qualität – eine alte und neue Aufgabe zugleich: Es läßt sich also konstatieren, daß die Verbesserung und Sicherung professioneller Qualität im sozialen Dienstleistungsbereich keine neue Erkenntnis und Aufgabe darstellt. Sie hat ihren immanenten Grund darin, daß der Mensch mit dem Menschen urtümlich (primordial) und immerwährend darum bemüht ist, seine Lebenssituation zu verbessern. Er ist ein lernendes Wesen. Es gäbe sonst nicht das, was wir Fortschritt oder Evolution nennen. Ein Beispiel und Maßstab dafür ist u. a. der ständig gewachsene Status der Ausbildung und das Bemühen um eine menschen- und sachgerechte Qualifizierung und Weiterbildung der Mitarbeiter in sozialen und rehabilitativen Diensten.

Andererseits stand diesem Weiterentwicklungsstreben immer auch die Neigung der Menschen entgegen, alles so zu belassen, wie es am bequemsten ist. Die Geschichte ist durch diese Spannung gekennzeichnet. Um die notwendige Anpassung an die sich immer wieder verändernden gesellschaftlichen und menschlichen Bedingungen ist beständig zu ringen, ohne freilich Bewährtes zu opfern. Veränderung ist immer auch auf Konstanz von Unverzichtbarem angewiesen. Dieses Angewiesensein auf Konstantbleibendes wird freilich im allgemeinen abgeblendet, um das Neue schärfer profilieren zu können: Eine Methode, die dann jeweils ein Scheitern des allzu forschen Verändern-Wollens bedingt.

Qualitätsentwicklung ist eine systemimmanente und permanente Aufgabe. Sie dient der Erhaltung und Verbesserung der Lebensqualität der Menschen in den verschiedensten Einrichtungen und Diensten. Sie zielt auf auf persönliches Wohlbefinden und auf professionelle Qualifizierung.

Die Verschärfung der ökonomischen und finanziellen Situation

Schwachstellen: Die Verschärfung der allgemeinen ökonomischen und finanziellen Situation in der Gegenwart ließ den sozialen Bereich nicht unberührt. Sie deckte u. a. seine Schwachstellen auf.

- Die hochdifferenzierten Leistungssysteme (Trägerverbände und Institutionen) wurden im Falle fehlender organisationaler und betriebswirtschaftlicher Kompetenzen überfordert; fehlendes Management führte zu Fehlkalkulationen, Mißwirtschaft und Ineffektivität.
- Ungenügend berücksichtigt blieben verbreitet die Interessen der Betroffenen, der Dienstleistungsnehmer. Eine Schieflage zwischen Nachfrage (Bedürfnissen) und staatlich gelenktem Angebot als Monokultur war entstanden.
- Die organisationalen Verfestigungen führten schließlich auch dazu, daß die Mitarbeiterinnen und Mitarbeiter sich nicht in einem befriedigenden Maße mit ihrer Institution identifizieren konnten. Sie sahen zu wenig eigene Gestaltungs- und Mitbestimmungsmöglichkeiten, vor allem in konzeptioneller Hinsicht. Vor allem waren für sie die Hintergrundprozesse des eigenen Systems zu wenig überschaubar, so daß sie sich zu wenig einbezogen fühlen mußten.

Unbesetzte Arbeitsplätze in der Sozialwirtschaft: Eine gravierende Veränderung im gesellschaftlichen Kontext sozialer und rehabilitativer Arbeit zeichnete sich mit der neuen Altersverteilung in der Bevölkerung ab. Durch die deutliche Zunahme der älteren Mitbürger und den Rückgang der Zahl der Jüngeren entstanden dramatische Engpässe für die soziale Versorgung. Schon jetzt sind nur etwa drei Viertel aller Arbeitsplätze in der Sozialwirtschaft besetzt. Eigentlich wäre angesichts der steigenden Sozialaufgaben eine Verdoppelung des Nachwuchses nötig. Wie sollte sie aber zustandekommen, zumal auch die Einkommensverhältnisse für diese Berufe hinter denen anderer, vor allem in der Wirtschaft, zurückbleiben und sich noch dazu die Arbeitsverhältnisse innerhalb der Einrichtungen durch Personaleinsparungen immer mehr verschlechtern?

Das *Fazit* ist mit Sicherheit darin zu sehen, daß es im ganzen so nicht weitergeht, daß sich also Entscheidendes in den Strukturen der Sozialen Arbeit verändern muß, damit kein qualitativer Einbruch erfolgt. Bei dieser Einsicht ist aber hervorzuheben, daß die neue Situation nicht schlechthin durch betriebswirtschaftliches Unvermögen auf seiten der Einrichtungen und Verbände heraufbeschworen worden ist. Diese haben vielmehr immer schon zu wirtschaften verstanden; sie hätten sonst nicht überlebt, und viele haben es eben wirtschaftlich nicht geschafft; im übrigen gab es immer schon eine Abhängigkeit vom Staat. Wenn sie auch andere Dimensionen als heute hatte, gerechnet werden mußte immer. Ein Beispiel aus der Sicht einer großen Einrichtung (Bethel) bietet ein Bericht von Korn (1998). Was sich im wesentlichen geändert hat, und was neue Antworten herausfordert, sind die veränderten gesellschaftlichen, ökonomischen und kulturellen Rahmenbedingungen.

Gesetzliche Weichenstellungen

Den entscheidenden Anstoß zu einer radikalen Umorientierung gaben gesetzliche Novellierungen, zumal des Bundessozialhilfe-Gesetzes, die ab 1. Januar 1999 in Kraft traten. Sie schreiben zwingend den Nachweis von „Qualität" der Dienstleistungen vor, wenn die Kosten erstattet werden sollen. Laut § 93 a BSHG ist die zu gewährende Hilfe auf eine „ausreichende, zweckmäßige und wirtschaftliche Leistung" zu begrenzen, „die das Maß des Notwendigen nicht überschreitet".

Den neuen gesetzlichen Bestimmungen war eine längere Anlaufphase vorausgegangen, die allerdings im allgemeinen wenig beachtet worden war. Zunächst waren im Gesundheitsbereich durch das Gesundheitsreformgesetz (1989) neue Maßstäbe gesetzt worden. Dieses enthielt bereits die ganze Terminologie der neuen Qualitätssicherung (Wienand 1999). Es folgte, ebenfalls weniger beachtet, die Revision des Rehabilitationsrechtes im Sozialgesetzbuch (SGB IX), wo der Begriff „Qualität" als „Zukunftsformel" festgeschrieben wurde. Allerdings blieben infolge einer unzureichenden Diskussion zentrale Begriffe, wie vor allem der Behinderungsbegriff, unklar.

Harte Qualitätsstandards wurden dann durch das Pflegegesetz geschaffen. Schließlich wurde durch die Novellierungen des Bundessozialhilfegesetzes (BSHG) 1994 und 1996 den Einrichtungen sozialer Dienste eine Qualitätsprüfung aufgenötigt. Die qualitative Ausgestaltung der privaten Einrichtungen, die bisher einer hoheitlichen Aufsicht des Staates unterlag, wurde unter Berufung auf das Subsidiaritätsprinzip in eine eigenverantwortliche umgewandelt. Aus den freien Trägern sollten „Unternehmer im Wettbewerb" werden. Als Ziel wurde vorgegeben: „Mehr Qualität bei nicht höheren Kosten!"

In Anbetracht der relativ kurzen Inkubationszeit ist es erstaunlich, wie rasch sich eine – einseitige – Qualitätsdiskussion entwickelt hat, und wie grundlegend der Bereich der sozialen Dienste durcheinandergebracht wurde. Eine gewisse Unsicherheit herrscht freilich auch auf der anderen Seite, also bei den Kostenträgern. Es ist nicht erkennbar, wie sie die neuen Regelungen, die so viel Wirbel und intensives Bemühen um den Nachweis des Hilfebedarfs ausgelöst haben, konkret umsetzen wollen. Es entsteht eher der Eindruck, daß hier zu wenig Wissen und mehr Verlegenheit am Werk ist und deshalb pauschale Kostenreduzierungsabsichten in den Vordergrund treten (Nüßle 1999).

Ökonomische Gründe für die einschneidenden gesetzlichen Regelungen: Wenn man sich fragt, was zu diesem einschneidenden gesetzlichen Kurswechsel geführt hat, so sind es nicht einfach Konsequenzen, die ein ärmer werdender Staat in seiner Not gewissermaßen als Notbremse zu ziehen hatte, der also auf Sparen umschalten mußte. Deutschland hat seine Position im Spitzenbereich der vergleichbaren Länder zu keinem Zeitpunkt eingebüßt. Es gehört nach wie vor zu den reichsten Ländern der Welt. Es spricht vieles dafür, daß das politische Umschalten vielmehr als ein ökonomischer Sachzwang erfolgte, der ideologisch durch das Schreckgespenst vom „Niedergang des Wirtschaftsstandortes Deutschland" von wirtschaftlicher Seite her erzeugt worden ist, und dem sich die Politik beugte. – Daß sich mit dieser ökonomischen Wende auch ein neues sozialpolitisches Programm verbinden ließ, ist bereits erwähnt worden (Dettling 1995).

Im (fast verzweifelten) Glauben an die „Eigenkräfte des Marktes" und in der daraus folgernden Infragestellung staatlicher Sozialleistungen „entdeckte" man eine Überziehung des Sozialsystems. Stigmatisiert wurde dabei eine Mentalität der „Arbeitsscheu" ebenso wie eine „Überversorgung" oder „Übertherapie" im Bereich der Behindertenhilfe, die nun abgebaut werden müßten. Es stellt sich also die Frage, wieweit der Abbau von Sozialleistungen über die genannten Gesetze tatsächlich aus Gründen einer Kostenüberziehung im Gesundheits- und Sozialwesen erfolgt ist, und wieweit er unter dem Druck einer Wirtschaft zustandekam, die sich einem erhöhten Wettbewerb ausgesetzt sieht und auf Möglichkeiten der Kostenminimierung – auch im sozialen Bereich – drängt.

Die Zusammenhänge sind nur schwer zu durchschauen, zumal die Medien ein eher einseitiges Bild der allgemeinen ökonomischen Situation wiedergeben. Daraus erklärt sich auch, wie auffallend rasch und ergeben auch das in religiösen und humanistischen Werte- und Leitsystemen traditionell verankerte System der sozialen und rehabilitativen Hilfen durch bisher fremde Gesichtspunkte und Werte gründlich verunsichert werden konnte, und wieviel Dynamik, um nicht zu sagen, Betriebsamkeit und Druck, in Sachen „Qualitätssicherung" ausgelöst worden ist.

Qualitätszirkus?

Aus distanter Sicht hat man den Eindruck, daß so etwas wie ein „Qualitätszirkus" (Schiepek/Bauer 1998) in Gang gekommen ist. Dieser Begriff deutet auf Widersprüchliches oder auf ein Sich-im-Kreis-Drehen hin. Zu denken geben müßte allein die Tatsache, daß mit den gesetzlichen Maßgaben die Implementierung eines neuen Systems verbunden ist, das selbstverständlich auch neue Kosten verursacht – wo es doch um Kostenreduzierungen gehen sollte! Ganz offensichtlich steht die Forcierung des Qualitätsthemas auch in Verbindung mit kommerziellen Interessen an einer neuen Marktlücke.

Eine andere Quelle des plötzlichen Interesses am Qualitätsmanagement dürfte darin liegen, daß manche Insider dieses als einen sicheren Hebel zur Hebung der Qualität der professionellen Arbeit ansehen. Sie erhoffen sich von den angebotenen neuen QM-Instrumenten eine Stärkung der professionellen Position. Hinzu kommt wohl auch das eigene Interesse an einer weiteren Qualifizierungsmöglichkeit. U. U. spielt auch der bisherige Mangel an fachlicher Anerkennung in der Öffentlichkeit oder auch bei den Kostenträgern eine motivierende Rolle. Man verspricht sich, durch eine – in der Wirtschaft erprobte – Systematik und Überprüfbarkeit des beruflichen Tuns mehr Ansehen, auch für die eigene Zunft (Schwarz 1997). Es ist verständlich und legitim, daß die Sozialarbeit an einem neuen Profil interessiert ist. Wilken (1998) hat aber darauf hingewiesen, daß es dabei um mehr gehen muß als um eine bloße Anpassung an Zeitströmungen, daß dieses neue Berufsverständnis am ehesten über neue professionsspezifische Gestaltungskompetenzen zu gewinnen ist.

Kontrollierbarkeit - ein förderliches Kriterium? Daß die Forcierung von Kontrollsystemen nicht unbedingt zu besseren Ergebnissen führt, sollte die in den siebziger Jahren durchgezogene curriculare Organisation des Lehrens und der Lernens in der Schule gezeigt haben. Durch sie, durch Kataloge von bis ins einzelne reichenden Lernzielen, Verstärkungsmechanismen und Kontrollen sollten damals zum einen die Lernleistungen erhöht und zum anderen – nach außen gerichtet – die Lehrleistung und damit das Ansehen und die Bedeutung der Schule dokumentiert und verbessert werden. Wer damals wagte, diesen einseitig mechanistischen und verhaltenspsychologisch begründeten Ansatz zu kritisieren, hatte keine Chance, im Gegenteil, er handelte sich im allgemeinen den Vorwurf des Ewig-Gestrigen ein.

Es sollte zu denken geben, daß der damalige Versuch, der mit einem Riesenaufgebot an Publikationen, Weiterbildung und Personalmitteln unterstützt wurde, im ganzen gesehen heute als Geschichte gilt. Erst jetzt, nachdem die Effekte deutscher Schulen im internationalen Mittelmaß gelandet sind, wird man gewahr, daß es *nicht auf eine verordnete und kontrollierte Systematik ankommt,* sondern auch auf relativ offene Bedingungen, die dem einzelnen Lernenden mehr Chancen geben, seine individuelle Lernautonomie und Kreativität zu entfalten. Damit wären freilich fachliche Qualitätsbedingungen angesprochen, keine ökonomischen.

Schließlich ließe sich der Umschwung der Orientierung in Richtung einer ökonomisch orientierten Qualitätssicherung auch damit erklären, daß die Zeiten vorbei sind, in denen der gesellschaftlich-soziale Aufschwung sich auf wirtschaftliche Prosperität stützen und sich sozialer Dienst ohne prinzipielle ökonomische Probleme an seinen Leitprinzipien und fachlichen Erkenntnissen und an den Bedürfnissen der betroffenen Menschen orientieren konnte. „Geld spielt keine Rolle!“, hieß es. „Lebensqualität“ war ein anerkannter Leitgedanke.

Widerstreit zwischen fachlich und moralisch orientierter Qualitätsentwicklung und ökonomisch dominantem Qualitätsmanagement

Die gegenwärtige Situation ist durch eine grundlegende Herausforderung des bisherigen Verständnisses von Qualitätsentwicklung gekennzeichnet, die zu einem Widerstreit zwischen herkömmlicher, professioneller *Qualitätsentwicklung auf der Basis sozialer Wertorientierungen* einerseits und eines *ökonomisch beherrschten Qualitätsmanagements* andererseits geführt hat. Diese *zwei Stränge von Qualitätsentwicklung* müssen unterschieden werden, wenn es zu einer Klärung kommen soll (Speck 1998b).

Die zwei Stränge lassen sich mit zwei Achsen eines Vehikels vergleichen: Die eine, die ältere, ist primär an Lebensqualität orientiert und kann deshalb als *Lebensqualitätsachse* (LQ) bezeichnet werden. Sie war bisher die vordere oder Steuerachse des Sozialgefährts. Die wirtschaftliche Dimension von Qualität bildete die Hinterachse. Was sich dagegen gegenwärtig abzeichnet, ist der Versuch, die beiden Achsen umzutauschen. Die *Ökonomisierungsachse* soll zur Vorderachse werden.

Das entstehende Problem liegt darin, daß beide Achsen nicht synchron laufen, daß die neue Vorderachse eine andere Richtung einschlägt und die neuen Steuerinstanzen erwarten, daß sich die Hinterachse entsprechend anschließt und umstellt. Es droht damit ein Auseinanderbrechen des Gefährts, wenn es nicht gelingt, eine neue gegenseitige Abstimmung zu erreichen. Die größte Herausforderung geht von dem Anspruch der Ökonomisierer aus, sich mit ihrem Modell *gegen* ein anderes durchsetzen zu müssen. Ein solcher Versuch – anfangs mit einer gehörigen Portion Überheblichkeit verbunden – liefe auf eine Verabsolutierung einer Teildimension hinaus und steht deshalb unter *Ideologieverdacht.* Systemtheoretisch widerspräche eine solche Tendenz dem Funktionieren interaktional begründeter Systeme. Es ist deshalb nötig, sich mit den gegenwärtigen Ökonomisierungstendenzen näher auseinanderzusetzen.

2. Ökonomisierungsprozesse und ihre sozialen Auswirkungen

Was hat Qualitätsentwicklung als eine primär professionelle und adressatenbezogene Frage mit Ökonomisierungstendenzen in der Gesellschaft zu tun? Wird durch diese Verquickung nicht die wünschenswerte Sachlichkeit in der Diskussion gestört? Sollte man nicht tunlichst beides trennen? Es könne doch nichts dagegen eingewandt werden, wenn durch qualitätsvolleres Arbeiten auch Kosten eingespart und durch eine Systematisierung von Qualitätssicherung Qualität gesteigert werden können.

Die Empfehlung, die eine Sache von der anderen zu trennen, taucht immer dann auf, wenn es um ein komplexes innovatives Thema geht, bei dem einige Diskutanten mehr intuitiv negative Nebenwirkungen für das Ganze befürchten, mit ihren Ängsten also die Diskussion um intendierte Innovationen belasten. Es wird dann jeweils versucht, diese abzublenden, indem man empfiehlt, zunächst einmal alle „Emotionen draußen zu lassen", um *rational* argumentieren zu können. Diese Praxis ist u. a. aus der Bioethik-Diskussion bekannt, wenn es einerseits um die Einführung neuer Nützlichkeitskriterien und um die Abwehr einer Relativierung des Lebenswertes und der menschlichen Würde andererseits geht. Es ist immer leichter, ein einzelnes Prinzip durchzusetzen, indem man andere Prinzipien negiert oder denunziert.

Eine einseitig gewichtete Diskussion hat bei der hochentwickelten Vernetztheit der sozialen Systeme und Prozesse heute keine Chancen. Wer auf sie setzt, riskiert, in ideologischen Zwang zum Manipulieren zu geraten, und damit sein eigenes Anliegen aufs Spiel zu setzen. *Es ist also sinnlos, ignorieren zu wollen, daß ein Zusammenhang zwischen den neuen Qualitätsüberlegungen und priorisierenden Ökonomisierungstendenzen besteht, der die ursprüngliche, an mehr Lebensqualität orientierte Qualitätsentwicklung hinter sich läßt.*

Es gilt, die unbestreitbar implizierte (finanz)politische Realität zu sehen, die von sozialen Einschnitten, Kürzungen im Sozialbereich oder auch von „Verzicht auf den Sozialklimbim" und von „Kapitalismus pur" bestimmt ist (Schwarz 1997, 34). Die gesetzlich angeordnete Umstrukturierung wandelt die freigemeinnützigen Träger immerhin zu *Unternehmen* um, die sich auch untereinander dem Marktwettbewerb zu stellen haben. „Unternehmen" aber sind bekanntlich keine *sozialen* Einrichtungen, keine „Wohlfahrtsämter", sondern dazu bestimmt, Gewinne zu machen, um sich am Markt zu behaupten. Die Leitorientierungen in den sozialen Einrichtungen können davon nicht unberührt bleiben. Wie sich bei dieser Spannung – oder Zerreißprobe

– soziale Qualität verändern oder gar sich verbessern lassen wird, bleibt offen.

Auf jeden Fall ist ein volkswirtschaftlicher Umbau im Gange. Es geht um Einsparungen im Sozialbereich. Sie sind durch ein zu niedrigeres Wirtschaftswachstum bedingt und in besonderem Maße von der Beschäftigungslage abhängig. Zudem erhöht sich durch die demographische Entwicklung in der Altersstruktur, also durch die Zunahme älterer Menschen, das Maß der nötigen Sozialausgaben. Neue Prioritäten im Sinne der sozialstaatlichen Grundordnung und der Verteilungsgerechtigkeit wären zu setzen.

Umverteilung von Soziallasten: Eine Möglichkeit, Soziallasten umzuverteilen, ist die, den Einzelnen stärker zu seiner eigenen sozialen Sicherung heranzuziehen, freilich nur, soweit er dazu in der Lage ist. Eine andere Möglichkeit läge darin, daß sich der Staat selber aus sozialen Organisationen zurückzieht und bestimmte Dienstleistungen privaten Anbietern, also dem Markt, überläßt. Im ganzen gesehen deutet sich eine Entwicklung an, die auf weniger Staat und weniger Regulierung und mehr private Initiative und Verantwortung bzw. auf mehr Wettbewerb, d. h. auf mehr offene Verhältnisse und auf eine größere Flexibilität der Angebote und Verpflichtungen hinausläuft. Zugleich läßt sich – zumal in Anbetracht der ökonomischen Krise – absehen, daß sich der Staat im Falle eines zu geringen Sozialproduktes genötigt sehen wird, seine Sozialleistungen noch weiter zurückzunehmen, was in einem sozialstaatlich verfaßten Gemeinwesen wiederum nichts anderes bedeuten kann, als daß der vermögendere Teil dieses Gemeinwesens sich an den Soziallasten zugunsten derer beteiligt, die sich selbst nicht hinreichend helfen können. Immerhin gilt nach wie vor auch Art. 14 (2) des Grundgesetzes: *Eigentum verpflichtet. Sein Gebrauch soll zugleich dem Wohl der Allgemeinheit dienen.* Der sozialen Hilfe durch einzelne Individuen (einschließlich ehrenamtlicher Helferdienste) wird in Zukunft erhöhte Bedeutung zukommen.

Mit diesen Überlegungen und Zusammenhängen sind einige Problemkomplexe im sozialen Bereich angesprochen, die Anlaß zu näheren Erläuterungen geben, wenn Fragen der Qualitätssicherung und Qualitätsentwicklung nicht ausschließlich vordergründig behandelt werden sollen.

Der Sozialstaat unter finanziellem Druck

„Ist der Sozialstaat am Ende?" „Sozialpolitik in Verlegenheit". So lauten immer wieder die Schlagzeilen in den Medien. Der Sozialstaat ist in finanzielle Schwierigkeiten geraten. Der deutsche Staat ist hoch verschuldet. Dem Argument der „leeren Kassen" wird eine auffallend selbstverständliche Gültigkeit zugesprochen. In „Zeiten der Not" müsse jeder Bereich seinen Beitrag zur Kostenersparnis leisten, eben auch der soziale, heißt es lapidar. Deutschland gehört immerhin zu den Ländern mit bestens ausgebauten Sozialsystemen.

Gegen das Sparen an sich wäre nichts einzuwenden, wenn dabei auch das *Prinzip der Verteilungsgerechtigkeit* beachtet würde und wenn sicher wäre, daß der Abbau von Lohnnebenkosten und Sozialabgaben und die Senkung der Steuerquoten das Wirtschaftswachstum und damit den Abbau der Arbeitslosigkeit tatsächlich förderten. Bei näherem Hinsehen zeigt sich aber, daß eine solche Prognose nicht ausreichend begründet ist, und daß hier vielmehr einseitige finanzielle Kräfteverschiebungen im Gange sind. *Immerhin trifft die besagte Geldknappheit nur Teile der Gesellschaft, nämlich* die, die über wenig Geld verfügen, während ein anderer (kleinerer) Teil durchaus nicht von Geldnot geplagt ist. Ganz offensichtlich ist die gegenwärtige Situation komplex und global bedingt, so daß Einfach-Lösungen, z. B. die „Verschlankung" des Staates nicht unbedingt den gewünschten Erfolg, nämlich Wirtschaftswachstum und Abbau der Arbeitslosigkeit, erbringen dürften.

Geradezu „gebetsmühlenartig" wird seitens der Wirtschaft aber ständig und pauschal wiederholt, daß *Liberalisierung, Privatisierung* und *Deregulierung* die besten Rezepte für Arbeitsplätze, für Wachstum und Wohlstand und letzten Endes auch für die soziale Sicherung der Schwachen in der Gesellschaft seien. Manche sehen darin eine Rückkehr „zum Kern der sozialen Marktwirtschaft". Andererseits wird etwa von den USA aus prognostiziert, daß das System sozialer Sicherung, wie es in Mitteleuropa durch staatliche Regelungen entwickelt worden ist, eine Ausnahmeerscheinung in der Weltwirtschaft sei, die man in Mitteleuropa nicht länger werde durchhalten können.

Zwei wirtschaftspolitische Modelle: Rheinmodell vs. anglo-amerikanisches Modell: Für den grundsätzlichen Unterschied, vor allem zu den angelsächsischen Ländern, hat ein französischer Bankier, Michel Albert (zit. b. Sennett 1998, 66), zwei Modelle politischer Ökonomie unterschieden, ein „Rheinisches Modell" und ein „Anglo-amerikanisches Modell". Ersteres bestehe seit hundert Jahren in den Niederlanden, Deutschland und Frankreich; Italien, Japan, Skandinavien und Israel hätten es übernommen. In ihm teilten sich Gewerkschaften und Wirtschaft die Macht, während der Staat mit einem differenzierten Wohlstandsmechanismus für ein vergleichsweise eng geflochtenes soziales Netz (Renten, Bildung, Gesundheitswesen) sorge. Im Gegensatz dazu stelle das „anglo-amerikanische Modell", wie es gegenwärtig praktiziert werde, „eine ungezügelte Form der freien Marktwirtschaft" dar. Es betone die Unterordnung der staatlichen Regie unter die Wirtschaft. Beide Modelle hätten wirtschaftlich gesehen ihre Vor- und Nachteile, vor allem unterscheiden sie sich durch mehr und durch weniger Arbeitslosigkeit.

Für Sennett und andere Kritiker, z. B. Chomsky, besteht aber kein Zweifel, daß es sich beim zweiten Modell um einen „Angriff auf den ‚Wohlfahrtsstaat'" handelt, der in den modernen neoliberalen anglo-amerikanischen Gesellschaften begann, und der sich nun auf andere mehr „rheinisch" ausgerichtete Ökonomien auszubreiten beginnt" (192). Es laufe auf die

Zerstörung von sozialen Auffangnetzen und staatlichen Hilfsorganisationen hinaus.

Sozialstaat und Ökonomie – kein Widerspruch: Nach Martin u. Schumann (1996) hat die Globalität der wirtschaftlichen und finanziellen Umwälzungen dazu geführt, daß die Verteidiger des Sozialstaates „auf verlorenem Posten" stünden. „In einer globalen Zangenbewegung hebt die Internationale des Kapitals ganze Staaten und deren bisherige gesellschaftliche Ordnung aus den Angeln" (17). Ob es sich wirklich so verhält, ist schwer zu sagen. Immerhin gibt es Länder in Europa, wie z. B. die Niederlande und Dänemark, die ebenfalls über ein sehr gut ausgebautes System sozialer Sicherung verfügen und doch wirtschaftlich besser dastehen. Auch ihre Steuerlast ist durchaus nicht niedriger als die in Deutschland.

Aus dem „World Labour Report 1997/98" des International Labour Office in Genf geht beispielsweise hervor, daß wirtschaftliche Wettbewerbsfähigkeit eines Landes und das Maß und die Qualität seines Sozialsystems nicht nur keinen Widerspruch darstellen, sondern daß der gut ausgebaute Sozialstaat eine wesentliche Bedingung für eine global offene Wirtschaft heute darstelle. Die dabei notwendige Flexibilität der Arbeit setze ein absicherndes soziales Netz voraus. Umgekehrt zeige die Asienkrise von 1998, von der – einschließlich Japan – Staaten mit einem niedrig ausgebauten Sozialsystem betroffen sind, daß das Fehlen hinreichender sozialer Sicherungssysteme die Anpassung an die global gewandelte ökonomische Situation erschwere.

Wem dient der Abbau von Sozialleistungen? Es ist also sehr die Frage, ob Kürzungen im Sozialbereich tatsächlich zum allgemeinen Wirtschaftswachstum und zur Wiederbelebung des Sozialstaates beitragen, wie es von Vertretern eines möglichst freien, d. h. sozial ungehinderten Marktes immer wieder gefordert wird. Es erscheint ebenso möglich, daß es durch eine einseitige Gewichtung des finanziellen und ökonomischen Aspektes, durch das Prinzip „Mehr Markt!", nicht nur zu keinem Abbau der Arbeitslosigkeit und damit zu keinem allgemeinen Wirtschaftswachstum kommt, sondern zu einem einseitigen Umbau der Gesellschaft, der letztlich die sozialen Einrichtungen benachteiligen oder u. U. sogar zerstören könnte. „Der Markt" kann also durchaus nicht als das Allheilmittel für die aufgetretenen wirtschaftlichen und sozialen Probleme angesehen werden (siehe Kap. 3). Das Rufen nach dem „schlanken Staat" ist also insofern irreführend, als es durchaus nicht ausgemacht ist, daß die bloße Reduzierung staatlicher Sozialleistungen und eine entsprechende Verlagerung in die private Verantwortlichkeit alle Probleme lösen und die gewünschten Effekte erbringen können. Im Gegenteil: Es gibt keinen Beleg dafür, daß durch eine Senkung der Staatsquote das Wirtschaftswachstum steigt. Sie ist z. B. in Deutschland genauso hoch wie in den Niederlanden, wo es wirtschaftlich aufwärts geht (Gauer/Scriba 1998, 35). Einschnitte in das soziale Netz stärken den Standort nicht (75).

Stiller Abschied von distributiven sozialen Standards? Der sozio-ökonomische Wandel bedroht Solidarität und Sozialstaatlichkeit. Liberalistische Tendenzen proben bewußt den Abschied von distributiven sozialen Standards. Reichtum befördert dabei den Reichtum und Armut erzeugt neue Armut. Das Mißverhältnis zwischen unbefriedigten Grundbedürfnissen auf der einen Seite und spektakulären Vermögenszuwächsen auf der anderen Seite vergrößert sich (Deutsche Gesellsch. f. d. Vereinten Nationen 1999).

Trotzdem hält sich die sozialphilosophische Diskussion in Grenzen; sie verläuft eher unauffällig; von einem großen Protest oder von scharfen Polarisierungen kann keine Rede sein. Das Konfliktniveau ist niedrig, kein Kulturkampf deutet sich an. Im Gegenteil: Es ist eigentlich auffällig ruhig in der sozialphilosophischen Szene. Daß Kulturkonflikte bisher ausbleiben, läßt sich sicherlich mit den momentan geringen Chancen in Verbindung bringen, neue Ziele zu realisieren. Die universalistische Position, von der die Sozialphilosophie seit Kant geprägt war, ist unter erheblichen Druck geraten.

Deregulierung – ein Allheilmittel? Auch Staat und Markt haben das Gleichgewicht verloren. Die einen Politiker, Neoliberale, vertreten einen strikten Kurs des Abbaues staatlicher Regie. Deregulierung ist ihr Wahlspruch. Der Staat habe seine Regelungsbefugnisse überzogen und behindere die freie Entwicklung des Marktes. Andererseits ist zu bedenken, daß erst der Staat eine geregelte freie Wirtschaft im Sinne der Marktwirtschaft ermöglicht hat. Im Grunde ist infolge staatlicher Versäumnisse ein wirtschaftliches Durcheinander entstanden, dem der Staat offensichtlich kaum beikommen kann. Trotzdem muß er seine Regelungsgewalt behalten. Sie sollte sich aber darauf beschränken, den für Initiative und Eigenverantwortung nötigen Spielraum zu schaffen und den Einzelnen an die Folgen seines wirtschaftlichen Handelns zu binden.

Die Verantwortung des Staates: Jedenfalls darf nicht jeder alles, und der Markt wird durchaus nicht alles richten. Der Staat muß seine Verantwortung und Rolle als Moderator für Verfahrensgerechtigkeit behalten, ohne ein übermächtiger Leviathan mit totaler Kontrolle zu werden. Die Frage nach der Verteilungsgerechtigkeit ist neu gestellt. Das Problem dabei ist dies, daß die soziale und ökonomische Realität Dimensionen angenommen hat, die in ihrer Mächtigkeit das zu verschlingen drohen, was man bislang den „Sozialstaat" und „Solidarität" genannt hat. Der Staat erweist sich bisher als relativ machtlos gegenüber den Erscheinungen einer Auflösung bisheriger Standards von Verteilungsgerechtigkeit.

Trifft das, was Thurow (1998) für die USA resümmiert, auch für unser Land zu? „Der Wohlfahrtsstaat befindet sich auf dem Rückzug. Er wird in Zukunft nicht mehr die Pufferzone zwischen Kapitalismus und Demokratie bilden. Die Lücke zwischen oben und unten wird immer weiter auseinanderklaffen, und die Mitte schrumpft" (336).

Verteidigung des Sozialstaates durch die Kirchen: Versuche, den Sozialstaat zu verteidigen, stoßen auf Einspruch, u. a. von wirtschaftswissenschaftlicher Seite. Diese Erfahrung mußten auch die deutschen Bischöfe mit ihrem

Gemeinsamen „Wort zur wirtschaftlichen und sozialen Lage in Deutschland" machen (Heimbach-Steins/Lienkamp 1997). So warf der Kölner Wirtschaftswissenschaftler Carl Christian von Weizsäcker den Verfassern dieses – zunächst in den Medien hochgelobten – Papieres vor, sie hätten übersehen, daß gerade der Sozialstaat die Ursache für die hohe Arbeitslosigkeit sei. Er habe sich aufgebläht und müsse zurückgefahren werden, damit sich mehr Selbständigkeit bezüglich der sozialen Sicherung und mehr Eigenverantwortung ausbilden könnten.

Immerhin hat dieses „Gemeinsame Wort" der Kirchen die strukturelle Schieflage der Einkommensverhältnisse und die wachsende Spaltung der Gesellschaft der Öffentlichkeit deutlich zum Ausdruck gebracht und damit ein bisheriges Tabu gebrochen. „In den letzten 20 Jahren ist mit dem Reichtum zugleich auch die Armut in Deutschland gewachsen" (109). Damit wird die soziale Gerechtigkeit tangiert, für die der Staat auch Verantwortung hat. „Der Sozialstaat darf deshalb nicht als ein nachgeordnetes und je nach Zweckmäßigkeit beliebig zu ‚verschlankendes' Anhängsel der Marktwirtschaft betrachtet werden. Er hat vielmehr einen eigenständigen moralischen Wert und verkörpert Ansprüche der verantwortlichen Gesellschaft und ihrer zu gemeinsamer Solidarität bereiten Bürgerinnen und Bürger an die Gestaltung des ökonomischen Systems" (156 f.).

Der Sozialstaat habe die Rechte derer zu sichern, die als Arbeitslose, Arme, Schwache und Benachteiligte nicht die gleichen Chancen hätten, ihre Interessen ebenso wirksam zu vertreten, wie es sozial und finanziell stärkere Gruppen in der Gesellschaft könnten. „Der Sozialstaat ist und bleibt verpflichtet, jedem Menschen in Deutschland ein menschenwürdiges Leben zu ermöglichen" (194). Die Regelsätze der Sozialhilfe seien so auszugestalten, daß sie am Bedarf orientiert bleiben (195). „Nicht der Sozialstaat ist teuer, sondern die hohe Arbeitslosigkeit. Der Sozialstaat und die sozialstaatlichen Leistungen sind nicht die Ursache für die anhaltend hohe Arbeitslosigkeit. Es kann deshalb auch nicht davon ausgegangen werden, daß die Arbeitslosigkeit sinkt, wenn die sozialstaatlichen Leistungen eingeschränkt werden" (203). Die Bevölkerung sei durchaus bereit, notwendige Einsparungen mitzutragen, vorausgesetzt, die Lasten würden gerecht verteilt. Wenn dies nicht der Fall ist, so sei offener und engagierter Widerspruch nötig und berechtigt (204). „Nicht nur Armut, sondern auch Reichtum müsse ein Thema der politischen Debatte sein. Umverteilung ist gegenwärtig häufig die Umverteilung des Mangels, weil der Überfluß auf der anderen Seite geschont wird" (223 f.).

Die Kirchen haben mit ihrem „Gemeinsamen Wort" vor allem deutlich gemacht, daß es nicht nur um den Markt gehen kann, daß ein allzu freier Markt ohne öffentliche Regulierung sozial destruktiv wirken muß, und daß deshalb der Sozialstaat nach wie vor eine wichtige Rolle im Sinne nötiger öffentlicher Regulierungen zu spielen habe. Vor allem wurde der ethische Hintergrund ausgeleuchtet, der im allgemeinen in Fragen der Wirtschaft ausgeblendet wird. Er ist nicht verzichtbar, wenn es um das soziale Ganze geht. Daß mit diesem Wort der Kirchen nicht alle wirtschaftlichen und sozialen Probleme gelöst werden können, schmälert seinen Wert im Sinne von Leitsätzen und Reflexionsgrundlagen nicht. Es hat deutlich gemacht, daß wirtschaftliches Vorankommen und soziale Verantwortung zusammengehören. Erst in dieser Wechselwirkung kommt die Qualität einer Gesellschaft zum Tragen. Dies ist auch die Quintessenz des Berichtes der Vereinten Nationen über „die menschliche Entwicklung" (Deutsche Gesellsch. f. d. Vereint. Nat. 1999). Es darf nicht zu einem Rückfall in eine Wohltätigkeitsgesellschaft kommen. Wohltätigkeit, im wesentlichen privat organisiert und „gewährt", hat stets demütigende Züge (Margalit 1997, 271).

Keine Arbeit!

Das Hauptproblem der gegenwärtigen ökonomischen Krise bildet das hohe Maß an Arbeitslosigkeit. Vom „Ende der Arbeitsgesellschaft" wird geredet. Das Fehlen von Arbeit ist ein *weltweites* Problem. Es hat verschiedene Gründe. Zum einen hat es in den hochentwickelten Industrieländern vor allem damit zu tun, daß die Niedriglohnländer mit ihren billigen Waren entsprechende Arbeitsplätze hier überflüssig machen und auf die Löhne drücken. Die *Globalisierung* trägt im übrigen dazu bei, daß das Kapital in solche Länder fließt, deren Steuern niedriger sind, wenn es überhaupt zu Investitionen verwendet wird. Folgerung: Die reichen Länder sehen sich genötigt, ihre Steuern zu senken und Löhne und Sozialleistungen zu reduzieren. Dieses Modell scheint aber nicht unbedingt zu funktionieren, wie das Beispiel Deutschlands und anderer Länder zeigt, wo trotz dieser staatlichen Maßnahmen die Arbeitslosigkeit im ganzen gesehen nicht abnimmt.

Ein anderer Grund ist im grundlegenden *Umbau der Arbeitswelt* zu sehen. Gauer u. Scriba (1998) haben ermittelt, daß hinter den Zahlen über die verbreitete Arbeitslosigkeit auch die hohe Zahl neuentstandener Arbeitsplätze gesehen werden sollte. Es tritt vielmehr ein häufigerer Wechsel des Arbeitsplatzes ein. Die Zahl der Arbeitsplätze an sich sei im Steigen begriffen (82). Arbeitslosikeit sei also generell gesehen „keine Sackgasse, sondern für die meisten Beschäftigungssuchenden eine Durchgangsstation auf dem immer schneller rotierenden Jobkarussel" (87). Diese allgemeine Aussicht ist natürlich kein Trost für diefenigen, die generell weniger gefragt sind.

Der menschliche Wert der Arbeit: Der Mensch lebt zwar nicht, um zu arbeiten, aber er braucht Arbeit, um zu leben. Die Bedeutung der Arbeit für den Menschen und für die Gesellschaft ist mehrfach begründet. Durch seine Arbeit verschafft sich der Mensch sein nötiges Einkommen, aktualisiert aber zugleich sein Bedürfnis, an der ordnenden und fortschreitenden Gestaltung seiner Realität mitzuwirken, und zugleich seine Persönlichkeit zu verwirklichen. Ohne Arbeit müßte er sich als „unnütz" erleben und geriete in Gefahr, an seiner Selbstverwirklichung Schaden zu nehmen. Er ist *homo faber.*

Er kann sich freilich auf verschiedene Weise sinnvoll betätigen, nicht nur zur Einkommenssicherung.

Die Gesellschaft bewertete – jedenfalls bisher – Arbeit als einen wesentlichen Garanten ihres Fortschritts: Je mehr durch Arbeit geschaffen werde, desto größer wurde der Gewinn für die Sozietät angesetzt. Die Verpflichtung zur Arbeit reichte bis zur radikalen (kommunistischen) Forderung (in der sowjetischen Verfassung): *Wer nicht arbeitet, soll auch nicht essen!* – Wer die Bibel kennt, weiß, daß dieser Satz hier einen Vorläufer hat: Wer nicht arbeiten will, soll auch nicht essen (2 Thess 3, 11). Die Ermahnung des Apostels richtete sich gegen einige Leute, die ein unordentliches Leben führten und sich „unnütz" machten, weil sie ihr Brot nicht selber verdienen wollten.

Unfreiwillige Arbeitslosigkeit als Entwürdigung: Heute haben wir es aber massenhaft, d. h. gesellschaftlich-strukturell mit Menschen zu tun, die unnütz gemacht *werden.* Aus der Sicht von Margalit (1997), der eine Idealform von Gesellschaft entwickelt hat, kann eine Gesellschaft, die unfreiwillige Arbeitslosigkeit zuläßt, keine „anständige Gesellschaft" sein; denn sie spricht den betroffenen Menschen ihre Menschlichkeit ab bzw. schließt sie aus der Menschengemeinschaft aus. Das aber sei ein Akt der Entwürdigung (291).

Arbeit als Kostenfaktor: Die gesellschaftliche Bedeutung der Arbeit hat sich radikal gewandelt. Arbeit ist ökonomisch gesehen zu einer Belastung geworden. Ein Wachsen des Reichtums und des allgemeinen Wohlstandes hängt offensichtlich vom Abbau von Arbeit ab. Regelmäßig werden wir in den Medien davon informiert, daß eine Firma nach der anderen sich dadurch sanieren oder ihren Gewinn erhöhen kann, daß sie hunderte oder tausende von Arbeitsplätzen streicht. Die entsprechenden Aktien steigen jeweils an der Börse.

Ich fuhr einmal mit einem „Unternehmensberater" in einem Taxi. Er berichtete von seinem letzten „Erfolg": Er hatte einen Betrieb beraten und ihm dadurch „geholfen", daß er mehr als 40 Arbeitsplätze als einsparbar ausgemacht hatte. Auf die Rückfrage, was denn nun mit diesen Menschen werde, die ihre Arbeit verlören, erfolgte lediglich ein Achselzucken: Das sei nicht seine Sache!

Die künftige ökonomisch gepolte Gesellschaft scheint immer weniger Arbeit zu brauchen. Arbeit ist zu einem *Kostenfaktor* geworden, der minimiert werden muß. Wachstum also durch Abbau von Arbeitsplätzen? Das bedeutete, Arbeit wird gesamtgesellschaftlich gesehen abgewertet. Wer keine Arbeit hat oder in Anspruch nimmt, entlastet die auf Kostenreduzierung eingestellte Wirtschaft. Sie betrachtet die Arbeitslosen nicht als eine Gruppe, die sich der Solidarität der am sozialen Ganzen und Fortschritt Schaffenden entzieht. Sie kann auf sie verzichten. Die Gesellschaft teilt sich damit in einen größeren, aber kleiner werdenden Bevölkerungsanteil der Schaffenden und Verdienenden und einen größer werdenden Anteil, der im wesentlichen nur Kosten verursacht.

Zukunft ohne Arbeit? Durch diese veränderte gesellschaftliche Bedingungslage hat sich ein gravierender Bedeutungswandel für den Einzelnen ergeben. Arbeit hat sich für ihn auf einen subjektiven Wert reduziert. Er hätte gern Arbeit; denn er braucht Arbeit, um Sinn in seinem Leben zu verwirklichen, und sich als zugehörig betrachten zu können. Ohne ein Mitwirken-Können sieht er sich selbst ausgeschlossen und zu einem „unnützen" Leben verurteilt. Er ist damit in Gefahr, sich überflüssig und wertlos zu fühlen.

Am schwersten trifft diese Einsicht diejenigen, die erst auf dem Wege in ihr selbstzugestaltendes Leben sind, die Jugendlichen, die keine Arbeits- und Lehrstelle finden. Haben sie eine Zukunft ohne Arbeit vor sich? Für einen beachtlichen Teil der Schulabgänger droht real Arbeitslosigkeit.

Arbeit und Beruf sind nicht mehr wie früher verläßliche Größen, auf die man vom Schulabschluß her setzen kann, und immer weniger Menschen üben später den Beruf aus, den sie zunächst erlernt haben. Schulbildung, die sich – zumal in Schulen für lernbenachteiligte Kinder und Jugendliche – im besonderen als „Lernen für das Leben" und damit als Basis für eine berufliche Eingliederung verstand, droht diese pädagogisch zentrale Zielorientierung zu verlieren.

Geringere berufliche Chancen für Behinderte: Galt zu Beginn dieses Jahrhunderts für die berufliche Eingliederung körperbehinderter Menschen noch die Maxime, „aus Almosenempfängern Steuerzahler zu machen", so haben heute auch hochqualifiziert ausgebildete Menschen mit Behinderungen mit erhöhter Arbeitslosigkeit zu rechnen.

Vom „Ende der Arbeitsgesellschaft" sind behinderte Arbeitnehmer besonders betroffen. Berufsfähige Menschen mit Behinderungen und generell die weniger Leistungsfähigen haben weniger Chancen, einen Arbeitsplatz zu finden oder zu behalten. Es mutet zynisch an, wenn immer wieder verkündet wird: Wer sich mehr qualifiziert und mehr leistet, habe auch weiterhin gute berufliche Chancen. Verschwiegen werden dabei die abnehmenden Chancen für die weniger Qualifizierten oder aus sonstigen Gründen weniger Gefragten. Der Arbeitsmarkt in den hochindustrialisierten Ländern braucht vor allem hochqualifizierte Erwerbsfähige. Es vergrößert sich damit der Druck drohender Arbeitslosigkeit für diejenigen, die an sich zu den weniger Fähigen gerechnet werden, z. B. die Lernbehinderten.

Mit dem auf Dauer hin zu erwartenden Mangel an Arbeitsplätzen entsteht eine Lücke zwischen Schule und Einmündung in den Arbeitsmarkt. Sie hat demotivierende Folgen für die Betroffenen, auch für die Schule. Die Sinngrundlage für eine berufsorientierte Bildung wird brüchig. Lehrziele verlieren sich in der Irrealität. U. Beck verglich schon 1986 das Bildungssystem mit

„einem Geisterbahnhof, in dem die Züge nicht mehr nach Fahrplan verkehren. Dennoch läuft alles nach den alten Mustern ab. Wer verreisen will ..., muß sich in irgendwelche Warteschlangen zu den Schaltern einreihen, an denen Fahrscheine für Züge vergeben werden, die meist sowieso überfüllt sind oder nicht mehr mit der ausgezeichneten Zielrichtung abfahren. Als sei nichts geschehen, verteilen die Bildungsbeamten hinter den Fahrkartenschaltern mit bürokratischem Aufwand Fahrkarten ins Nirgendwohin und halten die sich vor ihnen bildende Menschenschlange mit der ‚Drohung' in Schach: ‚Ohne Fahrkarten werdet ihr nie mit dem Zug fahren können!' Und das Schlimme ist, sie haben auch noch recht ...!" (Beck 1986, 238).

Die Krise des Arbeitsmarktes in ihrer sozialen Wirkung auf die Jugendlichen: Die Situation im Gesamtbereich der sozialen und schulisch-heilpädagogischen Arbeit verändert sich grundlegend. Ein Widerspruch entsteht, wenn einerseits Rehabilitationsprogramme zur beruflichen Eingliederung veranstaltet und auch ausgeweitet werden, zugleich aber immer weniger Chancen bestehen, die Menschen tatsächlich beruflich zu integrieren. Die Effektivität und die Glaubwürdigkeit dieser Institutionen nehmen Schaden.

Die Krise des Arbeitsmarktes wirkt in die Schule hinein. Konkurrenz- und Leistungungsdruck verstärken sich. Zitiert seien Jugendliche aus der Shell-Studie „Jugend '97" (Jugendwerk der Deutschen Shell 1997):

„Statt wie seit Jahren immer behauptet, daß wir dem ‚Goldenen Zeitalter' zustreben, ist das Befinden (heute) das genaue Gegenteil. Es herrscht im Grunde eine gewaltige Resignation. Man tut zwar was, bildet sich das zumindest ein, und schlägt zurück. Aber im Endeffekt ist es ein Eingestehen, daß man innerhalb der Regeln dieser Gesellschaft nicht zu den Gewinnern, sondern zu den Verlierern gehört. Ein Um-Sich-Schlagen ist keine Möglichkeit, einen Ausbildungsplatz zu bekommen. Man kann noch so viel Aufmerksamkeit provozieren, man bekommt einfach keine Arbeit." (44)

Ein 23jähriger aus einem östlichen Bundesland schreibt:

„Man konnte früher sicher sein, daß man immer eine Arbeit hat, daß man seine Rente bekommt. Das Fehlen dieser Sicherheit macht heute die größten Probleme und Konflikte. Jeder versucht, das dickste Stück vom Kuchen zu schnappen. Jeder versucht, den anderen auszustechen, anzuschwärzen, das macht einen letztlich kaputt." (59)

Nichtsdestoweniger wird aus ökonomischen Gründen die Forderung erhoben, daß sich auch das Bildungssystem mehr nach Markt und Wettbewerb orientieren sollte. Die sich dabei stellende Frage nach der Finanzierung dieser erhöhten Anforderungen wird ohne eine private Beteiligung der Interessenten, soweit sie dazu in der Lage sind, nicht beantwortet werden können. Dabei bleibt offen, wieweit Bildung generell zum Abbau von Arbeitslosigkeit beitragen kann. Wenn immer wieder betont wird, wie wichtig das Bildungssystem für die Zukunft der ökonomischen Entwicklung des Landes sei, daß Bildung sogar „das entscheidende Standortproblem" sei, so ist doch auch zu vermerken, daß das Interesse des Staates an Investitionen in den Bildungssektor in den vergangenen Jahren insgesamt zurückgegangen ist und zwar international. So konstatiert u. a. Reich (1993) für die USA, daß der Staat mit seinen Finanzierungsschwierigkeiten sich mehr auf die Heranbildung der qualifizierteren Schüler konzentriert habe, weil sich hier Investitionen am ehesten lohnten. Sie werden auch in erhöhtem Maße von privater Seite unterstützt und getragen. Der Staat beschränke sich im wesentlichen auf Steuererleichterungen.

Die hohe und wachsende Arbeitslosigkeit ist ein Weltproblem, wenn es sich auch in den verschiedenen Ländern der Welt unterschiedlich zeigt. „Ihr unaufhaltsamer Anstieg verurteilte sämtliche Regierungen, die die Beseitigung der Arbeitslosigkeit zum Hauptziel ihrer Wirtschaftspolitik erklärten, zum Scheitern“ (Cohen 1998, 126), vor allem dann, wenn sie, relativ orientierungslos, auf „ein bißchen Deregulierung, die Aussicht auf etwas niedrigere Steuern, ein wenig Sozialabbau und die vage Hoffnung (setzt), der Markt werde es schon richten“ (Gauer/Scriba 1998, 229). Gefragt sei vielmehr eine generelle Neuorientierung des Wirtschafts- und Arbeitssystems.

Das Bildungssystem - Orientierung an Spitzenqualität

Vom Wandel der Arbeitsmärkte blieb das Bildungssystem nicht unberührt. Die Industrieländer sahen sich in Anbetracht der Konkurrenz mit den Billiglohnländern veranlaßt, ihre Wirtschaft und damit ihre Arbeitsmärkte umzubauen, und zwar in der Weise, daß sie sich auf Produkte konzentrierten, die nicht nachahmbar sind, d. h. auf Produkte mit technologischer *Spitzenqualität.* Der Begriff „Qualität“ wurde so zum wirtschaftlichen Leitbegriff, und er wurde dann auch in das Bildungssystem übertragen, da dieses die Voraussetzungen für die Erstellung von Spitzenprodukten und hochqualifizierten Dienstleistungen zu schaffen hat.

Bildungsmisere - neue Kultur der Anstrengung: So klar dieser Zusammenhang erscheint, so wurde die Notwendigkeit entsprechender Konsequenzen für das Bildungssystem erst relativ spät erkannt. Erst in den allerletzten Jahren wurde eine *Bildungsmisere* konstatiert und in die öffentliche Diskussion eingebracht. Appelle, den „Innovationsstau“ im Bildungswesen zu überwinden, gehen sogar von höchster Stelle aus: Der Bundespräsident forderte, daß Bildung das künftige Mega-Thema unserer Gesellschaft sein müsse. Die Politiker suchen nach Wegen, um das – für viele auf unerklärliche Weise – verlorene Terrain *an der Spitze* der Länder wiederzugewinnen. Bildungskongresse werden staatlicherseits vermehrt veranstaltet und Bildungsdeklarationen verabschiedet. Eine neue „Kultur der Anstrengung“ sei vonnöten (Bildungskommission NRW 1995, Bayer. Staatsministerium f. Unterricht, Kultus, Wissenschaft u. Kunst 1998).

Der inzwischen entstandene Überdruck droht nun dazu zu führen, daß die einzuleitenden Reformen einseitig forciert werden, und zwar in Richtung erhöhter Leistungsanforderungen an die Höherqualifizierbaren, womit für den Teil der weniger Qualifizierbaren kritische Nebeneffekte entstehen. Daß Einseitigkeiten in den Bildungsprogrammen jeweils auch den Gesamtbereich von Erziehung und Bildung gefährden, sei nur am Rande bemerkt. Uns interessieren hier im besonderen die mit der neuen, auf eine betonte Höherqualifizierung abgestellten Bildungsreform implizierten Auswirkungen auf Kinder und Jugendliche, die es mit individuell und sozial bedingten Lern- und Entwicklungshindernissen zu tun haben.

Das Programmwort „Qualität" kann sich auf eine breite öffentliche Zustimmung stützen. Allzu deutlich sind Rückstände der Schule gegenüber dem ungeheuren Wachstum an Wissen und Technologie zutagegetreten. Sie haben z. T. dazu geführt, daß die Kinder, z. B. im Bereich der elektronischen Datenverarbeitung, ihren Lehrern sogar oft überlegen sind. Kritik am Bildungsrückstand ist von seiten der Erziehungswissenschaft wiederholt geäußert worden; sie war aber nicht in der Lage, die Realität der Schule umzuwandeln. Gravierender wirken Expertisen, die aus der Wirtschaft stammen. So liegt nach einem Bericht des Wirtschafts- und Sozialwissenschaftlichen Instituts der Hans-Böckler-Stiftung (WSI), u. a. gestützt auf eine Bildungsstatistik der Organisation für wirtschaftliche Zusammenarbeit (OECD), Deutschland in vielen Bereichen im Rückstand (SZ v. 24.7.1998). Es entstehe ein Nachwuchsproblem, das ernste Gefahren für die wirtschaftliche Zukunft heraufbeschwöre. Humankapital werde „verschleudert".

Der TIMSS-Schock: Einen besonders wirkungsvollen Effekt für eine Reform des Bildungswesens bildete für die Bildungspolitiker ein erneuter Bildungsschock, der sog. TIMSS-Schock. Durch die international vergleichende TIMSS-Studie („Third International Mathematics and Science Study", Baumert u. a. 1997) wurde das bisherige deutsche Bildungsbewußtsein gründlich erschüttert. Ihr Ergebnis: Deutschlands Schüler landeten, gemessen durch Testaufgaben aus dem mathematischen und naturwissenschaftlichen Lehrbereich, bestenfalls auf Mittelplätzen, z. B. gegenüber anderen europäischen und asiatischen Ländern! Man wird an den einstigen Sputnik-Schock von 1957 erinnert, der zur Bildungsreform der sechziger und siebziger Jahre, zum ersten Programm einer systematischen Leistungsoptimierung geführt hatte, um einen möglichen wirtschaftlichen Vorsprung der damaligen Sowjet-Union zu verhindern.

Gegenwärtig wird wiederum eine *Bildungsmisere* konstatiert. Der Nachholbedarf bezieht sich vor allem auf mehr Spitzenqualifizierungen. Allzu drängend wirken sich die Wissensexplosion und die Fortschritte der Technologie aus. Die Komplexität der Wissensinhalte wächst. Die Schule hat sich den erhöhten Anforderungen anzupassen. – Wie sehr sie nachhinkt, geht u. a. aus dem Riesen-Bedarf an Nachhilfeunterricht hervor.

Wie einschneidend sich die dominante ökonomische Orientierung eines ganzen Landes sogar auf die Erziehung kleiner Kinder auswirken kann, wurde mir aus Süd-Korea berichtet. Diese sitzen dort täglich stundenlang vor dem Fernseher, um auf staatliche Empfehlung hin – auch in den eigenen Familien – Video-Sendungen in englischer Sprache zu konsumieren. Der Zweck sei der, daß sie schon von klein auf die englische Sprache erlernen sollten, damit sie später für die internationale wirtschaftliche Kommunikation besser gerüstet seien und die Wirtschaft davon profitieren könne. Diese Fremdsprachigkeit kann so weit führen, daß die Kinder die eigene Muttersprache nicht mehr genügend beherrschen.

Mehr Qualität ohne Überforderungen: Die entscheidende Frage ist die, wie die anzustrebende Qualität zu verstehen und zu erreichen ist, ohne daß es zu Überforderungen und zu Benachteiligungen im Bildungsbereich kommt. Was bedeutet also „mehr Qualität“ im Bildungswesen?

Im Bericht über den vom Bayerischen Staatsministerium für Unterricht und Kultus durchgeführten „Bildungskongreß“ 1998 in München heißt es programmatisch: Dringend geboten sei die Erziehung zu Anstrengungsbereitschaft und Leistung. Eine begabungsgerechte Differenzierung sei in diesem Zusammenhang von großer Bedeutung. Das gegliederte Schulwesen böte die beste Voraussetzung für begabungsgerechtes *Fordern und Fördern* und sollte mit dem Ziel weiterer Differenzierungs- und Förderungsmöglichkeiten fortentwickelt werden. Die Profile der unterschiedlichen Schularten seien zu stärken und Qualitätsstandards zu sichern (9).

Stärkere Betonung der Begabungsdifferenzierung: Wenn, wie in dem eben genannten Text, auch die Bedeutung der traditionellen ganzheitlichen Persönlichkeitsbildung im besonderen betont wird, so kann kein Zweifel bestehen, daß die neue Grundintention einer Reform des Bildungswesens ökonomisch intendiert ist. Damit wird eine vertikale Gewichtung dominant. Diese erzeugt zum einen eine erhöhte Spannung zur Wertegrundlage, auf die nicht verzichtet werden soll, und zum anderen die Gefahr einer einseitigen unterrichtlichen Akzentuierung in bezug auf den ökonomisch-technologischen Aspekt.

Es ist zu befürchten, daß nicht nur pädagogisch allgemeine Zielsetzungen im Sinne des nach wie vor als gültig angesehenen umfassenden und ganzheitlichen Bildungsbegriffs, sondern auch die bisher maßgebenden Aufgaben und Ziele einer sozialen Chancengleichheit und Integration unter Druck geraten, wenn die internationale Wettbewerbsfähigkeit, der „Wirtschaftsstandort Deutschland“, der Mensch als Kapital, allzu dominant in den Vordergrund gestellt werden. Verstärkte Differenzierung nach „Begabungen“ um einer höheren Qualität wegen bedingen stärkere Selektionstendenzen und können zu geringeren Aufwendungen bei geringerwertiger Qualität, also bei Leistungsschwachen, führen. Unter dem wachsenden Druck des ökonomischen Wettbewerbs (Markt!) könnten die Folgen in künftig unterschiedlichen Bildungsinvestitionen bestehen.

Diese Gefahr wird zwar offiziell zurückgewiesen, es besteht aber etwa im Gegensatz zu den siebziger und achtziger Jahren kein Zweifel, daß die Frage der Förderung von Kindern und Jugendlichen mit Lernhindernissen und sozialen Benachteiligungen in der gegenwärtigen Bildungsdebatte in zunehmendem Maße eine auffallend nachgeordnete Rolle spielt. Sie wirkt eher wie eine Belastung der Diskussion, die forciert auf höhere „Qualität“ im Interesse einer Sicherung der Wettbewerbsfähigkeit in wirtschaftlicher Hinsicht gerichtet ist.

Gefahr einer einseitig leistungsbezogenen Bildung: Wenn heute eine „Erziehung zu Anstrengungsbereitschaft und Leistung dringend geboten“ erscheint (Bayer. Staatsministerium 1998, 9), so kann diese Forderung nicht bedeuten, daß für alles andere, z. B. für das Soziale und das Nicht-Leistungsbezogene, immer weniger Zeit bleibt. Gerade der Bezug zu sozialen und ökologischen Interessen spielt bei den Lerninteressen der Schüler inhaltlich eine wichtige Rolle. Wenn also etwas für mehr Leistungen getan werden soll, dann ist auch die schülerbezogene Lernmotivation mehr zu beachten.

Es gilt als wissenschaftlich erwiesen, daß eine stark und einseitig leistungsbezogene Orientierung des Unterrichts nicht die Qualität der Schule, sondern eher das Belohnungsbedürfnis des einzelnen Schülers, also Eigeninteresse, fördert (Stevens 1997). In wissenschaftlichen Untersuchungen konnte nachgewiesen werden, daß es eine hohe Korrelation zwischen einem verstärkten „ego-involvement" und dem Verlangen nach Status und Besitz gibt. Deren Abkoppelung bedinge eine Lernmotivation vom Lohn der Anstrengung her und damit ichbezogene Belohnungen und Einstellungen. Die ganzheitliche Bedeutung der Lerninhalte für den Lernenden kann nicht ohne Schaden für ihn durch eine dominante und forcierte Leistungsförderung ersetzt werden. Die Beachtung der sozio-emotionalen Komponente des Lernens dient nachweislich auch dem kognitiven Lernen.

Daß forciertes Leisten-Sollen auch die Gesundheit angreift oder zerstört, zeigt eine Meldung aus Japan: Wegen verbreiteter unkontrollierter Wutausbrüche und Gewalttätigkeiten auch gegen Lehrer im Zusammenhang mit übermäßigem Stress in der Klasse sah sich das japanische Ministerium genötigt, an den Schulen eigene Ruheräume einzurichten, wo die Schüler sich in einer mehr privaten Atmosphäre entspannen und Beratung holen können. 1998 sollen die ersten 2000 Ruheräume dieser Art samt zusätzlichem Personal zur Verfügung stehen. Auch in den schuleigenen Krankenzimmern holten sich immer mehr Schüler Trost und Hilfe (Mitt. d. Japan Society for Promotion of Science Nr. 3, 1998, n. Zeitung Asahi v. 24. 7. 1998).

Förderung der Elitenbildung: Der Begriff der *Qualität* in diesem Sinne begegnet uns auch in anderen Ländern, wird dort aber auch z. T. anders gewichtet. So ist er z. B. in den USA zum forcierten Leitbegriff derer geworden, die für eine freie Marktwirtschaft eintreten und diese durch das Bildungssystem stützen wollen. „Ihr zentrales Thema dreht sich um die ‚Qualität', was bei ihnen aber nichts anderes heißt als dies: vordringlich das Elitensystem durch das Schulsystem hindurch mit dem besten Nachwuchs zu beliefern" (Saul 1997, 76). Es verstärkt sich das Bedürfnis nach Qualitätssteigerung und -sicherung da, wo elitäre und wirtschaftlich attraktive, erfolgversprechende Aussichten bestehen. Das wachsende Interesse an Privatschulen zeigt, daß erstens höhere Ansprüche an Bildungsqualität bestehen, daß sich zweitens derartige Investitionen offensichtlich lohnen, jedenfalls für elitäre Gruppen, und daß drittens Geld für mehr Bildung durchaus vorhanden ist, wenn auch nicht auf staatlicher Seite. Das öffentliche Schulwesen in den USA wird insgesamt vernachlässigt.

Privatisierung: In manchen Ländern wird die Lösung des Bildungsproblems in der vermehrten Privatisierung der Schulen gesehen. Das Interesse der entsprechend einkommensstarken Eltern ist groß, mit eigenen Mitteln den Kindern eine bessere Schulbildung zu verschaffen. Diese Tendenz führt freilich zu einer sich ausbreitenden sozialen Sezession oder Segmentierung im Bildungssystem mit unberechenbaren sozialen Folgen (Cohen 1998, 109; Reich 1993, 303 ff.). Der amerikanische Präsident sah sich veranlaßt, vor versammelten Lehrern zu erklären, daß er es als seine besondere Aufgabe ansehe, die Demontierung der öffentlichen Schule zugunsten der privaten aufzuhalten. Er hatte mit einem Veto ein Gesetz verhindert, das zum Ziel hatte, erstmals in der amerikanischen Bundespolitik Bundesmittel nicht den Schulen, sondern den Eltern zukommen zu lassen, und zwar über eine steuerbefreite Sparanlage von Eltern für ihre Kinder. Sie hätte nur den reicheren von ihnen gedient. Clinton sah sich genötigt, sich dagegen zu wehren, daß mit Steuermitteln die Türen für die Erweiterung der Privatschulen geöffnet werden, um sie zugleich für die öffentlichen Schulen zuzuschlagen (SZ v. 8/9.8.1998).

Restqualitäten im Bildungskeller? So wichtig die Aufgabe einer Höherqualifizierung durch Bildung auch ist, so darf die Frage nach dem Stellenwert der Bildung für diejenigen nicht vernachlässigt werden, die nicht zu den Höherqualifizierbaren gehören, die im „Bildungskeller“ gelandet sind oder noch landen werden (Hiller 1994). Eine fatale Auswirkung wäre die, daß die staatlichen Aufwendungen für diese Schulen nicht nur nicht angemessen wachsen, sondern eingeschränkt werden, weil sie sich „nicht rechnen“. Immerhin hatte sich auch in Deutschland das Investitionsvolumen in den letzten Jahren verringert bzw. es hatte stagniert.

Ein Grund könnte in der Hilflosigkeit gegenüber der verbreiteten Arbeitslosigkeit gesehen werden, die den Anreiz zu Investitionen bremst, ein anderer im Schock der allgemeinen wirtschaftlichen Rezession, unter dessen Druck Bildung allzu sehr als Kostenfaktor wird. Jedenfalls stagnierten oder reduzierten sich real die staatlichen Mittel für die Schule. Lehrerstellen wurden abgebaut, so daß die Klassenstärken in kritischem Maße zunahmen. Auch die Ausbildung von Facharbeitern drohte in einen kritischen Engpaß zu geraten (Lehrstellenmangel). Erst jetzt, unter dem Druck des globalen wirtschaftlichen Wettbewerbs, dürfte allgemein klar geworden sein, daß Bildung nicht einen bloßen Kostenfaktor, sondern Kapital für die Zukunft darstellt. Diese aber wird immer auch sozial gestaltet, so daß ein bloßer Qualitätsschub für *nur einen Teil* der Menschen nicht ausreichen dürfte. Das Erziehungsprogramm *soziale Integration* ist vom sozialen Ganzen her gesehen unverzichtbar. Wohlstand kann es nicht nur für einen Teil geben (Deutsche Gesellschaft f. d. Vereinten Nationen 1999).

Die „Überflüssigen“

Es bedarf keiner besonderen Erklärungen, daß die sich abzeichnenden Akzentverschiebungen im Bildungsbereich direkt oder indirekt zu Lasten der weniger Qualifizierten und sozial Schwachen gehen. Sie kommen in der allgemeinen Diskussion kaum mehr vor. Die mehr impliziten Prognosen von wirtschaftlicher und sozialer Seite her sind dagegen eher alarmierend. Dies gilt in erster Linie für Länder, die allzu direkt einen Kurs des *freien Marktes* fahren. Hier wird immer deutlicher erkennbar, daß man einen Teil der Menschen, eben die Geringqualifizierten, zum großen Teil *nicht mehr brauchen* wird. Die Nachfrage nach unqualifizierter Arbeit hat rapide nachgelassen.

Nach Cohen (1998, 130), Professor für Wirtschaftswissenschaften in Paris, betrug ihr Anteil bis zum Jahre 1990 lediglich viereinhalb Prozent. Inzwischen ist dieser auf etwa 20 Prozent gestiegen. Cohen kommt in seiner Analyse der wirtschaftlichen Situation zu dem Schluß, daß die weniger Qualifizierten als Folge der Umstellung auf hohe Qualität der Produkte und Dienstleistungen kaum noch Chancen haben und in immer größerer Zahl aus dem Arbeitssystem abgekoppelt würden (100). Während Höherqualifizierte ohne Arbeit immer noch Chancen hätten, einen geringer qualifizierten Arbeitsplatz zu finden, besteht die umgekehrte Möglichkeit nicht. Die Gering- oder Unqualifizierten werden im immer härter werdenden Arbeitskampf verdrängt. Sie werden die „Überzähligen“ und „Ausgegrenzten“. Ungeachtet diverser Anstrengungen im Bildungsbereich scheint ihr Schicksal besiegelt. Sie seien in den reichen Ländern die Verlierer in der Übergangszeit zu einer neuen Sozial- und Wirtschaftsordnung, d. h. in einer Zeit, in der *die Nachfrage nach unqualifizierter Arbeit abrupt zusammenbreche*.

Während also der stärkere Teil der Gesellschaft auf dem Wege ist, über Privatisierung „das eigene Elitensystem durch das Schulsystem hindurch mit dem besten Nachwuchs zu beliefern“ (Saul 1997, 76), entsteht auf der anderen Seite eine Gruppe von Menschen, die als *„Überflüssige“* gelten. Sie sind diejenigen, „die den Konkurrenzkampf schon in der Schule verloren haben“. Es sind außerdem die „Leistungsschwachen, die wegen Alter, Behinderung, Krankheit, Alkoholismus, Drogensucht oder Unqualifiziertheit nicht einmal zu einer geringfügigen Beschäftigung kommen. Delinquenz, Gewalt, Drogen, Vandalismus und Kriminalität werden deren ständige Begleiter sein“ (Ch. Nürnberger 1998). Von ihnen könnte man die „Geringqualifizierten“ unterscheiden, die ihren Lebensunterhalt nur dadurch sichern, daß sie mehreren Beschäftgingsverhältnissen nachgehen und eine Art moderner Taglöhnerei praktizieren. Mit einem Acht-Stunden-Tag kommen sie dabei nicht aus.

„Terror der Ökonomie“: Die wachsende Teilung der Gesellschaft in Arbeitbesitzende und Arbeitslose ist mit einer stillen Ausgrenzung der Ärmeren verbunden, die immer mehr Kinder und Jugendliche und ihre Eltern als eine verbreitete Mißachtung erleben. Viviane Forrester (1997) hat in ihrer Streitschrift „Der Terror der Ökonomie“ leidenschaftlich die gesellschaftlich bedingte, strukturelle Situation der durch fehlende Arbeit Entwürdigten und Ausgestoßenen angeklagt. Sie würden in das soziale Nichts gestoßen, im Grunde ohne Hoffnung. Es dürfe niemanden verwundern, daß diese Menschen sich nicht an die Benimmregeln derer halten, von denen

sie „abgeschoben, geduzt, beiseite gestoßen und, ohne lange zu fragen, verachtet werden“ (89). Man verwehre ihnen den Erwerb legaler Mittel, mit denen sie ihr Leben sinnvoll bestreiten könnten, ja, jedes Recht auf Anerkennung (82). Sie erlebten sich als überflüssig und verlören dabei ihre Selbstachtung. Wen könne es wundern, daß *„sie“* sich nicht eingliedern, daß sie sich wehren, daß sie das System verachten, das sie ächtet und im Abseits gefangen hält, daß sie auf die gesellschaftliche Resonanzlosigkeit, die sie erfahren, schließlich mit destruktiver und brutaler Aggression antworten. In welche sozialen Gruppen sollten sie sich auch integrieren, sie, die „auf der untersten Stufe der Erniedrigung kleben“ (83). Wird ihnen nicht gewissermaßen von Amts wegen jedes Recht auf Achtung verweigert? Ihre Not werde ihnen als Schuld ausgelegt. Scham und Verachtung, die sie sich selbst gegenüber empfänden, entstehen durch die Verachtung, die ihnen die anderen entgegenbringen, Scham, die sich in Haß verwandeln kann, als das Ergebnis des weitgehenden Verschwindens der Arbeit in der Gesellschaft (91).

Es geht nicht mehr um die Verteilung von Arbeit, sondern um eine Umverteilung von Arbeitslosigkeit. Die davon am stärksten Betroffenen sind Menschen mit Behinderungen. Was bedeutet in einer solchen Situation ein „Recht auf Arbeit“. Es ist zwar in der *Allgemeinen Erklärung der Menschenrechte* der Vereinten Nationen verankert, aber in dieser apodiktischen Form nicht in unserem Grundgesetz; die Stimmen, die es dort verfaßt sehen möchten, machen sich kaum noch bemerkbar; es handelt sich aber zweifellos um ein allgemeines Menschenrecht, und zwar in dem Sinne, daß die Gesellschaft verpflichtet sein müßte, dafür zu sorgen, daß alle Arbeitsfähigen ausreichende Arbeit finden. Begründet ist dieses soziale Grundrecht in der Würde des Menschen. Er ist darauf angelegt, am sozialen und kulturellen Leben mitzuwirken, um sich auch selbst als Zugehöriger zu verwirklichen. Der Verlust dieser Möglichkeit bedeutet für ihn eine Herabsetzung seines Wertes, d. h. seiner Würde als Mensch und seiner Selbstachtung (Margalit 1997).

Politische Hilflosigkeit: Es fehlt nicht an politischen Aktionen und Erklärungen, die darauf gerichtet sind, die Arbeitslosigkeit zu bekämpfen, und mehr Arbeit zu ermöglichen. Dazu gehört beispielsweise das „Bündnis für Arbeit“ ebenso wie einzelne kirchliche Deklarationen. So hat die Deutsche Bischofskonferenz 1998 ein Memorandum „Mehr Beteiligungsgerechtigkeit“ vorgelegt, in dem Neun Gebote für die Wirtschafts- und Sozialpolitik aufgestellt werden, die dazu beitragen sollen, Beschäftigung zu erweitern, Arbeitslose zu integrieren und Zukunft zu sichern. – Reaktionen sind kaum zu vernehmen!

Die Frage ist, welche Chancen wirklich bestehen. Der „unaufhaltsame Anstieg“ der Arbeitslosigkeit, schreibt u. a. Cohen (1998, 126) habe bisher „sämtliche Regierungen, die die Beseitigung der Arbeitslosigkeit zum Hauptziel ihrer Wirtschaftspolitik erklärten, zum Scheitern“ verurteilt. Sie wächst nach einer Mitteilung der Internationalen Arbeitsorganisation (ILO)

1998 weltweit. Mit einer weiteren Verschlechterung sei zu rechnen. „Wer immer verspricht, ein Rezept gegen die Arbeitslosigkeit zu haben, sagt die Unwahrheit", erklärte lapidar U. Beck in einem Beitrag zur Zukunft der Arbeit (SZ v. 3.7.1998).

Verlust der Selbstachtung und Selbstkontrolle: Es besteht gegenwärtig Anlaß zur Sorge, daß bei einer weiteren Verschärfung der ökonomischen Zwänge die eigene Identität, Bedeutung und Selbstachtung in zunehmendem Maße Schaden nehmen und den einzelnen erleben lassen, daß er überflüssig ist, und daß das verlorengeht, was für den Menschen in seiner einmaligen und unüberholbaren seelisch-geistigen und damit auch moralischen Identität und Qualität zentral wichtig ist, und was über die nackten und normierbaren realen Lebensumstände (Wohnung, Nahrung, Wärme, Kommunikation etc.) hinausreicht. Eine Folge kann der Verlust der Selbstkontrolle sein (Margalit 1997). Es ist nicht nur ungerecht, sondern unwahrscheinlich, daß der Mensch ein Dasein als Überflüssiger auf Dauer einfach hinnimmt. Er wird sich dagegen wehren, daß sein Wert auf seinen wirtschaftlichen Nutzen reduziert wird. Und die Gesellschaft bleibt unglaubwürdig, wenn sie die Menschenrechte immer wieder nur gegenüber anderen verkündet, das Grundrecht auf Achtung im eigenen Bereich aber vernachlässigt.

Vom Zusammenleben aller her, also *sozialethisch* gesehen, läßt sich Arbeit nicht auf die rein volkswirtschaftliche Dimension verkürzen. Sie stellt auch keinen Selbstzweck dar. Sie bedeutet für den Menschen vielmehr unverzichtbar Teilhabe an der Gemeinschaft. Wenn den Produkten der erste Rang zukommt und nicht der Person in ihrer unverlierbaren Würde, verschiebt sich das Menschenbild entscheidend. Eine Gesellschaft, in der ein Teil der Menschen im marktwirtschaftlichen Wettbewerb keine Chancen hat, so daß er sich als überflüssig fühlen muß, kann nicht als eine „anständige Gesellschaft" (Margalit 1997) angesehen werden; denn eine solche Gesellschaft demütigt und erniedrigt Menschen aufgrund ihrer institutionellen Ordnung.

Flexibilisierung in der Arbeitswelt

Der Arbeitsmarkt baut sich seit einiger Zeit in der Weise um, daß nicht nur der feste Arbeitsplatz, sondern auch „der Beruf" nicht mehr als stabile Größen anzusehen sind. Die Wahrscheinlichkeit, daß sich ein Betrieb umbaut, ist gestiegen und führt dazu, daß der einzelne Arbeitnehmer gezwungen ist, sich immer neu anzupassen, wenn er Arbeit behalten will. Diese Anpassung erfordert die verschiedensten Wechsel. Er muß darauf gefaßt sein, daß sein Arbeitsplatz plötzlich eingespart und er von heute auf morgen entlassen wird. Er muß bereit sein, im Interesse des eigenen Betriebes seinen Beschäftigungsort zu wechseln. Es wird von ihm erwartet, daß er auch mit Teilzeitarbeit oder auch mit billigen Jobs zufrieden ist. Die generell verringerten Arbeitschancen zwingen ihn, sich solcher Flexibilität zu unterwerfen (Geißler/Orthey 1998).

Es entsteht die Frage, wie sich eine derartige erhöhte Varianz und Unberechenbarkeit des Erwerbs- und Berufslebens auf die betroffenen Menschen und ihre Lebensbedingungen auswirkt. Typischerweise bürgert sich auch bei uns der Begriff des „Jobs" ein. Der „Facharbeiter" von einst wird vom „Jobholder" abgelöst. Es ist nicht uninteressant, von der Herkunft des Wortes „Job" zu wissen: Es bedeutete im Englischen des 14. Jahrhunderts so etwas wie einen *Klumpen*, den man beliebig herumschieben konnte.

Mit ständigem Beschäftigungsrisiko leben: Flexibel sein bedeutet, sich immer wieder auf neue Risiken einstellen zu können. Es ist dies das unausweichliche Schicksal der Menschen, zumal in der „Risikogesellschaft". In ihr erlebt der Begriff Risiko eine nahezu inflationäre Verwendung. Im Risiko liegt ein starker Reiz. Wer die Zukunft gewinnen wolle, müsse risikofreudig sein. Wer dagegen das Risiko scheut, verpasse wichtige Chancen.

Risiko an sich ist etwas Normales. Leben heißt immer auch, mit Risiken rechnen und ihnen begegnen können. Die ursprüngliche Bedeutung des Wortes geht aus seiner sprachlichen Wurzel hervor: Italienisch heißt risico: ich wage, d. h. ich stelle mich auf eine Gefahr ein. Man kann sich auch bewußt in Gefahr bringen und sein Leben von sich aus aufs Spiel setzen. Menschen, die das Risiko nicht scheuen, gelten als besonders lebenstüchtig. Andererseits galt immer auch, man solle „die Götter nicht herausfordern".

Heute gebräuchlich ist eine verallgemeinerte Bedeutung von Risiko, die aus den umfassenden und differenzierten Veränderungen des gesellschaftlichen Lebens hervorgegangen ist. Das Zusammenleben erscheint schlechthin von Risiken bestimmt. Sie werden wegen ihrer z. T. globalen Wirkungen sogar als sehr bedrohlich angesehen, so vor allem das Schwinden von Arbeitsplätzen. Sie sind aber offensichtlich nicht aus dem Weg zu räumen. U. Beck (1986) spricht von *Modernisierungsrisiken.* Die Bedrohungen sind allgemeine: „Die Risikogesellschaft ist eine *katastrophale* Gesellschaft. In ihr droht der Ausnahmezustand zum Normalzustand zu werden" (31).

Selbstwertverluste: Ständig mit der Möglichkeit zu leben, seinen Arbeitsplatz zu wechseln, bedeutet, sich ständig seiner selbst unsicher zu sein, sich ständig auf einem Prüfstand zu fühlen, ohne objektive Normen der Bewertung zu kennen (Sennett 1998, 103). „Ich bin nicht gut genug!" Mit diesem Gefühl zu leben, bedeutet einen Verlust an Selbstwert. Obendrein wird einem auch das Gefühl vermittelt, ein „sozialer Parasit" zu sein (128). Im übrigen geht mit dem ständigen Wechsel der betrieblichen Umwelt auch die Sicherheit im sozialen Netzwerk verloren. Familien werden zerrüttet, Gemeinschaften gehen verloren. Wer der geforderten Flexibilität nicht gewachsen ist, dem droht eine stille Ausgrenzung. Sie betrifft einen immer größer werdenden Teil der Bevölkerung und hinterläßt Entwürdigte und Ausgestoßene, also Verletzte (Forrester 1997). Das Risiko der Arbeitslosigkeit ist zur gewichtigsten und allgemeinen Bedrohung geworden.

Als Ausweg wird gegenwärtig *mehr Selbständigkeit* gepriesen (Nürnberger 1998). Der selbständige Unternehmer sei sein eigener Chef, frei von Zwängen betrieblicher Hierarchie, frei von betriebsüblichen Intrigen, Mobbing, Neid und Gezänk. Er könne zu Hause arbeiten und sich seine Arbeitszeit selber einteilen. Immer mehr große Betriebe sind dazu übergegangen, im Sinne von *lean production* und *outsourcing* ihre Belegschaft auszudünnen, und mehr Aufgaben an freie Teams und freie Mitarbeiter zu vergeben. Dabei wird im allgemeinen verschwiegen, daß eine derartige „Selbständigkeit" letztlich auf erhöhtes Engagement, auf verschärften Produktionszwang mit entsprechendem Stress, auf längere Arbeitszeit für weniger Geld und mit weniger Rechten hinausläuft. Nur wenige dürften in der Lage sein, dieser Form der Höchstbelastung und der modernen Ausnutzung gewachsen zu sein („Scheinselbständigkeit").

Die neuen Risiken sind unübersehbar. Sennett (1998) vergleicht das jederzeit mögliche Wechseln-Müssen des Arbeitsplatzes mit einem permanenten „Umtopfen". Andere Interpreten versuchen, in diesem Immer-wieder-neu-bei-Null-Anfangen eine Chance zu sehen, und zwar im Sinne eines ständigen Neuaufladens von Energien. Das Risiko wird dabei im Grunde wegmanipuliert oder verklärt, und Stabilität und Konstanz werden negativ als Lähmung und Stillstand abgewertet. Der flexible Mensch wäre dabei derjenige, der Risiken als Chancen anzusehen hätte. Verdrängt werden die psychischen Kosten, die dabei zu zahlen wären. Sennett (1998) nennt als solche:

- Die Zerstörung der eigenen Identität, des Selbstverständnisses, des Selbstwertes und
- den Verlust haltgebender Zusammenhänge sowie des Denkens in langfristigen Dimensionen, die Unwertigkeit der eigenen Erfahrungen, die Gefahr, im Nirgendwo anzukommen, keine Perspektiven, Gefangener der Gegenwart zu sein, Fähigkeitsverluste, Kontrollverluste.

Ende der Loyalität: Verloren geht auch das Vertrauensverhältnis zum eigenen Betrieb und Arbeitgeber. Indem die Beschäftigten erleben, daß das Unternehmen sich ihnen gegenüber nicht loyal verhält, fühlen auch sie sich nicht zur Loyalität verpflichtet. Diese Erfahrung machen Mitarbeiter auf allen Qualifikationsebenen (Thurow 1998, 30). Immer bestimmender wird die Angst, den Arbeitsplatz zu verlieren.

Risiken dieser Art nehmen vermutlich an Umfang und Intensität aktuell zu. Die Kinder bleiben von ihnen nicht verschont. Außerhalb der reichen Länder ist es vor allem die Armut, die die üblichen Dimensionen von „Risiko" eigentlich schon überschreitet. Wir beobachten, daß die Zahl der entgleisten und entkoppelten Kinder zunimmt – auch im Schweregrad ihrer Bedrohung – und zwar derart, daß sie selbst für andere Kinder zu ernsthaften Risikofaktoren werden (Speck 1997).

Die Frage ist, wie sich eine Hochbewertung von Flexibilität auf das soziale Wertgefüge insgesamt auswirkt, wenn diese mit „Flüchtigkeit" gleichgesetzt wird. Natürlich ist es „viel wert", wenn jemand über die Fähigkeit verfügt, beweglich und risikofreudig zu sein, und sich an die Vielfalt, Unberechenbarkeit und Wechselhaftigkeit der Lebensumstände anzupassen. Das aber kann nicht heißen, daß die opportunistische Austauschbarkeit von Beziehungen ein Wert an sich wird. Sie müßte letztlich den zentralen Wert der Bindung und gegenseitigen Verpflichtung aufheben.

Korrosion des Charakters: Wie nachteilig und geradezu charakterzersetzend sich die neue *Flexibilität* auf den Einzelnen und seine zentralen Lebenswerte auswirken kann, hat R. Sennett in seinem Buche „Der flexible Mensch. Die Kultur des neuen Kapitalismus" (1998) eindringlich dargestellt. Der englische Titel lautet viel deutlicher: „The Corrosion of Character". Mit dem Begriff des *Charakters* will der Autor deutlich machen, welche zentrale und zugleich ethische Dimensionen von Lebensqualität betroffen sind. Charakter bezieht sich vor allem auf den langfristigen Aspekt emotionaler Erfahrung, die für die Stabilität der eigenen Lebensführung wichtig ist. Charakter drücke sich durch Treue und gegenseitige Verpflichtung aus und sei für die Verfolgung langfristiger Ziele und Prinzipien und damit für den Aufschub von momentaner Befriedigung zugunsten zukünftiger Ziele und Zwecke wichtig. Die sich daraus ergebende Frage stellt sich von zwei Seiten: einmal vom Betrieb her, der nach heutigem Verständnis immer stärker auf „corporate identity" pocht, und zum anderen von den betroffenen Menschen her. Sennett belegt seine Studien mit den Beschreibungen einzelner Betroffener und ihrer Familien. Sein Befund läßt sich wie folgt zusammenfassen:

Menschen mit Behinderungen besonders betroffen: Alles Beständige drohe verlorenzugehen; die entstehende Flüchtigkeit, auch in den sozialen Beziehungen, behindere die eigene Identitätsbildung und damit auch stabile und verläßliche Beziehungen. Verheerende Auswirkungen auf Familie und Erziehung seien abzusehen. Es kann davon ausgegangen werden, daß Menschen mit Behinderungen nur sehr bedingt in der Lage sind, rasch einen neuen Arbeitsplatz zu finden, mehrere Arbeitsplätze gleichzeitig zu bedienen und sich ohne besondere Probleme auf ständig neue Bedingungen einzustellen, also auch noch die negativen Folgen einer derartigen Flexibilität ihrer Arbeit psychisch zu verkraften. Sind nicht gerade die Geringqualifizierten, z. B. die sog. Lernbehinderten, dadurch gekennzeichnet, daß sie sich eben nicht ohne weiteres und rasch auf neue Anforderungen einstellen können? Welche Chancen soll ein körperbehinderter Mensch haben, immer wieder neu einen passenden Arbeitsplatz zu finden? Die eindeutig höhere Quote an Arbeitslosen unter den behinderten Arbeitnehmern spricht eine eindeutige und harte Sprache. Eine Verschärfung der Situation ist zu erwarten, wenn der Kündigungsschutz für Menschen mit Behinderungen wegfallen oder abgeschwächt werden sollte.

Sennett weist schließlich noch auf die Bedeutung von Vertrauen und Verläßlichkeit hin, die durch wachsende Flexibilität infragegestellt werden, aber für den Menschen von zentraler Bedeutung sind: Braucht mich jemand? Der freie Kapitalismus ist an dieser Frage kaum interessiert. Er strahlt, wie Sennett meint, Gleichgültigkeit aus. Die Märkte des „Alles oder Nichts" beherrschten die Szene und hinterließen Gewinner und Verlierer. „In dieser konkurrenzgeprägten Szenerie räumen die Erfolgreichen den Spieltisch ab, während die Masse der Verlierer das Wenige teilt, was übrigbleibt" (Sennett 119).

Das Fehlen von Vertrauen spiele dabei keine Rolle, da die Menschen problemlos ersetzbar sind oder als überflüssig gelten. Derartige Praktiken verminderten brutal das Gefühl persönlicher Bedeutung und das Gefühl, für andere notwendig zu sein (201). Diese Erfahrung aber dürfte sich auch zersetzend auf die eigenen Einstellungen und Verpflichtungen gegenüber einer derart unverbindlichen Umwelt auswirken. Eine Gesellschaft, die Verantwortung füreinander nicht achtet, verliert ihre Glaubwürdigkeit. Eine Jugend, die sich auf ständigen Wechsel des Gebrauchtwerdens einstellen muß, stellt sich auf ein Leben „von der Hand in den Mund" ein oder resigniert – mit allen Folgen für verkürzte Lebensperspektiven.

Wachsende Armut

Armut in den USA: Die Armut wächst in allen Ländern der Welt, auch in den reichen. In den USA beispielsweise hat sich seit den achtziger Jahren eine „ungeheure Verarmung der am meisten benachteiligten Arbeiterschichten" herausgebildet (Cohen 1998, 83). Sie finden keine Arbeit, mit der sie ihren Lebensunterhalt selber verdienen könnten. Zu ihnen gehören die immer zahlreicher werdenden Obdachlosen. Arbeitslosigkeit und Obdachlosigkeit sind in hohem Maße mit Kriminalität gekoppelt. 40 % der obdachlosen unverheirateten Männer haben in den USA schon einmal im Gefängnis gesessen (Thurow 1998, 47). Die Einkommensunterschiede sind explosionsartig auseinandergegangen. So stieg beispielsweise das Einkommen eines Generaldirektors vom 30fachen auf das 150fache des Lohnes eines Fließbandarbeiters, während die mittleren Einkommen um fünf Prozent zurückgingen. Der Abstand zwischen den reichsten zehn Prozent und den ärmsten zehn Prozent der Lohn- und Gehaltspyramide habe sich um 40% vergrößert.

Armut bezieht sich auch auf Menschen, die zwar Arbeit haben, aber trotzdem unterhalb der Armutsgrenze leben (83). Ihr Anteil hat sich in den USA in den achtziger Jahren nahezu verdoppelt *(working poor)*. 32% aller Männer im Alter von 25 bis 34 Jahren verdienen nicht genug, um mit ihrer vierköpfigen Familie oberhalb der Armutsgrenze zu bleiben (Thurow 1998, 49). Chomsky (1998) weist auch auf die „gigantisch" verbreitete Armut von Kindern hin. Allein in New York City lebten 40 Prozent der Kinder unter der Armutsgrenze. Unterernährung und Säuglingssterblichkeit seien einzigartig in der industriellen Welt (37). Auch unter den Alten habe sich die Armut explosionsartig ausgebreitet. Sie betrifft etwa 15% der Bevölkerung über sechzig Jahren.

Armut in Deutschland: Auch aus Deutschland wird berichtet, daß die Armut seit etwa 20 Jahren zunimmt, und zwar zusammen mit einem wachsenden Reichtum. Sie ist zwar nicht mit den Verhältnissen und Dimensionen in anderen Ländern der Welt vergleichbar, wiegt aber doch schwer genug im eigenen Sozialgefüge. Genaue Zahlen über ihre Verbreitung gibt es nicht, was aber nicht heißt, es gäbe sie nicht (Weiß 1996).

Ganz offiziell ist sie im „Gemeinsamen Wort" der Evangelischen Kirche in Deutschland und der Deutschen Bischofskonferenz zur wirtschaftlichen und sozialen Lage in Deutschland (Heimbach-Steins u. a. 1997) angesprochen worden: Zugleich mit dem Reichtum sei in Deutschland auch die Armut gewachsen (109). Die Nationale Armutskonferenz für die Bundesrepublik Deutschland, ein Zusammenschluß der Spitzenverbände der Freien Wohlfahrtspflege und anderer bundesweit tätiger Fachverbände und Selbsthilfeorganisationen und deutsche Sektion des Europäischen Armutsnetzwerkes, veröffentlicht seit 1992 Materialien zur Armutssituation in Deutschland. Die von ihr veröffentlichten Zahlen (1998) stützen sich zwar auch nur auf Schätzungen, entbehren aber deshalb nicht einer ernstzunehmenden Grundlage.

Relative und verdeckte Armut: Wichtig ist die Feststellung, daß sich Armut nicht allein auf das Einkommen bezieht, sondern mehrfach bedingt ist, so daß auch Menschen von ihr betroffen sind, die ordentliche Sozialhilfe („Hilfe zum Lebensunterhalt") erhalten. Insofern sind die Zahlen der Sozialhilfeempfänger wichtig. Deren Zahl betrug 1997 2,7 Millionen (ohne Asylbewerber). Sie ist vor allem durch die wachsende Zahl von Arbeitslosen bedingt. Hinzu kommen Menschen in „verdeckter Armut". Ihre Zahl wird auf etwa 2 Millionen geschätzt und ist im Osten größer als im Westen. Von Armut sind vor allem Kinder betroffen, auch solche, die in relativ „normalen" Familien aufwachsen. Etwa 1 Million Kinder, das sind 6 % aller Kinder in Deutschland, leben von der Sozialhilfe ihrer Eltern. Deren, nach Abzug aller Kosten (vor allem Wohnung, Sozialversicherungsbeiträge) verbleibendes Einkommen unterschreite vielfach das Existenzminimum.

Zehnter Kinder- und Jugendbericht: In der Öffentlichkeit findet das Phänomen wachsender Armut wenig Beachtung. Es wird sogar bestritten, daß es diese gibt. So enthält der von der Bundesregierung 1998 vorgelegte „Zehnte Kinder- und Jugendbericht" im Bericht der Sachverständigenkommission die Feststellung, „daß Kinderarmut ein gravierendes Problem in Deutschland ist" (90). Sämtliche Analysen bestätigten diese Behauptung, wenn auch eingeräumt wird, daß es kein Meßverfahren für die Verbreitung von „Armut" geben könne, um eine genaue Zahl benennen zu können. Die Bundesregierung wehrte sich in ihrer Stellungnahme gegen diese These und bezeichnete sie als unzutreffend (S. XIV, 31). Das verwendete Meßkriterium für Einkommensarmut mit 50% des Durchschnittseinkommens eines Landes könne die wirklichen Problemlagen nicht erfassen. Eine Gleichsetzung von Sozialhilfebezug der Eltern mit Kinderarmut, wie sie im Sachverständigenbericht grundgelegt wird, sei nicht akzeptabel. Der Streit kann sicherlich fortgesetzt werden, solange es kein eindeutiges Abgrenzungskriterium für Armut gibt. Sie ist ein relatives Phänomen, was aber eben auch bedeutet, daß sie vorhanden ist, ohne daß sie gemessen werden kann. Zur eklatanten Diskrepanz zwischen armen und reichen Ländern s. Abb. 7, S. 225.

„Wohlstand für alle", aber mehr Verlierer: Zutreffend ist, daß die mit Armut beschäftigten Instanzen, wie vor allem die Wohlfahrtsverbände, aufgrund ihrer Erfahrungen von wachsenden Problemen ausgehen, die auf Armut schließen lassen, wie auch immer diese bedingt sein mag. Es spricht vieles dafür, daß wachsender Reichtum eines Teils der Gesellschaft auch wachsende Armut an anderer Stelle erzeugt. Wenn dies nicht gesehen wird, so könnte es daran liegen, daß es unserer Mentalität, wie sie aus der bisherigen Wohlstandsentwicklung erwachsen ist („Wohlstand für alle!") widerspricht und wir es nicht wahrhaben wollen, daß ein wachsender Teil der Menschen im Lande wiederum zurückfällt und abgedrängt wird, also zu den „Verlierern" gehört.

Man kann sich aber auch daran gewöhnen, daß es „eben immer Gewinner und Verlierer gibt". Angesichts der augenscheinlichen sozialen und gesundheitlichen Belastungen, denen Menschen in Armut ausgesetzt sind, und des gewichtigen Anteils der Arbeitslosigkeit an ihrer Entstehung, also des unverschuldeten Verlustes von Erwerbsarbeit, wirkt es zynisch, wenn in der Öffentlichkeit immer wieder ein „Mißbrauch der Sozialhilfe" oder eine „Gewöhnung an staatliche Unterstützung" anstelle einer „ordentlichen Arbeit" beklagt wird. Das Armutsproblem ist von der ökonomischen Gesamtstruktur her bedingt und kann deshalb nicht für sich allein gelöst werden, etwa durch mehr Caritas und Diakonie, aber auch nicht durch „den Markt", wie es in den USA versucht wird. Die Armut ist immerhin aus „dem Markt" hervorgegangen (Cohen 1998, 167 f.).

Ein wesentlicher Aspekt von Armut ist deren entwürdigende Wirkung auf den Menschen. Margalit (1997) berichtet, daß früher, zumal in England, die Armengesetze bewußt demütigend konzipiert waren und die Armen bewußt erniedrigt wurden, um bei der Gewährung von *Wohltätigkeit* an sie zu verhindern, daß sich „Faulpelze", die nur nicht arbeiten wollten, unter sie mischen (257). Die Erniedrigung besteht auch darin, daß den Armen unterstellt wird, ihre Situation selbst verschuldet zu haben. Damit sinkt ihr Selbstwert und sie fühlen sich als wertlose und ausgestoßene Menschen.

Neue Segregationstendenzen in ihren Wirkungen auf Bildung und soziale Eingliederung

Bei der Darstellung der wirtschaftlichen und finanziellen Situation in den Vereinigten Staaten ist bereits auf eine wachsende Spaltung der Gesellschaft hingewiesen worden, und zwar unter dem Einfluß der veränderten wirtschaftlichen Rahmenbedingungen, die zu einer Verschärfung der Einkommenunterschiede und zur Arbeitslosigkeit und Armut geführt haben.

Sie verändern auch die Sozialisationsbedingungen. Für Heitmeyer befindet sich die Bundesrepublik auf dem Wege in eine desintegrierte Gesellschaft (1997). Es zeichnen sich für die immer ungleicher werdenden Gruppen *soziale Segregationstendenzen* ab. Reich (1993) spricht von „Sezession". Sie zeige sich vor allem im Schulsystem. – Damit zeichnet sich eine *Gegenbewegung zur bisherigen Integrationsbewegung* ab.

Während in den USA die privaten Schulen über nahezu unbeschränkte Mittel und damit über eine höhere schulische Qualität verfügten, verarmten die öffentlichen Schulen immer mehr. Eltern, die deshalb um die Zukunft ihrer Kinder besorgt sind, melden diese aus der öffentlichen Schule ab und nehmen sogar einen Umzug der ganzen Familie in Kauf, nur um ihr Kind in eine qualifiziertere Schule schicken zu können. Anfang der neunziger Jahre sei der Bundesanteil an den Kosten der staatlichen Grund- und Oberschulen auf etwa sechs Prozent zusammengeschrumpft (307). Den Hauptanteil tragen also die einzelnen Staaten und die örtlichen Schuldistrikte, und diese seien wirtschaftlich sehr unterschiedlich ausgestattet. Es entstehen also soziale Bruchlinien allein schon durch den Wohnort. Der Rückstand der ärmeren Staaten und Wohngegenden sei beträchtlich.

Selektive Gruppenbildungen: Zugleich bildeten sich neue Wohngemeinschaften gleicher Einkommensverhältnisse aus. In diesen in erster Linie wirtschaftlich bedingten Enklaven ist man unter sich, hier die Reicheren und dort die Ärmeren. Zwischen beiden bestünden kaum noch Verbindungen. „Wenn die Bewohner eines anderen Stadtteils ärmer sind, sollen *sie* sich doch umeinander kümmern. Warum sollen *wir* für *deren* Schulen zahlen" (311)? Der entscheidende Trennungsstrich sei vollzogen: „Wir" und „sie" gehören verschiedenen Gemeinschaften an. Die traditionelle Gemeinschaft aller Amerikaner gibt es nicht mehr (310). Während ärmere Kommunen am Rande des Bankrotts stünden, verfügten die Wohnkolonien und Einrichtungen der Wohlhabenderen über nahezu alles Nötige, selbst über das erforderliche Wachpersonal für den privaten Bereich. Dieses sei insgesamt zahlenmäßig größer als die Gesamtzahl der in den Vereinigten Staaten angestellten Polizisten (302).

Selbst im Bereich der Wohltätigkeit zeige sich eine gespaltene Gesellschaft: Es heißt zwar, daß kein anderes Land mit so großer Hingabe sich wohltätigen Zwecken widme, in Wirklichkeit aber kämen deren Erträge wiederum in erster Linie den Sozialeinrichtungen der Reicheren zugute, also eben nicht oder nur selten den Ärmeren (312). Nur weniger als ein Drittel aller wohltätigen Organisationen konzentriere sich auf eine Klientel von Armen (313). Wenn Reichtum freiwillig geteilt werde, so erfolge dies nach dem gleichen Prinzip, nach welchem auch bei anderen Zwecken Geld zusammengelegt werde, nämlich um die Lebensqualität für sich und seinesgleichen zu verbessern.

Cohen (1998) spricht von einer „neuen Segregation" und von „selektiven Gruppenbildungen", die er auch in Frankreich beobachte. Das „neue Zeitalter der Ungleichheiten" kenne nicht mehr die „soziale Durchmischung", sondern weicht – ob in Familie, Schule oder Produktion – neuen Segregationen, die durch den selektiven Zusammenschluß „untereinander homogener Personen" zustandekommen (105).

Selektionsprozesse im Schulsystem: Besonders eklatant zeigten sich diese im Schulsystem: Das ursprüngliche Prinzip der Chancengleichheit werde durch das ökonomisch bedingte Prinzip der höheren Qualitätsanforderungen neutralisiert. Die stärkere Nachfrage nach Höherqualifizierten distanziere immer stärker die weniger Qualifizierten. Sie hätten immer weniger Beschäftigungschancen. Selbst eine Bildungspolitik, die für Weiterbildungsmöglichkeiten und damit für eine Höherqualifizierung sorge, löse dieses Problem nicht, im Gegenteil, der Abstand werde, auch sozialisatorisch gesehen, immer größer; die Folgen für die Zurückbleibenden, z. B. die Analphabeten, diejenigen ohne Fremdsprachenkenntnisse oder sonstwie Lernbehinderte, würden „verheerend" sein (Cohen 108). Eine derartig forcierte Bildungspolitik, die in sich und für sich durchaus ihren Sinn habe, leiste damit aber paradoxerweise auch Vorschub für die Ausgrenzung ganzer Bevölkerungsgruppen. Die Unterschiede zu den Zurückbleibenden würden immer größer.

Bereits in den Schulklassen zeigten sich gravierende soziale und zunehmende Differenzen als selektive Gruppenbildungen unter den Schülern. Sie führten in verstärktem Maße dazu, daß die Eltern derjenigen Kinder, die sie in ihrer schulischen Weiterentwicklung und in ihren späteren Berufs- und Aufstiegschancen gefährdet sehen, ihre Kinder aus derartigen sozial gemischten Klassen herausnähmen und einer Schule, vielfach einer privaten Schule, zuführten, wo die soziale und lernmäßige Homogenität größer ist. Diese Tendenzen seien – z. T. ansatzweise – in allen Industrieländern zu beobachten. Sie bezögen sich auch auf die Lehrer: Wenn die sozialen Probleme in der Klasse zu groß werden, neigten viele dazu, diese so zu teilen, daß sozial relativ homogene Klassen entstehen.

Das neue Schulmodell in Schweden – Gekippte Integration: Derartige Tendenzen werden auch in einem Land beobachtet, das jahrzehntelang als Wohlfahrtsstaat Nr. 1 gegolten hatte und stolz auf seine „Einheitsschule" war: Schweden! Unter dem Druck der neuen ökonomischen Bedingungen hat er sich inzwischen ohne große Erschütterungen selbst demontiert. Die staatlich einheitlich organisierte „Schule für alle" war ursprünglich ganz vom Vertrauen der Eltern mitgetragen. Das Wort vom „Vater Staat", dem man sich anvertrauen konnte, und der für alle sorgte, hatte hier lange Zeit volle Gültigkeit.

Inzwischen ist aufgrund der wirtschaftlichen Rezession ein grundlegender Umbruch erfolgt, und zwar nicht durch die konservative Opposition, sondern durch die seit Jahrzehnten regierende Sozialistische Partei selber. Sie hatte den Rotstift ansetzen müssen, um die Verschuldung des Staates zu stoppen, und den wirtschaftlichen Anschluß international nicht zu verlieren. Die Folge war eine Liberalisierung auch im Bereich des Schulwesens mit allen kritischen sozialen Konsequenzen. Sozial- und auch

Schulpolitik wurden auf die Frage nach der Finanzierbarkeit reduziert (Mattson 1994).

Wie sich dieser neue liberale Trend im Bereich der Bildung für sozial schwache und behinderte Schüler auswirkt, hat Kriwet (1996) aufgrund schwedischer Quellen berichtet. Die politischen Einstellungen der Eltern hätten sich deutlich verändert. Aufgrund der wirtschaftspolitischen Besorgnisse hätten das Leistungs- und Effektivitätsprinzip und damit das Selektionsprinzip wieder mehr Gewicht bzw. Priorität erlangt. Das Schulwesen sei auf dem Wege zur *Privatisierung* einschließlich der Einführung von Schulgeld. Es sei zu beobachten, daß gerade lernschwache Kinder ins Hintertreffen gerieten, nachdem die Prinzipien Wahlfreiheit und Effektivität der Schulbildung so hoch im Kurs stünden. Benachteiligte und behinderte Schüler würden in den Regelklassen von ihren Klassen- und Fachlehrern in wachsendem Maße als Belastung empfunden.

Es drohe eine Aufteilung in eine A- und B-Gesellschaft. Vom Elternwahlrecht profitierten vor allem diejenigen Eltern, die sich intensiv mit Informationen über Alternativmodelle auseinandersetzen könnten, also am wenigsten diejenigen, die wegen sozialer und ökonomischer Probleme anderes zu tun haben, als sich näher mit der Schullaufbahn ihrer Kinder zu beschäftigen. In der Bildungspolitik mache sich eine Einführung marktwirtschaftlicher Kriterien bemerkbar.

Vom *Markt* werde – allzu unkritisch – die Lösung der neuen Probleme im Bildungsbereich erwartet. So berichtet etwa Dettling (1995), daß „der Umbau des Volksheims zur Markthalle" aus Kostengründen ebenso notwendig und im Gange sei wie eine Verbesserung der Leistungen und des sozialen Klimas. Diese würde man der – offensichtlich neuen – Tatsache verdanken, daß „die Lehrer ihre Schützlinge lieben, denn jedes Kind kommt mit einer Tasche voll Geld" (81). Als noch alle Kosten durch den Staat ersetzt wurden, hätten die Lehrer immer nur nach mehr Ausstattung verlangt.

Seit Einführung der Privatisierung, berichtet Kriwet, zeigten sich wachsende Unterschiede zwischen (reicheren) privaten und (ärmeren) kommunalen Schulen. Die Wahlfreiheit der Eltern habe zu einer verstärkten Segregation der lernschwächeren Schüler geführt. Das Ideal der „Schule für alle", also die von Eltern und Staat getragene einheitliche Schule, gehöre der Vergangenheit an.

Dettling (1995) diminuiert dagegen die Gefahr einer sich möglicherweise verschiebenden Schulstruktur, die dadurch zustande kommen könnte, daß sich die guten Schüler und auch die guten Lehrer allmählich auf die besseren Schulen konzentrierten. Er hält dagegen, daß sich die Schulen um eine jeweilige Profilierung bemühten, „um Schüler anzuziehen" (82). Auf diese Weise erhoffe man sich eine gleichmäßige Verteilung der guten Schüler – eine Annahme, die durch die längere Erfahrung in den USA widerlegt wird. – Im übrigen ist zu fragen, wohin es führen soll, wenn jede Schule um ihre Schüler *werben* muß. Sollen sich die Schulen gegenseitig die

Schüler abjagen? Und wie soll es qualitativ den Schülern einer Schule ergehen, die nicht genügend Schüler einwirbt? Es können nicht alle Schulen Spitzenschulen sein.

Als Vorteil wird auf jeden Fall angesehen, daß die Geldpauschale bzw. der Verrechnungssatz für jedes Kind eine *Kostenkontrolle* erlaube, die zu einer effizienteren Tätigkeit und zu einer sparsameren Verwendung der Etatmittel führe (83). Soll die Kontrollierbarkeit einen so hohen Rang erhalten? Sie spielt pädagogisch eher eine untergeordnete Rolle.

Es ist davon auszugehen, daß auch hierzulande der ökonomische Druck durch den Markt auf das Bildungssystem zunehmen wird (Kell 1996). Die Verteilungskrisen bei den Einkommen werden sich noch verschärfen.

Privatisierung – Schule auf den Markt? Auch hierzulande zeigen sich – indirekt – neue Segregationstendenzen in einer verstärkten Nachfrage nach Privatschulen. An einer Extremposition im Sinne einer nur privatistisch zu überwindenden „Bildungskatastrophe", wie sie Th. Straubhaar, Professor für Bildungsökonomie an der Universität der Bundeswehr in Hamburg, in einem Gutachten vertritt (1996), kann aufgezeigt werden, in welche Richtung die Tendenzen weisen. Es erscheint wichtig, diese unter dem Aspekt einer marktwirtschaftlichen Umwandlung des Bildungswesens zur Kenntnis zu nehmen, wie sie sich gegenwärtig abzeichnet, auch wenn sie weit über deren gegenwärtige Realisierbarkeit hinausreichen.

Was hier gefordert wird, ist nicht mehr und nicht weniger als die *Abschaffung des staatlichen Schulwesens.* Zweihundert Jahre staatliches Bildungssystem seien genug, heißt es. Dieses sei ordnungspolitisch verwahrlost, gleiche planwirtschaftlichen Betrieben und habe in eine Bildungskatastrophe geführt. Der Ausweg könne nur in einem freien Bildungsmarkt und in der *Privatisierung der Schulen* liegen. Dem staatlichen Schulsystem fehlten der Wettbewerb und Effizienzanreize. Es dominiere ein Eigenleben der Verwaltung. Der politische Einfluß sei zu gering. „Es überlebt, wer beim politischen Verteilungskampf am erfolgreichsten ist und nicht, wer die Wünsche der Bildungsnachfragenden am besten erfüllt." Auf Selektion im Schulsystem dürfe nicht verzichtet werden. Angebot und Finanzierung seien strikt zu trennen.

Der Staat solle sich als Anbieter vom Bildungsmarkt zurückziehen. Private Schulen sollten die Regel werden. Der Staat solle lediglich die Konzessionen erteilen und ansonsten höchstens noch eine Nachfragefunktion haben, wenn es um die Sicherstellung der Chancengleichheit geht. Indem Schüler und nicht Schulen staatlich subventioniert würden, erhielte der einzelne (Schüler) kontrollierende und den Wettbewerb und das Angebot steuernde Marktmacht. Damit seien die Bildungseinrichtungen gezwungen, innovativ zu werden und sich nach den Wünschen der Nachfragenden zu richten. Nicht ein solches privatisiertes Bildungssystem sei sozial ungerecht, sondern das heutige staatliche. Ärmere Bevölkerungsschichten finanzierten heute die höhere Bildung der reicheren. Ökonomisches Maß sei die Eigenfinanzierung der Bildungsuchenden. Nur „wer unterstützungswürdig" sei, d. h. wenn „das Familienbudget nicht ausreiche, um die Bildungsnachfrage zu bezahlen", sollte staatlich subventioniert werden. – Es müßte sich damit um einen *Rest* handeln, der dann noch dem Staat verbliebe.

Was im besonderen beunruhigt, ist ein ökonomisch begründeter Verlust an Integrationsbereitschaft innerhalb der Gesellschaft. Der Kampf um die rar gewordenen Arbeitsplätze und die Polarisierung der Vermögensverhältnisse leisten einer neuen Segregationsideologie Vorschub. Diese werde für die Zurückbleibenden „verheerende Folgen" haben, weil sie deren Arbeitschancen drastisch reduzieren werden (Cohen 1998).

Entsolidarisierung

Im Gefolge der gesellschaftlichen Segregationsprozesse läßt sich auch das beobachten, was als „Entsolidarisierung" bezeichnet werden kann und heute zunehmend beklagt wird. Was ist damit gemeint? Abgesehen davon, daß sich Solidarität an sich auf die verschiedensten Inhalte und Zwecke beziehen kann, die heute wie früher Menschen zusammenführen, um ein bestimmtes Ziel zu erreichen, das nur in Gemeinsamkeit und gegenseitigem Unterstützen zu erreichen ist, stellt sich die Frage, wie man beurteilen kann, daß Solidarität als Haltung und Praktizieren von sozialem Zusammenhalt abnimmt oder sich im Auflösen befindet. Die Wortbildung *Ent*-solidarisierung deutet auf einen solchen Verlust von etwas hin, was vorher wirksam gewesen ist. Leider stehen uns keine Vergleichsdaten zur Verfügung, so daß es gewagt ist, diesen Begriff allgemein zu gebrauchen, wenn auch vieles für ihn spricht.

Haeberlin (1996) versteht unter Entsolidarisierung einen im wesentlichen geistigen Prozeß und macht ihn an der Sinnfrage fest. Diese stelle sich in einer ökonomisch-marktwirtschaftlichen Gesellschaft, die im besonderen am eigenen Profit und an den damit verbundenen eigenen Vorteilen interessiert sei, anders. Der ökonomisch uninteressante Mensch, jemand also, der im wesentlichen Kosten verursache, rücke aus dem Blickfeld und verliere an Reiz und Bedeutsamkeit für andere.

Dies ist im Grunde nie anders gewesen. Haeberlin zeigt auf, wie sich durch die gesamte europäische Erziehungsgeschichte eine „Geschichte der Entsolidarisierung" hindurchgezogen habe. Gemeint ist: Es gab noch nie eine *volle* Solidarität mit den Armen, Schwachen und Benachteiligten! Sie galten immer schon als die „Unbrauchbaren", die „Verdorbenen" und „Unvernünftigen". Die Distanz zu ihnen wurde durch die verschiedensten Geistesrichtungen genährt, durch den Rationalismus, den Biologismus, den Emotionalismus oder den religiösen Fundamentalismus, aber auch durch pädagogische Machbarkeitsideen.

Die heute zu beobachtende Nicht-Solidarität erhält einen besonderen Stellenwert durch die Entwicklung in die Wertepluralität hinein, d. h. durch den Verlust an geistigen und religiösen Wertsystemen, die früher immerhin eine Basis für solidarisierende Hilfen abgegeben hatten, aber vor allem durch die bestimmende Rolle, die der Ökonomismus eingenommen hat.

Entsolidarisierung durch Ökonomisierung: Im Grunde ist uns diese Entwicklung schon in der bisherigen Darstellung neuerer Segregationstendenzen, des Phänomens der „Überflüssigen" oder der wachsenden Einkommensunterschiede begegnet. Auf die ökonomische Argumentation im Sinne des wiederverwendeten Begriffes „lebensunwerten Lebens" soll noch hingewiesen werden.

Als Folge der Ökonomisierung läßt sich eine verstärkte Gefahr des Verlustes an Solidarität mit den schwächeren Teilen der Gesellschaft feststellen. Geht man davon aus, daß es in den siebziger und achtziger Jahren eine Wende zu einer größeren Solidarität mit diesen Menschen gegeben hat, die sich in einer ausgeprägten Integrationsbereitschaft niederschlug, so ist sie bereits Geschichte und vergangen. Insofern ließe sich von „*Ent*-solidarisierung" reden.

Solidarität an sich kann sich, wie schon angedeutet, auf die verschiedensten Zwecke und damit auf die verschiedensten Gruppen innerhalb der Gesellschaft beziehen. In der sich zunehmend spaltenden Gesellschaft solidarisieren sich z. B. die sich trennenden Gruppen oder Korporationen durchaus. So solidarisiert sich etwa „die Gemeinschaft der Versicherungsnehmer" gegen Personen als Mitglieder, die die gemeinsame Versicherung dadurch übermäßig belasten, daß sie „vermeidbare Schäden", nicht vermeiden, z. B. einen behinderten Fetus nicht abtreiben lassen.

Gefahren durch ein dominantes Kosten-Nutzen-Denken: Die Dominanz ökonomischen Denkens macht sich u. a. im Gesundheits- und Sozialwesen durch zunehmende Kosten-Nutzen-Rechnungen bemerkbar. Das Kostendeckungsprinzip wird dadurch in die Diskussion gebracht, daß der Öffentlichkeit immer häufiger klargemacht wird, welche Kosten *einzelne Menschen* verursachen. Behindertes Leben wird auf den Prüfstand gestellt, wird zu einem „Schadensfall", zu „vermeidbarem Schaden" oder zu einem „Luxus", der der „Solidargemeinschaft" der Versicherten nicht zuzumuten sei. Derartige Praktiken erzeugen Stigmatisierungen und Distanzierungen. Der Wert von Dienstleistungen und damit des einzelnen Lebens müsse unter dem Aspekt des Gesamtwohls der Gesellschaft bewertet werden, heißt es; es müsse geprüft werden, welche Aufwendungen sich lohnen (H. Tristram Engelhardt jr, zit. b. Tolmein 1993, 157). – In der künftigen Gesundheitspolitik, in der „allein über statistische Menschenleben verhandelt" werde, sei „durchaus Platz für den Rechenstift" (Krämer 1989, 249).

Die von viel Angst um den Besitzstand bestimmte Mentalität wappnet sich mit der Formel, daß die Zeit „verschwenderischer" Ausgaben zu Ende sei, und daß eben überall gespart werden müsse – als seien wir ein Entwicklungsland, das vor dem Zusammenbruch stünde! Investitionen müßten sich lohnen. So bemerkte ein Jurist, der sich mit Jugendfragen befaßt, in einem 1990 erschienenen Buche lakonisch: „Künftige soziale Belastungen der Allgemeinheit sind gering zu halten. Daher ist sowohl der Erzeugung oder Geburt behinderter Kinder entgegenzuwirken, als auch eine übermäßige Belastung durch die Bildungspolitik zu vermeiden. Maßstab für dieselbe ist, daß jede Ausbildung dem Bedarf entsprechen muß und andererseits der vorhandenen Begabung gerecht werden muß" (Ramm 1990, 588). – Darüber, was mit diesen Menschen, die nicht dem gesellschaftlichen Bedarf entsprechen, zu geschehen habe, wird geschwiegen. Das ökonomische Kalkül droht, die ethisch begründete allgemeine Solidargemeinschaft allmählich aufzulösen.

Selektive Solidarität: Das Gleiche spielt sich im Schulbereich ab, wo sich Privatpersonen teilsolidarisieren, um ihren Kindern die bestmöglichen Ausbildungschancen zu sichern, und diese nicht durch andere (belastendere) mindern zu lassen.

Was also zugleich zu beobachten ist, ist eine zunehmende *selektive Solidarisierung.* So wurde hierzulande bereits eine „Krankenkasse für Arme" vorgeschlagen, natürlich nicht von „den Armen". Diese selektive Solidarität ist vor allem in den USA ausgeprägt, wie Reich (1993) berichtet. „Das neue amerikanische Gemeinschaftsgefühl beruht zunehmend auf der Einkommenshöhe" (310). Das Fatale sei, daß die Mitglieder der jeweiligen „Gemeinschaften", die per definitionem in gleichem Maße wohlhabend sind, kein schlechtes Gewissen entwickeln, da sie „den anderen" überhaupt nicht begegnen. – Man wird unwillkürlich an die Zeiten des Feudalismus erinnert! – In der Öffentlichkeit fänden zwar die vielen Wohltätigkeitsveranstaltungen, die als „strahlende Vielfalt" der privaten Mildtätigkeit angepriesen werden, nach wie vor viel Beachtung; aber „im wirklichen Leben gibt es die traditionelle Gemeinschaft der Amerikaner nicht mehr" (310). Es ist anzunehmen, daß die fortschreitende Ökonomisierung der gesellschaftlichen Verhältnisse auch hierzulande ähnliche selektive Entsolidarisierungeffekte hervorbringen dürfte, wenn ihnen nicht entgegengewirkt wird.

Individualismus versus Solidarität? Etwas anderes ist in der Beobachtung zu sehen, daß die früher *üblichen* Solidaritätsmuster in der Gesellschaft nicht mehr so funktionieren wie früher, daß sich ein starker Individualismus ausgeprägt hat, und daß man z. B. nicht ohne weiteres, eingespannt in ein Wir" oder in ein „Man-hält-zusammen", selbstlos zupackt, wenn jemand Hilfe braucht. Die Klagen über einen sozial bedenklichen Egoismus, über Anspruchsdenken, Selbstbedienungsmentalität, Hedonismus, Ich-Streben und mangelnde Solidarität u. ä. sind sicher ernstzunehmen, aber nicht überzubewerten. Immerhin sind die Grundlagen der Kultur auch biologisch im Menschen als sozialem Wesen verwurzelt.

Tatsache ist, daß die heute prakzizierten Formen des Sozialen nicht einfach aus tradierten Konventionen übernommen werden, sondern auf den Prüfstand der *eigenen Verantwortung* gestellt und aus der eigenen und lebensweltlichen Erfahrung heraus bewertet werden. Das eigene Hilfeverständnis baut sich mehr von der individuellen Basis her auf. Auch bei einer stärkeren Vernetzung sozialer Hilfe behält diese *Selbstbestimmung* ihren Wert und ihre Funktion. Dies aber sagt nichts über eine allgemeine Entwertung moralischer Prinzipien aus. Ein stärkeres Geltendmachen des eigenen Anteils am Helfen bedeutet also nicht eo ipso „Entsolidarisierung".

Es konnte im übrigen nachgewiesen werden, daß *freigewählte* Sozialbeziehungen – im Gegensatz zu hierarchisch geforderten – sich durch Festigkeit und Dauerhaftigkeit auszeichnen, z. B. in Selbsthilfegruppen; es gebe also empirisch keine hinreichenden Gründe, ein allgemeines Zerfallen des Sozialgefühls und des solidarischen Handelns anzunehmen (Hondrich/ Koch-Arzberger 1994, 22). Ernstzunehmen aber sind selektive Solidarisierungen auch hierzulande.

„Lebensunwertes Leben" – Euthanasiebestrebungen

Unter zunehmend ökonomisch bestimmten Lebensbedingungen wird auch das Leben selber und seine Bewertung in zunehmendem Maße ökonomischen Kriterien unterworfen. Es ist sicherlich kein Zufall, daß das Thema *Euthanasie* zu gleicher Zeit stärker in die Diskussion gekommen ist, wie die wirtschaftliche Rezession bestimmend wurde. Wenn auch in der Diskussion im allgemeinen Gesichtspunkte des „Mitleids" und der „Leidbefreiung" verwendet werden, so kann doch kein Zweifel bestehen, daß auch ökonomische bzw. daraus abgeleitete Kriterien mit eine Rolle spielen, und in zunehmendem Maße in abwertender Weise auf Menschen angewandt werden, die wegen einer Behinderung oder wegen ihrer großen Pflegebedürftigkeit als alte Menschen *nicht oder in nicht nennenswertem Maße zum Bruttosozialprodukt beitragen.*

Früheuthanasie und Eugenik: Wie ein Schock mußte Ende der achtziger Jahre das Buch von P. Singer auf die Menschen in Deutschland wirken, die hier zum ersten Male wieder – nach der längst überstandenen Nazi-Ideologie und -barbarei – mit dem Begriff des „lebensunwerten Lebens" konfrontiert wurden und im Zusammenhang damit auch mit der sog. Früheuthanasie, der Beendigung des Lebens „mißgebildeter Säuglinge", die nach utilitaristischen Prinzipien nur eine *elende* Qualität von Leben zu erwarten hätten (Singer 1984, 181).

Mit ähnlichen Begründungen hat Kitcher (1998) eine „utopische Eugenik" vorgestellt. Sie ziele auf eine Lebensqualität ab, die der Einzelne bestimmen könne, und die dann gegeben sei, wenn sie der persönlichen Idealvorstellung von der Richtung des eigenen Lebens entspreche. Wertvolles Leben in diesem Sinne sei *erfolgreiches* Leben. Ein Leben mit einer schweren geistigen Retardierung sei dagegen ein elendes Leben. Wer davon betroffen sei, könne gar nicht wirklich leben.

Der Begriff der „Euthanasie" ist im Ausland – im Unterschied zu Deutschland – schon lange enttabuisiert. Dort wird z. B. relativ unbefangen die Frage diskutiert, ob schwerstbehindert geborene Kinder am Leben bleiben sollen. Utilitaristisch gesehen genüge es, daß die zu treffende Entscheidung „per saldo für alle Betroffenen die besten Konsequenzen hat“ (Singer 1984, 24). An anderer Stelle wird – mehr nebenbei – der hohe Kostenaufwand in Rechnung gestellt, der erforderlich sei, um ein schwerbehindertes Kind am Leben zu erhalten (103). Schließlich wird die Frage für wichtig gehalten, „welche Qualität von Leben“ bei einem behindert geborenen Menschen zu erwarten sei (181). Mit Sicherheit gehören dazu auch die wirtschaftlichen und finanziellen Folgelasten.

Die Frage der Euthanasie wird vor allem auch in bezug auf *alte Menschen* relevant. So wird öffentlich gefragt: „Ist das höhere Lebensalter noch finanzierbar?“ – „Wie alt sollen Menschen werden?“ (zit. b. Tolmein 1993) „Ökonomische Grenzen der Lebensrettung“ kommen in die Diskussion. – Die Alterspyramide werde zur „apokalyptischen Vision“. Es sind immer auch ökonomische Gesichtspunkte, die in der Euthanasiefrage virulent werden (Rest 1992). In der budgetierten und rationalisierten Krankenversorgung werden Altersgrenzen wirksam (Kuhlmann 1998, 10).

Die Euthanasiediskussion schreitet fort; der Damm ist längst gebrochen. Euthanasie wird auch bei Personen praktiziert, die ihr nicht zugestimmt haben, ohne daß der Staatsanwalt eingreift, weil an sich geltendes Recht verletzt wird. Genügt es, wie in Holland – und sicherlich auch anderswo – praktiziert, wo nichtfreiwillige Euthanasie zur „geduldeten Praxis“ geworden sei, wenn Ärzte und Angehörige „darin übereinstimmen“, daß die Zukunft von Menschen, die einer Euthanasie nicht zugestimmt haben, „sehr schlecht sein wird“ und daß „keine Aussicht auf Besserung“ besteht (Tolmein 1993, 89)?

Paktierende Übereinkünfte: Man kann eine solche rationale „Übereinkunft“ nur als eine Art „paktierter Kooperation“ (Luhmann 1991, 75) bezeichnen. „Euthanasie“ wird zu einer euphemistischen Verschleierung einer massiven Entwertung des Menschen. Er wird als ein Wesen ausgestoßen, „das unbrauchbar wurde, das von dem Augenblick an *nicht mehr ist*, in dem es *zu nichts mehr nutz ist*“, schrieb Gabriel Marcel in seinem Buch „Die Erniedrigung des Menschen“ im Anschluß an Krieg und Holocaust (1957, 106).

Externe Euthanasie-Entscheidungen ohne die Zustimmung des Betroffenen werden immer häufiger gemeldet. In den Niederlanden seien es nach einer von der Regierung veranlaßten Untersuchung jährlich etwa 1000 Personen (Tolmein 1993, 82). Der englische Moralphilosoph John Harris hält eine nichtfreiwillige Euthanasie „bei entscheidungsunfähigen Menschen“ in jeder Lebensphase für zulässig, wenn man annehmen müsse, daß „es ihnen tot besser geht“ (zit. b. Schockenhoff 1993, 335). Nach einer Meldung der Deutschen Presse-Agentur vom Februar 1998 wird bei 40 % aller geistig Behinderten, die hier jährlich sterben, der Tod durch den Arzt herbeigeführt. Nach Auffassung des Vizepräsidenten der Deutschen Ärztekammer, Hoppe, ist auch hierzulande eine schleichende Relativierung des Tötungsverbotes zu befürchten, etwa bei schwerst Kranken oder bei Behinderten, bei Menschen also, denen nur eine „lebensunwerte Lebensqualität“ attestiert wird (Publik Forum 7/98 vom 10.4.1998, 14).

Forschungsprojekt „Lebenswert-Formel": Wie fortgeschritten „bioethische" Forschungen dieser Art heute sind, und in welch verschiedene Bereiche das ökonomische Prinzip hineinreicht, zeigt eine wissenschaftliche Untersuchung unter Leitung von G. Meggle, über die Tolmein (1993, 155) berichtete, und die im Rahmen eines vom Bundesforschungsministerium finanzierten Projektes durchgeführt wurde. Sie sollte den Bogen „von der Bioethik zur Ökonomie" schlagen: In diesem Sinne wurden Überlegungen zu einer ökonomischen Vermessung von Menschenleben in Verbindung mit der Frage nach der Euthanasie angestellt. In Anlehnung an den amerikanischen Nobelpreisträger für Wirtschaft, Gary S. Becker, ging es um die Meßbarkeit einzelnen Lebens unter ökonomischen Gesichtspunkten. Eine „Lebenswert-Formel" wurde ermittelt, mit der der Wert eines Lebens oder eines Lebensabschnitts errechnet werden kann. „Welchen Wert für x sein eigener Tod hat, das hängt direkt ... vom Wert seines restlichen Lebens ab. Wäre sein Leben noch ca. 50 000 DM wert, so wäre genau das der Verlust, den man ihm zufügen würde, wenn man ihm sein Leben nähme" (zit. b. Tolmein 1993, 156).

Wie „unbefangen" das Thema „Euthanasie" heute wieder aufgenommen wird, zeigt ein Vorfall an einem deutschen Gymnasium (Altena, In: Publik Forum 7/1998 v. 10.4.98, 14). Ein Deutschlehrer hatte 14- bis 15jährige Schülerinnen und Schüler einen Aufsatz mit dem Titel schreiben lassen: „Sollte man schwerstbehinderte Kinder unmittelbar nach der Geburt schmerzfrei töten?". Als einziges Argumentationsmaterial waren Kopien aus dem Buch von Peter Singer und Helga Kuhse („Muß dieses Kind am Leben bleiben?") zur Verfügung gestellt worden. Die beiden Autoren treten bekanntlich dafür ein, „daß Neugeborenentötung mit einer stabilen, gutorganisierten menschlichen Gesellschaft sehr wohl vereinbar ist". Von den 25 Schülerinnen und Schülern, die offensichtlich unter dem suggestiven Eindruck dieser Textvorlage standen, bejahten 15 die gestellte Frage. Ein Einzelfall?

Der dominant werdende ökonomische oder utilitaristische Denkansatz ist uns auch aus unserer Geschichte bekannt. Erinnert sei an das 1920 erschienene Buch von Binding und Hoche mit dem Titel „Die Freigabe der Tötung lebensunwerten Lebens". Hier hieß es: „Die Frage, ob der für diese Kategorien von Ballastexistenzen notwendige Aufwand nach allen Richtungen hin gerechtfertigt sei, war in den verflossenen Zeiten des Wohlstandes nicht dringend; jetzt ist es anders geworden, und wir müssen uns ernstlich mit ihr befassen" (1920, 55). – Da ist es, das Wort vom „verflossenen Wohlstand"!

Inhumanität in Altenpflegeheimen

Eine Zerstörung sozialer Qualität stellen die Verhältnisse in *Pflegeheimen*, speziell in *Altenpflegeheimen,* dar, von denen in den Medien immer wieder berichtet wird. Das Nichtabreißen derartiger Meldungen deutet darauf hin, daß es sich nicht um bloße lokale Mißstände handelt, sondern um strukturelle Bedingtheiten. Zu diesen sind auch die gesetzlichen Bestimmungen zur Pflegeversicherung (1995) zu rechnen. Durch sie wurden erstmals Standards für Pflegedienstleistungen, also „Qualitätsstandards", festgelegt und eingeführt. Ganz offensichtlich ging man dabei von einer unzureichenden Prognose und einer minimalen Normenbasis aus, wie heute auch von den Kostenträgern festgestellt wird.

Minutenpflege: Das Ergebnis ist jedenfalls in vielen Fällen ein Widerspruch zur deklarierten „Qualität", vielfach blanke Inhumanität. Der bisher festgelegte Personalschlüssel für diese Art von „Minutenpflege" beträgt 1 : 2,8 (ein Mitarbeiter auf 2,8 Personen). Das ist nach übereinstimmender Auffassung, auch der Kostenträger, bei weitem unzureichend; jedem der oft in hohem Maße pflegebedürftigen Menschen wird damit rechnerisch nur etwas mehr als eine einzige Stunde pro Tag an minutiös definierten, zwingend nötigen Dienstleistungen zugestanden. Auch eine „Aufbesserung" auf ein Verhältnis von 1 : 2,56 (!), wie gerade vorgeschlagen wurde, wird keine entscheidende Abhilfe bringen. Was seit der Einführung der Pflegeversicherung als „Pflege" real abgeleistet, d. h. vergütet, wird, hat vielerorts mit dem Begriff *pflegen* nur noch nominell etwas zu tun. Für persönliche Zuwendung ist keine Minute vorgesehen (H. Fischer 1998).

Obwohl derartige strukturelle Mängelbedingungen nachweislich zu inhumanen Verhältnissen führen, und eine eklatante Verletzung der Menschenrechte vorliegen, hält sich der öffentliche Skandal in Grenzen. Die offizielle Öffentlichkeit geht relativ rasch zur Tagesordnung über. Sie zeigt sich eher hilflos. Während die Gesellschaft gerade das 50jährige Bestehen der Allgemeinen Menschenrechte feiert, ist eine ganze Gruppe von Menschen zur reinen Belastung geworden und inmitten der Gesellschaft einer Überlebensprozedur bei vegetativer Minimalversorgung ausgesetzt.

Minimalstandards – Vegetierendes Leben: Was über die Situation in den Altenpflegeheimen aktenkundig und unwiderlegt berichtet wird, hat mit der Neuordnung des Sozial- und Gesundheitswesens zu tun und ist von wirtschaftlichen und finanziellen Maßgaben mitbestimmt. Erstmals sind ausdrücklich *Standardisierungen* von Dienstleistungen vorgenommen worden. Sie beziehen sich ausdrücklich nur auf menschliche *Grundfunktionen,* die man auch als *vegetative* bezeichnen kann: Als solche ermöglichen sie (laut Wörterbuch) „ein kümmerliches, kärgliches (Dahin)leben" (Dahinvegetieren). Was diesen alten und völlig hilflosen Menschen, die offensichtlich nur noch als Kostenfaktor zu Buche schlagen, und die über keine Selbst- und Mitbestimmung verfügen, aber auch den in diesen Einrichtungn tätigen Menschen staatlicherseits an „Pflegeleistungen" zugemutet wird, stellt eine Verletzung der Menschenrechte dar.

Material über unerträgliche Zustände: Es liegt eine Fülle authentischer Berichte vor, die vor allem Claus Fussek („Vereinigung für Integrationsförderung e. V. München") jahrelang gesammelt und schließlich der Öffentlichkeit bekannt gemacht hat. Aus dem mir zur Verfügung gestellten Material von betroffenen Pflegekräften und Angehörigen können hier nur einige wenige Berichte und Klagen wiedergegeben werden. Sie bieten ein Bild, für das sich eine hochentwickelte Gesellschaft nur schämen kann: Eine unerträgliche Form von *Entsorgung*, gegen die sich kein breiter Protest erhebt!

Überforderte Mitarbeiterinnen: So berichteten in einer Gesprächsrunde im Bayer. Arbeits- und Sozialministerium am 4.6.1997 Pflegekräfte u. a. folgendes:

„Früher konten die alten Menschen gut gepflegt werden. Seit Inkrafttreten der Pflegeversicherung und der Übernahme des Hauses durch N.N. (einen neuen Träger) hat sich die Situation dramatisch verschlechtert. Der Pflegeschlüssel verschlechterte sich. Ich bin bis an den Rand der Erschöpfung gekommen ... Der Verwaltungsaufwand hat sich drastisch erhöht."

„Es bleibt keine Zeit für Menschlichkeit. Es wird ausschließlich nach wirtschaftlichen Kriterien gearbeitet. Eine menschenwürdige Pflege ist nicht mehr möglich."

„Der Pflegeschlüssel erlaubt keinen menschlichen Umgang mit den Bewohnern ... Mit der Pflegeversicherung hat sich alles minimiert. Wir sind nur noch am Rennen."

Daß die Pflegesituation auch schon vor Verabschiedung des Pflegegesetzes in hohem Maße angespannt war, geht aus einem Positionspapier des Deutschen Caritasverbandes, Landesverband Bayern (1993) hervor, in welchem lapidar festgestellt worden war,

- *daß als Folge des engen Personalschlüssels in Schwerstbehindertengruppen aus Sicherheitsgründen auch tagsüber Fixierungen notwendig sind,* die aber an sich, d. h. medizinisch und rechtlich, unzulässig sind (Klie u. Lörcher 1997),
- *daß die Verwirklichung von ganzheitlichen Betreuungskonzepten, die über die Grundpflege hinausgehen, nur in Ansätzen möglich ist,* und
- *daß eine aktivierende Pflege, also Selbständigkeitsförderung, Kontaktnahme und Kommunikation, also Menschlichkeit, auf der Strecke bleiben.*

Die *völlig unzulängliche Personalsituation* geht aus dem Bericht eines Zivildienstleistenden hervor:

„In der Pflegestation waren ca. 45 Bewohner, zum größten Teil pflegebedürftig und abhängig vom Pflegepersonal, untergebracht. Das Pflegepersonal bestand aus 5–6 AltenpflegeschülerInnen (nur ca. 50% anwesend), 4–5 examinierten Kräften und 1 Zivildienstleistenden. Ich wurde weniger als Zivildienstleistender angesehen als vielmehr eine preisgünstige Alternative zu einem festangestellten Pfleger. Meine Aufgaben bestanden nicht, wie in der Stellenbeschreibung zu lesen war, aus Pflegehilfen und Betreuungsdiensten, sondern vielmehr mußte ich 100% in der Pflege arbeiten wie jeder andere festangestellte Pfleger ... Es hieß, aus Gründen der Personalsituation sei ein Einsatz als Helfer nicht möglich.

Durch die schlechte Personalsituation konnten die jeweiligen Schichten nur ungenügend besetzt werden.Es kam des öfteren vor, daß in der Frühschicht von 6.00 bis 14.15 Uhr nur 3 (!) PflegerInnen anwesend waren (darunter nur 1 examinierte Kraft und dies nicht immer). Die 45 Bewohner ... wurden bei der Morgenpflege (Toilettengang, tägl. Pflege, Ankleiden, bzw. bei Bettlägerigen Inkontinenz- und Wundversorgung und Lagerung) regelrecht abgefertigt. Schnellwaschgang von ca. 10 Minuten (Gesicht, Genitalien – Mundpflege fand so gut wie gar nicht statt!). Ein kurzes morgendliches Gespräch war aus Zeitgründen kaum machbar. Die Menschen wurden abgefertigt wie in einer Fabrik. Menschenunwürdig! Das Personal war total überlastet, Frühstückspausen von nur 5 Minuten die Regel.

Minimalismus beherrschte das Szenario. In 5-6 Minuten sollte das Essen eingegeben sein, und ab zum Nächsten! ... Das Mittagessen war meist lieblos zubereitet und schmeckte fad ... Die Essenseingabe lief wie in der Früh ab, d. h. schnell füttern und das 200 ml-Getränk eingeben. Wer nichts essen und trinken wollte, hatte Pech. (Austrocknung und Unterernährung vorprogrammiert!) ... Nach den Mahlzeiten vegetierten die Bewohner wieder bis zum Abendessen vor sich hin ... Nach dem Abendessen: Wieder Durchbetten, Toilettengänge, Inkontinenzmaterialversorgung und Lagerung.

Pflegeleitung und Geschäftsführung war dieser Personalengpaß bekannt, doch über Monate hinweg wurde nicht reagiert. Deswegen drängt sich für mich auch der Eindruck auf, daß die angepriesene qualitative Pflege und der hilfsbedürftige Mensch nur an zweiter Stelle stehen. Der finanzielle Aspekt scheint mir primär."

Über *demotivierende Auswirkungen* auf das auszubildende Pflegepersonal berichtete eine Krankenschwester, die eine Fachschule für Altenpflege leitet:

„Leider müssen wir feststellen, daß die Schere zwischen Theorie und Praxis stark auseinanderklafft. Die Motivation, mit der die SchülerInnen in ihre Praktika (vor allem in das erste Praktikum) gehen, ist in der Regel als hoch anzusiedeln. Eine Demotivation findet jedoch sehr schnell statt (meistens schon am ersten Praktikumstag). Die Bedingungen in den Einrichtungen lassen eine individuelle menschenwürdige Pflege von Senioren nicht zu."

Dazu werden Einzelbeispiele angeführt, u. a.:

- Die Senioren werden mit „Du" oder „Oma" und „Opa" angeredet.
- Sie werden zum Duschen auf die offene Toilette gesetzt, obwohl eine Duschecke vorhanden ist, mit der Begründung: Damit nichts schiefgeht!
- Der Umgang mit Blasenkatheter ist nicht fachgerecht, z. B. werden unsterile Katheterstöpsel benutzt, die in der Schublade des Nachttisches gelagert werden.
- Zur Mundpflege werden konsequent Lemonsticks benutzt und zwar nicht als Einmalartikel, sondern sie werden bis zur nächsten Mundpflege in einem Glas mit Wasser gefüllt gelagert.
- Die Senioren bekommen den ganzen Tag über Jogginghosen an mit der Begründung, dies erleichtere die Pflege; die Hosen ließen sich leichter hoch- und runterziehen.
- Den ganzen Tag über findet eine Dauerbeschallung durch Radio oder Fernseher statt; damit wolle das Personal dem Bedürfnis der alten Menschen nach „Kommunikation" nachkommen.
- In manchen Einrichtungen gibt es „den Goldfisch" und „den Kanarienvogel"; stumm und teilnahmslos sitzen die alten Menschen davor.
- In vielen Einrichtungen befinden sich wunderschöne Sitzecken; leider sitzt nie ein alter Mensch darin.

Eine Altenpflegerin:

„Ich bin am Ende ... Ich höre nach fünf Jahren Pflege auf ... Stellen Sie sich vor, ich bin schon so weit, daß ich die Bettgitter und Schutzdecken zum Fixieren für normal halte!"

Aus dem Brief einer Stationsleitung an die Heimleitung (München 1998):

„In meiner Funktion als Stationsleitung weise ich darauf hin, daß ich infolge des Personalmangels und der Unterbesetzung nicht mehr in der Lage bin, alle notwendigen fachlichen Aufgaben ordnungsgemäß und patientenorientiert zu organisieren und ausführen zu lassen. Ich kann die Verantwortung für die auftretenden Pflegefehler und Mängel in der Bewohnerversorgung nicht übernehmen."

In einem anderen Fall waren im Nachtdienst einer einzigen Pflegekraft 64 Patienten (einschließlich 34 Intensivpatienten) anvertraut. Wenn derartige Mängelzustände weiter um sich greifen, entsteht eine weitere Gefahr: Das Ansehen eines ganzen und außerordentlich wichtigen Berufsstandes wird aufs Spiel gesetzt mit der Folge, daß sich hier vermehrt Menschen als Bewerber einfinden, die dazu eigentlich ungeeignet sind. Bei einem Besuch einer größeren Einrichtung berichtete mir die Leiterin, daß sie noch bis vor kurzem über eine Altenpflegeschule verfügt hätte, sich aber schon nach einem halben Jahr veranlaßt gesehen habe, diese wieder zu schließen, weil sie es nicht verantworten konnte, einigen dieser künftigen Absolventen alte Menschen anzuvertrauen. – Die Leiterin einer anderen Altenpflegeschule teilte mir mit, daß sie rechtlich keine Möglichkeit habe, einen charakterlich ungeeigneten Bewerber von der Prüfung oder der Praxis fernzuhalten. Sie seien z. T. vom Arbeitsamt (als sonst nicht vermittelbar) gemeldet.

Menschliche Erniedrigung: Um das Ausmaß der Erniedrigung und der zugleich eintretenden Abstumpfung zu verdeutlichen, das durch die Regelungen des Pflegegesetzes entstanden ist, sollen einige Auszüge aus Berichten betroffener Angehöriger zitiert werden. So berichtete eine Frau über das Schicksal ihrer Mutter im Pflegeheim:

- „Erste Erfahrung im Pflegeheim: Es gibt keine Toilettensitzerhöhung mit Armlehnen. Es werden auch keine Anstalten gemacht, dieses Hilfsmittel zu besorgen. Statt die während der vier Wochen Reha mühsam trainierte Selbständigkeit zu unterstützen, sollte nun meine Mutter bei jedem Toilettengang die Schwester rufen (ein freihändiges Sitzen auf der Toilette war nicht möglich). Mein Vorschlag, mich darum zu kümmern, wurde nicht sehr positiv aufgenommen. Ich handelte trotzdem selbst – in zwei Stunden hatte meine Mutter die Toilettenhilfe. „Ein ungewöhnlicher Weg", bemerkte die Krankenkasse, aber es wurde akzeptiert.
- Ärztliche Verordnung, wie z. B. 4 x tägl. Augentropfen, wurde nicht gewissenhaft ausgeführt. Meine Mutter hatte Herpes. Aus Angst, das Augenlicht zu verlieren, ersuchte sie fremde Leute, ihr die Augentropfen zu geben. Letztlich mußte die 94jährige Frau kurz vor Weihnachten in die Augenklinik. Voraus gingen zwei Tage ohne med. Versorgung, keiner wußte richtig Bescheid.
- Auf dieser Station gibt es keinen Verantwortlichen, keine Stat.-Schwester bzw. -Pfleger. Aber es geht …
- Nach div. Krankenhausaufenthalten (wegen Frakturen) wieder zurück im Pflegeheim, sehr schwach, geht mit letzter Kraft mit dem Gehwagen. Sie mußte längere Zeit unbeaufsichtigt auf der Toilette sitzenbleiben, rutschte vom Toilettensitz ab, es passierte nichts, großer Schrecken und ständige Angst blieben zurück. Pflegepersonal: „Es tut uns leid. Wir müssen ihre Mutter alleine lassen, wir haben nicht das Personal." Damit, würde ich sagen, ist die nächste Fraktur vorprogrammiert.

- Der Tag beginnt mit Hektik. Auf der Toilette sitzend fleht meine Mutter: „Bitte, bitte, bleiben Sie da, ich hab's gleich!" Zu mir sagt sie: „Es geht immer alles so schnell, die haben ja keine Zeit."
- Manchmal ist stundenlanges Stöhnen und Schreien von Nebenzimmern zu hören. Die Schwester: „Mit mehr Zuwendung bzw. Personal wäre vieles behoben."
- Wer möchte so seine letzten Tage, es können Jahre sein, niemand weiß es, verbringen?
- Ich habe große Hochachtung vor den Pflegern, die unter diesen menschenunwürdigen Voraussetzungen weiter liebevoll ihre Arbeit verrichten."

Freiheitsentziehende Maßnahmen - Gewalt gegen Alte: In anderen Berichten, wie sie verschiedene Verbände, wie der Sozialverband Reichsbund (RB), das Kuratorium Deutsche Altershilfe (KDA), der Deutsche Berufsverband für Altenpflege (DBVA), die Bonner Initiative gegen Gewalt im Alter „Handeln statt Mißhandeln" (HsM) oder der Münchener Arbeitskreis gegen Menschenrechtsverletzungen verfolgen, heißt es etwa, daß pflegebedürftige Senioren isoliert und unzulässigerweise in ihrer Freiheit eingeschränkt (eingeschlossen oder fixiert) würden, zu wenig zu trinken bekämen und deshalb austrockneten, mit Medikamenten ruhiggestellt oder unnötig katheterisiert würden. Allein nach einer Untersuchung von Klie u. Lörcher (1997) in 26 Heimen mit über 3.000 Bewohnern waren am Stichtag über 2.200 „freiheitsentziehende Maßnahmen" registriert worden (Festbinden ans Bett, Anbringen von Bettgittern, Medikamente zur Ruhigstellung etc.). Die Gewalt gegen wehrlose alte Menschen gerade in Pflegeheimen hat zugenommen (Nakielski 1998). Die Wahrung der Menschenwürde ist vielfach nicht mehr möglich (Praschak 1998). Klie (1998) extrapoliert die in seiner Freiburger Studie ermittelten Zahlen für freiheitsentziehende Maßnahmen auf die bundesdeutschen Pflegeheime und kommt auf etwa 400 000 *restraints.*

Versagt die Heimaufsicht? Derartige unerträgliche Zustände werden aus den verschiedensten Teilen des Landes gemeldet, u. a. unlängst aus Bremen (SZ v. 2.6.1998). Die dortige Heimaufsicht hatte bei einer unangemeldeten Kontrolle in einem Altenpflegeheim eingeschlossene und ans Bett fixierte alte Menschen und sonstige gesundheitliche und pflegerische Defizite vorgefunden. Ihr Einspruch blieb ohne besondere Konsequenzen.

Wie das Kuratorium Deutsche Altershilfe in Köln dazu mitteilte, reiche die Heimaufsicht in den meisten Ländern nicht aus, und da, wo die Kommunen selber derartige Einrichtungen unterhalten, sei praktisch eine Selbstkontrolle gegeben. Generell sei eine *Kontrolle der Pflegequalität nicht möglich.* Im übrigen wolle man als Heimaufsicht nicht restriktiv kontrollieren, sondern beraten. Worauf es ankomme, sagte die Leiterin der Bremer Heimaufsicht: Die Einrichtungen müßten „im Management auf den erforderlichen Qualitätsstand" gebracht werden! „Es soll keine Razzia sein", meinte ein Gutachter, und deshalb komme die Heimaufsicht oder der Medizinische Dienst nicht unangemeldet; man wolle in Zusammenarbeit mit der Heimleitung die Qualität der Pflege langfristig verbessern (Älter werden

45, Dez. 1998/Jan. 1999). – Das hier maßgebende Heimgesetz bedarf dringend einer Reform.

Gerichtliche Klagen: Auf dem Fachkongreß „Pflege '99" in Berlin wurde von Vertretern der Pflegeverbände darauf aufmerksam gemacht, daß sich Pflegekräfte immer häufiger gerichtlichen Klagen ausgesetzt sehen. Jeder zehnte straf- oder zivilrechtliche Haftungsprozeß im Gesundheitswesen beträfe die Pflege (Pflege intern 3/1999, 5). Die Rechtssituation sei aufgrund der drastischen Verschlechterung der Arbeitsbedingungen in einem kritischen Maße unsicher. Die daraus entstehenden Rechtfertigungsprobleme und das damit entstehende Mißtrauen zeigten sich u. a. darin, daß das Dokumentieren sämtlicher Pflegeleistungen immer schärfer und penibler reguliert wird:

- Jeder Eintrag muß von der ausführenden Kraft abgezeichnet werden.
- Die Stationsschwester darf nicht abzeichnen, wenn ein anderer Mitarbeiter die Pflegemaßnahme ausgeführt hat.
- Fehlerhafte Einträge müssen so durchgestrichen werden, daß sie noch lesbar sind (Kein Tip-Ex!).
- Es darf nicht zu Beginn der Schicht dokumentiert werden.

Wer schützt sich hier eigentlich gegen wen? Kontrolle gegen Gewissen?

Eine Mauer des Schweigens und der Duldung: Alle diese entwürdigenden und in höchstem Maße inhumanen Zustände in den Pflegeheimen sind allen übergeordneten Dienststellen nachweislich bekannt. Das Erschreckende ist, daß es zu keiner Abhilfe kommt, daß vielfach überhaupt nicht reagiert wird und es zu einer Mauer des Schweigens bzw. zu einem kollektiven Achselzucken kommt:

- „Leider müssen in der momentanen schwierigen finanziellen Situation der Kostenträger weitere Verbesserungen des Stellenschlüssels ausscheiden."
- „Wir müssen wegen der Pflegeversicherung Personal abbauen, aber die Qualität in unseren Häusern bleibt erhalten."
- „Es ist alles in Ordnung ... Keine gravierenden Mißstände!"
- „Wir teilen nicht die Beurteilung, daß den Anforderungen an die Pflege im Interesse der in den Einrichtungen betreuten Menschen mit dem gegenwärtigen Pflegepersonalschlüssel von 1 : 2,8 nicht entsprochen werden kann."
- „Die in den letzten Monaten verstärkten Kontrollmaßnahmen der Heimaufsichtsbehörden haben keine vergleichbaren Beanstandungen erbracht."

Das Zurückweisen von Handlungsbedarf bzw. das Nicht-Beseitigen der nachgewiesenen Mißstände kann nur als beschämendes Hinnehmen einer blanken Dehumanisierung und einer massenweisen Erniedrigung von Menschen bewertet werden. In München sahen sich im März 1999 Pflegekassen und Krankenkassen genötigt, einem Pflegeheim wegen unhaltbarer Zustände, also der Nichterfüllung der Qualitätsvereinbarungen, zu kündigen. Obwohl für die Pflegekosten 4.900 DM pro Person und Monat gezahlt werden, waren die Beanstandungen derart gravierend, daß eingegriffen werden mußte. Die Mängel waren seit Jahr und Tag bekannt. Bei der Schließung der Station müßten die betroffenen Menschen „verlegt werden“. Die entsprechenden Plätze müßten aber erst gefunden werden.

Berichte aus dem Ausland: Berichte über Mißstände in Altenpflegeheimen stammen übrigens nicht nur aus Deutschland. Beim Problem der Altenpflege handelt sich vielmehr um ein globales Phänomen. Aus Schweden wird z. B. von vergleichbaren Pflegeskandalen berichtet (SZ v. 25.3.1998). Die Gründe für die Verschlechterung der Situation in den Altenpflegeheimen sind verschiedene, im Grunde ähnliche wie hierzulande: Die Zahl der alten und pflegebedürftigen Menschen steigt, es fehlt an ausgebildetem Personal. Man habe den Kompetenzbedarf in den Pflegeheimen unterschätzt, heißt es. Stattdessen habe sich der schwedische Staat genötigt gesehen, seine Zuschüsse um ein Sechstel zu kürzen. Die nun zuständigen Kommunen sehen sich überfordert. Zehn Prozent von ihnen haben ihre Heime privatisiert. Auch hier häufen sich die Mißstände. Was der Staat zuschießen müsse, reiche nicht aus. Ein Ende der Pflegeskandale sei nicht in Sicht, heißt es. Im Gegenteil, man stehe erst am Anfang!

Nur ein Finanzierungsproblem? Für das Ausbleiben von Verbesserungen eines an sich unhaltbaren Zustandes wird die staatliche Finanzlage verantwortlich gemacht. Weil der Kostendruck wachse, stoßen selbst geringfügige Verbesserungsansätze des Stellenschlüssels auf harten Widerstand. Im Grunde müßte er verdoppelt werden. Daß eine derartige Anhebung des Stellenschlüssels im Grunde immer noch im Rahmen von Minimalqualitäten bleibt, geht aus einem Vergleich mit anderen Ländern hervor. So berichtet Dettling (1995, 121), daß es allein in den USA – im Verhältnis zur Gesamtbevölkerung – fast doppelt so viele Pflegekräfte gäbe wie in Deutschland. Die Zahlen aus anderen europäischen Staaten, wie Dänemark oder den Niederlanden, wiesen z. T. ein Mehrfaches an Pflegepersonal im Vergleich zu uns auf, vor allem im Bereich der ambulanten Pflegedienste, in Dänemark z. B. zehnmal mehr!

Strukturelle Verbesserungen seien bei der gegenwärtigen Haushaltslage nicht finanzierbar, heißt es bei uns. Z. B. war die Bestimmung, daß bis zum 30.9.1998 mindestens 50 % der Beschäftigten aus fachlich geschultem Personal zu bestehen habe, nicht aufrechtzuerhalten (gegenwärtig de facto nur rund 35 %). Die Bundesregierung hatte deshalb versucht, diese Regelung abzuschwächen. Dieser Versuch scheiterte am geschlossenen Widerstand der Sozialverbände. Von den realen Erfordernissen her müßte der Anteil an geschultem Personal spürbar erhöht werden. Das Kuratorium Deutsche Altershilfe (KDA) hält eine Quote von 60 % für angemessen. Durch mehr Professionalität könne Mißhandlungen und Vernachlässigungen vorgebeugt werden.

Daß das Finanzierungsargument nicht unbedingt sticht, geht u. a. aus einer Meldung über den Bericht des Bayer. Obersten Rechnungshofes 1998 (S. 137) hervor. In ihm wird beanstandet, daß ungerechtfertigte Zuschüsse an eine Vielzahl von Pflegeheimen geflossen sind; sie waren deshalb ungerechtfertigt, weil diese Heime jährlich Überschüsse von 100 000 bis 600 000 DM erwirtschaften und Bankguthaben in Millionenhöhe ansparen konnten. – Man kann mit den Altenpflegeheimen also auch Geschäfte machen – auf Kosten der Menschenwürde?

Pflegefehler – Pflegebetrug? Auch ambulanten Pflegediensten werden mitunter grobe Pflegefehler bei der Betreuung pflegebedürftiger alter Menschen vorgehalten. Eine ausreichende Aufsicht über diese Unternehmen sei nicht machbar, heißt es. Betrügereien seien u. a. in der Weise möglich, daß zwar beim Abschluß der Pflegeverträge die notwendige Zahl von ausgebildeten Pflegerinnen nachgewiesen wird, diese aber danach wieder entlassen und durch unausgebildete Kräfte ersetzt würden (Deutsches Fernsehen (ARD), panorama, 14.1.1999). Es käme auch zu Unregelmäßigkeiten bei den Hausbesuchen bei bettlägerigen Personen und damit zu Verstößen gegen die vereinbarten Qualitätsregelungen, wodurch schwere gesundheitliche Schäden entstehen können. Dokumentationen über geleistete Pflege würden gefälscht.

Nach einer Pressemitteilung des Instituts für Rechtsmedizin der Universität Hamburg (Prof. Dr. Püschel, 11.1.1999) befanden sich unter 2.500 untersuchten verstorbenen Pflegebedürftigen 3 bis 4 Prozent Personen mit tieferreichenden Durchliegestellen am Körper (Incubitus). Es wird allerdings eingeräumt, daß eine weitergehende Analyse der Ursachen, z. B. bezogen auf Pflegemängel, derzeit noch nicht vorläge.

Höchster sozialpolitischer Handlungsbedarf: Handlungsbedarf ist jedenfalls in höchstem Maße gegeben, wenn es nicht zu einer Katastrophe der Inhumanität, der ersten größeren nach 1945, kommen soll. Vorschläge hat u. a. das „Bundesweite verbandsübergreifende Forum Selbstbestimmter Assistenz behinderter Menschen (Berlin) 1998" vorgelegt (Vorsitz E. Bartz). Es gelte, der Gewalt gegen wehrlose Menschen zu begegnen. Aus einer Modellrechnung des Kuratoriums Deutsche Altershilfe (KDA) (1998) ergibt sich, daß die Zahl der pflegebedürftigen Menschen weiter steigen wird und zwar bis zum Jahr 2010 um 16 %; sie wird dann die Zwei-Millionen-Marke überschreiten. Wenn keine entsprechende Personalverbesserung eingeleitet und vorgenommen wird, dürfte eine weitere Zunahme von Gewalt und damit von Verrohung vorprogrammiert sein.

Das Geschäft mit der Pflege? Insgesamt ist festzustellen, daß ein Pflegeversicherungsgesetz als solches ohne Zweifel notwendig war. Die ungeklärte Finanzierung der Pflege und die damit verbundene Belastung der Angehörigen war nicht länger zu verantworten. Es trifft aber auch zu, daß sich seitdem die Pflegequalität, zumal in Heimen, deutlich verschlechtert hat. Das bedeutet, daß das Gesetz seinen ursprünglich vorausgesetzten Menschlichkeitsnormen und der Wirklichkeit nicht gerecht wird. Die gesetzlichen Regelungen sind allzu einseitig *marktbestimmt* und *minimalstandardisiert.* Jede Orientierung am Markt eröffnet Möglichkeiten des Profits. Es wären sonst nicht plötzlich so viele Pflegedienste entstanden. Da sie nicht alle hinreichend zu überwachen sind, also Verletzungen der Pflegeverpflichtungen für die profitorientierten unter ihnen geradezu programmiert sind, ist generell nach der humanen Verantwortbarkeit dieser Regelungen zu fragen. *Im Grunde gehört die Sorge für hilflose und hilfebedürftige Menschen nicht auf den Markt.* Zu erwähnen ist, daß andere Länder, wie z. B. Österreich, derartige Probleme, wie sie hier aufgetreten sind, offensichtlich nicht kennen. Sie haben eine andere Regelungsbasis.

Alle großen Parteien im Bundestag hatten ursprünglich dem Pflegeversicherungsgesetz zugestimmt. Inzwischen zeigt sich politische Hilflosigkeit, wenn nicht Teilnahmslosigkeit, auch in weiten Teilen der Öffentlichkeit. Der dabei zutage tretende Fatalismus könnte u. U. eine Annäherung an die Euthanasielösung begünstigen. Nicht von ungefähr wird immer wieder einmal das *Triage-Modell,* die sog. Rettungsboot-Ethik, in die Diskussion gebracht, wenn auch mehr nur hintergründig. P. Singer (1984) hat u. a. auf dieses Modell hingewiesen, wenn er ihm auch – aus mehr pragmatischen Gründen – nicht zustimmte. Gemeint ist eine Dreiteilung der Hilfemöglichkeiten im Falle einer Katastrophe: Ein Teil könne sich selber helfen, einem weiteren könne und müsse geholfen werden, während ein dritter Teil aufgegeben werden müsse, weil die Hilfemöglichkeiten nicht ausreichten. Es sei besser, wenn wenigstens einige gerettet würden, da sonst alle ertränken. Eine Folgerung, die Singer nach G. Hardin zitiert, wäre die, daß im Falle der Überbevölkerung auf der Erde die Reichen die Armen verhungern ließen, weil sonst die Armen die Reichen mit sich hinabziehen (238). – Ein nicht nachvollziehbarer Gedanke!

Es dürfte kein Zufall sein, daß immer wieder von Tötungen aus Mitleid auch in Pflegeeinrichtungen für schwerkranke alte Menschen berichtet wird. Auch für diese hilflosen alten Menschen selber rückt der Gedanke der Sterbehilfe immer näher. Daß der Ruf nach aktiver Sterbehilfe lauter wird, ließ bereits die Deutsche Gesellschaft für Humanes Sterben (DGHS) die Öffentlichkeit wissen (Humanes Leben – Humanes Sterben 1998, Nr. 1). Sie stützte sich dabei gerade auf die menschenunwürdigen Verhältnisse in Altenpflegeheimen.

Ein weiterer Beleg für die fortschreitende Erniedrigung und Entwertung alten und kranken Lebens ist im neuen *Betreuungsrecht* zu sehen. Es betrifft ungefähr 700 000 Menschen in Deutschland. Der Aufwand für sie soll deutlich gekürzt werden auf Kosten eines verringerten Rechtsschutzes für die Betroffenen (H. Prantl, SZ v. 5.3.1998).

Zusammenfassung: Die hier aufgezeigten Auswirkungen der Ökonomisierung der Gesellschaft stellen einen empfindlichen Eingriff in das soziale Gefüge der Gesellschaft dar. Das Auffallende ist daran, daß diese sozialen „Nebenwirkungen" das politisch und wirtschaftlich ins Auge gefaßte Programm als solches nicht im geringsten zu erschüttern vermögen. Die politischen Parteien stimmen all dem durchaus zu, was mit mehr Markt, mehr Wettbewerb, mehr Leistung, mehr Flexibilität, mehr Privatisierung und Deregulierung in Szene gesetzt werden soll. Was dabei verschwiegen bzw. verdrängt wird, ist die immer deutlicher werdende Tatsache, daß dieses Programm nicht für alle gedacht ist, und daß es eigentlich nur dann funktionieren kann, wenn man von den weniger Leistungsfähigen, den sozial Benachteiligten, den beruflich Ausgeschlossenen, den Überflüssigen, den Schwerkranken, den Behinderten und Alten – mehr oder weniger – absieht.

3. Primat der Ökonomie? – Ökonomisch gesteuerte Qualität?

Ökonomisierung des Sozialen

Faßt man die aufgezeigten Befunde zur Gefährdung sozialer Qualität zusammen und fragt nach kausalen Zusammenhängen, so ergibt sich ein Bild, das nicht einfach auf „explodierende" Soziallasten und auf „leere Kassen" im Sozial- und Rehabilitationsbereich zurückzuführen ist, sondern vielmehr von einem verschärften wirtschaftlichen Wettbewerb und – damit verbunden – mit einem verstärkten Geltendmachen ökonomischer Werte bestimmt wird. Diese erzeugen Druck auf den Sozialstaat und bedrohen damit den gesamten sozialen Bereich. Das dominant gewordene ökonomische Prinzip läuft auf einen Abbau von „Nebenkosten" und damit auch von „Sozialabgaben" hinaus. Der Sozialstaat sei zu teuer und nicht mehr bezahlbar geworden. Er müsse deshalb abgebaut werden.

So lauten die stängig wiederholten Forderungen von wirtschaftlicher Seite her. Dazu ist zunächst festzustellen, daß es zwar zutrifft, daß die Sozialausgaben des Staates insgesamt einen beträchtlichen Umfang angenommen haben, daß sich in der gleichen Zeit aber auch das gesamte Volkseinkommen in annähernd gleicher Höhe vermehrt hat. Das bedeutet zugleich, daß die Quote aller Sozialleistungen gleichgeblieben ist. Sie betrug 1975 wie 1995 genau 33 % des Bruttosozialprodukts (für Westdeutschland, nach Martin/Schumann 1996, 215).

Die kritische Situation des Wohlfahrtsstaates ist in einem komplexeren Zusammenhang zu sehen. Abgesehen von den Wiedervereinigungskosten ist sie im wesentlichen eine Folge fehlender Arbeit und verringerter Steuereinnahmen. Das sozialpolitische Kraftfeld hat sich in der Weise geändert, daß die sozialen Bestimmungsgrößen und Sicherungssysteme, die bisher im wesentlichen staatlich bestimmt waren bzw. sind, schwächer geworden sind, während ein (neo)liberales Wirtschaftssystem auf den (freien) Markt und damit auf den Abbau von Staat, auf Deregulierung und Privatisierung, und damit auf die Reduktion bzw. Minimierung von Lohn und Sozialabgaben drängt. Dabei sollte aber bedacht werden, daß die *Lohnstückkosten,* also der Produktwert, der mit einer Einheit Arbeit hergestellt wird, in Deutschland außerordentlich niedrig liegen im Vergleich zu anderen Ländern. „Die deutsche Effizienzmaschine funktioniert also hervorragend" (Martin/Schumann 1996, 216)!

Nur vorübergehende Engpässe? Die trotz des nach wie vor bestehenden Wohlstandes, jedoch mit dem globalen ökonomischen Wettbewerb begründeten Forderungen nach Kostensenkung und die Hinnahme sozial kritischer Auswirkungen auf die Menschen, die dabei Arbeit und soziale Sicherheit einbüßen, werden als unvermeidbar und nur vorübergehend notwendig eingeschätzt. Sie seien hinzunehmende „Nebeneffekte" einer wirtschaftlichen Umstellung, d. h. sie werden als „Opferkosten" einer „Übergangszeit" deklariert, ohne daß freilich erkennbar würde, wie diese Übergangszeit für die betroffenen Menschen tatsächlich im positiven Sinne zuendegehen könnte.

Wenn es z. B. im „Bericht der Kommission für Zukunftsfragen der Freistaaten Bayern und Sachsen" (1998, 124) heißt, daß kurzfristige Beschäftigungsverluste hinzunehmen seien, um auf mittlere Sicht Wirtschaft und Arbeitsmarkt zu stabilisieren, so ist das Ausdruck von Hoffnung; es bleibt aber durchaus offen, ob und wie dies tatsächlich möglich sein soll. Ein hinreichender Beleg für die Verifizierbarkeit dieser wirtschaftpolitischen These liegt nicht vor. Die bisherigen Erfahrungen sprechen eher dafür, daß wachsende Einkommensunterschiede programmiert sind, die auf der einen Seite Gewinner und Höchstgewinner und auf der anderen Seite wachsende Verarmung und den Verlust sozialer Sicherheit produzieren.

Mehr Eigenverantwortung? Die soziale Aufspaltung und Ausgrenzung immer größerer Bevölkerungsteile bekommen die wirtschaftlich Schwächsten am empfindlichsten zu spüren. Sie, Sozialhilfeempfänger, Arbeitslose, Behinderte und Jugendliche ohne Ausbildung, erleben, daß ihnen Solidarität aufgekündigt wird. Indem sie zu hören bekommen, daß jeder für seine Lebenssicherung mehr Eigenverantwortung zu übernehmen habe, daß die soziale Sicherung keine „soziale Hängematte" sei, und daß das „Sozialschmarotzertum" zu bekämpfen sei, erfahren sie einen Wandel der Mentalitäten in ihrem Umfeld, der sich wie Hohn anhört und sich allmählich aktiv gegen sie richtet. Diese neue Mentalität trägt manchmal Züge eines Sozialdarwinismus. Das Gefühl von Angst und Bedrohung wächst.

Bedrohung des Sozialstaatsprinzips? Bedroht sind auch die Fundamente unserer grundgesetzlichen staatlichen Ordnung, die laut Art. 20 und 28 auf dem Sozialstaatsprinzip gründet. Danach hat die Bundesrepublik als „sozialer Bundesstaat" den Grundsätzen des „sozialen Rechtsstaates" zu entsprechen. Dieses Sozialstaatsprinzip ist im wesentlichen auf die Grundrechte bezogen, im besonderen aber auf den Schutz der Bürger gegen Einkommenrisiken, die aus Krankheit, Invalidität, Arbeitslosigkeit oder Alter entstehen können. Das Sozialstaatsprinzip ist nicht nur auf die Gewährung sozialer Sicherheit gerichtet, sondern auch auf die Durchsetzung sozialer Gerechtigkeit, gesellschaftlicher Integration und individueller Freiheit (Spieker 1989, Bd. 5, 72). Sozialstaatlichkeit in diesem Sinne ist nicht nur ein politisches Programm, sondern geltende Verfassungsnorm.

Hilflose Politik: Gegenüber der rasanten ökonomischen und finanzpolitischen Entwicklung erweisen sich die politischen Parteien und die staatlichen Instanzen als relativ hilflos. Eine Marktwirtschaft, die ihrem demokratischen Zweck der Förderung des allgemeinen Wohlstandes (nach A. Smith) gerecht werden will, wäre auf einen entsprechenden politischen Ordnungsrahmen angewiesen. Dieser müßte sicherstellen, daß – gegenüber einer liberalistischen Auffassung – der Markt sich nicht selbst überlassen wird, damit er nicht zu einem „Kampf aller gegen alle" (Hobbes) ausartet. Dieser Verpflichtung wird die Politik gegenwärtig immer weniger gerecht (Homann/Blome-Drees 1992, 115). Wenn Wohlstand Freiheit ermöglichen soll, darf diese nicht durch zügellose Märkte gefährdet werden. „Der Markt ist eine Teilordnung der Gesellschaft" (A. Sen, zit. b. Homann/Blome-Drees, 48).

Abwertung des Gemeinwohls? Die beiden großen Kirchen sahen sich genötigt, auf die Gefährdung der Verfassungsnorm der Sozialstaatlichkeit hinzuweisen. Sie beklagen, daß Solidarität und Gerechtigkeit nicht mehr allgemein geachtet würden, und daß der Egoismus Einzelner und einzelner Gruppen sich „dem Gemeinwohl rigoros vorzuordnen" versucht (Heimbach-Steins/Lienkamp 1997, 62). Es werde die irrige Auffassung vertreten, daß der notwendige Ausgleich der Interessen innerhalb eines humanen Gemeinwesens sich in einer freien Marktwirtschaft von selber einstelle. Von einer derartigen Wertverschiebung seien vor allem die Schwächsten einer Gesellschaft gefährdet, die Armen, die Benachteiligten und Machtlosen. Zu verteidigen sei die Qualität der sozialen Sicherung, weil es in einer demokratischen Gesellschaft ohne sie eine leistungsfähige Volkswirtschaft nicht geben könne.

Verlust der Sozialverpflichtung des Eigentums? Was das Wirtschaftswachstum und damit den Sozialstaat gegenwärtig am stärksten gefährdet, ist eine *Shareholder-Value-Mentalität,* d. h. der Primat der Rendite bei den Aktienbesitzern, deren Profitstreben unter Ausnutzung der Globalisierung der Finanzmärkte zu einer Reduzierung des Investitionsvolumens führt. Diese erstickt den Fortschritt der Gesamtwirtschaft und läßt der sozialen Gerechtigkeit kaum Chancen. Zu beachten ist dabei, daß diese Aktieninhaber weder einen unmittelbaren Bezug zu den beteiligten und betroffenen Menschen noch zur wirtschaftlichen Zukunft haben. Hier droht nicht nur die Sozialverpflichtung des Eigentums zu einer Farce zu werden, sondern das betriebswirtschaftliche Renditestreben steht in schärfstem Widerspruch zu langfristigen volkswirtschaftlichen Interessen, insbesondere zu Großinvestitionen im Bildungswesen, wie sie zwingend notwendig wären, um auf längere Sicht gesehen das Wirtschaftswachstum und damit den allgemeinen Wohlstand zu fördern (Gauer/Scriba 1998, 142).

Es ist bemerkenswert, wenn der Bundespräsident sich in seiner Weihnachtsansprache 1998 genötigt sah, die Wirtschaft eigens an die Einlösung ihrer sozialen Verpflichtungen und Versprechen zu erinnern. Die deutsche Wirtschaft sei immerhin eine der modernsten und wettbewerbsfähigsten in der Welt. Wer davon profitiere, müsse sich sagen lassen: Nun gelte es, das soziale Versprechen unserer Marktwirtschaft einzulösen, und auch an die zu denken, die einen Arbeitsplatz brauchen. Eine Gesellschaft sei nur dann in Ordnung, wenn nicht die einen auf Kosten der anderen lebten. „Wer viel hat, kann teilen." Wer stark sei, könne Schwächere tragen. „Wem es gut geht, der kann dafür sorgen, daß es anderen besser geht."

Das Soziale als Randphänomen: Heute aber entsteht, bedingt durch eine noch nie dagewesene globale Monopolstellung von Wirtschaft und Finanzmärkten eine einseitige Macht des Ökonomischen, die der Politik wenig Chancen läßt und damit die Gefahr heraufbeschwört, daß *das Soziale*, wie es im 19. Jahrhundert vor allem in den Industrieländern als gesellschaftlicher Wertbegriff entstanden war und sich in Forderungen nach sozialer Solidarität und Gerechtigkeit, vor allem aber in der Schaffung eines differenzierten Systems sozialer Einrichtungen niedergeschlagen hatte, an der Jahrtausendwende wieder an den Rand gerückt wird bzw. sich als allgemeine Verpflichtung aufzulösen droht. Das Soziale droht zum Epiphänomen zu werden. Es spielt heute politisch im wesentlichen in demokratischen Wahlen eine Rolle, gerät aber in der politischen Wirklichkeit immer stärker unter den Druck ökonomischer und finanzieller Zwänge.

Die Wirtschaft ist ein autonomes System, als solches aber ein Subsystem der Gesellschaft. Es folgt eigenen Gesetzmäßigkeiten und einer eigenen Rationalität in dem Maße, in dem es sich von Zwängen von seiten der Gesellschaft frei macht. Durch Spezialisierung und Abkoppelung von einem rationalen Einheitsrahmen hat sie jene Leistungsfähigkeit im Sinne des Gemeinwohls hervorgebracht, die sie gegenüber einer staatssozialistischen Planwirtschaft überlegen machte.

Diese Entwicklung zu einer nahezu geschlossenen Selbstbezogenheit hat aber in Verbindung mit der Globalisierung der Märkte gegenwärtig zu einer Vormachtstellung der Wirtschaft geführt. Der Staat ist ins Hintertreffen geraten. Er ist u. a. bei den Banken hochverschuldet. Die gegenseitige Aufeinanderangewiesenheit, das Gleichgewicht zwischen beiden, ist nur bedingt regulierbar. Der Staat muß in seiner bedrängten Situation z. B. die Wirtschaft *bitten*, mehr Lehrstellen bereitzustellen. U. U. muß er in Kauf nehmen, daß sich durch die Ausbildungs- und Arbeitsplatznot schwerer gesellschaftlicher Schaden entwickelt. Das kann auf die Dauer nicht gutgehen, auch nicht für die Wirtschaft, die ja letztlich „im gleichen Boot sitzt".

Aufspaltung des Wertesystems: Ein Grund für diese Auseinanderentwicklung kann darin gesehen werden, daß das ursprüngliche allgemeine Wertesystem, in das u. a. auch die ökonomischen Werte eingebunden waren, sich weithin aufgelöst hat. Das, was einst als Vorstellung und Programm einer normativ relativ einheitlich fundierten Gesellschaft galt, ist längst verblaßt (Luhmann 1997). Die Zahl und die Macht der Ungleichheiten ist gewachsen. Jedes Teilsystem ist auf sich selbst zurückgeworfen. Es kann dabei seine eigenen Chancen zwar besser nutzen, ist aber in Gefahr, sich als eigenes Wertsystem zu verselbständigen. Tatsache ist heute, daß weithin und bis in alle Details des realen Lebensvollzugs hinein Geldwerte als Leitwerte gelten. „Mein Papa sagt, Geld ist das Wichtigste im Leben!"

Mit der Dominanz des Ökonomischen stellen sich reale negative Folgen für das Übrige ein, also auch oder in erster Linie für das Soziale. Es rückt ebenso wie das Moralische an den Rand. *Der Ehrliche ist der Dumme!* Die Frage ist offen, wie es zu der nötigen gegenseitigen Abstimmung von Wirtschaft und Politik – und damit auch zu einer neuen Sozialpolitik kommen soll. Da es in der normativ pluralen Gesellschaft keinen selbstverständlich wirksamen Rahmen gemeinsam verpflichtender Werte mehr gibt, käme es auf eine gegenseitige Abstimmung im Sinne des Sozialvertrags an. Diese aber setzte gleichwertige Partner voraus, wenn es nicht zu gravierenden Einseitigkeiten und Ungerechtigkeiten kommen soll.

Das Soziale in den Wirtschaftswissenschaften: Die Wirtschaftswissenschaften beteiligen sich kaum an der Diskussion der sozialen Problematik der ökonomischen Entwicklung. Für die Wirtschaft sind Fragen des Bezugs von Marktwirtschaft und sozialer Gerechtigkeit, im speziellen Fragen der Armen und Benachteiligten, keine eigenen Fragen; und soweit wirtschaftsethische Fragen behandelt werden, beschränken sich diese im wesentlichen auf eine Binnenethik für das eigene System *(Ethics in Business)* bzw. auf das Verhältnis dieses Systems zu allgemeinen ethischen Zusammenhängen. Markt, Wettbewerb und Gewinnorientierung dienten ausschließlich der Lenkung der Wirtschaft und nicht der Gerechtigkeit (v. Hayek, zit. b. Homann/Blome-Drees 1992, 64).

Aufgabe der Ökonomik sei es, sich auf die Möglichkeiten einer optimalen Effizienz des Ökonomischen zu konzentrieren, wodurch das Soziale erst ermöglicht werde. Die deutsche Wirtschafts- und Sozialgeschichte zeige, daß es gerade die soziale Marktwirtschaft war, die soziale Sicherheit und Wohlstand für alle hervorgebracht hat. Freilich war dies nicht allein das Verdienst der Wirtschaft, sondern auch einer entsprechenden Sozialpolitik. Beide sind aufeinander angewiesen. In jedem Falle ist eine Marktwirtschaft nur so weit normativ zu rechtfertigen, als sie tatsächlich in ihren Ergebnissen dem Menschen dient und Solidarität und Gemeinwohl nicht aufhebt. Gewinne ohne den Menschen wären Verluste an Humanität.

Klima für Ideologien – Marktfundamentalismus: Als fatal an dieser normativen Auseinanderentwicklung erweist sich auch die Tatsache, daß aus der Verselbständigung eines Teilsystems heraus und dank seiner momentanen Machtstellung sich gefährliche Ideologien und Utopien bilden können. Eine von ihnen wäre der Marktfundamentalismus einer reinen und freien Marktwirtschaft, die sich selber genügt, und durch die sich alle Probleme – vermeintlich – von selber lösen. Damit würden eine bestimmte Teildimension, hier ein dereguliertes und uneingeschränktes wirtschaftliches und finanzielles Wachstum, verabsolutiert, gleichzeitig aber die Nebenwirkungen abgeblendet und vernachlässigt.

Die historischen Erfahrungen mit Ideologien, speziell im vergangenen Jahrhundert, müßten Warnung genug sein, daß sie letztlich unermeßlichen Schaden für das Ganze anrichten können. Homann u. Blome-Drees (1992) geben die übereinstimmende Meinung vieler bedeutender Wissenschaftler wieder, die feststellen, daß „die Marktwirtschaften des Westens so, wie sie sich gegenwärtig präsentieren, nicht in der Lage (sind), die Zukunftsprobleme der Menschheit, wie Hunger und Armut in weiten Teilen der Welt, die bedrohliche Bevölkerungsentwicklung, die drohende Armutsmigration, die Umweltzerstörung, Kriege und Aufrüstung sowie die Arbeitslosigkeit zu bewältigen" (68). – Eine beunruhigende Feststellung, wenn man sich klarmacht, daß es sich an sich um die stärksten Mächte heute handelt!

Einfluß organisierter Interessensgruppen: Wenn man sich die gegenwärtige Position der Politik gegenüber der rasanten Ökonomisierung und der wachsenden Macht der Finanzmärkte bewußt macht, so werden die Grenzen politischer Handlungsmöglichkeiten deutlich. Die Regierungen der westlichen Länder sind offensichtlich immer stärker unter den Einfluß organisierter und mächtiger Interessensgruppen geraten, die versuchen, für sie günstige Regelungen auf Kosten der Allgemeinheit durchzusetzen. Auf diese Weise seien Marktwirtschaft und Demokratie von innen heraus von einer Erosion bedroht (71). Es fehle an der Fähigkeit der westlichen Länder, *kollektive Selbstbindungen* – zum Vorteil für alle – durchzusetzen. Dabei müßten sozialpolitische Eingriffe durchaus nicht immer wirtschaftlichen Effizienzverlust bedeuten (60).

Der Kommunitarismus: Zu den frühen Kritikern einer einseitigen ökonomischen Entwicklung, die im wesentlichen auf einen Mono-Nutzen für Einzelne hinauslaufe, gehören die Vertreter des amerikanischen Kommunitarismus, dessen Ideen und Theorien bis in die sechziger Jahre zurückreichen. Zu den hierzulande bekanntesten von ihnen gehören A. Etzioni und M. Walzer. Sie zeigen die unvollständigen Erklärungsversuche einer Ökonomik eines möglichst freien und unabhängigen Marktes auf und weisen auf die gesellschaftszerstörenden Folgen hin, die sich aus einer Vereinseitigung reiner Nutzenwerte und aus einer Negierung der Eigenbedeutung des Gemeinwesens ergeben.

Der Soziologe Etzioni (1994) weist im einzelnen nach, in welcher Weise die gängige ökonomische Theorie eines freien Handels von künstlich bereinigten Prämissen ausgeht, die sich so in der Wirklichkeit nicht vorfinden lassen. Diese sei eben nicht einfach nur von einem individualistischen Eigennutz-Interesse bestimmt, sondern ebenso von Ordnungen, die sich auf das Gemeinwesen und die darin gültigen moralischen Regeln beziehen. Nach dem von ihm entwickelten „Ich+Wir-Paradigma", das einen reinen (radikalen) Individualismus und damit ein eigenexistentes Nutzenmaximierungsstreben überwindet, sei auch der Markt in die sozialen und moralischen Prozesse eingebunden, die für jede Gemeinschaft konstitutiv sind. Die Individuen streben danach, „gemeinsamen Bedürfnissen zu dienen und in eine Gemeinschaft eingebunden zu sein, die diese Bedürfnisse befriedigt" (31). Eine *responsive community* wolle deshalb sowohl den Individuen als auch der Gemeinschaft gerecht werden. „Individuen und Gemeinschaften sind beide essentiell und haben daher den gleichen grundlegenden Rang" (32).

Daraus ergibt sich, daß es keine hinreichende Begründung für einen ausschließlich auf sich selbst bezogenen und unabhängig funktionierenden Markt und Wettbewerb geben kann. Nach Etzionis sozialökonomischem Ansatz lassen sich Markt und Wettbewerb nur legitimieren, wenn sie sich als Teil eines umfassenden gesellschaftlichen Kontextes verstehen, d. h. wenn sie in diesen eingebettet oder „eingekapselt" sind (359). Da es aber keine Gemeinschaft ohne Regeln geben kann, könne es auch kein unbegrenztes Prinzip der Deregulierung ökonomischer Prozesse geben. Es sei im übrigen auch unter Ökonomen bekannt, daß die Voraussetzungen für einen vollkommenen Wettbewerb niemals erfüllt werden könnten (361). Es bestehe die Gefahr, daß ein ungezügelter Markt (Verdrängungswettbewerb) zur Selbstzerstörung führe, nämlich über einen „Krieg" aller Konkurrenten gegeneinander, der die schwächeren in den Ruin treibe, aber schließlich auch zum Ende des freien Wettbewerbs selber führe.

Dominanz monetärer Werte: Die Realität hat sich längst verschärft. Zu den aktuellen und prominenten Kritikern der gegenwärtigen Wirtschafts- und Finanzentwicklung gehört auch einer der bekanntesten Finanzspezialisten und zugleich einer der reichsten Männer der Welt, der berühmt-berüchtigte George Soros (1998). Er warnt eindringlich vor der Abkoppelung ökonomischer und monetärer Werte von gesellschaftlichen Werten und Interessen. Es sei falsch und höchst gefährlich, im Sinne eines marktideologischen Imperialismus alle gesellschaftlichen Beziehungen auf tauschorientierte und vertragsbegründete Beziehungen zu reduzieren, und diese mit Hilfe eines einzigen Maßes, des Geldes, zu bewerten (27).

Ein uneingeschränkter Individualismus und die vorherrschende Ideologie eines „Marktfundamentalismus" hätten sich wechseitig verstärkt. Die Erhebung des Eigennutzes zum moralischen Prinzip habe im übrigen die Politik korrumpiert. Das Eindringen der Marktideologie in Bereiche, in denen Profitüberlegungen nichts zu suchen hätten, und die auch nichts mit Wirtschaft und Finanz zu tun hätten, wie z. B. Familie und geistige Entwicklungen, und ein damit verbundener Primat der Marktwerte über alle politischen und sozialen Werte, zögen ohne jeden Zweifel zerstörerische und demoralisierende Folgen für die gesamte Gesellschaft nach sich, auch für die Wirtschaft und die Finanzmärkte selber.

In extremen Formen zeige sich diese Entwicklung in Rußland, aber auch in Südamerika. Hier spricht Soros von „Raubkapitalismus". In diesem Zusammenhang nennt er die Marx'sche Analyse genial, jedenfalls besser als die gängige Gleichgewichtstheorie der klassischen Ökonomie (1998, 28), wenn auch das von Marx und Engels verschriebene Heilmittel, nämlich der Kommunismus, schlimmer als die Krankheit gewesen sei. Die primäre Orientierung am Eigennutz könne dazu führen, daß die „amoralischen" – nicht „unmoralischen" – Finanzmärkte mit ihren unberechenbaren Ausschlägen „die Rolle von Abrißbirnen" übernehmen und „ganze Volkswirtschaften zertrümmern" (246).

Soros macht für diese Entwicklung u. a. auch die *Wirtschaftswissenschaften* verantwortlich. Diese hätten die irritierende Wertfrage immer ausgeklammert, weil sie das Ziel und den Ansatz einer positiven und damit wertunabhängigen Wissenschaft in Analogie zu den Naturwissenschaften verfolgt hätten. Das von ihnen priorisierte Gleichgewichtsprinzip, das mit

Hilfe eines möglichst freien Marktes alle gesellschaftlichen Prozesse letztlich reguliere, sei ein längst erkannter Irrtum. Es sei gerade die sich objektivierenden Erklärungsversuchen entziehende Wertfrage, die die ökonomische Entwicklung immer wieder zu einer unberechenbaren und instabilen mache.

Schwäche der Sozialwissenschaften: Es kann natürlich als ein schwaches Argument gewertet werden, wenn einer Wissenschaft vorgeworfen wird, sie kümmere sich zu wenig um Fragen, die nicht direkt ihren eigenen Bereich betreffen, zumal um ethische Fragen. Der Grund dafür kann durchaus auch in der Schwäche der anderen wissenschaftlichen Bereiche liegen. Im Augenblick sind die Sozialwissenschaften etwas in den Hintergrund getreten. Dies hängt sicher auch mit den gesellschaftlichen Veränderungen zusammen, die die ökonomische Frage in den Vordergrund treten ließen. So erklärt es sich, daß für eine relativ selbstsicher gewordene Ökonomik, die kaum auf Anfechtungen stößt, ihre eigene ökonomische Logik und Forcierung wichtiger werden als die Beachtung sozialer Fragen im eigenen Kontext.

Eine solche Abkoppelung von der gesellschaftlichen Diskussion und der sozialen Realität kann natürlich spezifische Probleme nach sich ziehen, zumal die Ökonomik im wesentlichen mit *Annahmen* bezüglich der Segnungen des freien Marktes für die Gesellschaft umgeht, über deren tatsächliches Eintreten keine sicheren wissenschaftlichen Prognosen möglich sind. Es könnte so auf wirtschaftwissenschaftlicher Seite eine entsozialisierte oder auch entmoralisierte Theorie entstehen, von der aus es schwer wird, der Gefahr einer Zerstörung des Sozialen durch gemeinsames Reflektieren zu begegnen.

Die gegenwärtige Machtstellung des Ökonomischen gegenüber dem Sozialen beschwört das herauf, was man als *Ökonomisierung* gesellschaftlicher Verhältnisse bezeichnen kann. Sie macht blind für andere Probleme und verleitet zu einer Verabsolutierung ökonomischen Denkens. Gesellschaftliches Leben erstreckt sich aber auf mehr als nur auf ökonomische Prozesse. Und auch diese sind vom gesellschaftlichen Kontext abhängig. Es wäre fatal, wenn der Teil mit dem Ganzen gleichgesetzt würde oder sich zu verselbständigen versuchte.

Ökonomisierung als totalisierender Anspruch eines Fachaspektes: Man wird unwillkürlich an vorausgegangene Selbstpriorisierungen in der Wissenschaftsszene erinnert, in der es bereits eine Hypertrophierung des Medizinischen in Form der *Medizinisierung* gegeben hat, oder auch eine *Soziologisierung* oder eine *Psychologisierung* der Wirklichkeitssicht. In Erinnerung gerufen sei auch die einstige *Theologisierung* des Sozialbereiches. Alle diese totalisierenden Ansprüche einer Teildisziplin haben sich inzwischen weitgehend eingeebnet und sind einem kooperativen Ansatz gewichen.

Ohne Zweifel verlagern sich momentan die Machtverhältnisse in Richtung ökonomischer Wertigkeiten und zwar in einem kritischen Maße. Vor diesem Hintergrund ist zu fragen, was es mit der aktuellen Propagierung einer notwendigen Qualitätssicherung auf sich hat, wenn diese nicht ins Leere laufen soll.

Globalisierungseffekte

Schon seit längerer Zeit, d. h. seit Beginn der ersten wirtschaftlichen Rezession, waren sozialpolitische Bewegungen zu beobachten, die Auswirkungen auf das Sozialsystem andeuteten. Der Arbeitsmarkt geriet unter einen immer schärfer werdenden Konkurrenzdruck; es begann das Wegrationalisieren von Arbeitsplätzen und dadurch eine immer höhere Belastung der Sozialkassen. In den sog. Entwicklungsländern breitete sich die Armut immer stärker aus. Es kam überdies zu einer kritischen wirtschaftlichen Konkurrenz dadurch, daß Länder in Ostasien mit ihren Billigprodukten ein enormes Wirtschaftswachstum entwickelten und sich neue große Märkte auch in den bisher führenden Industrieländern erschlossen. Der Kampf um Marktvorteile erhöhte den Druck auf wirtschaftlich belastende Kosten, u. a. auch auf die Sozialleistungen.

Das, was die Dinge grundlegend verändert hat, sind Prozesse, die mit dem Zusammenwachsen der Länder dieser Welt zu tun haben, und was auch auch als *Globalisierung* bezeichnet wird. Der unbegrenzte Markt und der länderübergreifende Finanzaustausch haben neue wirtschaftliche und finanzielle Chancen eröffnet. Dabei hieß es zunächst, diese kämen auch den schwächeren Ländern zugute. Die bisherigen Erfahrungen aber sind zumindest zweispältig: Die stärkeren Länder konnten sich von den national-staatlichen Regelungen befreien und verlagern ganze Industrien in Länder mit günstigeren steuerlichen Bedingungen; sie entmachteten die heimischen Gewerkschaften und bedeuten einen Verlust an Arbeitsplätzen. Das, was als Wirtschaftswunder auch für die schwächeren Länder verkündet worden war, habe sich – jedenfalls bis jetzt – eher als Illusion erwiesen. Martin und Schumann (1998) sprechen von einer „Globalisierungsfalle", von einem „Angriff auf Demokratie und Wohlstand". Der totale Freihandel laufe auf die Durchsetzung des Rechtes der Stärkeren hinaus.

Cohen (1998) dagegen hält eine derartige Deutung für eine folgenschwere Fehldiagnose. Wenn auch gegenwärtig der Eindruck entstehe, daß Globalisierung das Elend in der Welt erhöhe und dem wachsenden Reichtum in den westlichen Ländern einen bitteren Nachgeschmack beschere, so müsse auch gesehen werden, daß man es mit einem bisher nicht dagewesenen wirtschaftlichen Wachtumsprozeß zu tun habe, mit einem mit ungeahnter Schnelligkeit wachsenden Reichtum der Welt, der alle Länder zu einer Neuverteilung des Wohlstandes herausfordere. Das aber sei neu und auch für die alten Industrieländer mit schmerzlichen Einbußen und Verunsicherungen verbunden. Diese nährten die Übertreibungen in ökonomischer Hinsicht und damit die Ängste in sozialer Hinsicht. Um ein neues Gleichgewicht zwischen Ökonomie und Politik zu finden, sei es nötig, das Ökonomische wie das Politische wachsam im Auge zu behalten, damit kein Bereich den anderen dominieren könne (167).

Das Schlagwort, das im Zusammenhang mit der Globalisierung erfunden wurde und seitdem für alles verwendet wird, was den Interessen der Wirtschaft dient, ist „der Wirtschaftsstandort Deutschland". Es hat sich geradezu zu einem *Mythos* entwickelt. Alle Kritik scheint an ihm abzuprallen. Gauer und Scriba (1998) bezeichnen ihn nach ihrer Analyse als „Standortlüge". Bezeichnend ist, daß die beiden Autoren keine Wirtschaftswissenschaftler, sondern Outsider, nämlich Physiker, sind. Bestätigen sie etwa den berühmten „blinden Fleck", den man selber nicht sieht? Sie versuchen jedenfalls mit Zahlen zu belegen, daß die gefürchtete Abwärtsspirale der Globalisierungswarner eine Horrorvision sei, die mit der Realität nichts zu tun habe; die Globalisierungsspirale zeige durchaus nach oben (68)!

Es war ein wichtiges Zeichen, daß der Nobelpreis für Wirtschaftswissenschaften 1998 an einen Ökonomen und Philosophen, Amartya Sen, verliehen wurde, dessen Verdienst darin liegt, eine Wirtschaftstheorie entworfen zu haben, die auch die Bekämpfung der Armut und damit auch die „ethische Dimension" einschließt. Auch wenn es außerordentlich mühsam erscheint, „gegen Windmühlen" anzukämpfen, der Versuch muß gemacht werden, wenn nicht Schlimmeres verhütet werden soll. Nicht von ungefähr stammt Sen aus einem früheren Armutsland, aus Indien, das den Kampf gegen die Armut beharrlich aufgenommen hat, freilich – im Unterschied zu den „reichen" Ländern – keinen allgemeinen Reichtum zu verlieren hat. Daß eine „Globalisierung mit menschlichem Antlitz" nur möglich sein wird, wenn sie auch politisch gesteuert wird, ist auch der Leitgedanke des UN-Berichtes „über die menschliche Entwicklung 1999" (Deutsche Gesellsch. f. d. Vereinten Nationen 1999).

Unter dem Aspekt, eine Verdrängung oder Demontage des Sozialen zu verhindern, ist eine *Antithese* zur bloßen Ökonomisierungsthese notwendig. Sie wird sich gegen einen blanken Primat des Ökonomischen richten müssen, bei dem Marktwirtschaft und individuelle Freiheit gleichgesetzt werden, ohne nach den Folgen für das soziale Ganze zu fragen. Sie wird aufzeigen müssen, daß Solidarität und Gemeinwohl nicht ausgedient haben, und daß es verheerende Folgen hätte, einen *homo oeconomicus* als Leitbild für eine „Moral" der freien Märkte zu propagieren, das sogar „in Gegensatz zum Zoon politikon" träte, dem alten Leitbild des Menschen als eines Gemeinschaftswesens (Giersch, zit. b. Homann/Blome-Drees 1992, 93).

Um die genannte Antithese zur gegenwärtigen Herausforderung zu entwickeln und kritische Folgen zu vermindern, ist es zunächst wichtig,

– der dogmatisierenden Ökonomik mit aller gebotenen Skepsis zu begegnen, speziell ideologischen Vereinseitigungen. Durch das Aufzeigen gefährlicher Folgen muß die Ökonomik herausgefordert werden, den Beweis für die Richtigkeit ihrer Thesen anzutreten.

- Des weiteren wird es darauf ankommen, wieweit es politisch gelingt, die korporativ verselbständigten Teilsysteme der Gesellschaft besser aufeinander abzustimmen, um soziale Gerechtigkeit als Beteiligungsgerechtigkeit für alle zu ermöglichen.
- Schließlich wäre es wichtig, die Bedeutung sozialer Verantwortung und sozialen Handelns durch bürgerschaftliche Aktivitäten, also von unten her, zu beleben, um dem Sozialen einen neuen Stellenwert jenseits bloßer staatlicher Zuständigkeit zuzuweisen.

Den Abbau des Sozialen in seinem umfassenden und primordialen Sinn zu verhindern, wird vor allem dann gelingen, wenn auch die Ökonomie in das universelle ethische Prinzip eingebunden bleibt, und zwar auch für eine prospektive Übergangszeit. Inhumane Verhältnisse, also eine Demontage menschlicher und zwischenmenschlicher Qualität, können nicht einfach hingenommen werden.

Erst wenn diese Zusammenhänge voll ins Bewußtsein aufgenommen werden, wird es sinnvoll, sich mit dem Thema „Qualitätsentwicklung" in sozialen Einrichtungen differenzierter und effektiv zu befassen. Es erhält auf der Folie der wirtschafts- und finanzpolitischen Hintergrundvorgänge einen anderen Stellenwert, als wenn es ausschließlich pragmatisch, lokal oder gar rohrsichtig nur als interne Verbesserung der institutionellen Strukturen oder der betrieblichen Effizienz diskutiert würde. Ohne eine verschärfte Wahrnehmung der ablaufenden komplexen ökonomischen Prozesse wird es kaum möglich sein, sich menschlich und politisch gegen Verwerfungen und den Abbau sozialer Qualität zu wenden, und das im sozialen und rehabilitativen Bereich Erreichte verteidigen zu können.

Orientierungsgröße USA?

In der Ökonomie-Debatte wird gegenwärtig immer wieder auf die Vereinigten Staaten, die größte Wirtschaftsmacht, und ihre Politik der Arbeitsbeschaffung verwiesen. Die Amerikaner selber verkünden stolz, sie seien „die produktivste Ökonomie der Welt", wie das Wirtschaftsmagazin „Business Week" 1995 verkündete (zit. b. Martin/Schumann 1998, 164). Dabei bleibe im allgemeinen im Hintergrund, welcher Preis in sozialer Hinsicht dafür gezahlt wird. Seit der große sozialpolitische Gegner, der Staatssozialismus, ausgeschieden ist, scheint der Weg für desozialisierende Maßnahmen frei geworden zu sein. Das reichste Land der Welt habe sich zum größten Billiglohnland der Weltwirtschaft entwickelt. Mehr als die Hälfte der Bevölkerung sei in eine Abstiegsspirale geraten. Das wirtschaftliche Wachstum ist ein *jobless growth*, ein Wachstum ohne zusätzliche Arbeitsplätze. Der Taglöhner, der *Just-in-time-worker*, breite sich aus. Er ist genötigt, für jeden Lohn, auch für einen Hungerlohn, zu arbeiten. Das sei der Hintergrund des „Jobwunders Amerika"!

J. Rifkin, amerikanischer Wirtschaftsjournalist, der ein Buch über „Das Ende der Arbeit und ihre Zukunft" geschrieben hat, bemerkte in einem Interview (SZ v. 4./5.10.1998), daß es noch eine weitere Gruppe von Arbeitslosen gebe, sechs Millionen, die in keiner offiziellen Statistik erschienen. Es seien sog. *storage-worker*, die es aufgegeben hätten, nach Jobs zu suchen, weil sie es für sinnlos hielten. Sie gälten nicht als arbeitslos. Der Autor weist im übrigen auf ein soziales Problem hin, über das im Lande kaum diskutiert werde, aber für das Arbeiten um jeden Preis maßgebend sei: die außerordentlich hohe Verschuldung der Konsumenten. Die Leute lebten von ihrer Kreditkarte. Die Hälfte der amerikanischen Bevölkerung habe ein Vermögen, das unter 1000 Dollar liege.

Robert Reich, führender amerikanischer Wirtschaftswissenschatftler und früherer Arbeitsminister in der Clinton-Administration, hat in seinem Buch (1993) ausführlich beschrieben, in welcher Weise und Geschwindigkeit sich in den Vereinigten Staaten das soziale Klima als Folge einer grundlegend geänderten Wirtschaftspolitik geändert hat.

Ursprung des Qualitätsbegriffes: Für unser Thema der Qualitätsentwicklung ist es bemerkenswert, was Reich über den Wandel der wirtschaftlichen Interessen in den USA ausführt: Die Kernunternehmen seien auf dem Wege *von der Masse zur Qualität*. Sie stützten sich im Unterschied zur großen Tradition der USA nicht mehr auf die Produktion von Massen- und Standardgütern, da diese in anderen Teilen der Welt billiger herstellbar sind und deshalb keine großen Gewinne mehr abwerfen. Damit aber seien auch die Armeen von Arbeitern und Angestellten nicht mehr nötig, die man früher brauchte. Die nun erfolgreichen Firmen sind diejenigen, die sich spezifisch an den besonderen Bedürfnissen bestimmter (potenter) Kunden orientierten, das heißt, das neue Wirtschaftsprogramm laufe unter dem Leitbegriff der *wirtschaftlich profitablen „Qualität"*. – Man geht sicher nicht fehl in der Annahme, daß hier der Ursprung des heute allgemein verwendeten Qualitätsbegriffs zu sehen ist.

Wichtig ist auch die Tatsache, daß dieser wirtschaftliche Wertbegriff sich immer weniger auf die bisherige Form der fabrikmäßigen Herstellung von Gütern bezieht, sondern auch auf das, was man gemeinhin unter *Dienstleistungen* versteht. Die Herstellung hochqualitativer Waren ist vor allem auf spezialisiertes Wissen und dessen fortwährende Weiterentwicklung angewiesen. Damit ist im Grunde die Unterscheidung von Waren und Dienstleistungen bedeutungslos geworden. Der wirtschaftliche Trend geht also in Richtung hochspezialisierter Dienstleistungen (Forschung, technische Weiterentwicklung, Marketing, Beratung). Für uns stellt sich die Frage, wie viele Menschen dazu befähigt sind, und was aus denen wird, die man dafür praktisch nicht mehr braucht. Die Zahl der weniger Qualifizierten, aber zugleich auch nicht höher Qualifizierbaren, steige.

Soziale Aufspaltungen: Reich zeigt auf, daß mit dem wirtschaftlichen Kriterium *Qualität* im Sinne von *hoher* Qualität zugleich der Keim für eine Aufspaltung der Dienstleistungen und damit der Gesellschaft gelegt worden sei. Hohe Dienstleistungsqualität sei nur da möglich, wo diese auch bezahlt werden kann, d. h. da, wo mehr Privatvermögen verfügbar ist. Sie sinke dort, wo in erster Linie nur die öffentlichen Kassen zuständig sind, also in den ärmeren Gebieten. Das habe zur Folge, daß gerade da, wo die sozialen Probleme am größten sind, auch nur ein minimaler Qualitätsstandard der öffentlichen Einrichtungen verfügbar ist.

Der Rückgang der öffentlichen Investitionen sei vor allem im *Schulbereich* zu beobachten, eine Auswirkung der Sparpolitik der Regierung, die zugleich die Steuer- und Abgabenlast in zunehmendem Maße auf die Geringerverdienenden verlagert hat (285). Eine Folge dieser „Sparmaßnahmen" sei u. a. die, daß die öffentliche Finanzierung der Vorschulerziehung („Head Start") für Kinder aus ärmeren Familien spürbar geschrumpft ist (289). 1989 war weniger als ein Fünftel von ihnen in der Lage, an einem solchen Programm teilzunehmen, im Unterschied zu zwei Dritteln der Kinder Besserverdienender (289).

Bemerkenswert ist die sprachliche Form, mit der das neue Programm einer massiven Reduzierung von Sozialleistungen der Öffentlichkeit präsentiert wurde, nämlich als „soziale Revolution". – Dies ist übrigens die ursprüngliche Bedeutung von „Revolution"! Also: „Zurückwälzung"? – Klarer wäre der Begriff „Rollback".

Systematische Zurückdrängung des Staates: Hinter dem euphemistischen Leitgedanken steckt die Zurückdrängung des Staates, seine „Verschlankung" zugunsten von mehr Eigenverantwortung des Einzelnen. So sehr ein solches Programm auch nach dem Subsidiaritätsprinzip klingt, es hat damit nichts zu tun. In Wirklichkeit handelt es sich um eine direkte Zurückdrängung des sozialstaatlichen Prinzips. Die soziale Sicherung wird restriktiv in Richtung privater Verantwortung verlagert, d. h. der Staat kürzt seine Sozialleistungen und zwar rigoros. Ganze Sozialprogramme wurden gestrichen, was umso mehr wiegt, als die USA nicht zu den Ländern gehören, die besonders viel für die soziale Sicherung ihrer sozial benachteiligten Bürger ausgeben.

Die Armut sei hier vielmehr doppelt so groß wie beispielsweise in Großbritannien und sehr viel größer als in anderen Ländern, stellt Chomsky (1998, 165) fest. Er fügt hinzu, daß bei Befragungen merkwürdigerweise etwa 80 % der Bevölkerung in den USA der Meinung seien, der Staat sei dafür verantwortlich, daß den Armen geholfen werde; und doch laufe die Politik, dank einer gezielten Propaganda, anders. Es entstehe der Eindruck, als sei diese Politik direkt darauf gerichtet, „den Wohlfahrtsstaat zu zerschlagen" (115).

Die Folgen, u. a. eine hohe Kriminalität, werden in Kauf genommen. Sie erzeugt Kosten in einer Höhe, die vergleichsweise in Deutschland von der Sozialhilfe gezahlt wird. Die Zahl der Gefängnisinsassen sei explodiert (Thurow 1998, 116). Im kalifornischen Haushalt beispielsweise waren 1995 doppelt so viele Geldmittel für den Bau und den Betrieb von Gefängnissen ausgewiesen wie für Universitäten. Die Staatsausgaben für einen

Gefängnisinsassen lagen viermal so hoch wie die für einen Universitätsstudenten. – Die Ärmeren bzw. Wenigerbegünstigten bleiben im wesentlichen sich selbst überlassen. Ihr Anteil wächst auf die Vier-Fünftel-Marke zu (Reich 1993). „Das Weltmodell der Zukunft folgt der Formel 20 : 80. Die Einfünftelgesellschaft zieht herauf", bestätigen Martin und Schumann (1998, 14). Die ärmeren vier Fünftel der Bevölkerung sehen kaum Chancen für ein Ende der Schere, während das reichere Fünftel alle Optionen offen habe und aus dem Vollen schöpfen könne. *The winner takes all! Der Gewinner erhält alles!*

Einseitiger Nutzen von Steuererleichterungen: Der *Staat* ist dabei immer mehr unter Druck geraten. Sein Einfluß wurde von Seiten der Wirtschaft immer mehr zurückgedrängt, und zwar unter dem Programm der *Deregulierung.* Dieses werde wie ein Köder angepriesen, der mehr Arbeitsplätze erbringe. Liberalisierung und Wettbewerb werden über alles hochgelobt, während die Arbeit abgewertet wird. Damit aber gerät der Staat in immer größere Bedrängnis und zwar in sozialer Hinsicht. So gesehen kommt die sog. Degerulierung einem „politischen Amoklauf" gleich, resümmieren Martin und Schumann (1998, 191). Letztlich handele es sich um ein *Jobkiller-Programm.* Der dahinterstehende Kapitalismus ist deshalb auch als *Killer-Kapitalismus* bezeichnet worden.

Reich weist im besonderen auf die schiefe Bewertung der Investitionen hin. Es herrsche in den USA die fälschliche Meinung, der öffentliche Sektor gebe nur Geld *aus*, während der private es verdiene und investiere. Unterbewertet bleibe dabei die Tatsache, daß auch öffentliche Ausgaben Investitionen darstellten, z. B. im Bildungsbereich. Die Folge dieser ungerechten Einschätzung sei die, daß davon geredet werden könne, die öffentlichen Ausgaben sollten unter dem Aspekt der „Sparsamkeit" gekürzt werden.

Hinzu komme die andere Folgerung: Weil der private Bereich das nötige Geld zu verdienen habe, müsse er um der Anreize wegen steuerlich entlastet werden (295). Tatsache aber sei im Zeitalter der Globalisierung, daß das verdiente Geld durch die ganze Welt wandere und überall da angelegt werde, wo größere Gewinne zu erzielen sind, nicht also in das eigene Land als Inverstitionen zurückfließe. Das Humankapital werde unterschätzt, das Finanzkapital überschätzt. Es gehe nicht an, „den reicheren Bürgern zu gestatten, einen immer größeren Teil dessen, was sie verdienen, zu behalten, während man die öffentlichen Investitionen zurückschraubt" (298).

Wohlverstandener Eigennutz: Die ursprüngliche These vom „wohlverstandenen Eigennutz" habe an Zugkraft eingebüßt. Gemeint war eine Deutung von Tocqueville, der 1831 im Auftrag der französischen Regierung die Vereinigten Staaten bereiste und dabei den Eindruck gewann, die Amerikaner liebten es, „fast sämtliche Handlungen ihres Lebens aus dem wohlverstandenen Eigennutz abzuleiten"; ihre aufgeklärte Selbstliebe dränge sie ständig dazu, „sich gegenseitig zu helfen und für das Wohl des Staates bereitwillig einen Teil ihrer Zeit und ihres Vermögens zu opfern" (zit. b. Reich, 31). Er hatte aber zur Begründung auch die damals offenkundige gegenseitige Abhängigkeit innerhalb der Gesellschaft angeführt. Das bedeutet, der Eigennutz erhält eine andere Funktion, wenn die gegenseitige Abhängigkeit abnimmt und nur noch die stärkere Seite dominiert; und dies sei heute in der weithin globalisierten Wirtschafts- und Finanzsituation der Fall.

Dabei wird man sich nicht ohne weiteres auf die Betonung der individuellen Freiheit beziehen können, wie sie in der Verfassung der Vereinigten Staaten verankert ist. Deren Gründungsväter hatten sich auf John Locke gestützt, dessen Thesen aber auf einer unangefochtenen christlichen Moral gründeten, die imstande schien, Egoismen einzudämmen, die sich aus der Lockerung gesetzlicher Beschränkungen der individuellen Freiheit ergeben konnten. John Adams, der erste Vizepräsident der USA, bemerkte immerhin: „Unsere Verfassung wurde ausschließlich für ein moralisches und religiöses Volk geschrieben." Für die Regierung eines anderen Volkes, das also nicht auf dieser moralischen Bindung beruhe, sei sie „völlig ungeeignet" (zit. b. Csikszentmihalyi 1995, 345).

Neoliberalismus und Eigennutz: Nachdem diese religiöse und moralische Basis sich weitgehend aufgelöst hat, tritt ein Neoliberalismus zutage, der *jeglichen* Eigennutz als berechtigt ansieht und diesen nur noch mit der Floskel eines Beitrags zum Allgemeinwohl umgibt, etwa im Sinne des Mottos einer total freien Marktwirtschaft: „Marktwirtschaft ist menschlich. Mehr Marktwirtschaft ist menschlicher!" Im Grunde verbirgt sich dahinter blanker Egoismus. Eigennutz in dieser Weise zu totalisieren, und sich dabei noch auf den Begründer der modernen Nationalökonomie, auf Adam Smith, zu berufen, stellt eine fälschliche Auslegung, ein „grandioses Mißverständnis", dar (Herz 1998). Smith hatte zwar die Bedeutung eigener Interessen für das allgemeine wirtschaftliche Wohlergehen anerkannt, jedoch diesen auch Schranken gesetzt, und zwar durch die Forderung nach Gerechtigkeit, und durch den anthropologischen Hinweis auf die Natur des Menschen, der auf soziales Handeln und auf Gemeinschaft angelegt sei, um sich weiterentwickeln zu können.

Bei A. Smith gibt es also keinen Primat der Ökonomie vor der Politik. Der Versuch, diesem Primat Geltung zu verschaffen, ist aber heute unverkennbar. Sein Ansatz läßt sich aus systemtheoretischer Sicht erklären. Das *Wirtschafts- und Finanzsystem* ist aufgrund seiner monetären Zentrierung „heute ein streng geschlossenes, zirkuläres, selbstreferentiell konstituiertes System", das im Sinne des eigenen Wachtums operiert (Luhmann 1988, 103). „Zahlen oder Nichtzahlen", sei die „Seinsfrage der Wirtschaft" (104). Das heißt, das Wirtschaftssystem bedarf weder externer Regulierung noch gehört es zu seiner ausdrücklichen Aufgabe, sich an der Lösung externer, z. B. sozialer Probleme zu beteiligen. Im Gegenteil: Es wird sich prinzipiell („selbstreferentiell") gegen die Reduzierung seines Wachstums durch externe Hindernisse, wie z. B. durch „übermäßige" Sozialleistungen, wehren.

Sollte es ihm aber gelingen, sich mit seiner Eigenmacht durchzusetzen, wäre dies zugleich der Anfang von seinem Ende; denn kein Teilsystem kann „einseitige Kontrolle über den Rest oder über irgendeinen anderen

Teil" eines Gesamtsystems haben (Bateson 1985). Das, was als *Geist* des Ganzen zu verstehen ist, sei der Gesamtheit als *ganzer* inhärent oder immanent (408).

Chomskys radikale Kritik: Den gegenwärtig dominanten Orientierungs-Grundcode der Wirtschaft hat am schärfsten Noam Chomsky bloßgelegt, der ansonsten als Linguist weltweites Ansehen genießt, wegen seiner „anarchistischen" Kritik gegenwärtig aber auch als „Wirrkopf" denunziert wird. Seine Recherchen und Analysen enthalten aber unzweifelhaft hohe Aussagekraft. „Haben und Nichthaben" heißt sein neuestes Buch (1998), im Amerikanischen „Warfare" („Kriegführung"). Seine Grundthese: Das gesellschaftliche Leben werde immer stärker von einem „System privater Tyrannei" beherrscht, dessen Ziel es sei, das wirkliche Funktionieren von Demokratie zu behindern, und die bisherigen sozialen Errungenschaften, also den Wohlfahrtsstaat, zugunsten eigenen Profits und Wohlstands „zurückzurollen".

Chomsky weist auf das explosionsartige Wachstum des globalisierten Finanzkapitals seit den siebziger Jahren hin, das ihm eine beherrschende Funktion in der Weltwirtschaft eingebracht habe. Er belegt es mit Zahlen: Während noch 1970 etwa 90 % des im internationalen Austausch zirkulierenden Kapitals an die reale Wirtschaft, also an Investition und Handel, gebunden, also nur zehn Prozent spekulativ waren, zeigen die Zahlen für 1990 ein genau umgekehrtes Bild: 95 % des gesamten Kapitals sei Spekulationskapital, läuft also über die Börsen, d. h. wird nicht investiert, z. B. in Arbeitsplätze. Chomsky bezieht sich auf den amerikanischen Nobelpreisträger James Tobin, der schon 1978 darauf hingewiesen hatte, daß das enorme Wachtum des Finanzkapitals die Weltwirtschaft in Richtung auf sehr niedriges Wirtschaftswachstum und auf sehr niedrige Löhne treibe (44). Das bedeute, daß die Beschaffung neuer Arbeitsplätze dieses Finanzwachstum *gefährden* könne (45), es sei denn, die Beschäftigung bewege sich auf niedrigem Lohnniveau.

Dadurch, daß sich der Eigennutz heute im allgemeinen kaum noch einschränken läßt, entsteht eine völlig neue Situation. Das Finanzkapital wächst dank der globalen Finanzströme ungebremst, und deren Einschränkung, etwa durch den Staat, scheint kaum realisierbar, zumal er zu den größten Schuldnern der Banken gehört. Im Gegenteil, er sieht sich genötigt, um des wirtschaftlichen Wachstums wegen den finanziell Begünstigten, d. h. denen, die „schließlich das nötige Geld zu verdienen haben", weitere steuerliche Begünstigungen zu gewähren

Eine kritische volkswirtschaftliche Einseitigkeit des vermeintlichen Jobwunders in den USA ist darin zu sehen, daß das Wachsen der Wirtschaft sich im wesentlichen auf *Dienstleistungen* bezieht, in zu geringem Maße aber auf die Produktivität (Gauer/Scriba 1998, 119). Diese hinke der deutschen eindeutig nach. Es sei eine volkswitschaftliche Fehlentwicklung, wenn das Wirtschaftswachstum sich im wesentlichen auf niedrigproduktive Jobs beziehe, die noch dazu mit Niedriglöhnen vergütet würden, mit denen man sich kaum über Wasser halten könne („working poor").

Ökonomische und soziale Sezession: Angesichts dieser weitgehenden Machtlosigkeit staatlicher Kontrolle, die auch Präsident Clinton bei seinen Versuchen, den Verfall öffentlicher Dienstleistungen im sozialen Bereich zu verhindern, zu spüren bekam, breitet sich eine auffallende Ratlosigkeit und Mutlosigkeit unter den betroffenen Menschen aus, deren wirtschaftliche Zukunft auf der Kippe steht. Reich weist darauf hin, daß sich die neue ökonomische und soziale „Sezession" in aller Stille vollziehe. Obwohl vier Fünftel der Amerikaner vor einer ungewissen bzw. bedrohlichen Zukunft stünden, erhebe sich kein lauter Protest gegen die immer größer werdende und ungerechte Einkommensdivergenz und gegen den Verfall öffentlicher Dienstleistungen, im besonderen im Schulbereich (Reich 1993, 316). Es breite sich eher Ressentiment aus.

Der Grund liege darin, daß die unteren vier Fünftel nicht über die nötigen politischen Mittel verfügten, um sich Geltung zu verschaffen. Ihnen mangele es an dem nötigen Wissen und an der Fähigkeit, die Kompliziertheit der maßgeblichen Prozesse zu durchschauen. Die andere Seite dagegen verfüge über ein ausgeklügeltes Informations- und Mediensystem. Die Weltwirtschaft habe die Macht der Gewerkschaften unterhöhlt; diese hätten auch immer weniger Routinearbeiter als Mitglieder. Kurz gesagt: Die unteren vier Fünftel verfügten nicht über die politische Macht, um sich durchzusetzen und das obere Fünftel zu zwingen, sein Einkommen mit ihnen zu teilen, und in die gemeinsame Zukunft zu investieren (336).

Verhinderung von Kritik: Die hier wirksamen Zusammenhänge würden im übrigen in den Medien verdeckt und in der Sprache verschleiert. Schließlich sei die Medienmacht ein Teil der Wirtschaftsmacht. Wenn sich also Kritik erhebe, so müsse sie damit rechnen, als Verzerrung der Wirklichkeit denunziert zu werden. Da Ängste der um ihren Besitzstand Besorgten hinzukommen, würden kritische Analysen oft vermieden. Sie müssen im übrigen damit rechnen, in das veraltete Muster „linker Ideologien" abgedrängt zu werden. – Dieses Schicksal erleiden übrigens auch die päpstlichen Enzykliken zur wirtschaftlichen Situation und zur sozialen Verpflichtung des Kapitals, die sich für viele tatsächlich wie Quellen links von den regierenden linken Parteien lesen lassen.

Zu welch absurden Folgerungen die Unterstellung, „links" zu sein, führt, hat Chomsky belegt: Das „Wall Street Journal" veröffentlichte eine Liste von Organisationen, die „links stehen" und denen deshalb öffentliche Mittel entzogen werden müßten. An erster Stelle stand dabei der „Katholische Hilfsdienst". Es wurde erklärt, daß hier Priester und Nonnen ohne Entlohnung in sozialen Eingliederungsprogrammen arbeiteten und Leuten hülfen, die arm sind. Die zweite „linksgerichtete" Organisation war eine Vereinigung für alte Menschen, denen geholfen wurde, wieder Beschäftigung zu finden (Chomsky 1998, 172).

Befremdende Sozial-Mentalität: Im Grunde wird immer deutlicher, daß ein radikaler Liberalismus und ein neuer Kapitalismus sich anschicken, eine bisher nie dagewesene und gegenwärtig kaum einzuschränkende Macht aufzubauen und durchzusetzen, und die sozialen Sicherungssysteme, wie sie in den letzten hundert Jahren erkämpft worden sind, als belastend zu diskreditieren und abzubauen. Aus dieser Sicht erscheint es höchst bedenklich, in den amerikanischen Verhältnisse ein Leitbild für uns zu sehen. Die amerikanische Sozial-Mentalität ist offensichtlich eine grundlegend andere als hierzulande.

Gerechterweise muß hier hinzugefügt werden, daß diese kritische Sicht nicht alles ist, was in dieser Hinsicht aus den USA für uns bedeutsam erscheint. Im Gegenteil, gerade in diesem Land hat sich eine Kritik gegen die ungezügelte und einseitige ökonomische Entwicklung formiert, wie sie in anderen Ländern noch nicht zu beobachten ist. Dabei denken wir an den *Kommunitarismus* (u. a. Etzioni, Walzer).

Großbritannien und der Dritte Weg: Großbritannien, das eine den USA ähnliche Wirtschafts- und Sozialstruktur aufweist und als europäischer Modellstaat des Neoliberalismus gilt, hat es mit ähnlichen sozialen Problemen wie die USA zu tun. Sein Bildungs- und Sozialsystem nähere sich dem eines Entwicklungslandes (Martin/Schumann 1998, 183). Jedes dritte britische Kind wachse in Armut auf; 1,5 Millionen Kinder unter 16 Jahren müßten mangels sozialer Unterstützung Geld verdienen. Im Gegensatz zum übrigen Europa, wo vier Fünftel aller 18jährigen noch einer beruflichen Ausbildung nachgingen, lerne in Großbritannien weniger als die Hälfte dieser Altersstufe noch etwas dazu. Das Analphabetentum sei steil angestiegen.

Die neue Regierung versuche zwar, diesen sozialen Mißständen entgegenzuwirken, sieht sich aber unter dem ökonomischen Wettbewerbsdruck zugleich auch gezwungen, den bisherigen „Wohlfahrtsstaat" umzubauen, was zugleich bedeutet, die Sozialausgaben insgesamt zu reduzieren (SZ v. 30. 3. 1998). Die Sozialkosten seien explodiert. Dazu muß man wissen, daß der Standard der sozialen Sicherung in Großbritannien vergleichsweise niedrig ist. Die Armut nehme zu, ebenso der Reichtum. Etwa 32 % der Kinder lebten in armen Familien. Ein Fünftel der Arbeitnehmer seien „Geringverdiener"; ihr Einkommen reiche vielfach nicht zum Lebensunterhalt.

Das Motto dieses „Dritten Weges" zwischen bloßem Marktvertrauen und strengem Staatszentralismus lautet: Mehr auf Fähigkeiten, nicht auf Abhängigkeiten setzen! Um die – vermeintliche? – „Abhängigkeitskultur", also die sog. Gewöhnung an bloße Sozialhilfe, abzubauen, versucht der Staat, Anreize, verbunden mit Sanktionen, zu schaffen, um die Sozialhilfeempfänger dazu anzuhalten, einen Billigjob anzunehmen. Der Einzelne soll also prinzipiell mehr Verantwortung für sich und seine Familie übernehmen, natürlich mit Ausnahme derer, die dazu aus triftigen Gründen überhaupt nicht in der Lage sind.

Es gibt nun Grund zu der Befürchtung, daß diese Maßnahmen auch *behinderte* Arbeitnehmer treffen könnten, die den Staat bisher 20 Milliarden Mark im Jahr kosteten. Der Staat denkt daran, auch diese Kosten langfristig zu senken. – Es ist ein stets fragwürdiges Unternehmen, davon auszugehen, daß die Schwächeren nicht genügend an einem selbständigen Lebensunterhalt interessiert seien, und daß sie deshalb genötigt werden müßten, sich selber mehr um ihre Nöte zu kümmern. Andererseits wird damit gerechnet, daß von den gleichzeitig vorgesehenen Steuererleichterungen im Sinne wirtschaftlichen Wachstums auf jeden Fall die finanziell Stärkeren profitieren werden.

Derartige Maßnahmen bedeuten einen sozial- und wirtschaftspolitischen Spagat, mit dem es gelingen soll, einerseits den Wohlfahrtsstaat nicht abzubauen, sondern um- und auszubauen, und andererseits den entfesselten Markt zu bändigen. Ob es dazu eines *dritten* Weges bedarf, also eines Weges *zwischen* Marktwirtschaft und Planwirtschaft, kann bestritten werden. Im übrigen setzte der Versuch eines solchen Unternehmens voraus, daß noch jene moralischen Kräfte vorhanden sind, mit deren Hilfe diese Spannung bisher ausgehalten werden konnte. Auf das Individuum und seine moralische Autonomie zu setzen, ist sicherlich ein wichtiger Ansatz; aber er allein wird nicht ausreichen in einer gesellschaftlichen Situation, in der sich der Reichtum verselbständigt. Die Frage der Moral wird ebenso wenig auszuklammern sein wie die nach unverzichtbar nötigen staatlich zu regulierenden sozialen Grundstrukturen.

Desozialisierender Neoliberalismus: Ein Resümee des angelsächsischen Modells ergibt, daß trotz einiger staatlicher Ansätze zu einer Steuerung des sich immer mehr beschleinigenden Neo-Liberalismus und Neo-Kapitalismus dieser nicht nur keine erwägenswerten Perspektiven für einen Umbau des Sozialstaates im kontinentalen Europa aufweist, sondern eher Züge eines distanzierenden und abstoßenden „Turbo-Kapitalismus" angenommen hat. Wir haben es dort mit einer Entfesselung des Shareholder-Value-Prinzips zu tun, des Prinzips rücksichtsloser Profitsucht der Aktieninhaber, das den Staat und damit seine unverzichtbare Sozialsicherungsfunktion entmachtet. Martin und Schumann (1998, 296) meinen, daß dieser desozialisierende Prozeß von der wirtschaftlichen und politischen Elite der USA „willentlich in Gang gesetzt" worden sei und von ihr bewußt aufrechterhalten werde. Der frühere Wohlfahrtsstaat werde im Räderwerk der „planetarischen Wirtschaftsmaschine zermahlen". Die Demokratie selber sei bedroht.

Amerikanische Kritik am eigenen „Turbo-Kapitalismus": Die schärfste Kritik an dieser Unterwerfung des Staates unter das Diktat des Marktes, die immer mehr sozialen Sprengstoff erzeuge, kommt aus den USA selber. Zu nennen sind der Wirtschaftswissenschaftler L. C. Thurow vom hochangesehenen Massachusetts Institute of Technology (MIT). Er hat die inneren Widersprüche und Grenzen des Neokapitalismus ebenso aufgezeigt wie das Versagen des Staates, für eine gerechte Einkommensverteilung zu sorgen und mehr in die Zukunft zu investieren, weil die Privatwirtschaft wegen ihres marktwirtschaftlichen Grundinteresses an der Gewinnmaximierung dies nicht als ihre Aufgabe ansehe. Der Staat versage, wenn er den Markt sich selbst überlasse.

Ein anderer scharfer Kritiker des „Turbo-Kapitalismus" angelsächsischer Prägung ist Edward Luttwak, Ökonom am Center for Strategic and International Studies in Washington, der durch den sozialen und politischen Abstieg das gesellschaftliche Leben und die politische Stabilität bedroht sieht (zit. b. Martin/Schumann 1998, 172). Was die Marxisten vor 100 Jahren behauptete hatten, und was damals absolut falsch gewesen sei, sei heute Wirklichkeit. Der ungezügelte globalisierte Wettbewerb drehe die Menschen durch einen „Fleischwolf" und zerstöre den gesellschaftlichen Zusammenhalt.

Auf die generelle Kritik von R. Reich ist bereits verwiesen worden.

Von besonderer Bedeutung ist die Kritik des amerikanischen Wirschaftssystem durch einen, der als bester Kenner der Weltfinanzszene gilt, George Soros. Er spricht von einem „Raubkapitalismus" und sieht in den „Exzessen der Finanzmärkte" größte Gefahren. Wenn ihnen nicht Einhalt geboten werde, sei mit einem Zusammenbruch der Weltwirtschaft zu rechnen (1998, 18). Der gegenwärtige Stand der Dinge sei „pathologisch und unhaltbar". Es sei zu befürchten, daß das heute ungebremst agierende und triumphierende Weltfinanzsystem „letztlich das gesamte kapitalistische Weltsystem kippen" könnte. Mit seinem blinden Marktfundamentalismus stelle es eine wesentlich größere Gefahr für Gesellschaft und Demokratie dar als jede totalitäre Ideologie.

Es bestünden also erhebliche Bedenken, wenn empfohlen wird, die Länder des europäischen Kontinents sollten sich mehr an einem angelsächsischen Wirtschafts- und Finanz-Modell orientieren. Es handele sich immerhin um die „kapitalistischsten Länder der Welt", wie Soros (1998) feststellt. Hier dominierten die Marktwerte über die sozialen Interessen bzw. setzten diese außer Kraft. Die extreme Form des „Marktfundamentalismus" habe in sozialer Hinsicht geradezu darwinistische Züge angenommen, Züge des Rechtes der Stärkeren gegenüber den Schwächeren. Die Aushebelung staatlicher Regulierungsmacht und sozialer Sicherheit für alle entwickele sich zum Faustrecht der finanziell Stärkeren. In Amerika verstehe sich der Staat nicht als Hüter und Vollstrecker einer „gerechten" Gesellschaft. Am Ideal der freien, unregulierten Marktwirtschaft werde festgehalten, auch wenn in ihr die Schwachen noch schwächer werden (Tenbrock 1998).

Modell Niederlande: Ganz offensichtlich liegen aus mitteleuropäischer Sicht grundverschiedene historische und kulturelle Vorerfahrungen und Verwurzelungen vor, die einen anderen Ausweg aus der gegenwärtigen Krise indizieren. Dies zeigt u. a. das Beispiel der Niederlande, die erstaunliche Erfolge in der Beschäftigungs– und Wirtschaftspolitik aufweisen können. Hier gelang offensichtlich das Kunststück, über eine Umverteilung von Arbeit und von Einkommen auf der Basis von *Freiwilligkeit*, vor allem durch die massive Erhöhung von Teilzeitarbeit, den Arbeitsmarkt zu liberalisieren und *zugleich sozial* zu gestalten. Das Entscheidende: Die wirtschaftliche Neuordnung mußte nicht durch eine systematische „Verschlankung" des Wohlfahrtsstaates erzwungen werden (Grande 1998, 16).

Ökonomisch gelenkte Qualitätsentwicklung

Beachtet man die aufgezeigten Zusammenhänge und Hintergründe der gegenwärtigen dramatischen ökonomischen Entwicklung, so verändert sich der Einstieg in die laufende Qualitätsdiskussion. Man gewinnt den Eindruck, daß sie allzu einseitig von vordergründigen ökonomischen und finanziellen Gesichtspunkten und Maßgaben bestimmt wird, und daß z. T. sogar Methoden imitiert werden, wie sie in Industrie und sonstigen Wirtschaftsbetrieben – unter erheblichem Kostenaufwand – notwendig geworden waren. Es ist unverkennbar, daß die Qualitätsdiskussion, wie sie bislang auch im sozialen Bereich allzu forsch betrieben wurde, aus dem ökonomischen Bereich stammt und deshalb auch kritisch zu sehen ist.

Soziale Einrichtungen als wirtschaftliche Unternehmen: Natürlich ist eine soziale Institution auch ein *Unternehmen*, das an das Prinzip der Wirtschaftlichkeit gebunden ist. Aber es ist eben ein grundlegender Unterschied, ob es sich um einen Betrieb handelt, in welchem materielle Produkte hergestellt werden, und wo das Dienstleistungssystem ganz auf die zu verkaufenden Produkte bezogen ist, oder ob es sich um eine Einrichtung handelt, die nichts zu verkaufen, sondern dem Menschen zu dienen hat auf der Basis verbürgter Grundrechte und unbezahlbarer Grundwerte. Das gesamte Wertesystem steht auf dem Spiel. Es ist eine unerträgliche Vorstellung, daß das alles beherrschende Shareholder-value-Prinzip Werte gesellschaftlich auf Wertpapiere reduzieren könnte.

Die damit verbundene Herausforderung läuft auf ein grundlegendes Umdenken hinaus. Es kann nicht einfach darum gehen, sich eine neue *Philosophie* zuzulegen, eine *Unternehmensphilosophie* mit einem neuen Leitbild, das primär auf ökonomische Ziele gerichtet ist und eine entsprechende Prozeßbeherrschung anstrebt, wie gemeinhin proklamiert wird. Schon Max Weber (1973) hatte darauf verwiesen, daß es niemals Aufgabe der Nationalökonomie sein könne, Werturteile aus einer „wirtschaftlichen Weltanschauung" heraus zu produzieren und entsprechende Ideale aufzustellen (187), und womöglich die „unbequemen Tatsachen und die Realitäten des Lebens in ihrer Härte nicht sehen" zu wollen (194).

Gegenüber einer ökonomischen *Haus-Philosophie* ist Skepsis angebracht, vor allem, wenn sie verallgemeinert werden soll. Sie stammt eben nicht aus der Philosophie, sondern aus der Wirtschaft, genauer gesagt, aus der Industrie, wie sie durch das amerikanische und japanische Industriemanagement um der eigenen Effizienz und Wettbewerbsfähigkeit wegen entwickelt worden ist. Die Intention ist die, Arbeitsprinzipien und Strategien zu entwickeln und zu praktizieren, die einerseits Kostenersparnis ermöglichen und andererseits mehr Effizienz und Leistung sichern: Ein Programm, das in der Industrie mit Hilfe von Maschinen zum systematischen Abbau von Arbeitsplätzen und damit zur Verschärfung der sozialen Situation geführt hat.

Menschen sind keine Waren: Es war in der Industrie, vor allem in den USA und in Japan, erprobt worden und soll nun auch im Dienstleistungssektor Anwendung finden. Ein solcher Transfer ist ungewöhnlich, zumal wenn er sich sogar auf *soziale* Dienstleistungen erstrecken soll. Was hat der Warenproduktionsprozeß mit Tätigkeiten zur sozialen Sicherung zu tun? Menschen sind nicht Waren. Das Interesse der Industrie an einer Qualitätssicherung und -verbesserung im eigenen Bereich bedarf keiner besonderen Erklärung. Sie ist im härter werdenden Konkurrenzkampf genötigt, durch eine systematische Durchforstung der Produktionswege und eine entsprechende Rationalisierung die Effizienz der Produktion zu verbessern und zu erhöhen. Es wäre aber voreilig, aus dem allgemeinen Sparzwang heraus das gleiche Instrument auch im Bereich der sozialen Dienstleistungen anzusetzen, um durch ein analoges Qualitätsmanagement auch dessen Leistungseffizienz zu erhöhen, und zugleich Kosten zu senken.

Die Faszination vom Prinzip der Effizienz ist so groß geworden, daß man manchmal von einem *Effizienzwahn* sprechen kann: Aus den Maschinen und Menschen sollen auf die ausgeklügelteste Weise Höchstleistungen herausgeholt werden. Es wird zu wenig danach gefragt, ob und wieweit ein solcher erhöhter Druck für die Menschen überhaupt erträglich ist. Er zerstört Lebensqualität und Arbeitsplätze.

Derartige anthropologische Einsichten sind nicht neu, finden aber in der harten Auseinandersetzung mit der Realität ökonomischer Zwänge kaum Beachtung. Der Mensch wird auf die Funktion einer Maschine reduziert. Im Grunde geht es nicht um (menschliche) Qualitäten, sondern um Quantitäten. Vorrangige Geltung erhalten meßbare und objektivierbare Kriterien und Fakten, zumeist von lokaler und temporärer Bedeutung. Diese decken sich nicht unbedingt mit dem, was für den einzelnen (subjektiv) als lebenswert gilt. Es entsteht eine Spannung zwischen objektivierten Normen und subjektiven Werten.

Meßbar sind Quantitäten, nicht Qualitäten: An sich läßt sich Qualität nicht messen. Meßbar sind nur Quantitäten. Es lassen sich aber beide Gesichtspunkte auch verbinden, da sie auch in der Realität miteinander verflochten sind. Es sind Quantifizierungen von Lebensumständen möglich, die zugleich etwas über die persönliche Lebensqualität aussagen können. Letztlich aber verdirbt der ökonomisch bestimmte Qualitätsbegriff das Verständnis von Lebensqualität. Sie ist auch im Grunde, d. h. vom wirtschaftlichen Ansatz her, nicht mehr gefragt. Der neue Leitspruch geht in Richtung: Es zählt nicht so sehr *deine* Lebensqualität als vielmehr dein Betrieb, die Total Corporate Identity! Du gehörst dem Unternehmen!

Die Vereinbarkeit sozialethischer und ökonomischer Werte: Damit wird im Grunde die bisher geltende Sozialphilosophie, die auf den Menschenrechten beruht, auf den Kopf gestellt bzw. außer Kraft gesetzt. Da die Menschen diesen Zwängen nur schwer oder gar nicht ausweichen können, ist das Dilemma unausweichlich. Es stehen sich ganzheitliche Werte der Lebensqualität und der Menschenwürde einerseits und partielle ökonomische Normen und Werte andererseits gegenüber. Die Frage lautet, ob beide miteinander vereinbar sind, was wiederum die Beantwortung der Frage voraussetzt, ob und wieweit Werte des ökonomischen Gewinns allgemeine menschliche Lebensqualitäten einschließen. Bevor auf diese Fragen näher eingegangen wird, sollen noch einige weitere Facetten der Ökonomisierung der Gesellschaft erwähnt werden.

Die Ökonomisierung der Sprache: In welch befremdender Weise sich die aus der Wirtschaft stammende Terminologie auch auf den Sprachstil und damit auf das soziale Klima auswirken kann, zeigt ein Beispiel, von dem mir D. Fischer (Würzburg) berichtete.

Er wollte mit seinen Studenten zum wiederholten Male eine moderne Reha-Klinik für Querschnittsgelähmte besuchen. In dem modernen Haus wirkte alles locker und entspannt nach dem Motto: *Hier gibt es keine Probleme!* Man bekam einen Prospekt in die Hand gedrückt mit einem Werbetext, der auch in einem Modesalon oder in einem Möbelgeschäft hätte ausliegen können: „Wir richten Ihnen Ihre Wohnung neu ein! Geben Sie uns eine Chance! Sie werden es nicht bereuen!" (Querschnittsgelähmte!)

Die Leitung teilte dem Besucher die Bilanzen mit (an denen er eigentlich nicht interessiert war): Eine Umsatzsteigerung von 513 Mill. auf 528 Mill.! Dann ging es um die Festlegung des Besuches. Der Geschäftsführer, der auch noch seine Assistentin, ebenfalls eine Betriebswirtin, und eine weitere Kontaktmanagerin hinzuzog, bot sogar zwei Tage für den Besuch der Studenten an samt Übernachtung und Verpflegung. Danach machte er ganz nüchtern seine Rechnung auf: „Sie haben bei uns jetzt *Leistungen eingekauft* (!). Sie erhalten perfekte, kompetente Leistungen eines Psychologen, einer Krankengymnastin, einer Beschäftigungstherapeutin, eines Klinikseelsorgers, eines Arztes usw. Das macht pro Tag 2.500 DM, also zusammen 5.000 DM. Dazu kommt noch die Übernachtung mit Vollpension."

Einwände wie die, daß es sich doch um ein Lehrkrankenhaus handle und die Studenten bisher auch nichts gezahlt haben, halfen nichts. Man habe schließlich auch die Leistungen der genannten Spezialisten „eingekauft", und deren Aufgabe bestünde darin, diese wiederum zu „verkaufen", an Patienten oder sonstige Kunden.

Hier bildet sich eine neue Mentalität aus, die kaum im sozialen Bereich eine geistige Verankerung finden dürfte. Soziales Engagement und „menschliche Aspekte" verlieren an Wert. *Es werden Leistungspakete eingekauft und entsprechend bezahlt!*

Eine neue Begrifflichkeit: Die Sprache verrät viel über die ihr zugrunde liegende Art, die Lebenswirklichkeit zu sehen und zu bewerten. Durch den neuen Jargon der Käuflichkeit und der Beziehungslosigkeit ist eine Verfremdung der Kommunikation und der Begegnung zwischen den Menschen in Gang gesetzt worden. Begriffe, wie *Kaufkraft, Kunden, Konsumenten, Adressaten, Nutzer, Produktionskraft, lean production, total business partnership, Wertkostenquotienten, Output-Orientierung, Controlling, Contracting out, Produktbildungsprozeß, Implementation marktförmiger Koordinierungs- und Steuerungsinstrumente, Leistungspakete, Maximierung, Ablaufoptimierung, Effizienz, Schnittstellenregulierung, Pflegemarkt, kostentreibende Altersentwicklung* oder gar *managerialistischer Steuerungskurs* (nach Keupp 1998), passen besser in ein menschenfreies Modulsystem für unternehmerische Planspiele für die Produktion von Waren als in den Bereich des Sozialen und Menschlichen.

Sie beeinflussen die Mentalität und den Charakter. Sie verdrängen andere Begriffe, die eigentlich in diesem Bereich zu Hause sind, wie z. B. *Begegnung, Menschlichkeit, Achtung, Unverfügbarkeit, Freiheit* oder *Anständigkeit*. Den Gipfel einer sprachlichen Verirrung – Fischer spricht von einer Perversion – stellt das Motto einer Tagung dar, zu der ein Diakoniewerk eingeladen hatte: „Liebe Deinen Kunden wie Dich selbst!" (zit. b. Fischer 1998, 216). Eine derartige „Liebe" fordert nicht einmal ein höchstkundenorientiertes Wirtschaftsunternehmen!

Marktgesteuerte Qualität?

Wir gehen hier von der These aus, daß gegenüber der allgemein propagierten Bedeutung des Marktes und des Wettbewerbs ein hohes Maß an Skepsis und Wachsamkeit geboten ist, weil dessen verheißene Segnungen für das Ganze nicht nachweisbar sind und eine Gefährdung des Sozialen bedeuten. Um nicht mißverstanden zu werden: Damit ist keine Absage an das Marktprinzip an sich gemeint. Kein venünftiger Mensch will das Marktprinzip durch Planwirtschaft ersetzen. Der Markt an sich ist unverzichtbar. Unsere Skepsis bezieht sich vielmehr auf seine *Verabsolutierung* in gesellschaftpolitischer Hinsicht, d. h. auf seine Ideologisierung.

Markt ist ein höchst komplexer Begriff. Ich habe zur Kenntnis nehmen müssen, daß es eine zureichende Theorie des Marktes bislang nicht gibt, auch nicht in den Wirtschaftswissenschaften (Luhmann 1988). Ganz allgemein läßt sich sagen, daß es durch den freien Wettbewerb auf dem Markt zu einem berechenbaren Austauschgleichgewicht zwischen Anbietern von Gütern und Dienstleistungen und entsprechenden Nachfragern kommen soll. Das Marktgeschehen ist auf Gewinn bzw. auf die Vermeidung von Verlust ausgerichtet. Durch Wettbewerb können für Waren und Dienstleistungen die angemessensten Preise für die gewünschte Qualität ausgehandelt bzw. durchgesetzt werden. Umgekehrt wird durch die Nachfrage auch die Qualität bestimmt.

Das aber sind relativ simple Einsichten. Die Wirklichkeit ist viel komplizierter. Vor allem stellt sich die Frage, welchen Stellenwert das Marktprinzip im Gesamt der Güter und Werte einnimmt, die für *Menschen* angeboten werden bzw. von ihnen gebraucht werden. Hier wird es kritisch. Systemtheoretisch gesehen ist das Wirtschaftssystem ein relativ geschlossenes, selbstreferentiell funktionierendes System, das auf eigenes Wachstum hin ausgerichtet ist.

Das bedeutet, daß es sich gegen einengende externe Regulierungen wehrt und es auch nicht als seine Aufgabe betrachtet, sich an der Lösung externer, z. B. sozialer Probleme, zu beteiligen. Im Gegenteil: Soziallasten und sonstige Nebenkosten rangieren als *Kostentreiber*, die das Wachstum begrenzen. Thurow (1998, 331) drückt es hart aus: Der Kernpunkt des Marktwettbewerbs sei es, „andere aus dem Markt zu drängen (deren Einkommen auf Null zu senken), und diese Einkommensquelle zu übernehmen".

Rechnen mit mehreren Unbekannten: Unter diesem Aspekt stellt sich das, was man unter einer wirtschaftlichen Krise zu verstehen hat, u. U. anders dar, als das, was uns an Informationen über die Medien vermittelt wird. Deren Botschaft ist gebetsmühlenartig immer die gleiche: Die wirtschaftliche Krise sei u. a. auf überhöhte Soziallasten zurückzuführen, auf den „aufgeblähten Sozialstaat". Die damit verbundene Verteuerung der Arbeit bedinge die allgemeine Arbeitslosigkeit. Diese könne dann überwunden werden, d. h. Wirtschaftswachstum könne dann wieder eintreten, wenn – *einstweilen* – die Lohnnebenkosten und damit auch die sozialen Leistungen gesenkt würden. – Die Frage ist, ob wir hier nicht einem ideologischen Phantom aufsitzen; denn die Wirtschaft an sich ist – wie gesagt – nicht auf Sozialität gegründet und ausgerichtet.

Marktideologie

Was hat es also mit dem Verhältnis von Ökonomie und sozialer Sicherung auf sich? Haben wir es nicht eher mit einer ideologischen Verschleierung zu tun, hinter der sich ein Abbau des bisherigen Sozialwertesystem in seiner allgemeinverbindlichen Gültigkeit abspielt.

An seine Stelle haben sich schon seit längerer Zeit verschiedenste *Ideologien* geschoben. Unter Ideologien verstehen wir die Verabsolutierung von Teilsichten und Teilprinzipien mit der Absicht, durch Abblendung von anderen Teilen der Wirklichkeit eine spekulative, im Grunde nicht verifizierbare Objektivation und einen einseitig bestimmten Erwartungs– und Hoffnungshorizont für künftig Mögliches und allgemein Gewünschtes zu schaffen. Derartige Entwürfe und Prognosen gelten aber nicht nur als nicht nachweisbar, sondern sind aus geschichtlicher Erfahrung als höchst kritisch und gefährlich zu bewerten. Das gilt auch für das gegenwärtige „globale" Wirtschaftssystem, das sich über einen „Marktfundamentalismus" in Szene setzt (Soros).

Verwiesen sei nur auf sozialdarwinistische Strömungen um die letzte Jahrhundertwende, die dann in der Empfehlung zur „Vernichtung lebensunwerten Lebens" gipfelten (Binding/Hoche 1920). Sie beruhte u. a. auch auf volkswirtschaftlichen Begründungen, u. a. auf der Notwendigkeit, nach den „verflossenen Zeiten des Wohlstandes" nun eine „bis zum höchsten gesteigerte Zusammenfassung aller Möglichkeiten" und „jeder verfügbaren Leistungsfähigkeit für fördernde Zwecke" zu praktizieren, d. h. sich sogenannter „Ballastexistenzen" zu entledigen (55). Der deutsche Nazismus wurde zum Vollstrecker dieser menschenverachtenden, ökonomisch-utilitaristischen Ideologie.

Der *Utilitarismus* tritt inzwischen wieder mit viel Selbstbewußtsein in diesem Lande auf. Er taucht mit seiner ökonomischen Attitüde bei der Ablehnung „lebensunwerten Lebens“ ebenso auf wie bei der Zielbestimmung für eine künftige Wirtschaftspolitik, von der es heißt, sie müsse darauf gerichtet sein, einen möglichst hohen materiellen und immateriellen Lebensstandard möglichst breiter Bevölkerungsschichten bei hohem Erwerbstätigen- und niedrigem Arbeitslosenanteil zu erreichen. Das alte utilitaristische Prinzip des „größtmöglichen Glücks für die größtmögliche Zahl“ läßt immer die Frage nach den *restlichen* Menschen offen. Behindertes, auch altes Leben, wird dann zum bloßen Kostenfaktor.

Es wäre zu einfach, das Aufzeigen derartiger kritischer Zusammenhänge als polemisch und unvergleichbar zu diskreditieren. Skepsis bleibt den gegenwärtigen Priorisierungen von Ökonomismus und Marktprinzip gegenüber angebracht. Verwiesen sei u. a. auf den wachsenden Druck, dem die Trägerverbände finanziell ausgesetzt sind, an sich qualifiziert arbeitende Einrichtungen, wie Wohnheime, der Finanzierung durch die Pflegeversicherung zu überantworten, was ohne Zweifel mit einer Dequalifizierung einherginge (Conty/Pöld-Krämer 1997).

Soziale und rehabilitative Dienstleistungen auf dem Markt? Wäre das wirklich die Lösung der Frage nach der Qualitätssicherung? Zweifel sind mehr als angebracht. Die Annahme, daß aus einem sich selbst regulierenden Spiel von Angebot und Nachfrage über eine „unsichtbare Hand“ eine bessere Qualität der Dienstleistungen hervorginge, ist ebenso utopisch wie die Annahme, die Qualität sozialer Dienstleistungen sei auf dem Markt bestimmbar.

Wir haben es mit der Gefahr systematisch betriebenen Wunschdenkens zu tun, mit dem eigentlich eine Entwicklung verdeckt wird, die zu einer Schwindel erregenden Ungleichheit der Verteilung sozialer Lasten führt (Reich 1993). Selbst wenn die Wirtschaft florierte, ist von ihr selber kein Beitrag zur Verbesserung der Sozialleistungen zu erwarten, wie das Beispiel USA zeigt, wo von einer Verbesserung der Situation der sozial Schwachen auch nach eingetretenem Wirtschaftswachstum nicht die Rede sein kann. Vergleichbar wäre bei uns das, was sich im Pflegebereich tut.

Korporatistische Interessen: Der Grund für die gegenwärtige gespaltene Situation ist, wie es J. Saul (1997) aufzeigt, in der korporatistischen Verfassung unserer Gesellschaft zu sehen. Interessensgruppen mit erheblicher Macht können ihren Einfluß ausbauen. Dies gelingt im Augenblick vor allem den Banken und den Industrien, die mit Hilfe der Globalisierung der Märkte sich staatlichem Steuerdruck wie gewerkschaftlichem Widerstand entziehen können.

Der Markt setzt auf ökonomische Werte. Zur geistigen Führung ist er untauglich. Sogenannter „schlanker Staat“ und „Abspecken“ haben sich bisher durchaus nicht als tatsächlich hilfreich für die Lösung der sozialen Probleme erwiesen, während die Finanzmärkte explodierten. „In der Situation, in der wir uns gegenwärtig befinden, kann uns die unsichtbare Hand des Marktes nicht weiterhelfen. Sie verschärft nur die Selbsttäuschungen und Ungleichgewichte unserer Wirtschaft“ und verstellt „den wahren Wert unserer Gesellschaft“ und ihrer Humanität (Saul 1997, 170).

Vom besagten Markt geht im übrigen ein gebieterischer Konformitätsdruck auf die Menschen aus, der sie zum öffentlichen Mitmachen nötigt, wenn sie sich nicht der sozialen Ächtung aussetzen wollen. Man denke etwa an die geradezu terrorisierende Kinder- und Jugendmode und die entsprechende Werbemechanismen! Die Masse wird in verschleiernder Ideologiegläubigkeit gehalten. Was dabei ganz und gar nicht gefragt ist, das ist der mündige Bürger mit Eigenverantwortung und Demokratieverständnis.

Ideologiegläubige scheuen die offene Auseinandersetzung mit der Wirklichkeit. Sie haben geradezu Angst vor ihr. Es könnte durchaus sein, daß die Menschen in ihrer Orientierungsunsicherheit heute geradezu suchtartig anfällig für große Illusionen und für Selbstbetrug werden. „Der unerschütterliche Glaube, wir seien auf dem richtigen Weg zur Wahrheit und zur Lösung unserer Probleme, hindert uns daran, diese Besessenheit als Ideologie zu entlarven“ (Saul 1997, 25). Kritischen Beobachtern der Szene falle immer wieder ein Mangel an Ehrlichkeit in der Qualitätsdiskussion auf.

Die soziale Problematik des Marktes: Man muß sich im übrigen auch klarmachen, daß „Markt“ für den Bereich sozialer und rehabilitativer Dienstleistungen eine völlig andere Funktion hat als für Waren. Der Markt nötigt zur Qualitätsverbesserung der Waren; was weniger wert ist, bleibt übrig und wird zum Marktabfall, ist Ausschußware, die eben für den Markt uninteressant ist. Kann es überhaupt gutgehen, wenn soziale Dienstleistungen, deren Wert unter Marktgesichtspunkten als nicht nur gering, sondern als dominanter Kostenfaktor zu bewerten ist, auf dem Markt angeboten werden? Was bedeutet es für die wirkliche Qualität dieser Dienstleistungen, wenn die ökonomische Dimension zur entscheidenden wird? Es gibt auch rein kommerzielle Anbieter auf dem sozialen Dienstleistungsmarkt, die nicht primär an der Menschlichkeit, sondern an bloßen Kommerzialität interessiert sind? Ist es nicht denkbar, daß aus rein wirtschaftlichen Gründen auch auf dem „sozialen Markt“ ein Wettbewerb um Marktvorteile mit allen Sachzwängen, Risiken und Folgewirkungen „für den Menschen“ entsteht, wo also der Mensch wirklich zur Ware wird? Alten(pflege)heime z. B. rangieren als beachtlich rentable Geldanlage.

Im Grunde genommen haben soziale Dienstleistungen auf dem Markt keine Chance; denn die Nachfrager, die Kostenträger, können jederzeit die Preise bestimmen. Was bedeutet da die angebotene Qualität?

Ein entscheidendes Moment des Marktes ist der *Wettbewerb* oder die Konkurrenz. Konkurrenz belebt das Geschäft, heißt es. Tut es das in jedem Fall? Ist das Konkurrieren, also auch das Vergleichen menschlicher Qualitäten, in jedem Falle positiv zu bewerten? Gibt es nicht Qualitäten, die nicht vergleichbar sind, die sich geradezu dem Vergleich entziehen, und die entwertet werden, wenn man sie mit anderen vergleicht? Mit welchen Normen und Preisen soll sich die Achtung der Menschenwürde dem Markt stellen, z. B. in der Schwerstbehinderten– oder Obdachlosenarbeit? Soll soziale Qualität, die jemand für einen anderen aufbringt, angepriesen werden?

Kundenorientierung und Mißverständnisse: Ist es wirklich die Marktkonkurrenz, die zu einer qualitativen Verbesserung der Dienstleistungen führt? Was bedeutet es, wenn behauptet wird, die Kundenorientierung als zentrale strategische Marketing-Leitidee mache ein Unternehmen der sozialen Arbeit erfolgreicher gegenüber der Konkurrenz, die möglicherweise noch an den Bedürfnissen ihrer Kundschaft vorbeiproduziere? Bedurfte es dazu des Marktes? Ist erst der Markt nötig, um Mitarbeiter dazu zu bringen, daß sie mit dem Kopf des Kunden denken? Wer das behauptet, übersieht, daß – wie schon oben aufgezeigt wurde – es eine Kundenorientierung auch ohne Marketing gegeben hat, daß Helfer und Fachleute ohne Marketing durchaus nicht nur vom eigenen Kopf bestimmt und blind gegenüber den Bedürfnissen ihrer Klienten sein müssen. Es ist nicht der Markt an sich, der nötig ist, damit die Fachleute lernen, vom Anderen her zu denken. Befragungen von Eltern bezüglich ihrer Zufriedenheit mit dem Kindergarten ihres Kindes als Form der Kundenorientierung hat es auch schon lange vor Einführung des Marktes in den Sozialbereich gegeben.

Eine andere Frage ist die, ob der Markt den *stärkeren Anreiz* darstellt, damit sich Fachleute und ihre Institutionen mehr an den Menschen orientieren, die Hilfe brauchen. Wenn es so wäre, so wäre es um die Bedeutung der menschlichen *Einstellungen* zur Qualität der Hilfe nicht gut bestellt, und man müßte befürchten, daß eine dominante Marktorientierung sich auch in der Umsetzung von Hilfe stärker auswirkt, nämlich als Verarmung in menschlicher Hinsicht; denn Menschlichkeit in einem ganzheitlichen Sinn ist nicht bezahlbar.

Es wird also sehr darauf ankommen, daß auch die Gefahren des Marktes gesehen werden. Der Markt an sich ist auf Gewinn, auf das Gewinnen gegenüber anderen angelegt, auf Selbstdurchsetzung – ohne Rücksicht auf andere. Das ist an sich nicht unmoralisch. Wenn es aber um Menschen geht, ist Wettbewerb unsozial! Er benachteiligt die Schwächeren, die weniger Leistungsfähigen. Sie haben das Nachsehen. Sie sind stets die Verlierer. Auf dem Markt wären sie immer die Benachteiligten, die, die übrigbleiben.

Sie, die Opfer des *allgemeinen* Wohlstandswachstums, einem diffusen, wilden betriebswirtschaftlichen Wettbewerb auszusetzen, wäre sozial, aber auch volkswirtschaftlich nicht zu verantworten. Es gibt nicht nur keinen Beleg für die populistische Behauptung, die Vermarktung und Reduktion sozialer Diensleistungen sei wirtschaftlich notwendig, sondern das Gegenteil ist richtig: Gut ausgebaute und effiziente Sozial- und Gesundheitssysteme seien kein Luxus, sondern Voraussetzung für volkswirtschaftliches Wachstum. „Mit Kostensenkungen und Budgetlimitierungen kommt man diesem Ziel keinen Schritt näher" (Gauer/Scriba 1998, 232).

Verbesserung sozialer Qualität durch Konkurrenz?

Mangelnde Qualität sozialer Dienste wird häufig auf fehlende *Konkurrenz* zurückgeführt. Man geht von der Annahme aus, daß *mehr Wettbewerb* unter den Anbietern sozialer Hilfe deren Qualität verbessern könnte. Dettling (1995) hat sein Programm einer neuen Sozialpolitik ausdrücklich auf mehr Wettbewerb auch in den sozialen Diensten und im Bildungswesen abgestellt (78f.). Der Qualitätsverbesserung wegen sollten die Regierungen überall da, wo der Wettbewerb noch nicht bestehe, wettbewerbliche und marktmäßige Formen der Erbringung von Leistungen einführen. Ohne Wettbewerb sei es nicht möglich, die Krankheitssymptome des modernen Sozialstaates zu überwinden.

Wettbewerb erhöhe die Effizienz und zwinge die Anbieter, mehr auf die Bedürfnisse ihrer „Kunden“ einzugehen. Durch entsprechende Angebote werde die Nachfrage gefördert. Dies bekomme aber nur dann Sinn, wenn auch die Kunden mehr Geld in die Hand bekämen. Es seien also die Kunden und nicht die Anbieter zu subventionieren! Der damit entstehende Wettbewerb bedinge auch eine entsprechende Kontrolle der Anbieter, vor allem dann, wenn mehrere Anbieter sich um Kunden zu bemühen hätten (80).

Ist das im wesentlichen aus dem ökonomischen Funktionssystem stammende Modell des Wettbewerbs tatsächlich so selbstverständlich in den sozialen Bereich übertragbar? Natürlich kennen auch Kinder und Jugendliche spielerischen und sportlichen Wettkampf. Aber bereits beim schulischen Leistungswettbewerb kann es zu geradezu pathologischen Nebenwirkungen kommen, wenn er forciert oder zur generellen Lernmethode wird. Ich habe den Eindruck, daß ein komplexer Begriff wie Wettbewerb nicht ohne Schaden für jegliches zwischenmenschliches Handeln übertragen werden kann. Die Chancenlosen haben das Nachsehen. Sie werden zu Dauerverlierern. Es können nie alle gewinnen.

In der ökonomischen Arena jedenfalls ist Wettbewerb prinzipiell mit Gefahr wirtschaftlichen Ruins verbunden. Diese erzeugt den spezifischen Druck auf die einzelnen Unternehmen, ihr Angebot gegenüber den anderen zu verbessern. Die Leistungsfähigen sichern sich dadurch ihre (privaten) Gewinne. Jedes Unternehmen ist gezwungen, im Rahmen geltender allgemeiner Regeln „jede Möglichkeit zu nutzen, Vorteile gegenüber den Konkurrenten zu erzielen“, um Gewinne zu machen (Homann/Blome-Drees 1992, 24). Deren Sinn liege aber eben nicht in der Wohltätigkeit oder in der Erfüllung sonstiger moralischer Forderungen, sondern im Anreiz für Innovation und Investition.

Wenn nach mehr Wettbewerb gerufen wird, so wird vielfach verschwiegen, was er sozio-psychologisch nach sich zieht: Aus Kollegen werden Konkurrenten; gegen Konkurrenz anarbeiten heißt, mehr arbeiten als die Konkurrenz, heißt, mehr Zeit aufbringen für den Beruf, was wiederum bedeutet, weniger Zeit für sich, die eigene Familie und seine Freunde haben.

Treuhandschaft für ein öffentliches Gut: So gesehen erscheint es höchst bedenklich, den Marktwettbewerb in den sozialen Bereich zu übernehmen, da seine primäre Aufgabe sich nicht auf das Soziale bezieht. Die Rechnung der Marktanhänger im sozialen Bereich geht also nicht auf. Das Soziale ist eben kein Privatgut, sondern öffentliches Gut, das in Treuhandschaft gegeben ist. Der Treuhänder hat das ihm übertragene Gut im Sinne des übertragenen Zwecks und im Interesse des Treugebers uneigennützig zu verwalten. Auch wenn sich soziale Dienste als sog. Non-Profit-Unternehmen verstehen, so bekommt ihr Agieren im Wettbewerb erst Sinn, wenn sie sich über Gewinne gegenüber anderen durchsetzen und behaupten. Wenn Treuhänder miteinander in Wettbewerb träten, müßten sie auch den eigenen Ruin und damit den ihres Treugebers einkalkulieren und in Kauf nehmen – ein klarer Widerspruch zum sozialen Auftrag! Für öffentliche Güter kann es keinen Markt geben. Der Handel mit ihnen müßte als unmoralisch betrachtet werden (Etzioni 1994, 156).

Wettbewerb, Privatisierung, Selektion: Eine reale Gefahr des Wettbewerbs läge auch darin, daß es zu einer fortschreitenden Privatisierung kommt und sich die Zahl der privatfinanzierten sozialen Einrichtungen vermehrte. In einigen von ihnen ließe sich durch finanzielle Selektion durchaus eine höhere Qualität erzielen; damit aber käme es auch zu einer entsprechenden Verlagerung des qualifizierteren Personal dorthin. Ein entsprechendes Gefälle zu öffentlich finanzierten Einrichtungen wäre eine weitere Folge, wie die Situation im amerikanischen Schulsystem zeigt. Die dort verbleibende Qualität könnte absinken, u. U. zu einer nicht mehr konkurrenzfähigen Restqualität schrumpfen. Wie Sheehan (1999) berichtet, kann der Staat eine örtliche Schule als bildungsbankrott erklären und die gesamte Lehrerschaft auswechseln.

Es ist auch damit zu rechnen, daß unter dem verschärften Finanzierungs- und Konkurrenzdruck die stärkeren Sozialverbände versuchen werden, ihre bislang hohe Qualität dadurch zu sichern, daß sie „unrentable" Teile ihres Unternehmens einem anderen Träger überlassen, der die Arbeit billiger macht. Auch in partiellen tariflichen Tieferstufungen könnte ein Ausweg gesucht werden. Gegenwärtig sehen sich die kirchlichen Sozialträger genötigt, Überlegungen zum Ausstieg aus der öffentlichen Tarifordnung anzustellen, und eine Vergütung nach Leistung einzuführen.

Hier zeichnet sich eine *Qualitätsspaltung* unter den privaten Trägern ab. Da die ärmeren Einrichtungen wegen ihres geringen „Marktwertes" am wenigsten konkurrieren können und sich auch die Öffentlichkeit für sie am wenigsten interessiert, müßten sie mit niedrigsten Kostensätzen rechnen. Da sie aber gestützt durch rechtliche Bestimmungen erforderlich sind, könnten sie weiter bestehen bleiben, und es wären hier auch noch Profit-Geschäfte möglich, wenn man die – nur unzulänglich markierten und kaum kontrollierbaren – Leistungsnormen real senkt. Erfahrungsgemäß ist es sehr schwierig, eine unterqualifizierte Einrichtung „aus dem Verkehr zu ziehen", abgesehen davon, daß es unverantwortlich wäre, hilfeabhängige Menschen dort zu belassen, bis „die Dinge endgültig geklärt sind".

Es ist also mehr als zweifelhaft anzunehmen, daß soziale Dienstleistungen auf dem Markt letztendlich effizienter werden. Das Marktprinzip führt nicht eo ipso zu einem „gesunden" Wettbewerb der Einrichtungen, so daß sich deren Qualität zwingend verbessern müßte. Es ist mit kritischen Nebenwirkungen zu rechnen, die sich vor allem auf veränderte Wertungen beziehen. Eine Erwartung, daß der Markt die soziale Qualität verbessert, ist in mehrfacher Weise eine Illusion:

1. Zum einen sind „die Kunden", also die Dienstleistungsnehmer, nicht einfach diejenigen, die den Preis bestimmen. Wer in Not gerät oder krank wird, verfügt über *keine Konsumentensouveränität.* Sie wäre die unabdingbare Voraussetzung für das Funktionieren von Marktwirtschaft (Gauer/Scriba 1998, 174). Diese primär abhängigen Menschen können zwar von einer besseren Qualität profitieren, aber die Preise werden von den Kostenträgern festgesetzt, und die sind vom Staat abhängig. Solange dieser sich in einer unübersehbaren Finanzkrise befindet, haben die „Kunden" oder „Konsumenten" selber keine Chance, auf die Qualität in den Einrichtungen effektiven Einfluß zu nehmen. – Anders wäre es bei einer reinen Privatisierung, die jedoch nur den Begüterten zugutekäme. Dann aber ist, wie in den USA geschehen, damit zu rechnen, daß die Kosten, z. B. des Gesundheitssystems, enorm steigen!

2. Zum anderen kann „mehr Markt" in der sozialen und rehabilitativen Arbeit auch dazu führen, daß ein *ruinöser Marktwettbewerb* unter den Anbietern in Gang kommt. Dabei hätten aber die einzelnen Unternehmer nicht das volle Risiko zu tragen, z. B. nicht das des Ruins ihres eigenen Betriebsvermögens. Der ruinierte Betrieb bestünde aber eben nicht allein in seiner Stillegung, sondern in Menschen, die übrig blieben.

3. Es könnte auf dem freien Markt auch zur Bildung von Sozialkonzernen kommen, die dank ihrer Machtstellung kleinere und schwächere Einrichtungen aufkaufen und durch einen Dumpingwettlauf Konkurrenz ausschalten. Damit wäre die Gefahr der Etablierung von *Minimalqualitäten* gegeben; andere Anbieter können durch kostengünstigere Angebote verdrängt werden. Es kann zwar immer heißen, es stehe natürlich der Mensch im Mittelpunkt, aber zugleich muß man feststellen, daß im Grunde das Marketing die entscheidende Rolle spielt, und dieses ist an wirtschaftlicher Effizienz orientiert.

4. Schließlich ist damit zu rechnen, daß sich der Anbieterwettbewerb der Trägerverbände auch auf die internen Strukturen und sozio-psychischen Dynamismen auswirkt. Es wird ein *Druck auf die Mitarbeiter* erzeugt, dem sie auf Dauer nicht gewachsen sein dürften, zumal die beruflichen Anforderungen (z. B. durch Norm- und Verhaltensdifferenzen im Berufsalltag) zu einer hohen Belastung geworden sind. Das Arbeiten in Behindertenheimen, in Schulen mit vermehrt erziehungsschwierigen Kindern und Jugendlichen, in Tagesstätten, in der ambulanten Familien-Hilfe, in der Altenpflege und ähnlichen Diensten kann Züge des *Ausgequetschtwerdens einer Zitrone* annehmen. Die berufliche Motivation, die jetzt schon einen bedenklichen Ab-

wärtstrend bei denjenigen aufweist, die unmittelbar mit den Menschen arbeiten, also nicht nur von den Computern her planerisch agieren, könnte dabei in einem Maße Schaden nehmen, daß die gesamte Behinderten- und Sozialarbeit an Qualität dadurch verliert, daß immer weniger Menschen bereit sind, solche Berufe überhaupt zu ergreifen.

5. Wettbewerb als Generalprinzip auch in der sozialen Arbeit wird in dem Maße uninteressant, in dem die Kosten steigen. Das bedeutet, daß *Menschen mit einem hohen Hilfebedarf* zu reinen „Kostenfaktoren" oder „Kostentreibern" werden, die auf dem „Markt" keine Chancen haben. Ihren hohen Kostenbedarf aufrechtzuerhalten, widerspräche ökonomischen Prinzipien. Schon jetzt ist immer wieder zu beobachten, daß der sog. Markt für diese Menschen nichts übrig hat. Nicht von ungefähr wurden hier Unwörter wie „Wohlstandsmüll" oder „Restpopulation" geprägt. Aus einer öffentlichen Diskussion in den USA, wohin Marktideologen immer wieder schielen, sei folgendes zitiert: „Es wird ein bißchen Zeit kosten, große Vorhaben wie Sozialleistungen oder Gesundheitsprogramme wie Medicaid und Medicare loszuwerden. Aber es gibt eine ganze Menge kleinerer, die wir auf der Stelle loswerden können" (zit. b. Saul 1997, 32).

Marktwettbewerb im sozialen Bereich – eine Fehlentwicklung: Insgesamt ist festzustellen, daß die Forcierung des Marktwettbewerbsprinzips im sozialen Bereich schwerwiegende Folgen für das Gesamtsystem nach sich zieht. Der Begriff „Markt" bleibt im unklaren und ist deshalb der Gefahr ausgesetzt, in jeglicher Richtung, auch gegen soziale und moralische Wertgeltungen, angewandt zu werden. Er wird im allgemeinen auf die *Organisationen* bezogen, die sich dem Wettbewerb stellen sollen, also nicht auf die betroffenen Menschen, die wählen könnten. In diesem unternehmerischen Sinne aber ist der Begriff Markt ein typisches Relikt aus der Zeit des Industrialisierung des Helfens und der Verselbständigung der Träger von Einrichtungen. Wenn diese – im Grunde ökonomisch bestimmte – Entwicklung zugunsten einer bürgerschaftlich-sozialen Aktivierung von unten her überwunden werden soll, so taugt dafür kein Instrument aus der rein ökonomischen Logik.

Das Markt- und Wettbewerbsprinzip birgt genauso die Gefahr in sich, daß unter dem Druck wirtschaftlicher Konkurrenz Qualität eher reduziert als gefördert wird. Zum einen kann dabei die sog. Kundenorientierung durchaus nur eine lediglich nominale Rolle spielen, da die Menschen, die auf Hilfe angewiesen sind, unter den Anbietern nicht frei auswählen können. Zum anderen läßt sich „Qualität" auf das reduzieren, was sich rechnet und tatsächlich abgerechnet werden muß. Es kann zu einem Dumpingwettbewerb und damit auch zu einem *Sozialdumping* kommen, d. h. zu einer Angleichung an das niedrigste Sozialniveau *(race to the bottom)*. Viele zentrale Werte des Sozialen können dabei Schaden nehmen: Pflege der Beziehungen, Menschlichkeit, ungeplante Wege, Offensein für den Anderen, Ertragen der Ungewißheit, Gehen von Umwegen, die oft eher zum Ziel führen als „lean production" u. ä.

Einfluß der Kontrollierbarkeit auf die fachlichen Konzepte: Da beim Wettbewerb im wesentlichen die Quantitäten zählen – nur sie sind meßbar – könnte es zu einem ruinösen Wettbewerb auch in *konzeptioneller* Hinsicht kommen und zwar in der Weise, daß Institutionen, die sich aufgrund ihres mehr lebensqualitätsorientierten, offenen Ansatzes vor allem interaktional-offener Methoden bedienen, die nicht ohne weiteres „output"-kontrollierbar sind, in Beweisnot geraten und von anderen Systemen, die strukturiert nach festgelegten Programmen arbeiten, ausgestochen werden. Ob strukturierte Methoden tatsächlich mehr Hilfe bringen und zwar von der „behandelten" Person her gesehen, spielt dabei eine untergeordnete Rolle. Es bestechen vielmehr die nachvollziehbaren Planschritte und die Zahlen, die dabei herauskommen.

So ist gegenwärtig im Bereich der Frühförderung zu beobachten, daß die Kostenträger versuchen, die medizinisch arbeitenden und diagnostisch differenziert ausgestatteten Sozialpädiatrischen Zentren gegenüber den regional und mobil, also z. T. nicht unmittelbar kontrollierbar arbeitenden Frühförderstellen vorzuziehen. Obwohl der Wert der Hausbesuche von den Eltern ausdrücklich bestätigt wird (Peterander/Speck 1993), sie also einen wichtigen qualitativen Wert darstellen, werden sie als „bloßes Kaffeetrinken" denunziert und sollen – letztlich aus Kostengründen – geopfert werden: Ein eindeutiger Abbau von Qualität durch weniger adäquate Leistung: *Less for less!*

Die amerikanische Wirtschaftswissenschaftlerin Hazel Henderson hat schon 1989 auf die unhaltbare Einseitigkeit der Bewertung menschlicher Dienstleistungen hingewiesen, d. h. auf die demotivierende Unterbewertung sozialer Tätigkeiten, die nicht mit Geld bezahlt werden (können). Sie sprach von der *Ökonomie der Liebe,* bezogen z. B. auf die Erziehung von Kindern in der Familie. Ein System, das nur den Wettbewerb belohne, so wie es gegenwärtig geschehe, werde nur „soziales Chaos" erzeugen (87).

Die Untauglichkeit des Marktwettbewerbs in der Ausbildungsfrage: Daß das Wettbewerbsprinzip nicht alle Probleme löst, zeigt u. a. auch die Situation der Ausbildungs- und Arbeitsplatznot Jugendlicher. Für Betriebe, die unter verschärftem Konkurrenzdruck stehen, schwindet das Interesse, diese kostentreibende Aufgabe zu übernehmen, zumal nie sicher ist, daß sie einen Ertrag für das eigene Unternehmen einbringen wird. Die Folgen einer Nicht-Ausbildung müßten aber in sozialer Hinsicht verheerend sein, da sie die Perspektivlosigkeit dieser Menschen verstärkt.

Hier muß der Staat – möglichst zusammen mit anderen freigemeinnützigen und lokalen Instanzen – eingreifen. Ein hervorragendes Beispiel sind die Regelungen in den Niederlanden. Nach jetzt geltendem Recht muß jedem Jugendlichen bis zum 23. Lebensjahr eine Arbeits- oder Förderungsstelle vermittelt werden. Alle Jugendlichen, die keine Ausbildungsstelle oder keinen Arbeitsplatz mit mindestens 50 % des gesetzlich definierten Minimallohnes aufweisen, sind verpflichtet, an diesem Garantieprogramm teilzunehmen. Über das 23. Lebensjahr hinaus können sie es freiwillig tun (Fliner/Mejer 1998).

Gefahren ruinösen Wettbewerbs: Wettbewerb im allgemeinen, also das, was man auch „gesunden Wettbewerb“ nennt, und Wettbewerbsgeist, wären an sich gute Sachen, auch im Bereich sozialer Dienste, jedoch nicht in dem Sinne: Je mehr Konkurrenz, desto besser! Die Übertreibung kann „den Charakter verderben“. Was der St. Gallener Volkswirtschaftler Emil Küng 1981 schrieb, hat sicherlich auch heute noch Gültigkeit, daß es nämlich so etwas wie ein „Gesetz des abnehmenden Ertrags“ gibt, und zwar dann, wenn der Wettbewerb zum *Verdrängungswettbewerb* wird, wenn es zum „Gesetz des Dschungels“ kommt, wo es nur noch ums Überleben geht, wo man sich nur retten kann, wenn man sich in Qualitätsverschlechterungen flüchtet, um Kosten zu sparen, andere unterbietet, um Marktanteile zu halten, andere schädigt und beginnt, „mit den Wölfen zu heulen“; dann kommt es letztlich zu Absatzschrumpfungen für alle, und alle moralischen Grundsätze gehen über Bord (148). Es kann zu bedenklichen Erscheinungen der sekundären und relativen Armut kommen, zu einer „Verwirtschaftlichung des Lebens und emotionaler Unterernährung“ und zu einem Kult des wirtschaftlich Tüchtigen bei gleichzeitiger Geringschätzung des Nicht-Produktiven, zu einer Glorifizierung der *efficiency* ohne Rücksicht auf menschliche Güte (158).

Akzeptabel erscheint uns nur ein Wettbewerb der gegenseitigen Befruchtung und Anregung sozialer Dienste. Es wäre eine Form des Wettbewerbs, der *zugleich auf Kooperation* ausgerichtet ist oder – wie es Henderson (1989, 74) ausgedrückt hat – der sich als ein „Spiel gegenseitig garantierter Entwicklung“ versteht. Ein forcierter *Markt*wettbewerb verdirbt dagegen die Mentalitäten und die guten Sitten auch unter den Verbänden und Trägern, indem er u. a. die Prinzipien der Zusammenarbeit und das Bilden von Netzwerken untergräbt. Verdrängungswettbewerb bedingt *Selektion.* Wo bliebe da die Verantwortung aller füreinander?

Gefährdung der Marktwirtschaft

Es ist gar nicht zu bestreiten, daß die Sozialkassen unter Druck stehen, aber gleichzeitig ist auch festzustellen, daß es noch nie so viel Geld gegeben hat wie heute. Es fließt nur in enorm vermehrten Mengen am Staat vorbei. Während dieser durch Steuervergünstigungen und Steuerverschiebungen, durch seine hohe Verschuldung und durch die wachsenden Lasten in Folge der hohen Arbeitslosigkeit nahezu zahlungsunfähig wird, vagabundieren Riesenmengen von Geld rund um die Erde. Das Wirtschafts- und Finanzsystem hat sich weitgehend verselbständigt und droht gewissermaßen durchzudrehen, und die Marktwirtschaft zu gefährden. Die hilflosen Versuche der Politik einer Rückkehr zum Wohlstand nannte Henderson schon 1989 eine „Politik des letzten Hurras“ (54), das bekanntlich dem eigenen untergehenden Schiff gilt. Die Aktienbesitzer sind dagegen die eigentlich Mächtigen geworden, „die neuen Hohen Priester der Finanzwelt“ (SZ v.

25./26.12.1998). Ein Landesbischof sprach in seiner Neujahransprache in diesem Zusammenhang gar von der „fast gottähnlichen Macht“ der Großbanken und Weltkonzerne.

Drohender wirtschaftlicher Kollaps? Als scharfer Kritiker der herrschenden Marktideologie ist G. Soros (1998) bereits genannt worden. Er wendet sich mit aller Entschiedenheit gegen einen „Marktfundamentalismus“, der vorgibt, daß „die unsichtbare Hand der profitmaximierenden Konkurrenz“ wie von selber einen blühenden Wohlstand hervorbringen könnte. Das Gegenteil sei zu befürchten: Chaos und Sturz des demokratischen Systems (27). Ein Primat der Marktwerte müßte alle politischen und sozialen Werte auflösen.

Der Markt, der sich selbst regelt, der freie Markt als guter Markt für alle, erweist sich immer deutlicher als Illusion. Er begünstigt nicht nur ein weiteres Auseinanderklaffen von Arm und Reich, sondern beschwört u. U. selber einen wirtschaftlichen Kollaps herauf, befürchtet auch D. L. Meadows, der Begründer des Club of Rome, der schon 1972 vor der ungebremsten Weiterentwicklung des Wachstumsstrebens gewarnt hatte, in einem Interview in der „Zeit“ (Die Zeit, Nr. 9, 1998). Sie führe zu einer „Erosion der Sozialsysteme“ bzw. sie bewirke in letzter Konsequenz „die Schleifung des Wohlfahrtsstaates“ (Martin/Schumann 1996, 314). Um dies zu verhindern, brauche der Markt einen Regulierungsrahmen, damit er nicht ausufert. Die Politik hätte ihn zu schaffen.

Dem Weltmarkt ein menschliches Profil geben: Das Problem liegt in seinen globalen Dimensionen. Es müßte zu einem weltübergreifenden Übereinkommen von Wirtschaft und Politik über gemeinsame Werte und Maximen kommen, die dem Weltmarkt ein *menschliches Profil* geben, wie ihn der Generalsekretär der Vereinten Nationen auf dem Weltwirtschaftsforum 1999 in Davos vorschlug. Das Ungleichgewicht zwischen Ökonomie, Sozialwesen und Politik dürfe nicht länger andauern, wenn die Marktwirtschaft nicht selber in Gefahr geraten und die politische Stabilität nicht verloren gehen soll. (Siehe auch: Deutsche Gesellsch. f. d. Vereinten Nationen 1999!)

Bei dem jetzigen Wachstumstempo und der ungebremsten Globalisierung der Märkte ist es freilich eine offene Frage, wieweit es politisch gelingen kann, die nötigen Kontrollsysteme zu installieren. Mehr Chancen für Korrekturen dürften sich auf *lokaler* Ebene bieten, wo die Verhältnisse noch überschaubar und bis zu einem gewissen Grad auch persönlich regulierbar sind.

Minimalstandards für Restgrößen? Auf jeden Fall stellen bloße *Restregelungen*, d. h. Zuteilungen von Resten eines neoliberalen Wachstumssystems, z. B. an die Pflege für hilflose alte Menschen, einen nicht zu verantwortenden Weg dar. Die Situation in den Pflegeheimen müßte abschreckend genug dafür sein, daß eine *Standardisierung* von Hilfe auf Mindestqualität zu menschenunwürdigen Verhältnissen führt. Sie zeigt zugleich, daß die Aussichten, bei einer Verbesserung der finanziellen Basis auch die reale Qualität zu verbessern, minimal bzw. nicht ohne weiteres erkennbar sind.

Es ist ein ernstzunehmendes Signal, wenn die Wohlfahrtsverbände hierzulande immer schärfer vor einer „sozialen Eiszeit" warnen, vor der Opferung des Sozialstaates „auf dem Altar der Wirtschaft", und wenn sie sich dagegen wehren, daß die Qualität sozialer Dienste „kaputtgespart" wird.

Zukunftsinvestition Jugend? In Gefahr ist im besonderen die Zukunft einer immer größer werdenden Zahl von Jugendlichen. Sie sehen für sich immer weniger Chancen und erleben sich angesichts der ungleichen Verteilung der Entwicklungsmöglichkeiten als *Verlierer.* In einem Bildungsmanifest „Zukunftsinvestition Jugend", herausgegeben von der „Arbeitsgemeinschaft sozialwissenschaftliche Forschung und Weiterbildung an der Universität Trier e. V." (1998), haben die Autoren ein bedrohliches Bild von der Zukunftslosigkeit der Jugend gezeichnet und acht Thesen für eine neue Bildungs-, Arbeitsmarkt- und Jugendpolitik aufgestellt. Hinzuweisen ist auch auf die Shell-Studie (1997).

Die mit der fortschreitenden Liberalisierung verbundene *Ellenbogenmentalität* löst Zukunftsängste und Verzweiflungsakte in Form von Gewalttätigkeiten aus, aber auch einen wildwachsenden moralischen Relativismus. Die bisher gängigen Mittel zur bloßen Schadensbegrenzung werden wirkungslos bleiben, wenn sich die großen Trends nicht umbiegen lassen, bzw. wenn sich keine neuen Ideen ausbilden. Die Politik müßte sicherstellen, daß niemand aus der Gesellschaft herausfällt, daß vielmehr diejenigen, die unter den Folgen des wirtschaftlichen Strukturwandels zu leiden haben, ihre Zugehörigkeit und ihre Perspektiven für eine volle Teilnahme am gesellschaftlichen Leben behalten (Homann/Blome-Drees 1992, 59).

Die fortschreitende Unterordnung des Sozialen unter einen ökonomischen Primat gefährdet die gesellschaftliche Weiterentwicklung im ganzen. Da im Augenblick nicht absehbar ist, wie diese reale einseitige Gewichtung und Abhängigkeit des Sozialen ausgeglichen werden kann, wäre es mehr als abenteuerlich, wenn sich die sozialen Einrichtungen auch noch selber einer ökonomischen Regie anböten oder auslieferten. Es besteht die Gefahr, daß eine Dominanz ökonomischer Wertigkeiten, also eine fortschreitende Ökonomisierung, zentrale Werte des Sozialen und des Moralischen verdrängt oder zerstört.

Der UN-Bericht (Deutsche Ges. f. d. Vereinten Nationen 1999) warnt deutlich vor der „Tendenz der Märkte, Altruismus und Fürsorge zu bestrafen" und „Rentabilität und Effizienz zu belohnen". Die menschliche Entwicklung sei darauf angewiesen, daß Güter und Dienstleistungen auch außerhalb der Märkte bereitgestellt werden (96). Fürsorge werde zum größten Teil unbezahlt geleistet. Die finanzielle Benachteiligung dieser Arbeit erkläre sich dadurch, daß es vielen Menschen genug sei, andern helfen zu können, und Scheu haben, ihr soziales Engagement mit einem Preis versehen zu lassen (97). Der Marktwettbewerb wird letztlich zu einer verschärften Ausnutzung menschlicher Sozialität – vor allem der Frauen – führen.

4. Die ethische Dimension

Ökonomisierung und Ethik

Aus der Darstellung der ökonomischen Entwicklung ist deutlich geworden, in welchem Maße diese den Sozialbereich und damit den Sozialstaat in Bedrängnis bringt, und in welchem Maße eine zunehmende Zahl von Menschen sozialen Risiken und Benachteiligungen ausgesetzt ist, wenn die Politik versagt.

Es ist aber immer auch ein weiterer Bereich mitangesprochen und mitverantwortlich, wenn ein Teilsystem der Gesellschaft, hier also die Wirtschaft, einseitig an Macht gewinnt und eine entsprechende Werteverschiebung auslöst, nämlich die *Ethik* bzw. die *Moral* als deren Praxis. So ist gegenwärtig soziale Gerechtigkeit real bedroht. Die Ökonomie rangiert als Teil der Gesellschaft, aber nicht außerhalb des moralischen Geltungsbereichs. Die moralischen Prinzipien und Werte sind universale, d. h. sie beanspruchen Gültigkeit für alle und alle Bereiche des menschlichen Zusammenlebens. Wenn also Klage geführt wird, daß ein bestimmter Bereich die Gültigkeit moralischer Prinzipien und Normen in besonderer Weise infragestellt, z. B. die Solidarität und die Sicherung des Gemeinwohls, so liegt auch ein moralisches Versagen vor, das mit diesem System strukturell verbunden ist.

Nicht von ungefähr sahen sich die beiden großen Kirchen als sozialethische Instanzen genötigt, sich zu Wort zu melden, um auf die Notwendigkeit einer Neuordnung von Gesellschaft und Sozialer Marktordnung im Sinne von Solidarität und Gerechtigkeit hinzuweisen. Die Auswirkungen der globalen wirtschaftlichen und sozialen Veränderungen haben die realen Bedingungen für ein menschenwürdiges Zusammenleben aller in Gefahr gebracht. Damit ist die *ethische* Frage gestellt. Ein friedliches menschliches Zusammenleben ist nur möglich, wenn die Wahrung der Menschenrechte und Grundwerte für alle Geltung behält, wenn eine Gesellschaft auch eine gerechte und anständige oder gute sein soll.

Welche Chancen hat nun konkret die ethische Dimension angesichts der rasanten Ökonomisierung, d. h. der alles beherrschenden Machtposition der Ökonomie heute, z. B. in bezug auf die Beachtung der Menschenrechte oder der Gerechtigkeit für sozial benachteiligte und behinderte Menschen?

Marktwirtschaft ist kein unmoralisches Unternehmen: Es ist bekannt, daß sich das Verhältnis von Ökonomik und Ethik sperrig darstellt (Cornelßen 1991). Für eine Klärung ist es zunächst wichtig, grundsätzlich festzustellen, daß die Marktwirtschaft an sich kein unmoralisches Unternehmen darstellt. Wer durch sein Wirtschaften Gewinne erzielt und Profite macht, braucht sich dafür nicht zu entschuldigen. Die Wirtschaft ist ein Subsystem der Gesellschaft und als solches ist sie zwar in den generellen Geltungsrahmen universeller Ethik eingebunden, hat aber ansonsten ihren eigenen Spielregeln zu folgen.

Dieser Zusammenhang von Eigennutz und allgemeinem Wohlstand ist bereits bei A. Smith, dem Begründer der modernen Wirtschaftslehre, begründet vorzufinden. Er war zugleich Moralphilosoph! Es ging ihm bei seiner Lehre ausdrücklich auch um die Besserstellung der Armen, also um eine „vorrangige Option für die Armen" (Homann/Blome-Drees 1992, 22). Im Unterschied zur bisherigen bloßen Caritas, die das Elend dieser Menschen zu lindern suchte, setzte er auf wirtschaftliches Wachstum. Er verband also seine ethischen Überlegungen und Ziele mit dem Resultat des Wirtschaftsprozesses: Wohlstand für alle als Voraussetzung für die Freiheit aller.

Was eine Wirtschaftsethik leisten kann: Auf dieser Grundlage hat auch K. Homann, der einzige Lehrstuhlinhaber für Wirtschafts- und Unternehmensethik in Deutschland (Kath. Universität Eichstätt), seine Wirtschaftsethik aufgebaut. Ihr gehe es um eine Rahmenordnung, die es ermöglicht, daß auch über die Wirtschaft dem Gemeinwohl und der Solidarität gedient werde. Marktwirtschaft und Wettbewerb seien eine „künstlich etablierte Veranstaltung zum Wohl der Allgemeinheit, der Konsumenten" (26). Zu ihrer Leistungssteigerung benutze die Marktwirtschaft Wettbewerb und Gewinnstreben als Mittel. Aus den damit verbundenen Innovationen und Investitionen, aus Kapitalbildung und Wachstum, sei als Ergebnis die außerordentliche Wohlstandssteigerung des Westens hervorgegangen. Nicht also bloße Caritas und das Prinzip des Teilens könnten die allgemeinen sozialen Probleme der Gesellschaft lösen, sondern der Marktwettbewerb: „Wettbewerb ist solidarischer als Teilen!"

Dieser provokant klingende Satz entspricht der ethischen Grundauffassung, daß der Markt mit seinem nicht abkoppelbaren Wettbewerb die wichtigste Grundlage für die Sicherung und Hebung des Gemeinwohls darstellt. Ist er aber auch vom Einzelnen nachvollziehbar, zumal wenn er immer wieder mit einseitigen Aufkündigungen des Sozialvertrages zu seinen Ungunsten konfrontiert wird? Natürlich ist es richtig, daß *Verteilung mit Produktion verbunden* sei, sie stehen zueinander in einem interdependenten Verhältnis. Demnach ließen sich Verteilungsfragen nicht unabhängig von Fragen der Produktion diskutieren (62). Es ginge also ethisch darum, daß die Marktwirtschaft das Prinzip der Solidarität unter den Bedingungen der modernen Gesellschaft zur Geltung bringt (16), nicht jedoch darum, daß sie soziale Probleme löst. Ihren Beitrag zum Sozialprodukt könne sie aber nur leisten, wenn sie sich auf einen sozialpolitischen Ordnungsrahmen stützen kann, d. h. auf ein ausgebautes System sozialer Sicherung.

Wirkungslosigkeit moralischer Appelle: Bloße Appelle von politischer

Seite, die Wirtschaft möge ihre soziale Verantwortung wahrnehmen, werden im allgemeinen wirkungslos bleiben, solange nicht Möglichkeiten ihrer Umsetzung aufgezeigt werden können. Soweit derartige Appelle an die soziale Verantwortung des Einzelnen gerichtet sind, können sie heute, angesichts der globalen und anonymen Verflechtungen der wirtschaftlichen Prozesse sogar zu Überforderungen führen (Homann/Blome-Drees 1992, 172).

Ökonomen selber können mit ethischen Gesichtspunkten für die Wirtschaft wenig anfangen. Sie lehnen gar ein „ethisches und soziales Gesäusel“ ab; die Moral der Wirtschaft bestehe gerade darin, daß sie „amoralisch“, d. h. moralfrei, sei. Markt und Wettbewerb hätten ihre eigenen Gesetze, an denen nicht gerüttelt werden sollte, wenn die Wirtschaft – im Sinne der Allgemeinheit – erfolgreich sein soll. Rigides moralisches Räsonnement, das die ökonomischen Wirkzusammenhänge ignoriere, sei fehl am Platze. Luhmann hielt moralisch motiviertes Handeln nicht nur für entbehrlich für das System der Wirtschaft, sondern sogar für schädlich, für „dysfunktional“ (zit. b. Cornelßen 1991). Das Wirtschaftssystem sei ein System, das sich selbstreferentiell an seinen eigenen Systemerfordernissen und am Erfolg zu orientieren habe.

Lösen sich ethische Forderungen damit auf? Darf die Marktwirtschaft alles, was sie kann, ohne Rücksicht auf soziale Folgen auch tun? Geht sie das u. U. elende Leben der sozial Schwächsten und ihr Recht auf ein menschenwürdiges Leben nichts an? Sind dafür nur die speziellen Fürsorgesysteme zuständig bzw. eine im Außenbereich geltende allgemeine Moral? Es sind zweifellos schwierige Zusammenhänge, die verschieden gedeutet werden können. Festzuhalten wäre, daß eine Entfesselung der Marktkräfte, wie sie gegenwärtig zu beobachten ist, eine schwere Herausforderung aller moralischen Fundamente darstellt, die nicht einfach hingenommen werden kann. Das Moralische bedarf zur Abstützung eines entsprechenden politischen Ordnungsrahmens. Er muß im Sinne einer moralischen Steuerung der Gesellschaft auch Restriktionen umfassen (Homann/Blome-Drees 1992, 108).

Soziales Kapital: Ein neuerer Begriff ist in diesem Zusammenhang „soziales Kapital“ (Coleman 1996). Er beinhaltet in Verbindung mit einem bestimmten Ethos (“Treu und Glauben“) sozialen Zusammenhalt und soziale Verläßlichkeit, die auch für das Funktionieren der Wirtschaft wichtig ist. Unternehmen können effizienter wirtschaften, wenn sich die Beteiligten an Regeln halten und vertrauenswürdig sind. Dies setzt voraus, daß sich die Menschen in ihrem Zusammenleben wohlfühlen. Letztlich funktioniert auch Wettbewerb am ehesten auf der Basis solcher sozialen Qualität.

Das Zusammenleben aller beruht auf universal gültigen ethischen Prinzipien und Ideen, die auch für die Wirtschaft als Teil der Gesellschaft gelten. Freilich hat sie ihre eigenen Normen und Werte, so daß es nicht sinnvoll wäre, normative Erfordernisse gegen sie durchsetzen zu wollen. Gefragt ist vielmehr eine gegenseitige Abstimmung wirtschaftlicher und gesellschaftlicher Interessen. Die Ethik ist in keinem Bereich dispensierbar. Sie ist jeweils neu herausgefordert.

Theorie der Gerechtigkeit: Der amerikanische Moralphilosoph John Rawls hatte schon in seinem Hauptwerk „Eine Theorie der Gerechtigkeit" (1988) unverzichtbare Grundsätze der Gerechtigkeit aufgestellt und zwar im Sinne von „Gerechtigkeit als Fairness" gegenüber jedermann. Diese impliziere zum einen den Grundsatz der Gleichheit der Grundrechte und Grundpflichten, aber zum anderen auch den, „daß soziale und wirtschaftliche Ungleichheiten, etwa verschiedener Reichtum oder verschiedene Macht, nur dann gerecht sind, wenn sich aus ihnen Vorteile für jedermann ergeben, insbesondere für die schwächsten Mitglieder der Gesellschaft" (32). Es sei also nicht als gerecht anzusehen, daß einige weniger haben, damit es anderen besser gehe. Umgekehrt sei es nicht ungerecht, wenn einige mehr Vorteile haben, wenn es dadurch auch den nicht so sehr Begünstigten besser gehe.

Es käme also auf Zusammenarbeit zu jedermanns Wohlergehen an und zwar in dem Sinne, daß die Verteilung der Güter jedermann, auch die weniger Begünstigten, zur Mitarbeit bereit mache. Auf jeden Fall kann kein Individuum unbeschränktes Recht beanspruchen, um seine persönlichen und sozialen Vorteile im sog. freien Spiel der Kräfte optimal zu nutzen. Rawls wendet sich damit gegen den *Utilitarismus*, für den es keine Rolle spiele, wie die Summe der Güter über die verschiedenen Menschen verteilt sei (44). Die Verletzung der Freiheit einiger Weniger könne nicht durch das größere Wohl vieler Anderer gutgemacht werden. In einem späteren Buch hat sich Rawls mit dem „Politischen Liberalismus" (1998) auseinandergesetzt und seine Grundsätze im speziellen unter dem Aspekt des faktischen Pluralismus heute bekräftigt.

Wenn es darum geht, dem ethischen Prinzip der sozialen Gerechtigkeit real Geltung zu verschaffen, ist die Politik herausgefordert. Sie hat sich an Prinzipien zu orientieren, die unter gleichberechtigten Bürgern auf demokratische Weise gerechtfertigt werden können, bzw. an der Idee einer Gesellschaft, in der die Bürger bereit sind, die eigenen Werte und die eigenen materiellen Ansprüche am Kriterium der Wechselseitigkeit zu messen. Letztlich entscheidet sich die Frage der Gerechtigkeit an der Situation der Ausgegrenzten und der Schlechtestgestellten.

Das sozioökonomische Konzept des Ich + Wir: Frühe Beiträge zur Klärung des Verhältnisses von Ökonomik und Ethik stammen von den amerikanischen Kommunitaristen. Etzionis Buch „Jenseits des Egoismusprinzips" (1994) war in Amerika bereits 1988 erschienen ("The Moral Dimension. Toward A New Economics"). Er stellte darin dem neoklassischen Ansatz der Ökonomik, die von unabhängigen und isolierbaren Nutzenwerten ausgeht, sein sozioökonomisches Konzept des Ich+Wir entgegen. Im Leben gehe es immer um mehr als nur um die Maximierung eigener Befriedigungen. Etzioni zeigte vielfältig auf, daß ökonomische Maximen von moralischen gar nicht zu trennen sind. Moralische Werte beeinflußten zutiefst jedes Verhalten, auch ökonomisches (38). Moral sei ganz eindeutig ein wichtiges Mittel, das Gemeinwesen zu unterstützen.

Schon Adam Smith habe betont, daß die Menschen auch aus ihrem

Gewissen handelten und miteinander nicht nur über den Markt, also über bloße Tauschhandlungen, in Beziehungen träten. Das psychische Wohlbefinden sei sehr stark von der Anerkennung anderer abhängig und dies sei eine moralische Dimension. „Wie egoistisch man sich den Menschen auch vorstellen mag, in seiner Natur gibt es ganz offensichtlich einige Prinzipien, die ihn dazu bestimmen, am Schicksal anderer Anteil zu nehmen und sich deren Glück zum eigenen Bedürfnis zu machen" (Smith, zit. b. Etzioni 82).

Es könne also nur Schaden entstehen, wenn die Bedeutung moralischen Verhaltens von ökonomischer Seite immer nur heruntergespielt oder verneint würde. Das Hochspielen eines rationalistischen Bildes vom Menschen, der völlig auf sich gestellt und nur vom Eigennutz beseelt sei, sei im übrigen kein Monopol der Ökonomen. Auch Psychologen hätten sich daran beteiligt. In Wirklichkeit sei der aufgeklärte *homo oeconomicus* ein Menschentyp, der davon gekennzeichnet sei, daß er sehr re-aktiv, von Inputs getrieben, hedonistisch, egozentrisch, asozial und bar jeden Affektes sei und jeder Persönlichkeit entbehre (174). Je mehr die Menschen ein solches Verhalten zu ihrem Leitbild machten, desto mehr werde paradoxerweise die Fähigkeit unterminiert, die Marktwirtschaft überhaupt aufrechtzuerhalten (446). – Es ist Vorsicht gegenüber dieser Stilisierung angezeigt.

Ökonomik und Weltethos: Mit dem Verhältnis von Ökonomik und Ethik hat sich ausführlich auch der Theologe Hans Küng auseinandergesetzt. Er tritt für ein „Weltethos" als Leitidee für Weltpolitik und Weltwirtschaft ein (1997). Es folgert aus der ökonomischen Globalisierung. Der Ökonomie sei deutlich zu machen,

- daß nicht alles, was in der Wirtschaft ist, auch so sein muß,
- daß nicht alles, was funktioniert, auch gut funkioniert, und nicht alles, was effizient ist, auch legitim ist, und
- daß nicht alles, was ökonomisch rational erscheint, auch zum allgemeinen Wohle führt.

Markt und Wettbewerb als Mittel und Instrument dürften nicht zum obersten Wert und Ziel der Wirtschaft werden; dieses bleibe das allgemeine Wohl (284). Menschenunwürdige Verhältnisse als Folge ökonomischer Entwicklungen könnten nicht hingenommen werden. Der Politik komme ein Primat über die Ökonomie zu, zugleich aber müsse es auch einen Primat des Ethos gegenüber Ökonomie und Politik geben, um die Menschenwürde zu wahren. Eine globale Marktwirtschaft müsse auf humane und soziale Ziele politisch verpflichtet sein. Das bedeutet, daß auch die Ökonomie soziale Verantwortung trage. – Offen bleibt, wie sie dies können soll. Forderungen nach einem Primat – für welche Instanz auch immer – erscheinen heute generell zweifelhaft. Hilfreicher erweisen sich offene dialogische Abstimmungsversuche auf der Basis einer dem Menschen immer schon im voraus gegebenen Ethik und mit dem Ziel gemeinsam zu vereinbarender Selbstbindungen.

In seinem Buch „Moral als Preis der Moderne" tritt auch O. Höffe (1993) für ein Weltethos ein. Seine ökologische Ethik stützt sich neben der Normenethik auch auf eine Tugendethik. Sie werde aktuell, wenn der Mensch im Begriffe ist, das Maß zu verlieren, und seine Bedürfnisse und Interessen auf Kosten anderer zu entfesseln, etwa durch ein ungebremstes Profitstreben. Höffe macht aber auch klar, daß Profitstreben an sich nicht amoralisch sei. Ökonomische Rationalität bewirke immerhin auch Kostensenkungen und eine größere Sparsamkeit im Sinne von mehr materieller Effizienz. Nicht hinzunehmen aber sei eine ideologische Umwertung von ausgesprochener Habsucht in „lobenswerten Geschäftssinn" (164). Einer Unkultur von Habsucht im globalem Maßstab sei eine – ebenso globale – Kultur der *Selbsteinschränkung* und der *Besonnenheit* entgegenzusetzen. Man könne auch reich sein, indem man sich beschränkt. Leitidee eines neuen Weltethos sollte die Überwindung von Not und Elend und der Verzicht auf den Wunsch sein, alles haben zu wollen.

Gemeinschaften sind nicht auf bloße Tauschbeziehungen reduzierbar: Selbst aus finanzwirtschaftlicher Sicht wird die fundierende Bedeutung sozialer Werte für die Gesellschaft betont. Deren schleichende Auflösung durch dominante Marktwerte hält G. Soros (1998), der in beachtlichem Ausmaß soziale und rehabilitative Programme in aller Welt finanziert, für eine schwere Bedrohung nicht nur des marktwirtschaftlichen Systems, sondern insgesamt der Demokratie. Es sei höchst gefährlich, wenn sich die Beziehungen der Menschen zueinander – und damit das, was man auch als Moral bezeichnet – auf die Qualität von Tauschbeziehungen reduzieren, wie es auf dem Markt üblich ist. Wenn Menschen ohne besondere Skrupel austauschbar würden, wie z. B. die Mitglieder einer Familie oder sog. Freunde, so gehe Loyalität und Zusammenhalt verloren, die aber unverzichtbar wichtig für das Ganze seien.

Eine auf Tauschakten beruhende Gesellschaft untergrabe gemeinsame Werte und lockere die moralischen Hemmungen, aber auch die *Sorge um andere.* Eine auf Tauschakten basierende Marktwirtschaft sei alles andere als eine Gemeinschaft. Auf Gemeinschaften aber sind die Menschen angewiesen. Eine reine Tauschgesellschaft, in der man keine Rücksicht auf andere nehmen müsse, also ungehindert frei agieren könne, um möglichst als erster durchs Ziel zu gehen, und den größten Erfolg zu haben, sei – im Anschluß an die Befürchtung von Hobbes – eine „wölfische Gesellschaft" (113). Sie könne niemals Bestand haben.

Es wäre verfehlt, ethische Prinzipien mit politischen Mitteln gleichzusetzen. Die Ethik vermittelt lediglich Prinzipien und Begründungen von Leitbildern, die für das Zusammenleben unverzichtbar wichtig sind. An ihnen lassen sich aktuelle Wertungsprozesse beurteilen. Sie blieben sonst sich selbst überlassen. Daß die Ethik nach wie vor reale Bedeutung hat, geht u. a. aus der Tatsache hervor, daß die ethische Frage gerade jetzt eine außerordentliche Resonanz in den verschiedensten Bereichen des gesellschaftlichen Lebens findet. Die Wirkung von Ethik ist also nicht einer

Fahrradbremse im Interkontinentalflugzeug vergleichbar, wie U. Beck einmal gemeint hatte (zit. b. Höffe 1993, 99). Im Grunde ist das Ethische nie überflüssig; denn es ist immer schon da, also *vor* allem ethischen Diskurs (Walzer 1993, 29).

„Wir müssen die moralische Welt nicht erst entdecken, da wir immer schon in ihr gelebt haben", stellt Michael Walzer, einer der bekanntesten Vertreter des amerikanischen Kommunitarismus fest. Wir existieren als moralische Wesen, die wir nun einmal sind, und diese Moral verpflichtet uns kraft der Autorität ihres Vorhandenseins, und auch deshalb, weil sie uns mit allem versorgt, dessen wir bedürfen, um ein moralisches Leben zu führen, und über Ethik zu reflektieren. Diese immer existierende Fähigkeit bedingt freilich auch, daß Moral stets einen für Macht und Herrschaft potentiell „subversiven Charakter" habe (31). Moral sei etwas, worüber wir streiten müssen; und dieser Streit impliziere, daß wir sie gemeinsam besitzen, wenn auch dieser gemeinsame Besitz keine Übereinstimmung garantiere. Der Streit um Ethik und Moral muß also geführt werden, auch soweit er die mächtige Wirtschaft und die nahezu allmächtige Finanzwelt betrifft. Auch sie kann die Kritik nicht ausschalten, höchstens bekämpfen.

Rückkehr zur privaten Mildtätigkeit? Von ethischer Relevanz ist vor allem die generelle Forderung von wirtschaftlicher Seite nach einem Umbau des Sozialstaates. Die im Grundgesetz verankerte „Sozialstaatlichkeit" verpflichtet den Staat, für die sozial Schwachen zu sorgen. Diese Sozialstaatlichkeit an sich wird zwar offiziell nicht in Frage gestellt; es bleibt aber unklar, wie bei dem geforderten Umbau des Sozialstaates soziale Qualität gesichert werden kann. Was bedeutet insbesondere die wirtschaftlich motivierte Absicht des Staates, die soziale Sicherung mehr als bisher in die *Verantwortung des Einzelnen* zu legen, also die Zukunftssicherung gegen Not weitgehend zu privatisieren, um den Staat zu entlasten? In letzter Konsequenz geht diese Tendenz – z. B. in den USA – so weit, daß soziale Hilfe generell in die private Mildtätigkeit zurückverlagert wird. Was sollte es sonst bedeuten, wenn behauptet wird, der Wohlfahrtsstaat sei ein totaler Fehlschlag gewesen (b. Saul 1997, 96).

Wohlstand für alle über den Markt? In seinem Werk „Sphären der Gerechtigkeit" (1994) reklamiert Walzer die immanente Wirkung eines „allgemeinmenschlichen Bedürfnisses", das darauf gerichtet sei, gemeinsame Anstrengungen zu unternehmen, um Wohlstand für alle zu erreichen und zu sichern, z. B. durch öffentlich finanzierte medizinische Forschung. Der Einzelne müsse durch die Sorge der Gemeinschaft erleben, daß er dazugehört. Aus dem Prinzip der gegenseitigen Hilfe gingen Verpflichtungen hervor, die gegenüber jeglichem, also nicht nur gegenüber bestimmten Menschen, bestehen. Der Markt, jedenfalls in den USA, sei „der größte Rivale der Sphäre der Sicherheit und Wohlfahrt" (142). „Notwendige Bedarfsgüter sind keine Waren" (143). Der Markt sei kein sicherer Garant für die Erfüllung des Gesellschaftsvertrages.

Es ist auffallend, wie wenig sich angesichts verschärfter ökonomischer

Herausforderungen heute eine Philosophie der Humanität als Sozialphilosophie vernehmen läßt, wie geräuschlos ein soziales Programm nach dem anderen wegrutscht, und wie widerstandslos oder fatalistisch z. B. die soziale Benachteiligung ganzer Bevölkerungsteile, zumal der Jugend, oder standardisierte und minimalisierte Pflegestandards für alte Menschen hingenommen werden, obwohl sie nachweislich zu inhumanen Zuständen führen.

Moralische Konflikte durch Behandlung nach ökonomischen Maßgaben: Zu welchen moralischen Konflikten eine rationalisierende Ökonomisierung in der Behandlung von Menschen führt, zeigt die Entwicklung im Bereich der *medizinischen Dienste,* wo bereits das erreicht ist, was staatlicherseits im Grunde auch in den sozialen Einrichtungen angestrebt wird, nämlich die *Budgetierung.* Das in der hippokratischen Ethik verankerte Gebot der unbedingten Loyalität zum Patienten gerät in Konflikt mit ökonomischen Interessen (Kühn 1997). Es komme zu einer „Verbetrieblichung der medizinischen Arbeit", bei der sich das Risiko ärztlich-moralischen Fehlverhaltens erhöhe. Der Arzt sieht sich genötigt, Behandlungsentscheidungen nach ökonomischen Maßgaben zu treffen (Kuhlmann/Feuerstein 1997). „Wir diskutieren ... oft mehr über diese wahnsinnigen ökonomischen Zwänge als über medizinische Dinge", wird ein Arzt zitiert.

Die ethischen Entscheidungen würden oft von Kostenfragen dominiert. Unvermeidlich werde eine Unterscheidung von „guten" und „schlechten" Risiken. Es schleichen sich Selektionspraktiken ein, die sich etwa auf das Krankheitsbild, auf das Lebensalter, auf die berufliche Stellung oder auf den Versicherungsstatus der Patienten bezögen. Verlierer seien dabei die ohnehin sozial Benachteiligten, die chronisch Kranken und die Alten. Die Nötigung, derartige „unterschwelligen" Selektionskriterien und Benachteiligungen zu verschleiern, erhöhten die moralischen Probleme (Kuhlmann 1998, 10). – Wie ethische Positionen in Organisationen generell zu Konflikten führen können, und wie mit ihnen umgegangen werden kann, zeigt der Band von Blickle (1998) auf.

Sozialethische Eckwerte

Welchen Beitrag kann eine Sozialethik zur Klärung dieser Problemlagen leisten? Was können sozialethische Leitprinzipien bewirken, wenn es um soziale Sicherheit und Gerechtigkeit für alle geht? Mit Sicherheit kann es in der modernen Gesellschaft mit ihren hohen Risiken nicht dem Einzelnen oder bestimmten (privaten) Gruppen überlassen werden, soziale Verantwortung wahrzunehmen. Der Staat bleibt verpflichtet, seinen Teil dazu beizutragen, daß das soziale Risiko möglichst gering gehalten wird, die Menschenrechte gewahrt werden und notwendig werdende Hilfe in Gang kommt. Vor allem aber kann es nicht dem freien Wettbewerb überlassen bleiben, wer sich durchsetzt, und welche Mittel dabei eingesetzt werden.

Geschichtliche Erfahrung lehrt, daß es stets die Stärkeren wären, die dabei zu „ihrem“ Recht kämen. Dies lehrte auf der einen Seite der sog. *Manchester-Kapitalismus* Ende des vorigen Jahrhunderts, der den Eigennutz über alles stellte, was gegenwärtig auch für den neuen „Raubkapitalismus“ gelten dürfte, auf der anderen Seite der Staatssozialismus, der Personenrechte radikal zugunsten kollektiver Zwecke, insbesondere aber einer Funktionärselite, die Rechte des Einzelnen mißachtete. „Die Konzentration wirtschaftlicher wie staatlich-verwaltungsmäßiger Macht auf einen kleinen Kreis führte noch immer dazu, daß dieser sich auf Kosten der Schwächeren Privilegien und Vorteile, aber auch das dazu nötige Machtmonopol zu sichern wußte“, stellte Furger (1991, 136) als Moraltheologe fest.

Das sozialethische Doppelprinzip der Achtung des Person- und Gemeinwohls: Gerade gegenüber den immer anonymer, komplexer und mächtiger werdenden Institutionen der modernen Gesellschaft ist es wichtig, daß dem sozialethischen Doppelprinzip der gleichzeitigen Achtung des Person- und des Gemeinwohlprinzips Geltung verschafft wird. Wenn den Menschen Gerechtigkeit widerfahren und sie ihre Persönlichkeit frei entfalten können sollen, muß auch das Gemeinwohl eine gemeinsame Sorge aller sein. Es stellt sich nicht von selber ein. Umgekehrt bedarf das Prinzip der *Solidarität*, der Verpflichtung der Gemeinschaft zur Hilfe für die Schwächeren, der Ergänzung durch das Prinzip der *Subsidiarität*, d. h. der Beachtung der Selbsthilfekräfte des Einzelnen, die nicht durch übergeordnete Instanzen geschwächt werden dürfen.

Der helfende Akt ist kein Tauschakt: Ein weiterer sozialethischer Eckwert ist im *Eigenwert des Sozialen* zu sehen. Die Wertigkeiten des Sozialen und des Ökonomischen unterscheiden sich. Hilfeakt und (ökonomischer) Tauschakt lassen sich nicht gleichsetzen. Jeder folgt einer eigenen Logik.

Im Unterschied zum *Tauschakt* („Ich möchte etwas von dir. Ich gebe dir dafür etwas Gleichwertiges.“) wird der *helfende Akt* („Hilf mir!“) nicht von beidseitigen Interessen, sondern jeweils *vom Anderen* initiiert. Der Hilfe-Impuls geht stets vom Hilfebedürftigen aus. Er in seiner Not setzt den Imperativ, der mich trifft, auch wenn ich mich ihm zu entziehen versuchte (Lévinas). Der moralische Imperativ wird im Gegensatz zum Kauf- oder Verkaufsinteresse nicht egologisch, also vom Eigennutz her, konstituiert. Es ist vielmehr so, daß ich vom Anderen, der Hilfe braucht, in die Pflicht genommen werde, bevor ich fragen kann, welchen Preis ich dafür erhalte. Der moralische und soziale Akt ist *asymmetrisch* begründet und geht der eigenen Rationalität voraus. Das Prinzip der Gegenseitigkeit ist dagegen ein strukturelles und sekundäres Prinzip: „Wenn ich dir helfe, kann ich erwarten, daß im umgekehrten Fall auch du mir hilfst“ (Speck 1996).

Helfen – ein asymmetrisches Verhältnis: Der helfende Akt als Akt, der vom Anderen ausgeht, und der eigene Planungen und Absichten geradezu ausschalten kann, jedenfalls prinzipiell verändert, ist etwas grundlegend anderes als ein Tauschakt, bei dem Angebot und Preis sich entsprechen („stimmen“) müssen. Im Gegensatz zum ökonomischen Tauschakt ist der helfende Akt eben nicht Symmetrie abgestellt. Wenn er menschlich sein und sich am Menschen orientieren soll, der Hilfe braucht, so bedeutet er immer ein asymmetrisches Verhältnis. „Mit dem Anderen werde ich nie quitt", sagte der französische Philosoph E. Lévinas (1995, 205).

Lévinas hat eine *Ethik vom Anderen* her entworfen. Sie beruht eben *nicht* auf der Gegenseitigkeit der Beziehungen „Wie Du mir, so ich Dir". Der Andere ist vielmehr *der Erste*; er ist derjenige, der den *Vortritt* hat (139). Von ihm geht der Imperativ aus, an dem ich mich orientiere: *Hilf mir!* Aus dem Helfen leitet sich kein Anspruch auf Lohn und Dankbarkeit ab. In der Verantwortung für den Anderen, in der Sorge um ihn, wird Menschlichkeit zutiefst, d. h. vor aller Gerechtigkeit, konstituiert. Primäre Sorge hört nie auf. Sie wird ganz unmittelbar in der Begegnung von Angesicht zu Angesicht erlebt. Sie verblaßt in dem Maße, in dem ich mich persönlich von der unmittelbaren Situation, die den Hilfeimpuls anschaulich setzt, entfernt aufhalte.

Dieses anthropologische Bild liegt allem Helfen und allem sozialen Tun zugrunde. Es widerspricht zutiefst dem berechnenden ökonomischen Tauschansatz. Der dahinterliegende Wert des Menschlichen im Helfen ginge verloren, würde das Helfen primär oder gänzlich auf Gegenseitigkeit und ökonomische Stimmigkeit abgestellt. Bei aller Mitbedeutung des Ökonomischen hat soziales Tun unleugbar eine höhere Affinität zur Moral als zur Ökonomie!

Die Verpflichtung moralisch-sozialen Handelns durch den Anderen, die im Prinzip auch für jegliche Organisation von Hilfe als Orientierungsgröße gilt, muß primäre Gültigkeit behalten, wenn das Helfen menschlich sein soll. Diese Verpflichtung wird „jenseits des Egoismusprinzips" (Etzioni) gesetzt. Das hatte bereits Schopenhauer betont, der Moral geradezu als die Abwesenheit von jeglichem Egoismus definiert hatte.

Sozialethische Prinzipien und Standardisierung: Derartige sozialethische Grundlegungen sind den heute in den Hilfeorganisationen Tätigen, zumal auf der Manager-Ebene Planenden und Kontrollierenden, allzu abstrakt, also wirklichkeitsfern. Geläufig ist uns eher das gegenteilige Verständnis von Hilfe: Der Helfer ist der Kompetente, die Hilfeorganisation hat zu planen und zu kalkulieren. Die maßgebenden Kriterien beziehen sich vornehmlich auf organisationale und ökonomische Werte des eigenen Systems.

Dieser Anspruch kann sich für die Organisatoren oder Manager von Hilfe so weit erhöhen oder verselbständigen, daß es im Sinne eigener „Effizienz" zu fachlich und wirtschaftlich festgeklopften Paket-Angeboten von „Dienstleistungen" (Standards) kommt, von denen aus gesehen *nicht* vorgesehene, aber individuell notwendige Dienstleistungen, wie persönliche Zuwendung, als „individuelle Sonderwünsche" eines Hilfebedürftigen abgestuft und möglicherweise zu *Störvariablen* werden. Man denke an das Standard-Paket der amtlich verordneten, minutiös abgepackten Pflegeleistungen!

Gemeinwohl und Eigennutz: Die Frage nach der Hilfe für Ärmere oder sonstige „Unproduktive“, wie z. B. Behinderte, kann also keine Frage bloßer ökonomischer Logik im Sinne von Gegenseitigkeit sein. Sozialphilosophisch geht es bei der Frage um soziale Gerechtigkeit und um Verhinderung eines geteilten Gemeinwohls nicht in erster Linie um Ökonomie. Natürlich bäckt der Bäcker das Brot für die Anderen nicht aus moralischem Wohlwollen, sondern aus Eigennutz (A. Smith). Aber dieses ökonomische Austausch-Verhältnis zu allgemeinem gegenseitigen Nutzen ist nicht ohne weiteres auf den sozialen Helferakt zu übertragen.

Soziale Einstellungen und Handlungen können nicht auf Kalküle des Eigennutzes reduziert werden. Das schließt selbstverständlich nicht aus, daß soziales Tätigwerden, zumal von Organisationen, auch ein ökonomisch verantwortbares und vernünftiges Tun sein muß. Aber die generelle Unterschiedlichkeit von Tauschakten und helfenden Akten verbietet eine Umwandlung der Hilfesysteme in *primär* ökonomische („unternehmerische“) Systeme. Unsere ethische Grundordnung, nach welcher niemand den anderen als bloßes Mittel für seine Zwecke benutzen darf, nähme Schaden, wenn das Kalkül der wirtschaftlichen Effizienz für den Ansatz des Helfens bestimmend würde.

Auf die *Bedeutung der Politik* ist bereits hingewiesen worden. Moral bedarf des entsprechenden Ordnungsrahmens innerhalb eines Gemeinwesens, wenn sie allgemeine Geltung für das Handeln erhalten soll. Sie hat auch die entsprechenden Anreize für moralisches Handeln zu schaffen; der moralisch Handelnde wäre sonst nur „der Dumme“. Es käme also darauf an, daß ökonomische Eigeninteressen in der Weise durch Rahmenbedingungen koordiniert werden, daß sich alle oder die meisten an sie als ethische Normen und Regeln halten. Das wiederum bedeutet, daß der Einzelne um so eher bereit ist, sich an sie zu halten, je sicherer er ist, daß sich auch die anderen daran halten. Damit aber bleibt Sozialethik als Korrektiv zur ausschließlichen Verfolgung von Eigeninteressen in einem generell kritischen Schwebezustand, der am ehesten durchgehalten werden kann, wenn das gesellschaftlich-soziale Klima ein ausgeglichenes und von Zuversicht getragenes ist.

Die *Erziehung* wird dabei eine ergänzende und unterstützende Rolle spielen müssen. Verantwortung durch aktives Helfen wahrzunehmen, setzt entsprechende Lernprozesse voraus. Die Erziehung wird sich stärker als bisher auch moralisch orientieren müssen, wenn der Pluralismus nicht in gleicher Gültigkeit von Jeglichem, also in Indifferentismus und Relativismus, und der egologisch orientierte ökonomische Wettbewerb den Menschen nicht zum Wolf des Anderen machen und nicht in einen „Krieg aller gegen alle“ (Hobbes) münden soll. Entscheidend aber wären *positive Perspektiven:* Visionen bzw. der Glaube an eine mögliche gute Zukunft.

5. Soziale Qualität in sozialen und rehabilitativen Einrichtungen

Es kam uns darauf an, die Hintergründe aufzuzeigen, vor denen sich die aktuelle ökonomisch orientierte Qualitätsdiskussion abspielt, um deutlich zu machen, daß Qualitätsentwicklung sehr verschieden zu verstehen ist und recht komplexen und widersprüchlichen Bedingungen ausgesetzt ist. Diese sind schwer zu durchschauen; man muß sie aber kennen, wenn verhindert werden soll, daß das Ökonomische alles Andere dominiert und zum Selbstzweck und damit zu einer Bedrohung des Sozialen wird.

Lebenswertorientierte Qualitätsentwicklung: Wenn wir hier von Qualitätsentwicklung und Qualitätssicherung reden, so meinen wir damit weder eine Preisgabe sozialer Arbeit an einen imaginären Markt noch eine ökonomisierende Sozialphilosophie. Bei der Suche nach Auswegen aus der gegenwärtigen sozio-ökonomischen Krise kommt es wesentlich darauf an, die Gefahren einer Ökonomisierung des Sozialen aufzudecken, und die unverzichtbaren Schlüsselwerte für eine *lebenswertorientierte* Qualitätsentwicklung zu markieren. Diese wird sich auf eine entsprechende *Integration fachlicher und institutioneller Qualität im Sinne von Lebensqualität und Wirtschaftlichkeit* zugleich beziehen müssen.

Komplexe Sachverhalte wie das Soziale lassen sich ohnehin auf Dauer nicht auf Einseitiges, hier also auf eine dominante Ökonomisierung, hin reduzieren. Es bleibt komplex, d. h. unberechenbar, auch wenn gelernt werden muß, daß das Unberechenbare nicht gleichbedeutend ist mit Verzicht auf Rechenschaftslegung. Die ethische Maxime der Unverfügbarkeit und Unkalkulierbarkeit des Menschen behält ihre Gültigkeit.

Bevor auf diese Qualitätsmerkmale im einzelnen eingegangen wird, sollen verschiedene Begriffe von *Qualität* angesprochen werden, wie sie sich aus den aufgezeigten Hintergrund-Zusammenhängen ergeben. Hinter jedem stehen offensichtlich bestimmte Interessen. Diese müssen unterschieden werden, damit es nicht zu ideologisch kritischen Vermischungen kommt.

Verschiedene Begriffe von Qualität

„Qualität" läßt sich als die wertmäßige Beschaffenheit eines Gegenstandes oder einer Leistung im Sinne des beabsichtigten oder erwarteten Zwecks verstehen. Sie läßt sich nur bedingt messen; sie wird vielmehr – vor allem in bezug auf Leistungen und auf soziale Qualitäten – *eingeschätzt*, also *bewertet*, wobei subjektive Normen und Maßstäbe eine wesentliche Rolle spielen. Qualität, insbesondere Ergebnisqualität, läßt sich also nur sehr bedingt *objektivieren* oder *standardisieren.* Die „gleiche Leistung" – wenn es das im Sozialen überhaupt gibt – kann für verschiedene Personen und unter verschiedenen Kontextbedingungen eine unterschiedlich bewertete sein. Am ehesten lassen sich die *Bedingungen* für die Erstellung von Qualitätsleistungen meßbar gestalten, so der Personalschlüssel oder zur Verfügung stehende Apparaturen u. ä.. Eine „Sicherstellung" von Qualitätsergebnissen im wörtlichen Sinne aber ist im sozialen Interaktionsfeld nicht möglich. Was als *Qualitätssicherung* bezeichnet wird, kann nur den Zweck haben, eine Minderung oder einen Verfall von Qualität zu verhindern.

In einem groben Sinne wird gute und schlechte Qualität unterschieden, ohne daß die Grenzen immer klar zu ziehen wären. Im allgemeinen Sprachgebrauch wird Qualität spezifizierend als *hohe Qualität* verstanden, z. B.: „Diese Ledertasche hat Qualität!" Es wäre hier auch an den oben aufgezeigten Wandel im ökonomischen Bereich „von der Massenproduktion zur Qualität", d. h. zur *Spitzenqualität,* zu verweisen.

Auf jeden Fall ist Qualität eine mehrdimensionale Größe. Sie ist durch verschiedene Faktoren (Dimensionen) bedingt, die in wechselwirkender Interdependenz stehen (Qualitätsbedingungen). Sie läßt sich auf verschiedene Aspekte der Leistungserstellung beziehen. Die bekannteste begriffliche Unterscheidung, die auch in die diversen rechtlichen Regelungen zur Qualitätssicherung übernommen worden ist, ist die nach Struktur-, Prozeß- und Ergebnisqualität (nach Donabedian 1982). Diese Teilqualitäten können nicht ohne weiteres für sich allein bewertet werden, da sie alle in Wechselwirkung zueinander stehen. Die Strukturqualität wird beispielsweise auch von der Ergebnisqualität mitbestimmt.

Unter dem aktuellen Druck eines ökonomisch bestimmten Qualitätsinteresses lassen sich folgende Begriffe von *Qualität* im sozialen Bereich unterscheiden:

1. *Betriebswirtschaftliche Qualität.* Sie ist auf optimale wirtschaftliche Effizienz einer Institution gerichtet. Sie ist erforderlich, damit ein Betrieb konkurrenzfähig auf dem Markt bleibt. Würde sie in Form bloßer Kommerzialisierung verabsolutiert, zersörte sie dessen soziale Qualität. Sie hat also einen begrenzten Wert, einen ökonomischen.
2. *Spitzenqualität.* Sie intendiert konkurrenzfähige Höchstleistungen und ist letztlich mit wirtschaftlichen Interessen verbunden. Sie wird vor allem auf das Bildungs- und Weiterbildungssystem bezogen, soweit es sich stärker auf die Heranbildung von Eliten konzentriert. Nachgeordnet bleibt per definitionem die Frage nach den Weniger-Qualifizierten bzw. Nicht-höher-Qualifizierbaren, also den sozial Benachteiligten. Unter diesem Aspekt kommt auch der Spitzenqualität keine Leitfunktion im Sinne sozialer Qualität zu.
3. *Mindest- oder Restqualität.* Darunter läßt sich eine Qualitätsstufe verstehen, die unter dem Druck ökonomischer Bedingungen entstehen kann

und vor allem diejenigen trifft, die am wenigsten oder gar nicht zur Erhöhung oder Erhaltung des Sozialproduktes beitragen können, und die auf das angewiesen sind, was für sie übrigbleibt. Sie sind mit ihren spezifischen Bedürfnissen jedenfalls nicht real Subjekt und Maßstab dessen, was sie erhalten, sondern Objekt extern diktierender Größen. Es handelt sich im Grunde um keine wirkliche Qualität im Sinne menschenwürdiger Lebensqualität, sondern um ein Überlebensminimum. Diese Art von „Qualität" wird hier trotzdem genannt, weil die Gefahr besteht, daß dieses Überlebensminimum über unzulängliche rechtliche Regelungen real zustandekommen und als noch legitimierbare Mindestqualität ausgelegt werden kann.

Mit *Sozialer Qualität* ist ein Wertkomplex gemeint, der sich auf das Individuum als Person, begabt mit unverlierbarer Menschenwürde, und zugleich auf seine Zugehörigkeit (Inklusion) zu anderen in einer ihm und dem Gemeinwohl förderlichen Weise bezieht. Eine spezifische Ausprägung und Funktion erhält diese Qualität unter dem Aspekt drohender Ausgrenzungen (Exklusionen), wie z. B. im Falle ökonomischer Benachteiligungen oder vorliegender funktioneller Beeinträchtigungen (Behinderungen).

Soziale Qualität geht aus den Wechselwirkungen der Individuen oder sozialen Gruppen hervor, die darauf abzielen, das Zusammenleben und zugleich die eigene Lebensqualität zu verbessern. Soziale Qualität findet ihren Ausdruck in entsprechenden Einstellungen und Handlungsweisen der Einzelnen wie in sozialen Ordnungen und Konventionen. Sie hat ihren Ort in den unmittelbaren Lebensgemeinschaften (Familie) oder in sozialen Gruppen wie in den Makrosystemen der Gesellschaft. Die Frage nach der sozialen Qualität stellt sich im besonderen durch konkrete unterschiedliche Lebensbedingungen, die Exklusionsfolgen nach sich ziehen (Luhmann 1997, 626).

Wichtig für die Güte sozialer Qualität sind deren moralische Implikationen. Das Soziale ist gemäß seiner Form, seinem Wesen und seiner Natur auf *das Gute* hingeordnet (939). Die Frage nach der sozialen Qualität stellt sich (sozialgeschichtlich gesehen) im besonderen, seit durch die Moderne das *Soziale* und das *Moralische* sich weitgehend voneinander gelöst haben, das vereinzelte Individuum sich also ständig genötigt sieht, das Moralische eigens zu begründen. Die Forderung nach sozialer Gerechtigkeit und nach Eingliederung und Gleichberechtigung wird sozialpolitisches Prinzip.

Soziale Qualität bezieht sich unter unserem Aspekt vor allem auf soziale Institutionen oder Institutionen des Sozialen, die nowendig sind, um die Menschenwürde und Zugehörigkeit derer zu wahren oder zu fördern, die soziale Hilfe brauchen, um nicht ausgegliedert zu werden, nicht also primär auf wirtschaftliche Effizienz. Es handelt sich also um einen umfassenden *Leitbegriff* von Qualität, wie er zur Orientierung im sozialen Bereich unverzichtbar ist, da der Mensch ein soziales Wesen ist.

Soziale Qualität zu entwickeln, zu erhalten und zu verbessern, ist eine permanente Aufgabe, an der alle Beteiligten mitwirken, die also nur *gemeinsam* hervorgebracht werden kann. Sie kann als *reflexiver und evaluativer Kommunikations- und Gestaltungsprozeß* verstanden werden. Für seine Strukturierung und Bewertung sind grundlegende Qualitätskomponenten als Eckwerte nötig. Sie werden qualitativ wirksam oder bringen Sinn nur in einem integrierten Zusammenspiel hervor.

Teilwerte sozialer Qualität in sozialen und rehabilitativen Einrichtungen

Bei dem, was wir mit „sozialer Qualität" umschreiben, handelt es sich um einen komplexen Begriff. Er umfaßt, bezogen auf soziale Einrichtungen (auch heilpädagogische oder gesundheitliche Dienste) sowohl das, was als Lebensqualität für den Menschen zu verstehen ist, als auch das, was die Bedingungen dafür sind. Soziale Qualität bezieht sich auf den einzelnen Menschen, der an den hier gemeinten sozialen Prozessen beteiligt ist, und beinhaltet insofern menschliche Qualität oder *Menschlichkeit* an sich; sie schließt aber auch die Wirkkräfte der Lebenswelt ein (Familie, Konventionen, Gemeinde etc.). Eine entscheidende Rolle spielt in den Einrichtungen und Diensten die *professionelle* Qualität. Von wachsender Qualitätsbedeutung ist schließlich die *Wirtschaftlichkeit. Soziale Qualität beinhaltet den Wert sozialen Dienstes im Sinne der Humanitätsmaßstäbe einer geltenden Kultur.* Über diesen Begriff wird es möglich, den Sinn sozialer und rehabilitativer Arbeit zu fassen, zu reflektieren und zu bewerten.

Wirksam am Zustandekommen von Qualität in sozialen Einrichtungen und Diensten und damit bewertbar wird diese durch verschiedene Teilwerte. Als qualitativ entscheidend ist das subjektive Wohlbefinden der beteiligten Personen, die Orientierung an ihren Bedürfnissen und an den objektivierbaren Anfordernissen eines menschenwürdigen Lebens anzusehen, aber auch die Verantwortbarkeit des sozialen und sächlichen Aufwandes. Soziale Qualität wird also nicht primär von den Möglichkeiten der Vermarktung her bestimmt. Das Marketing kommt im Bereich sozialer Dienste eine zwar wichtige, aber eben dienende Funktion zu.

Teilwerte sozialer Qualität: Qualität in sozialen Einrichtungen und Diensten läßt sich durch verschiedene Bestimmungsgrößen als Teilwerte kennzeichnen. Als solche gelten im besonderen und kurzgefaßt:

- Menschlichkeit
- Autonomie
- Professionalität
- Kooperativität
- Organisationale Funktionabilität und
- Wirtschaftlichkeit

Menschlichkeit

Mit dem Kriterium der Menschlichkeit oder Humanität soll der übergreifende Orientierungskomplex gemeint sein, der für alle sozialen Dienste einschließlich der Behindertenhilfe als Ziel- oder Leitbegriff dient. In einem übergreifenden Sinne, wie er der normativen Pluralität in der Gesellschaft entspricht, ist es vor allem die Achtung der Menschenwürde und die Orientierung an den Menschenrechten, wie sie in verschiedenen Sozialverfassungen niedergelegt sind (Shute/Hurley1996). Es handelt sich um das unverzichtbare geistige und ethische Fundament und Konstitutivum aller Arbeit und Hilfe für den Menschen, der Hilfe braucht *(care).*

Menschlichkeit ist ein *ethischer Begriff.* Ihm zugrunde liegt das ethische Prinzip der unbedingten Achtung der Menschenwürde. Sie ist im Menschen selber begründet, nicht also ableitbar aus externen Zwecken. Der Mensch ist Wert an sich (Kant). Auf nähere Begründungen kann hier verzichtet werden (Speck 1997). So viel sei nur kurz im Anschluß an den französischen Moralphilosophen E. Lévinas (1989) vermerkt: Es ist dieses unbedingte Wertsein des Menschen, des Anderen, der mir begegnet, und der meine Hilfe anspricht, das alle Ethik und alles Soziale begründet, nicht die eigene oder organisationale Rationalität, die dem Hilfebedürftigen entgegentritt und ihn taxiert nach einer zufälligen und willkürlichen externen Wertigkeit.

Primäre Orientierung am Anderen und seinen Bedürfnissen: Aus dem Leitbegriff der Menschlichkeit oder der Hilfe zu einem menschenwürdigen Leben, die sich *primär am Anderen orientiert,* ergibt sich auch das, was unter *Bedürfnisorientierung* sozialen und rehabilitativen Tuns gemeint ist. Jegliche soziale Planung und jeglicher professioneller Ansatz werden erst dann sinnvoll und zweckmäßig, eben menschengerecht, wenn sie dem entsprechen, was der hilfebedürftige Mensch tatsächlich braucht. Das kann bei jedem einzelnen Menschen recht Verschiedenes sein. Was er individuell braucht, läßt sich im wesentlichen nicht standardisieren. Eine nicht an den individuellen Bedürfnissen orientierte Hilfe, soziales Tun also, das sich mehr am Funktionieren des eigenen Systems oder dominant an eigenen Maßgaben und Mustern des Helfenden ausrichtete, verfehlte nicht nur ihren Sinn, sondern verursachte auch einen unnötigen Aufwand.

Nimmt man das Prinzip der Bedürfnisorientierung ernst, das im Grunde ein Prinzip der *Individualisierung* darstellt, so entstehen Probleme beim Versuch, Personen mit Behinderungen oder sozialen Benachteiligungen zu *klassifizieren,* um den entsprechenden Kostenbedarf besser planen und abrechnen zu können. Zum einen bereitet die Differenzierung bestimmter Behinderungsgrade pro Person Schwierigkeiten, und zum anderen ist jede Persönlichkeit eine andere,und jeder meistert seine Behinderung auf seine eigene Weise, so daß jedes individuelle Behinderungsbild ein anderes ist und der individuelle *Hilfebedarf* ein anderer ist. So verständlich es ist, die Kostenerstattung aus Abrechnungsgründen standardisieren zu wollen, kann kein Zweifel bestehen, daß damit das Prinzip der individuellen Bedürfnisorientierung tangiert wird und u. U. Schaden nehmen kann.

Menschlichkeit ist ein umfassender Wertbegriff, der trotz der Vielfalt von Ausprägungen in einer wertepluralen Welt einen breiten Konsens findet. Im einzelnen aber kann es je nach dem grundgelegten spezifischen Menschenbild einer Gemeinschaft und ihrer entsprechend normativ geprägten Institutionen, z. B. einer religiös ausgerichteten Gemeinschaft, zu einer bestimmten eigenen Ausprägung kommen. In ihr kommt das zum Tragen, was etwa seit der Gründung christlich geprägter Behinderteneinrichtungen und sozialer Dienste als Liebe (Caritas, Diakonie) oder in anderen Verbänden und Einrichtungen als Humanität nach wie vor Gültigkeit hat.

Qualitätsleitendes Menschenbild: Was hier allgemein mit Menschlichkeit angesprochen wird, findet in der gegenwärtigen Qualitätsdiskussion in verschiedenen Formulierungen seinen Ausdruck in den Qualitätsgrundsätzen oder Leitbildern, die dem eigenen Qualitätsansatz einer Einrichtung oder eines Verbandes vorangestellt werden. So z. B. in den „qualitätsleitenden Grundsätzen", die für die Arbeit mit behinderten Menschen in den v. Bodelschwinghschen Anstalten Bethel (1997) aufgestellt worden sind. Sie gehen von der Würde des Menschen aus und beziehen sich u. a. auf Werte, wie normales Leben, Sinnsuche, religiöse Orientierung oder soziales Leben.

Auch der Deutsche Caritasverband hat ein „Leitbild" für seine Arbeit erstellt, in dem als Ziel an erster Stelle der Schutz der Würde des Menschen steht, die als von Gott gegeben unverfügbar ist, und die gebietet, Menschen vor Ausnutzung und Ausgrenzung zu bewahren, und deren Selbsthilfekräfte zu stärken.

Derartige Leitbilder von Menschlichkeit, wie auch immer diese begründet wird, werden übereinstimmend als unverzichtbar angesehen. Sie binden die Mitglieder einer Gemeinschaft auf der normativen Basis universaler und spezifisch eigener ethischer Prinzipien und bilden so eine Differenz zu möglichen anderen Zielsetzungen, die dazu angetan wären, Menschlichkeit zu vernachlässigen oder aufzulösen.

Da das *Menschenbild* dem gesellschaftlichen Wandel unterworfen ist und sich verschiedene Menschenbilder ausprägen können, ist kritische Aufmerksamkeit nötig. Sie hat sich zu beziehen auf Menschenbilder, die sich vom unbedingten Wert eines menschenwürdigen Lebens aller entfernen und selektive Wertbegriffe einführen. So hat sich im Zuge des wirtschaftlichen und technologischen Fortschritts, aber auch in Anbetracht der sich verschärfenden Konkurrenz- und Überlebensbedingungen u. a. stärker ein mechanistisches oder *utilitaristisches* Menschenbild ausgeprägt. Es sieht den Wert des Menschen mehr in seinem Nutzen. Er käme dann einem Apparat gleich, der möglichst rasch und möglichst effizient zum Einsatz zu bringen wäre, solange er zu Leistungen fähig ist, d. h. solange kein „Wertverlust" vorliegt. Zu belastenden Größen können dann z. B. Behinderung, soziale Probleme oder das Alter werden.

Der homo oeconomicus – kein Leitbild: Die Wirtschaftsethiker Homann u.

Blome-Drees (1992, 93) verwahren sich dagegen, das Leitbild eines homo oeconomicus als ein Menschenbild im anthropologischen Sinne zu verstehen. Es sei vielmehr zu Forschungszwecken konstruiert worden, stelle als Modell eine Verkürzung der menschlichen Existenz dar und sei als solches vielfach widerlegt worden. Es kann aber kein Zweifel bestehen, daß bestimmte dominant werdende ökonomische Lebensbedingungen einen Lebensstil und damit einen Menschentyp hervorbringen können, der sich nahezu ausschließlich an ökonomischen Werten im Sinne bloßen Eigennutzes orientiert und nahezu rücksichtslos seine Vorteile sucht, wobei das Geld zum Hauptwert wird. Es wäre alles andere als ein Zoon politikon, ein Gemeinschaftswesen. Hilfe für andere wäre dann ausschließlich an vereinbarte Gegenwerte gebunden: *Der Preis muß stimmen!* Ein Hilfesystem, bei dem Hilfe lediglich „gekauft" und „verkauft" wird, befände sich auf Abwegen.

Menschlichkeit wird generell gefährdet, wenn sich die sozialen Verpflichtungen innerhalb der Gesellschaft allgemein abflachen, der Eigennutz (Egoismus) sich verselbständigt, die sozialen Beziehungen zu Tauschbeziehungen degenerieren und sich Solidarität auflöste. Derartige Prozesse können auch durch korporatistische Tendenzen und Zwänge unterstützt werden. Das kann so weit gehen, daß sogar das Demokratieverständnis dabei Schaden nimmt (Saul 1997).

Menschlichkeit kann auch im eigenen Betrieb zu kurz kommen, z. B. dadurch, daß alles Arbeiten und Kommunizieren nur noch *(total!)* dem Betrieb und seiner Effizienz dient *(total corporate identity)*, u. U. zur Erhaltung des Betriebs und damit des Arbeitsplatzes, und wenn dadurch andere Wertigkeiten, z. B. Sich-Wohlfühlen, untergeordnet werden. Menschlichkeit ist ein geistiger und vom eigenen Selbst nicht abtrennbarer Wert und als solcher eine nur bedingt „bezahlbare" Qualität. Liebe oder Humanität sind nicht vermarktbar, bleiben aber zentraler Gehalt menschlicher und damit sozialer Qualität.

Autonomie – Selbstregulierung und Eigenverantwortung des Einzelnen

Mit dem Begriff der *Autonomie* verbinden wir einen Inhalt, für den es sicherlich auch andere Ausdrücke gäbe, die aber nicht in gleichem Maße die mehrdimensionale Bedeutung dieses Begriffs zum Ausdruck bringen, die von der Selbstorganisation und Selbstregulierung bis zur moralischen Selbsteinbindung und zur Verantworung für den Anderen reicht (Speck 1997). Ihren plausibelsten Ausdruck findet die Bedeutung des Selbst für die eigene Entwicklung im Leitsatz aller sozialen Hilfe, sich als Hilfe zur *Selbsthilfe* zu verstehen. *Der Mensch ist Werk seiner selbst* (Pestalozzi) – auch der hilfebedürftige, selbstverständlich nur als Gemeinschaftswesen, d. h. als einer, der nur zusammen mit anderen sich verwirklichen kann.

Die *zentrale Bedeutung des Autonomieprinzips* wird auch im Zusammenhang mit Überlegungen zur Sicherung sozialer Qualität, aber auch mit der Bedeutung dessen klar, was unter dem zukunftswichtigen Begriff *Kapital*

Mensch oder dem einer *neuen Kultur der Selbständigkeit* zu verstehen ist. Der Mensch ist von Grund auf (primordial) ein autonomes Wesen, das an seiner eigenen Entwicklung entscheidend mitwirkt, und das darauf gerichtet ist, externe Einflüsse im Sinne der Zuträglichkeit für das eigene und das gemeinsame Wohl zu bewerten und entsprechend, d. h. verantwortlich, zu handeln.

Diese Funktion der Autonomie gewinnt an Bedeutung unter dem kritischen Aspekt einer möglichen Ausnutzung und Vereinnahmung durch andere, d. h. durch übermächtig werdende externe Instanzen, und zwar im Sinne einer notwendigen Abwehr und der Sicherung einer sinngetragenen Selbstverwirklichung. Selbstverständlich ist Autonomie nicht verabsolutierbar etwa in der Weise, daß sie private und individuelle Selbstherrlichkeit bedeutete. Da Menschen nur als soziale Wesen existieren können, kann es nur eine *relative* oder *interdependente* Autonomie geben.

Der Autonomieanspruch ist ein Kennzeichen allen reiferen menschlichen Lebens. Er beinhaltet das Streben nach Selbstbestimmung, nach größerer Unabhängigkeit, nach Eigenaktivität, nach einem höheren Grad an Kontrolle über die eigene Situation und nach einer längerfristigen Zeitperspektive (Argyris 1975, zit. b. v. Rosenstiel 1996). Das Autonomiestreben ist konstruktiv wichtig für das Zusammenleben, bedeutet also nicht Selbstisolierung und Abweisung des Sozialen. Autonomie ist im Grunde ein Bindungsbegriff: Das Selbst bindet sich selbst in gemeinsame Verpflichtungen ein (Speck 1997). Autonomie bedeutet Selbsteinbindung in das Rechte und Gute.

Das alles ist nicht neu! Es ist also unproduktiv, wenn nach wie vor der Begriff der Autonomie als anti-gemeinschaftlich denunziert wird. Echte und tragfähige Gemeinschaften leben vielmehr gerade von Mitgliedern, die mit ihrem ganzen Selbst sich in diese einbinden und sie beleben, sich also nicht einfach vereinnahmen und alles um sich herum geschehen lassen, ohne zugleich auch ihre Aufgabe der Wachsamkeit und des kritischen Einspruchs wahrzunehmen. *Drum prüfet alles und das Gute behaltet!* heißt es schon in der Bibel.

Es wäre um die ungewiß und bedrohlich gewordene Zukunft schlecht bestellt, wenn das auf Selbstbestimmung und Verantwortung angelegte Selbst unter dem Druck ökonomischer Bedingungen an Funktionen und an Bedeutung verlöre und anonymen und nicht persönlich verantwortlichen externen Mächtegruppen unterworfen würde. Es entstünde ein Widerspruch zur propagierten „neuen Kultur der Selbständigkeit“! Die wachsende Macht wirtschaftlich einflußreicher Korporationen hat zu völlig neuen, kaum mehr durchschaubaren und steuerbaren Abhängigkeiten geführt, die eine skeptische und kritische Position im Sinne des Ganzen und der Einzelnen geradezu herausfordern.

Die korrigierende Macht des Selbst: Angesichts wachsender, am Eigengewinn orientierter Mächtegruppen, unter deren Einfluß unsere Gesellschaft in zunehmendem Maße geraten ist, erhält die korrigierende Macht des

Selbst, die ganz innerliche Seite des Erfahrens und Bewertens von Leben, und damit das, was wir als *Selbsterkenntnis, Selbstbewußtheit* und *Selbststeuerung* oder *Selbstverwirklichung* bezeichnen, eine ganz aktuelle Bedeutung. Selbstbewußtsein und Selbstverantwortung sind im eigentlichen auch Mächte. Sie können entmündigender Macht von außen entgegengesetzt werden. Menschliche Kreativität und Eigenaktivität sind mehr als bloße Absicherung in rechtlichen Bestimmungen und Behauptung bloßer Berufsroutine!

Persönliche Wachsamkeit und Verantwortung: Wenn es um die Wahrung der Menschenwürde und um mehr Gemeinsamkeit gehen soll, so wird kein Weg an der persönlichen Autonomie, d. h. an der Verantwortlichkeit des Einzelnen, vorbeiführen. Ideologien fördern die Bequemlichkeit, das Einschlafen der eigenen Urteilsfähigkeit. Ideologien sind bestrebt, wahre Erkenntnis und eigenes Denken, das Gebrauchen des eigenen Verstandes, zu hintertreiben oder zu desavouieren. Das urmenschlich angestrebte Gleichgewicht unter den verschiedenen Menschen und Interessen ist kein naturwüchsiges, das sich gewissermaßen von selber einstellt.

Menschlichkeit für alle ist immer auch von Mächten des blanken Eigennutzes bedroht. Sie zu verteidigen und zu erhalten, verlangt von jedem Einzelnen Wachsamkeit und Verantwortlichkeit. Auch wenn es zutrifft, daß es schwierig sein dürfte, die neuen, von einer entfesselten Wirtschaft und übermächtigen Finanzmärkten bestimmten Machtverhältnisse zu verändern, und daß die Politik Kontrollschwäche und Steuerungsunfähigkeit zeigt, so ist damit doch nicht „das Ende der Geschichte" gekommen und der Einzelne doch nicht ganz machtlos geworden. Es bleibt seine Aufgabe, sich seines Verstandes zu bedienen. Die korrigierende Macht des Selbst sollte nicht unterschätzt werden. Sein Selbst zur Geltung zu bringen und es als eigenen Wert geachtet zu sehen, gehört zum Erleben von Lebensqualität.

Humankapital: Es ist in jedem Falle für eine Gemeinschaft oder eine Institution von Gewinn, wenn sie die Sicht der Dinge, die Einschätzung von Situationen durch ihre Mitarbeiter, deren Eigenaktivität, Kreativität und deren kritisches Begleiten der Vorgänge im eigenen Umkreis und deren Eigenverantwortung achtet und fördert. Das haben nicht zuletzt die Betriebe der Wirtschaft selber erkannt. Sie wissen, daß ihr wichtigstes Kapital die Mitarbeiter sind, genauer gesagt, deren Köpfe, deren kreative Ideen und deren kritische Bewertungen von Produktions- und Kommunikationsvorgängen. Da diese selbst es sind, die darüber entscheiden, wem sie ihr Kapital, also sich selbst, ihr Engagement, ihre Eigenaktivität und ihre Ideen zur Verfügung stellen, wird ein Betrieb alles tun, um dieses „Kapital" für sich zu gewinnen. Jeder Versuch, es auszuschalten, unter Druck zu setzen, zu mißbrauchen oder zu vereinnahmen, müßte zum Schaden des betrieblichen Ganzen führen. „In einer Welt ohne Sklaverei können sie niemandes Eigentum werden" (Thurow 1998, 378).

Soziale Qualität lebt von der Autonomie der Mitarbeiter einer sozialen Einrichtung, von ihren „Persönlichkeiten". Sie wollen erleben, daß sie als eigene Größen ernstgenommen werden, daß ihr persönlicher Einsatz zählt, daß sie mitbestimmen können und ihre eigenen Sichtweisen und Urteile geachtet werden, daß ihre eigene fachliche Autonomie gewahrt und ebenso geschätzt wird wie ihr persönliches Engagement, daß ihre Sorge um den eigenen Lebensstil und ihr Bemühen um eine Integration von Privatleben und Arbeitserfordernissen Geltung beanspruchen kann. Es geht aber auch darum, Eigenmacht im Sinne von Empowerment gegenüber entwürdigender Macht zu entwickeln (Theunissen/Plaute 1995; Weiß 1992). Sie ist eine wichtige Ressource für die Selbstorganisation von Qualität innerhalb eines Teams.

Dirigistische Führungsmuster untergraben dieses Wirksamwerden von wirklicher Qualität. Der Einzelne muß als Person zählen. Auch sein kritischer Beitrag ist ein konstruktiver Beitrag zur Verbesserung von Qualität. Es ist häufig genug in sozialen Einrichtungen Qualität zerstört worden, weil niemand den Mut hatte, berechtigte Kritik anzumelden. Menschlichkeit kommt erst dann zur vollen Wirkung, wenn sie auch von der Eigenverantwortung der Einzelnen und ihrem Engagement getragen ist. Wichtig ist, daß man nicht seiner vermeintlichen eigenen Machtlosigkeit aufsitzt und sich von dieser einschüchtern läßt.

Professionalität

Eine Einrichtung der Behindertenhilfe oder der sozialen Arbeit ist heute ein hochspezialisiertes, von Expertenkompetenz abhängiges Unternehmen. Erwartet wird eine hohe fachliche Qualität der verschiedenen Dienstleistungen, wie sie unserer hochentwickelten Kultur angemessen ist. In der Professionalität kommt am augenfälligsten zum Ausdruck, was als Qualität, auch als soziale Qualität, erwartet wird. Gemeint ist nicht nur das fachliche Wissen und Können der einzelnen Mitarbeiter, sondern auch die entsprechende professionelle Ausstattung einer Einrichtung. Wer Professionelles leisten soll, muß auch über die entsprechenden Instrumente und sonstigen Ausstattungen verfügen, wie Therapieräume, Geräte etc.; und einer Einrichtung, die sich als qualifiziert ausweisen will, muß auch die entsprechend nötige personelle Ausstattung zur Verfügung stehen.

Unzulängliche Arbeitsbedingungen, wie z. B. ein unzureichender Stellenschlüssel oder veraltete oder ungeeignete Arbeitsmittel, setzen die persönliche Kompetenz und Arbeitsleistung herab. Eine Einrichtung ist dann professionell qualitativ ausgestattet, wenn sie sich tatsächlich an den Bedürfnissen ihrer Klienten orientieren kann, fachlichen Ansprüchen genügt und ihre Mitarbeiter nicht wegen fehlender Ressourcen überfordert werden.

Die Beachtung fachlicher Kompetenz: Die Beurteilung dessen, was als fachlich-qualitativ erforderlich zu gelten hat, ist im Grunde nur denen möglich, die über eine entsprechende fachliche Kompetenz verfügen, selbstverständlich unter Beachtung der Urteile der betroffenen Menschen, also ihrer Mitbestimmung. Nicht kompetent wären also Vertreter anderer Berufe, etwa Verwaltungsfachleute oder Betriebswirtschaftler, wenn es darum geht zu entscheiden, ob eine bestimmte Therapie angemessen ist oder nicht. Zum Konflikt kann es kommen, wenn Fachfremde sich daranmachen, fachliche Qualität anderer zu bewerten, weil sie den Fachleuten nicht recht trauen.

So haben z. B. Kostenträger darüber nachgedacht, ob sie nicht *selber* Maßnahmen zur fachlichen Qualitätssicherung ergreifen und Qualitätskriterien aufstellen sollten, z. B. die Krankenkassen für den Gesundheitsbereich. Auf einen entsprechenden Vorstoß der Allgemeinen Ortskrankenkassen reagierte der Ärzteverband empört (SZ v. 17.2.1998). Patienten seien keine Werkstücke; den Krankenkassen fehlten jegliche Beurteilungsmaßstäbe gegenüber der Tätigkeit von Ärzten. Die bisherigen Ansätze der Kassen zur Qualitätssicherung gingen an den tatsächlichen medizinischen Notwendigkeiten vorbei. Man verwahre sich gegen Versuche von außen, in die Therapiefreiheit des Arztes zugunsten rein finanzieller Interessen einzugreifen (TÜV-Regelungen).

Diese Abwehr fachfremder Qualitätsurteile gilt für alle Berufe im Behindertenbereich. Soziale Qualität im übergreifenden Sinn wird gefährdet, wenn die eigene Professionalität auf Mißtrauen stößt. Sie lebt vom Vertrauen der anvertrauten Menschen, auch von deren Kritik. Daß es auch qualitativ fragwürdige Praktiken unter Fachleuten geben kann, spricht nicht gegen das Prinzip der eigenen fachlichen Verantwortlichkeit einer Institution.

Kooperativität

Die Zeiten, da der einzelne Experte allein fachlich-qualitativ bestimmend und so gut wie unanfechtbar agieren konnte, sind vorbei. Nahezu alle Institutionen der Behindertenhilfe und der sozialen Arbeit sind professionell spezialisiert und benötigen für ihre spezialisierten Dienste die verschiedensten *Berufgruppen*. Daraus entsteht zwingend die Notwendigkeit, sich miteinander abzustimmen, und interdisziplinär arbeiten zu können. Ebenso ist längst auch unter den Fachleuten die Einsicht verbreitet, daß sie auf Verständigung und Zusammenarbeit mit ihren *Klienten* und deren *Angehörigen* angewiesen sind. Kooperativität ist also längst zu einem unverzichtbaren und allgemein akzeptierten Erfordernis geworden, wenn die zu leistende Hilfe qualitativ hochwertig und verantwortungsgetragen sein soll. Hier kommt das zum Ausdruck, was als *Teamarbeit* und *Partnerschaftlichkeit* praktiziert wird.

Eine *gute Teamarbeit* hängt von verschiedenen Faktoren ab. L. v. Rosenstiel (1996, 385 f.) ordnet sie drei Gruppen von Kriterien zu, an denen man deren Qualität erkennen kann. Sie beziehen sich

- auf das *Leistungsziel*, d. h. auf Fragen der Quantität und Qualität der erbrachten Leistungen, Innovationen und Verbesserungsvorschläge,
- auf das *Humanziel*, z. B. auf die Zufriedenheit der Gruppenmitglieder in der Arbeitssituation oder darauf, wie sehr die beteiligten Personen sich durch die Arbeits-

erfüllung qualifizieren können und in ihrer Persönlichkeit gefördert werden, oder auf das Gruppenklima,

- auf die *Prozeßqualität*, wie z. B. auf das offene Ansprechen von Konflikten, das Rücksichtnehmen auf persönliche Probleme einzelner Mitglieder oder auf die Möglichkeit zum Reflektieren der eigenen Arbeitsweise (siehe auch Peterander/Speck 1993).

Teams lassen sich nicht standardisieren; sie sind aus freien Menschen mit je eigenen Persönlichkeiten und je eigenem Autonomieanspruch zusammengesetzt. Sie befinden sich in einem permanenten ko-konstruktiven oder – negativ gesehen – destruktiven Prozeß. Ihr Zusammenhalt und ihre Produktivität hängen in hohem Maße davon ab, wieweit sie gemeinsam bestimmte, tragende Wertvorstellungen und Überzeugungen entwickeln, die der ganzen Gruppe Hoffnung, Identität und Sinn geben.

Kooperativiät hat in einem doppelten Sinn Bedeutung für die soziale Qualität: Zum einen geht es um die Qualität des sozialen Austausches und der gegenseitigen Ergänzung zwischen Fachleuten und hilfebedürftigen Personen und zum anderen um die Qualität der sozialen Bezüge innerhalb eines Arbeitsteams. In der Praxis erweist sich das eine vom anderen abhängig; es besteht also eine Wechselwirkung zwischen beiden. Je besser das *Arbeitsklima* in einer Einrichtung, desto besser dürfte sich die Zusammenarbeit mit externen Instanzen gestalten, vornehmlich mit den Angehörigen. Umgekehrt wirkt sich eine verständnisvolle Orientierung an den Bedürfnissen der anvertrauten Menschen auch auf das professionelle Tun aus.

Positives Kollegenklima: Natürlich gibt es auch kritische Situationen, aber unbestritten klar erkennbar ist das hohe Bedürfnis aller Beteiligten, sich zu verständigen und zu ergänzen. In einer Untersuchung in Frühförderstellen konnten wir (Peterander/Speck 1993) nachweisen, wie hoch die Bedeutung einer guten Zusammenarbeit eingeschätzt wird, und welcher qualitative Wert ihr für das eigene professionelle Tun und Wirksamwerden zugesprochen wird. Es zeigte sich, daß es nicht nur kognitive Bedürfnisse des interfachlichen Austausches und der gegenseitigen interdisziplinären Ergänzung sind, sondern auch emotionale Bedürfnisse und Faktoren, insbesondere eine positive Gestimmtheit, Offenheit, Vertrauen, Verständnis und Anerkanntsein. Der oder die Einzelne muß das sichere Gefühl haben, daß sein/ihr persönlicher Beitrag von Bedeutung für das Ganze ist. Von einem *positiven Kollegenklima* ist nicht nur das gesamte Arbeitsklima abhängig, sondern auch die Qualität der einzeln zu leistenden Arbeit. – Es ist anzunehmen, daß eine Forcierung von Wettbewerb und Kontrolle dieses Klima zerstören dürfte.

Zusammenarbeit mit den Eltern: In einer anderen Untersuchung (Speck/Peterander 1994) konnten wir feststellen, daß die Zusammenarbeit mit den Eltern, wenn sie pointiert gepflegt wird, auch zu einer hohen und anerkannten Qualität der Frühförderdienste führt. Bei einer Befragung von 1100 Eltern ergab sich nicht nur eine sehr hohe Bestätigung dieser Qualität bezüglich Beratung, Anregungen, Hilfen etc.: Mehr als 90 % bestätigten die gute

Zusammenarbeit, die fachliche Kompetenz und Vorgehensweisen der Mitarbeiterinnen und ihr Vertrauen in die Frühförderung. Voraussetzung dafür ist vor allem ein hohes Maß an Übereinstimmung in den Zielen der zu leistenden Arbeit. Auch in dieser Beziehung zeigte unsere Befragung von Eltern und Fachleuten ein sehr hohes Maß an gemeinsamen Interessen.

Für das Zustandekommen von Kooperativität muß Entsprechendes getan und arrangiert werden. Sie tritt nicht von selbst ein. Andererseits aber ist sie im Sinne sozialer Qualität in der Beziehung von Menschen zueinander von einer doppelten Kontingenz (Luhmann) bestimmt, d. h. in zweierlei Weise nicht planbar und nicht determinierbar und deshalb auch nicht berechenbar. Es begegnen sich immer Menschen mit eigenen Sichtweisen, eigenen Normen und eigenen Umwelten einschließlich entsprechender Erfahrungen und zwar in Wechselwirkung. Sie können sich nur füreinander öffnen und einander vertrauen. Sie sind dafür, daß Regeln aufgestellt werden, und sie sind auch bereit, sie einzuhalten. Aber es bleibt ein offenes Spiel. Die Qualität gelingender Zusammenarbeit läßt sich nicht im einzelnen normieren.

Organisationale Funktionabilität

Unter *Organisation* läßt sich eine ordnende Gestaltung verstehen, durch die eine Institution (ein Betrieb) im Sinne seiner Aufgabenstellung arbeitsteilig differenziert und zugleich integriert funktionsfähig wird. Einrichtungen der Behindertenhilfe und der Sozialen Arbeit sind längst hochdifferenzierte Einrichtungen geworden. In ihnen sind in relativ großer Zahl die verschiedensten Fachleute tätig, deren Wirken auf eine abgestimmte Ordnung angewiesen ist. Die nötigen Entscheidungen können nicht mehr wie einst lediglich durch Autoritäten gefällt werden, sondern beruhen auch auf verschiedensten, vor allem rechtlichen Regelungen und fachlichen Gesichtspunkten. Die nötigen Regelungen sind entsprechend der gestellten Aufgabe und Funktion entweder von einer strikten Gültigkeit oder erlauben persönliche Gestaltungsmöglichkeiten. In jedem Falle müssen die verschiedenen Aufgaben so aufgeteilt und koordiniert sein, daß es zu effektiven Gesamtergebnissen im Sinne des Wohls der anvertrauten Menschen kommt.

Bedingungen einer guten Organisation: Ein sozialer Betrieb gilt heute dann als gut organisiert, wenn er eine humane Strukturierung aufweist, d. h. wenn z. B. die Arbeitsteilung nicht allzu streng und isolierend gehandhabt, sondern durch mehr gegenseitigen Austausch angereichert wird, wenn mehr individualisierte Regelungen und Entscheidungen möglich und gefragt sind, und wenn bezüglich der Kontrollstruktur anstelle von hierarchisch dominanten Bestimmungsmechanismen genügend nicht-hierarchische, also mehr persönliche und kooperative Formen der Tätigkeitskoordination Platz haben. Eine Gefahr für die Funktionabilität eines sozialen Betriebs liegt im besonderen in der sog. *Verrechtlichung* und übermäßigen *Bürokratisierung.* Sie verhindern eine volle Entfaltung der Selbstorganisationskräfte der Mitarbeiter. Eine gute Organisation sollte flexibel sein und möglichst auf relativ lockeren Koppelungen und informellen Regelungen beruhen.

Funktion und Bedeutung der Leitung: Die Qualität der Dienstleistungen hängt ganz wesentlich von den organisatorischen Strukturen einer Einrichtung ab. Die Anforderungen an die Organisation sind enorm gewachsen und bedürfen eines eigenen Managements. Es wird dabei im besonderen auf das organisatorische und kommunikative Geschick des „Leiters" einer Einrichtung ankommen, auf seine Durchsetzungsfähigkeit, aber ebenso auf seine menschlichen, integrierenden und organisatorischen Fähigkeiten. In eigenen Untersuchungen (Peterander/Speck 1993) konnte dessen zentrale Bedeutung für das Arbeitsklima, aber auch für die eigene Motivation und das Kollegenklima nachgewiesen werden. Gefragt ist eine „partizipative Leitung". Besonders hoch geschätzt (> 75 %) werden seine/ihre Fähigkeiten, die Arbeit sinnvoll zu koordinieren, seine/ihre Verläßlichkeit und das Gefühl, von der Leitung anerkannt zu sein. Konflikte und damit Reibungsverluste können u. U. dann entstehen,

- wenn die anfallenden Aufgaben derart routinemäßig abverlangt werden, daß die persönliche (autonome) Gestaltung zu kurz kommt,
- wenn zweckrationale und fachfremde Organisationsziele dominant werden, so daß professionelle oder humane Erfordernisse vernachlässigt werden,
- wenn eine dominante Fremdkontrolle die Möglichkeiten einer Selbstkontrolle oder einer kollegialen Kontrolle verdrängen,
- wenn Amtsautoritäten anstelle von Fachautoritäten bestimmend werden (Ferchhoff/Dewe 1992).

Wirtschaftlichkeit

Die gegenwärtige außerordentliche Betonung der wirtschaftlichen Komponente könnte zu dem Trugschluß führen, in der Behindertenhilfe und Sozialen Arbeit habe diese bisher keine besondere Rolle gespielt. Tatsache ist, daß deren Einrichtungen immer schon auch zu *rechnen* hatten, daß sich aber inzwischen die Bedingungen geändert haben, so daß dem Prinzip der Wirtschaftlichkeit eine ebenso spezialisierte Rolle zukommt wie anderen Spezialisierungen in diesem Bereich. Hinzu kommt, daß das Geld real knapp geworden ist und wir es nicht mehr mit Verhältnissen zu tun haben, da man so viel Geld zur Verfügung hatte, daß Ideologen unbegrenzt soziale Innovationen verkünden konnten, wobei Geld keine Rolle spielen sollte. Mit Sicherheit ist der Vorwurf der Finanzierer heute ernstzunehmen und zu überprüfen, daß in einigen Einrichtungen das Sparsamkeitsprinzip zu wenig beachtet werde. Er kann aber nicht pauschaliert werden.

Das Wirtschaftlichkeitsprinzip folgert aus der Knappheit der Güter und Leistungen, die notwendig sind, damit der Einzelne, ein Betrieb oder eine Organisation ihren Zweck erfüllen können. Mit den zur Verfügung gestellten Mitteln und Gütern muß so umgegangen werden, daß ein Zielmaximum oder ein bestimmtes Ziel mit einem Minimum an Mitteleinsatz erreicht werden kann (Müller 1989, 1030). Das Ergebnis solchen Wirtschaftens ist die wirtschaftliche Effizienz; sie ist auch der Weg dorthin: die optimale Ausnutzung der gegebenen Ressourcen und auch ihre Beschaffung. Die Zielerreichung stellt sich in der Privatwirtschaft als Gewinnmaximierung (Profit), aber auch als Erhaltung oder Steigerung des Marktanteils dar; beinhaltet sind aber auch soziale Implikationen, wie z. B. die Erhaltung von Arbeitsplätzen und die Arbeitszufriedenheit der Mitarbeiter. Wirtschaftlichkeit ist also nicht nur auf den puren Profit gerichtet, jedenfalls in einer sozialen Marktwirtschaft und unter der Gültigkeit der Eigentumsverpflichtung. Wirtschaftliche Effizienz beinhaltet demnach auch die Vermeidung von Verlusten an Wohlstand.

Je anonymer ein Betrieb geführt wird und je größer er ist, umso mehr kann die Gefahr entstehen, daß die wirtschaftliche Effizienz durch organisatorische oder soziale Mängel herabgesetzt wird.

Das Wirtschaftlichkeitsprinzip ist ein Sparsamkeitsprinzip. Seine Einhaltung ist in denjenigen Betrieben erschwert, die Mittel von der öffentlichen Hand erhalten. Die geleisteten Dienste werden nicht von den erzielten Preisen bestimmt, auch nicht unmittelbar von der wirtschaftlichen Knappheit der Mittel, sondern von der Menge der *zugeteilten* Mittel. Eine Differenzierung nach der Qualität der geleisteten Dienste ist nur sehr bedingt möglich. „Kunden“ haben nur eine eingeschränkte Möglichkeit, marktsteuernd einzugreifen, also die angebotenen Dienstleistungen oder Güter anzunehmen oder abzulehnen. Eltern können z. B. nicht ohne weiteres eine andere Schule wählen, wenn keine andere und entsprechende in erreichbarer Nähe vorhanden ist. Da es unter diesen Bedingungen leicht zu ineffektiven Arbeitsergebnissen kommen kann, sind eigene Methoden der Sicherung von Wirtschaftlichkeit und Qualität notwendig. Es kommt sonst nicht nur zur Vergeudung öffentlicher Mittel, sondern auch zu einem Qualitätsverlust.

Qualitätssicherung schließt auch die wirtschaftliche Dimension ein, ist aber nicht auf diese reduzierbar oder von ihr dominierbar, da soziale Qualität in sozialen Dienstbereichen mehr ist als wirtschaftliche Effizienz. Betriebswirtschaftlich vorgebildete Fachleute sind also heute prinzipiell in allen sozialen Einrichtungen erforderlich, aber nicht als alles bestimmende Größen. Soziale Einrichtungen gelten, zumal wenn sie öffentlich finanziert werden, als *Non-Profit-Unternehmen.* Ob diese an sich entscheidende Einschränkung auch in der Realität eine einschränkende Bedeutung des Wirtschaftlichkeitsprinzips und eine Abschwächung hinsichtlich des Durchsetzens wirtschaftlicher Effizienz bedeutet, kann bestritten werden. Dies belegt u. a. die prompte Übernahme von Qualitätssicherungssystemen, wie sie für die freie Wirtschaft entwickelt worden sind (ISO 9000), in den sozialen Bereich. Das Etikett „Non-Profit“ kann dabei strukturell und inhaltlich eher zu einem Alibi-Begriff werden, wenn der wirtschaftliche Ertrag Priorität erhält. Außerdem ist zu beachten, daß aus der Verpflichtung, systematisierte und spezialisierte Kontrollmethoden und -instrumente auch in sog. Non-Profit-Betrieben durchzuführen, neue Sachzwänge entstehen, die in die freie Wirtschaft hineinreichen, denkt man etwa an neue private Institutionen zur Fortbildung in QM und an die laufend erforderliche und aufwendige Zertifizierung. Diese aber sind keine Non-Profit-Unternehmen, sondern arbeiten durchaus nach dem Gewinnmaximierungsprinzip. Es ist also davon auszugehen, daß sie ihre Kunden entsprechend „betreuen".

Die Interaktionalität der Teilwerte: Die dargestellten einzelnen Kompenenten sozialer Qualität sind nicht für sich allein bestimmbar. Sie stehen alle miteinander in einem wechselwirkenden Verhältnis. Soziale Qualität ist ein komplexer Begriff. Sie ist auch nicht normierbar und fixierbar in dem Sinne, daß eine Einrichtung sie hat oder nicht hat. Sie ist vielmehr als *Prozeß* zu verstehen, dessen Gestaltung besser gelingt, wenn die genannten Komponenten als Raster oder Orientierungspunkte dienen.

Die wechselwirkende Verflochtenheit in der Zeit läßt sich in verschiedener Hinsicht verdeutlichen. Einige Beispiele:

- Die Realisierung dessen, was in der Leitorientierung eines menschenwürdigen Lebens als Richtschnur gilt, ist davon abhängig, daß den am Gestaltungsprozeß beteiligten Menschen eigene Rechte und Mitbestimmung (Autonomie) eingeräumt werden, ob eine Einrichtung über die nötige professionelle Ausstattung in personeller und sächlicher Hinsicht verfügt, ob die geleistete Arbeit auf gegenseitiger Ergänzung beruht, sich auf eine funktionierende Organisation verlassen und über ein gediegenes wirtschaftliches Management verfügen kann.
- Der einzelne mit seinen Selbstgestaltungskräften, seiner Kreativität, seinen Ideen und seiner Verantwortungsbereitschaft kommt im Sinne des Ganzen stärker zum Tragen in einer Einrichtung, in der die Menschlichkeit geachtet wird, in der professionell kompetent gearbeitet und kooperiert wird, in der die Organisation Sicherheit gibt und Friktionen vermeiden hilft, und wo gewissenhaft gewirtschaftet wird.
- Professionalität gedeiht, wo menschliche Beziehungen gepflegt werden, der Einzelne sich in seiner fachlichen Kompetenz anerkannt fühlt, die Organisation die Zusammenarbeit erleichtert und die wirtschaftlichen Ressourcen sachgerecht zur Verfügung stehen.
- Kooperativität hängt von der Beachtung der Menschenwürde, der Geltung der Autonomie des Einzelnen und seiner Professionalität ab, aber auch von der Organisation und der wirtschaftlichen Funktionabilität.
- Die Organisation und damit die Leitung einer Einrichtung kann nicht zur alles beherrschenden Größe werden, wenn nicht die Beachtung ethischer Maximen, die Selbstverantwortlichkeit und Kreativität des Einzelnen, die Professionalität und die offene Kooperativität Schaden nehmen sollen.
- Das Prinzip nachhaltigen Wirtschaftens kann aus den gleichen Gründen nicht dominant werden.

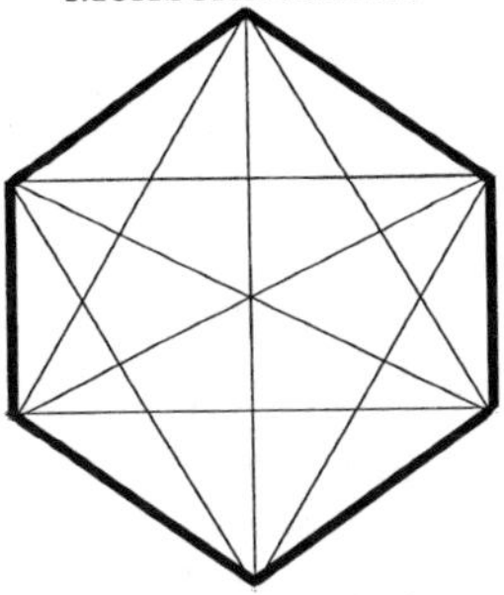

Abb. 1: Interaktionalität der Teilwerte sozialer Qualität

Das Wechselwirkungsverhältnis der genannten Eckwerte, von dem die Gestaltung sozialer Qualität abhängt, läßt sich im Schema eines *integrativen Qualitätsmodells* verdeutlichen (Abb. 1).

„Nur der seine Menschlichkeit selbst hervorbringende Mensch ist menschlich. Wenn Menschlichkeit nicht frei aus sich selbst kommt, ist sie nicht menschlich. Darin liegt das radikale Problem. Menschlichkeit wird nicht gegeben – sie kann nicht gemacht werden, weder durch Genetik noch durch Lernprozesse, noch durch Revolution ... Der Mensch muß durch die Faszination der Machbarkeit hindurch, muß in der Entschränkung des Machens von der *äußeren* Notwendigkeit befreit werden, um sie als *innere* Notwendigkeit, das heißt aber als Möglichkeit im höheren Sinne, neu zu lernen" (Rombach 1977, 288).

Zu welchen geradezu unglaublichen Folgerungen jenseits aller Sozialethik – im tradierten Sinne – es kommen kann, wenn der wirtschaftliche Faktor die Szene beherrschen sollte, zeigt ein Vorschlag, der mir bereits zweimal gesprächsweise begegnet ist. Er kann zwar bislang noch als bloßes Gerücht angesehen werden, entspricht aber durchaus einer Konsequenz, die sich aus der gegenwärtigen Diskussion um Kostensenkungen ergeben könnte:

Könnte man nicht die schwerstbehinderten und besonders pflegebedürftigen Menschen nach Osteuropa transferieren und sie dort pflegen lassen? Auf diese Weise könnten hier die Kosten gesenkt werden, die Osteuropäer erhielten die begehrten Devisen und das Pflegepersonal könnte in seiner Heimat verbleiben. –

Es handelt sich, wie gesagt, um einen nicht belegbaren Vorschlag, aber eben doch um eine reale ökonomische Überlegung, die in greller Weise aufzeigt, wohin die Entwicklung führen könnte, wenn die Ethik dem Nutzen eines Teiles nachgeordnet würde.

6. Die Bedeutung und Funktion von Konzepten zur Qualitätsentwicklung

Als Zukunftsformel für die Neugestaltung sozialer Dienstleistungen gilt weithin der Begriff „Qualität". Ungeachtet dessen, daß dieser Begriff eine unterschiedliche Herkunft hat und divergenten Deutungen ausgesetzt ist, hat er, zumal durch gesetzliche Bestimmungen bedingt, eine überragende reale Bedeutung gewonnen. Sie drückt sich in einer hochdynamischen Diskussion oder auch Betriebsamkeit und in einer kaum mehr überschaubaren Menge von Publikationen und auch Institutionen aus, die über Qualitätssicherung, Qualitätsstandards, Qualitätsmanagement etc. informieren und ihre Dienste zur Implementierung in der Praxis anbieten.

Sie entwickeln in einer fast atemberaubenden Geschwindigkeit ein QM- oder QS-System nach dem anderen, von denen es heißt, daß sie unverzichtbar notwendig seien, wenn soziale Dienstleistungen sicher, verläßlich und konkurrenzfähig sein sollen. Dabei schleicht sich eine Fülle von Ungereimtheiten und Widersprüchlichem ein, die ebenso viel Verdruß und Ablehnung hervorrufen wie Enthusiasmus für „das Neue". Was dabei entstanden ist, ist ein bunter Wirbel, der auch als „Qualitätszirkus" apostrophiert worden ist. Im ganzen zeigt sich ein schwieriges Verhältnis zwischen Heilpädagogik oder Sozialarbeit einerseits und Qualitätsentwicklung andererseits (Fischer 1998; Wilken 1998).

Es kann hier nicht auf den Inhalt und die Bewertung all der verschiedenen Konzepte und Modelle im einzelnen eingegangen werden, zumal auch noch keine hinreichende Erprobungszeit vorliegt. Wer sich im einzelnen informieren will, findet sich mit einer verwirrenden Fülle von Publikationen konfrontiert. Sie können hier nicht im einzelnen analysiert werden. Es sollen nur prinzipielle Anmerkungen zu der Frage eingebracht werden, wieweit zu erwarten ist, daß derartige Verfahren einen Beitrag dazu leisten,

- soziale Qualität in den Institutionen der Behindertenhilfe und Sozialarbeit weiterzuentwickeln und
- diese Qualität zugleich der drohenden Ökonomisierung gegenüber zu behaupten.

Was sind nun Konzepte zur Qualitätsentwicklung? Welchen Zweck haben sie? Man könnte zunächst auf die drei bekannten Begriffe eingehen, die vielfach synonym verwendet werden, aber auch Unterschiedliches beinhalten:

- *Qualitätssicherung* im engeren Sinne als ein Methodensystem, mit dem Qualität nach bestimmten Kriterien erzeugt, geprüft und garantiert werden soll,

- *Qualitätsentwicklung* als weiterer Begriff, der sich auf alle innerinstitutionellen Aktivitäten bezieht, die für eine Verbesserung der Dienstleistungsqualität wichtig sind, und
- *Qualitätsmanagement* als das vornehmlich unternehmerisch angelegte Personal-Steuerungssystem, das organisatorisch für das gesamte Dienstleistungssystem bestimmend und vor allem auf dessen wirtschaftliche Effizienz ausgerichtet ist.

Alle diese Aktivitäten sind auf die Erhaltung und Verbesserung von Qualität gerichtet, ohne daß klar wäre, mittels welcher Kriterien sich Qualität im einzelnen bestimmen ließe. Die Ergebnisse dürften deshalb unterschiedlich bzw. offen sein.

Methodologische Fragen: Die Selbstverständlichkeit, mit der sich eine Qualitätsrhetorik entwickelt hat, und mit der man daran geht, Qualitätsentwicklung – in welchem Sinne auch immer – zu praktizieren, verstellt wichtige Bedingungs- und Legitimationsfragen, auf die u. a. Schiepek u. Bauer (1998) hinweisen:

- Wer sind eigentlich die Autoritäten, die hinter den Qualitätsforderungen stehen?
- Ist die verpflichtend geforderte Qualitätsdokumentation tatsächlich eine hinreichende Bedingung für wirkliche Qualität?
- Wer meint welche Qualität und zu welchem Zweck?
- Wer oder was legitimiert die Qualitätssicherer?
- Wessen Aufgabe ist es, für die Qualität der Qualitätsbeauftragten zu sorgen, und nach welchen Kriterien wird sie bewertet?

Derartige Fragen verdeutlichen, daß es mit der bloßen Handhabung bestimmter oder irgendwelcher Verfahren zu Qualitätssicherung nicht sein Genüge haben kann. Die angewandte *Methode* bestimmt auch das *Ergebnis* und seine Auswertung. Für bestimmte Zwecke sind bestimmte Methoden nützlicher als andere. Die jeweiligen Verwertungsinteressen und Zwecksetzungen können also nicht außer Betracht bleiben.

Schiepek u. Bauer nennen noch weitere methodologische Fragen, die im allgemeinen weniger beachtet werden:

- Wie wirken umfangreiche Datenerhebungen auf die Organisationen und auf die einzelnen Mitarbeiter?
- Kommt es bei diesen Prozeduren zu unbeabsichtigten Nebenwirkungen?
- Wie lassen sich angesichts verschiedenster möglicher Fehlerquellen valide Gütekriterien bestimmen?

Die Frage nach ihrer Wirksamkeit ist auch die Frage nach dem Kontext der Datenerhebung und Dokumentation, von dem diese abhängig sind. Wer sind die Interessenten? Wer diktiert gar, wie bewertet werden soll? Werden stimmige Ergebnisse erwartet? Dienen sie der Kostenreduzierung oder der

Qualitätsverbesserung, der Erhöhung des Marktanteils oder der Profilierung vor der Öffentlichkeit? Münden sie in Diskussionen und offene Reflexionen oder werden sie zur Gleichschaltung und Anpassung an einen bestimmten externen Zweck benutzt?

Datenerhebung erzeugt noch keine Qualität: Aus methodologischer Sicht ist hier anzumerken, daß die der Qualitätsbestimmung dienende Datenerhebung an sich noch keine Qualität selber erzeugt. Es wäre geradezu fatal, sollte der Aufwand, der damit hier und da betrieben wird, mit einem Beleg für Qualität gleichgesetzt werden. Die Gefahr liegt nahe, wenn etwa von den Kostenträgern – möglicherweise mangels eigener Prüfkompetenz – die Vorlage eines möglichst umfangreichen Dokumentationsmaterials gefordert würde (siehe Bundesempfehlung für Rahmenverträge gemäß § 93 BSHG).

Bedingungen für Qualitätsverbesserungen: Wirkliche Qualitätsverbesserungen stützen sich zwar auch auf die Erhebung bestimmter Daten, gehen aber erst aus dem Feedback und der Deutung hervor, die sie auslösen, bzw. aus der damit verbundenen Reflexion über die zugrundegelegten Zielsetzungen, Normen und Werte sowie aus den Konsequenzen, die aus solchen Bewertungen und Reflexionen abgeleitet werden. Qualitätsdokumentation ist also nicht mit Qualitätsproduktion gleichzusetzen. Erstere kann nur dann „als sinnvolle (aber keinesfalls hinreichende) Bedingung für Qualitätssicherung gelten, wenn sie in ein Netzwerk von Prozessen integriert ist, welches die kontinuierliche (Re-)Produktion von Qualität gewährleistet" (Schiepek/Bauer 1998, 20).

Interaktionale Prozesse: Qualität geht systemtheoretisch gesehen jeweils als Produkt aus einem interaktionalen Prozeß eines Systems hervor, in welchem seine verschiedenen Elemente im Verhältnis zueinander und zu ihrer Umwelt (in Selbst- und Fremdreferenz) zusammenwirken (Luhmann 1997). Dieser Prozeß ist ein „autopoietischer", d. h. er bedarf einer ständigen Reproduktion, also einer stets erneuten Zufuhr von Energie, und ist autonom konstituiert; das Ergebnis (Qualität) ist also ein einmaliges und nicht übertragbares.

Selbstorganisation: Aus der Systemtheorie wissen wir auch, daß jedes Individuum und jedes Organisationssystem seine ganz eigene Qualität selbst hervorbringt. Man spricht von „Selbstorganisation" (Luhmann 1987; Probst 1987). Diese ist es, die die für die Erhaltung und Verbesserung eines Systems nötige Potentialität hervorbringt und so steuert, daß der immanente Sinn eines Systems im Verhältnis zu seiner Umwelt verwirklicht wird. Soziale Systeme sind „unendlich offene, in ihrem Grunde dem fremden Zugriff entzogene Möglichkeiten der Sinnbestimmung" (Luhmann 1987, 152). Es ist immer auch anderes möglich. Notwendigkeit und Unmöglichkeit sind ausgeschlossen. Eine Folge ist die, daß sich von Institution zu Institution unterschiedliche Profile und Qualitäten entwickeln. Sie sind nicht austauschbar und einander gleichzusetzen. Die Ungewißheit des Ergebnisses von Selbstorganisationsprozessen läßt sich aus der „doppelten Kontingenz", der unbestimmbaren Selbstreferenz verschiedener autonomer Akteure, erklären (Luhmann).

Jeder Versuch, den Anderen zu berechnen, ist zum Scheitern verurteilt. Qualitätsbezogene Verhaltensvorhersagen scheiden aus. Aus der Selbstorganisation sozialer Systeme und ihrer Qualität folgert, daß ihre Bewertung sinnvollerweise primär als *Selbstevaluation* zu erfolgen hat, als interne Reflexion einer „lernenden Organisation" (v. Rosenstiel 1999). Es handelt sich dabei um einen synergetischen Prozeß, weil er durch das Zusammenwirken verschiedener Einzelenergien zustande kommt.

Qualität ist nicht über Festlegungen und externe Kontrollen herstellbar: Aus der Komplexität der permanenten Rückkoppelungen innerhalb eines Systems und seiner Offenheit gegenüber seiner – ebenfalls nicht festlegbaren Umwelt – folgert, daß jegliche soziale Qualität nie auf dem Wege über Festlegungen und externe Kontrollen herstellbar ist, auch nicht jemals als ein fixierbarer Zustand erreichbar ist, sondern auf einem permanenten wechselwirkenden, komplexen und bewußt gesteuerten Systemprozeß beruht. Ein ausgeprägter Kontrollansatz, der auf die Erreichung gesetzter Ziele über die Verwendung externer Verstärkungen (Belobigungen, Prämien) und Leistungskontrollen systematisch von außen her strukturiert ist, folgt im Grunde dem antiquierten linearen Muster des ursprünglichen eindimensionalen Behaviorismus.

Soziale Qualität entzieht sich generell einer Standardisierung und Normierung. Selbst die apparative Ausstattung einer Rehabilitationseinrichtung oder die Material-Qualität eines bestimmten therapeutischen Gerätes ist nicht jederzeit garantierbar, von der individuellen Handhabung bei verschiedenen Individuen ganz abgesehen! Alle verwendeten Qualitätskriterien selber unterliegen einer ständigen Überprüfung. Eine totale Planungssicherheit ist nicht zu gewährleisten. Man kann höchstens mit dem Kriterium einer voraussichtlichen Sicherheit und Verläßlichkeit planen.

Qualitätssicherung (mit Hilfe bestimmter Dokumentations- und Bewertungssysteme) und *Qualitätsentwicklung* sind unverzichtbar wichtige Aufgaben geworden. Die Notwendigkeit ergibt sich aus den veränderten gesellschaftlichen und ökonomischen Bedingungen. Ihnen gilt künftig besondere Aufmerksamkeit. Wenn wir hier in einem *allgemeinen* Sinne von *Sicherung sozialer Qualität* reden, so meinen wir darüberhinaus eine sozialpolitische Notwendigkeit: Es gilt, durch bestimmte Rahmenbedingungen das Soziale zu verteidigen, das in Gefahr geraten ist, von einer dominant gewordenen Ökonomisierung – wieder – reduziert und an den Rand gedrängt, also remarginalisiert zu werden.

Eine Anmerkung muß sich auch noch auf die mögliche Fehleinschätzung beziehen, daß mit Qualitäts*sicherung* die Festschreibung des status quo in allen Bereichen sozialer Dienstleistungen gemeint sei, d. h. daß die von unseren Wertmaßstäben her gebotene Qualität schon überall erreicht sei. Unsere Institutionen sind immer auf dem Wege dorthin. Es besteht demnach weiterhin ein Bedarf an Investition in den sozialen Bereich, um überall die nötigen Qualitätsstufen zu erreichen. Die tatsächliche Qualität ist in manchen Einrichtungen derart miserabel (siehe Altenpflegeheime!), daß nur eine komplette Erneuerung in Frage kommt.

Bedarfsbezogene versus ausreichende Hilfe: Eine Klarstellung ist auch dahingehend nötig, daß sich soziale Qualität primär an den *Menschen* zu orientieren hat, denen Hilfe und Dienste gelten. Sie wäre als bedarfsbezogene Hilfe zu verstehen. Diese wird gegenwärtig infragegestellt durch neue Formulierungen im novellierten BSHG. Danach ist im Gesetzestext nicht mehr eine „bedarfsgerechte Hilfe" maßgebend, sondern eine „ausreichende, zweckmäßige und wirtschaftliche" Hilfe, die das „Maß des Notwendigen nicht überschreitet". *Das ist eine klare Abschwächung des Bedürfnisprinzips.*

Es fragt sich nun: *Was ist notwendig?* Und: Wird das Notwendige „von oben" her bestimmt? Von wem? Von welcher Kompetenz? Bei dem gegenwärtigen Finanzdruck ist zu erwarten, daß „von oben" her definiert wird, wo das knappe Geld verwaltet wird, so daß es zu einer Minderung von Lebensqualität in den Einrichtungen der sozialen Dienste kommen könnte. Dabei kann es dazu kommen, daß – wie Vertreter eines Wohlfahrtsverbandes berichten (SZ v. 24.2.1999), Sachbearbeiter, die keine Fachkenntnisse haben, am grünen Tisch, also „nach Aktenlage", festlegen, ob für bestimmte pflegerische Leistungen eine Fachkraft nötig sei oder nicht, auch wenn ein Arzt diese verordnet hat.

Systematisierte Bedarfsfeststellung: Die Einrichtungen fragen sich, ob es eine Möglichkeit gibt, den sozial-qualitativ entscheidenden Maßstab der individuellen Bedürfnisse zu verteidigen. Haisch (1990) hat frühzeitig einen solchen Versuch gemacht und ein computergestütztes Instrument „zur Planung und Organisation in der Betreuung" (POB) entwickelt. Es bezieht sich vor allem auf die Ermittlung des vom Bedarf her nötigen Personals in Behinderteneinrichtungen. Es ist abzuwarten, wieweit ein solches Feststellungsverfahren für den fachlich begründeten Bedarf in der Lage sein wird, den Gegenpart des wirtschaftlich Vertretbaren und „Notwendigen" zu beeindrucken. Zweifellos aber dynamisiert und strukturiert ein solches Verfahren die Eigenkräfte einer Einrichtung in Richtung auf die Beachtung des menschlich Erforderlichen.

Was „das Maß des Notwendigen" betrifft, so wäre zu fragen, nach welchen Kriterien dieses bestimmt werden soll. Allzu groß ist die begriffliche Nähe zum „Ausreichenden", zum „Unbedingt-Notwendigen". Auf der Basis unserer Kultur und angesichts unserer allgemeinen wirtschaftlichen Lage kann damit nie und nimmer ein Überlebensminimum als Vegetativum gemeint sein, das vergleichsweise in einer wirklichen allgemeinen Notzeit für Notleidende zu sichern wäre. Es ist zu unterstellen, daß dies hierzulande niemand Ernstzunehmender will, weder der Staat noch die Kostenträger. Um den Begriff Qualität nicht zu verfälschen, wäre es weniger mißverständlich, wenn statt vom „Notwendigen" vom „Erforderlichen" die Rede wäre.

Qualitätsminderung durch Qualitätssicherungssysteme? Unsere Skepsis bezieht sich im besonderen auf das Attribut „ausreichend“ und darauf, daß *die zur Verfügung stehenden Mittel zu berücksichtigen* seien. – Das klingt irgendwie plausibel und hat eigentlich auch schon immer gegolten. Warum dann die prospektiv einschränkende Maßgabe? Hier deutet sich mit Sicherheit eine „Deckelung“ an. Wo läge dann am Ende der Abwärtsspirale der öffentlichen Mittel die äußerste Grenze der Rücksichtnahme auf die öffentlichen Mittel?

Man könnte sich auch fragen, in welchem Kostenverhältnis dazu die gesetzliche Forderung nach überprüfbaren Qualitätskriterien liegt, die bekanntlich einen zusätzlichen Riesenaufwand an Qualitätssicherungsinstrumenten und -beauftragten nach sich gezogen hat und noch weiter nach sich ziehen wird. Es sollte doch darum gehen, die Kosten zu senken, ohne die Qualität zu mindern. Oder sollte die unvermeidliche Qualitätsminderung durch einen zusätzlichen „Qualitätssicherungsaufwand“ verdeckt werden? Es wird doch wohl nicht ernsthaft erwartet, daß der jetzt schon kostenmäßig bedrängte soziale Bereich *insgesamt* am besten durch generelle Kostenreduzierungen qualitativ genesen, also *gesundschrumpfen* könnte! Diese Absicht kann sich höchstens im Einzelfall auf Einrichtungen beziehen, die als Folge veränderter Sozialisationsbedingungen zwingend vor strukturellen Erneuerungen stehen.

Deckelung oder Bedarf – eine Gretchenfrage: Aus heutiger Sicht ist festzustellen, daß, was die Leistungserbringer und die Kostenträger auf der Basis der BSHG-Novellierung betrifft, buchstäblich aneinander vorbeigedacht und -geredet worden ist (Fink 1998), daß auf der einen Seite kostbare Zeit und Energie in die Entwicklung (unnötiger?) Instrumente zur Bedarfsfeststellung, zur Sicherung fachlicher Qualität und zur Kontrollierbarkeit investiert worden ist, während auf der anderen Seite offensichtlich kein spezielles Interesse und auch keine entsprechende Kompetenz vorhanden ist. Hier geht es, das ist inzwischen deutlich geworden, im Grunde um Möglichkeiten einer Kostenreduzierung, also einer Deckelung der Ausgaben.

Eine wirkliche Diskussion, wie sie die Trägerverbände erwarten konnten, hat überhaupt nicht stattgefunden und wird wohl auch in absehbarer Zeit nicht stattfinden. Der Hebel, der auf der Seite der Kostenträger angesetzt werden soll und auch bis jetzt als geradezu unschlagbares Argument in den Ring geworfen wird, ist die (Nicht-) Kontrollierbarkeit des fachlich nachgewiesenen Bedarfs, also des nötigen Aufwandes. Eine wirkliche („objektive“) Kontrollierbarkeit von Qualität ist überhaupt nicht in Sicht. Zur Nicht-Klärbarkeit trägt der dehnbare Begriff des „Maßes der Notwendigkeit“ ebenso bei wie die streng genommen unerfüllbaren Forderungen nach einer „objektiven“ Kontrollierbarkeit.

Selbstverständlich gäbe es so etwas wie eine *hinreichende* Kontrollierbarkeit. Sie müßte stets hohe Sachkompetenz, Menschenkenntnis und Vertrauen voraussetzen. Es kommt also darauf an, was man mit Kontrolle wirklich meint und intendiert. Da Kontrollergebnisse im Bereich des Sozialen immer auch in Frage gestellt werden können, zumal wenn grundlegend verschiedene Absichten verfolgt werden, ist damit zu rechnen, daß das im Grunde unfaire Aneinandervorbei-Denken noch lange anhält bzw. zum System wird. Dabei können in die letztlich dominanten Deckelungsabsichten die verschiedensten Wertvorstellungen und Normen unkontrolliert einmünden und dazu beitragen, daß das Klima des Aushandelns Schaden nimmt. Es verstärkt sich der Eindruck, daß an einen Diskurs eigentlich nicht gedacht ist, und daß letztlich einseitig diktiert (gedeckelt) werden wird.

Nur Fachleute können Fachliches bewerten! In diesem Zusammenhang erhebt sich die Frage, mit welcher Kompetenz die Kostenträgerseite eigentlich in der nur fachlich klärbaren Diskussion auftreten will. Es kann doch nicht sein, daß Nicht-Fachleute Fachliches und dessen Notwendigkeit in eigener Zuständigkeit beurteilen. Das aber wäre zwingend nötig, wenn es wirklich um ein Abwägen und Aushandeln von etwas Fachlichem ginge, und das liegt vor, wenn beurteilt werden soll, welcher Hilfebedarf im konkreten individuellen Fall vorliegt. Gegenwärtig ist davon auszugehen, daß im Gegensatz zum Qualitätsaufwand auf der einen Seite auf der anderen, also bei den Planungs- und Finanzierungsbehörden, nicht die erforderliche Beurteilungskompetenz vorliegt (Nüßle 1999).

Priorität „objektiver" Daten und Verfahren? Aus diesem Dilemma wird erklärlich, warum „die andere Seite" so sehr an „objektiven", vor allem mit *Zahlen* und *gleichen Arbeitsabläufen* (Standards) belegbaren Daten zum Hilfebedarf interessiert ist. Wenn die Kostenträger geltend machen, daß sie sich dritte Personen als auswärtige Gutachter zu Hilfe nehmen können, so wird damit u. U. nicht nur ein weiterer enormer Aufwand betrieben, sondern die Sache selber nicht unbedingt klarer; denn jeder externe Gutachter urteilt eben von außen her und geht im allgemeinen nach allgemeinen Standards vor, die aber nicht immer der jeweiligen Situation in einer bestimmten Einrichtung mit bestimmten Menschen entsprechen. Außerdem wären Mißtrauen und langwierige Streitigkeiten programmiert, die niemandem nützlich wären. – Diese Einschränkung bedeutet keinen apodiktischen Einspruch gegen externe Gutachter.

Chancen für eine gemeinsame Problemlösung und Qualitätsentwicklung? Um zu vermeiden, daß die Kostenträger zum Mittel der Deckelung oder der „Rasenmähermethode" über eine lineare Senkung der Gesamtmittel greifen, käme es sehr darauf an, daß Qualitätssicherung als eine *gemeinsame Aufgabe* verstanden würde. Dazu wäre es notwendig, daß möglichst ein Vertrauensverhältnis entsteht, und daß der Kostenreduzierungsfaktor nicht die alles entscheidende Rolle spielt.

Das aus der gegenwärtigen unklaren und unfairen Situation resultierende Mißtrauen drückt im übrigen auf die berufliche Motivation: Auch die Mitarbeiterinnen und Mitarbeiter sind nicht bar jeder wirtschaftlichen Einsicht und Verantwortlichkeit und wollen keine „Mittel zum Fenster hinauswerfen". Der an sich wünschenswerte Dialog käme rasch zu seinem Ende und müßte frostigen Konfrontationen und Resignationen Platz machen – mit kritischen Folgen für beide Seiten. Es geht auf beiden Seiten schließlich auch um *Lernprozesse!*

Zusammenfassend ist nochmals zu betonen, daß die heutige Qualitätsdiskussion aus zwei widersprüchlichen Strängen gespeist wird, daß sie sich ursprünglich nicht aus der Kostensenkungsmisere entwickelt hat, sondern in ihrem Kern als ein originäres Produkt und Erfordernis der Behinderten- und der Sozialarbeit zu gelten hat, freilich dann mit der Ökonomiedebatte zusammengetroffen ist, wodurch sie eine neue Dimension erhalten hat. Es ist wichtig, die beiden Stränge zu unterscheiden. Im Interesse der Menschen, für die die Gesetze gemacht werden, kann die fachliche und moralische Verpflichtung, soziale Qualität zu erhalten bzw. noch nicht bestehende Qualität zu erreichen, nicht dispensiert werden. Wenn sie reduziert werden soll, so muß zumindest klar sein, wer dafür die Verantwortung trägt. Die dazu nötige Ehrlichkeit wird vermißt. Das Ergebnis sind u. a. Mißtrauen und Resignation. Gefragt aber wären Mut, Zuversicht und Initiative!

Zur Qualitätsentwicklung sind zweifellos bestimmte Methodensysteme erforderlich. Auf einige soll kurz eingegangen werden.

ISO 9000 - Orientierung an der Wirtschaft?

Es ist bemerkenswert, wie prompt einige Einrichtungen des Sozialwesens ein Qualitätssicherungssystem auch für soziale Dienstleistungen übernehmen und favorisieren konnten, das eigentlich für die Produktion von Waren ausgelegt worden war. Immer mehr soziale Einrichtungen sehen ihren Ehrgeiz darin, ein Zertifikat des „TÜV Management Service" zu erwerben, womit beurkundet wird, daß sie nach der Europäischen Norm DIN EN ISO 9001 arbeiten (Abb. 2). Was hat es mit dieser Euronorm ISO 9000 ff. auf sich?

ISO 9000 - eine Sackgasse: Die Abkürzung ISO bedeutet zunächst „Internationale Organisation für Normung" (Standardization). DIN steht für Deutsche Industrienorm. Sie ist von den „Technischen Kommitees" der ISO erarbeitet worden. Die DIN EN ISO 9001 stammt aus dem Jahre 1987. Sie bezieht sich auf „Qualitätssicherungssysteme; Modell zur Darlegung der Qualitätssicherung in Design/Entwicklung, Produktion, Montage und Kundendienst". Die ganze ISO 9000-„Familie" umfaßt noch eine weitere Zahl von Normenmodellen, so die ISO 9004, Teil 1 (1994) und Teil 2 (1992). Letztere befaßt sich mit „Dienstleistungen".

Liest man diese Texte als jemand, der mit der Theorie und Praxis der sozialen Dienste vertraut ist, so wird einem zunächst der Eindruck vermittelt, sich in einer fremden Welt zu befinden, und man fragt sich, was das alles mit sozialer und rehabilitativer Arbeit zu tun haben soll. Terminologie und Anweisungen beziehen sich eindeutig auf die *Herstellung von Waren* und die entsprechenden Dienstleistungen. Da geht es um Lieferanten und Kunden, um die Sicherung von Qualität, um das „Kundenvertrauen" zu „erzeugen".

ZERTIFIKAT ◆ CERTIFICATE ◆ 認証書 ◆ СВИДЕТЕЛЬСТВО ◆ CERTIFICADO ◆ CERTIFICAT

ZERTIFIKAT

TÜV MANAGEMENT SERVICE

Die Zertifizierungsstelle der TÜV Management Service GmbH

bescheinigt,
daß das Unternehmen

für den Geltungsbereich

Kinderbetreuung

ein Qualitätsmanagementsystem eingeführt hat und anwendet.

Durch ein Audit, Bericht-Nr.

wurde der Nachweis erbracht, daß die Forderungen der

DIN EN ISO 9001 :1994

erfüllt sind. Dieses Zertifikat ist gültig bis **Mai 2001**

Zertifikat-Registrier-Nr. **TMS**

München, 1998-08-17

Deutscher Akkreditierungs Rat
DAR

Zertifizierungsstelle
der TÜV Management Service GmbH
Unternehmensgruppe TÜV Süddeutschland

TGA-ZM-07-92-00-0

Abb. 2: Zertifikat für Kinderbetreuung nach ISO-Normen (Firmenname gelöscht)

Orientierung an Kostenreduzierung und höheren Marktanteilen: So heißt es etwa, die erfolgreiche Anwendung des Qualitätsmanagements in bezug auf Dienstleistungen ziele auf einen „verbesserten Leistungsstand der Dienstleistung und Kundenzufriedenheit, erhöhte Produktivität, Wirksamkeit und Verringerung von Kosten und erhöhte Marktanteile“ (ISO 9004-2, S. 5). Hinzugefügt wird, daß dabei „auch auf die mit dem Erbringen einer Dienstleistung verknüpften menschlichen Aspekte“ eingegangen werden soll. Diese Rücksichtnahme nimmt sich ausgesprochen isoliert und marginal aus. Ausdrücklich wird vermerkt, daß die hier beschriebenen Konzepte,

Grundsätze und Elemente von Qualitätssicherung auf sämtliche Arten von Dienstleistungen anwendbar seien, d. h. auch auf soziale.

Das Grundmuster ist ein eindeutig *hierarchisches*. Seine Funktion soll durch „Messung und Lenkung" der Leistungsfähigkeit von Prozessen „sichergestellt werden". Dazu legt „die oberste Leitung" – von ihr ist immer wieder die Rede – „ein strukturiertes Qualitätssicherungssystem zur wirksamen Lenkung, Bewertung und Verbesserung der Dienstleistungsqualität" fest. Das einzelne Rad im Getriebe zählt wenig, wenn es heißt: „Wenngleich mit spezifischer Verantwortung ausgestattetes Personal bei der Erzielung von (zufriedenstellender) Qualität dienlich sein kann, sollte doch betont werden, daß es nicht diese Personen sind, die (direkt) Qualität erzeugen. Sie sind nur Teil des Qualitätssicherungssystems." (ISO 9004-2, S. 13)

„Oberste Leitung" und „Audits" als Steuerungsinstanzen: Durch „die oberste Leitung" oder durch „Managementbeauftragte" wird „sichergestellt, daß das Qualitätssicherungssystems auditiert, fortlaufend beurteilt und überprüft" wird. Der Begriff „auditieren" (lat. = hören) spielt eine zentrale Rolle, wird aber üblicherweise bei der Qualitätsdiskussion kaum erwähnt. Gemeint ist eine kontrollierende Tätigkeit von eigens geschultem Personal, das nicht selber in den zu auditierenden Funktionen arbeitet. „Interne Qualitätsaudits" werden regelmäßig durchgeführt, um die Wirksamkeit des Qualitätssicherungssystem zu untersuchen und zu bewerten, z. B. um Fehler und Unzulänglichkeiten festzustellen und zu korrigieren. Alle Auditfeststellungen werden dokumentiert und „der obersten Leitung" vorgelegt.

Zur „Festlegung, Überwachung und Prüfung" von Dienstleistungstätigkeiten sollen auch statistische Methoden angewandt werden, u. a.: Faktorenanalyse, Varianz- und Regressionsanalyse, Signifikanztests, Qualitätsregelkarten und Cusum-Methoden und statistische Stichprobenentnahme (ISO 9004-1, S. 51). – Ein enormer Aufwand, der ohne zusätzliches Fachpersonal überhaupt nicht zu leisten ist!

Überwachen des Meßprozesses: Um fehlerhafte Dienstleistungen zu identifizieren und zu korrigieren, sind eigene Verfahren einzurichten, die den „Meßprozeß überwachen". Das Sammeln und die Analyse von Meßdaten zur Wirksamkeit und zum Wirkungsgrad der Dienstleistungen muß ein „zweckgerichteter, disziplinierter und geplanter Vorgang sein" und dürfe nicht dem Zufall überlassen bleiben oder unkontrolliert betrieben werden. Im letzten Abschnitt heißt es – mehr randläufig – Mitglieder der Dienstleistungsorganisation „können (!) in der Lage sein, mit fruchtbaren Ideen zu einer Verbesserung der Qualität und zur Verringerung der Kosten beizutragen." Sie sollten von „der obersten Leitung" dazu „ermutigt" werden.

Wer oder was wäre dann aber das Korrektiv für „die oberste Leitung"? Ganz offensichtlich der Markt! Auf dem Markt wird sich diejenige Organisation behaupten und durchsetzen, die einen günstigeren Preis für eine (noch einigermaßen) zufriedenstellende Dienstleistung erwirtschaften kann. „Richtpunkte" (ISO 9004-1, S. 6) sind „wachsender Gewinn und Marktanteil". Die Wirksamkeit ist im besonderen an „finanziellen Größen" zu messen und ist von Bedeutung für die Gewinn- und Verlustrechnung. In diesem Sinne bedarf der Dienstleistungsprozeß einer durchstrafften und überwachten Organisation, in der *Fehler* („falls sie vorkommen sollten"!) minimiert und Erträge maximiert werden, d. h. „Qualitätsprobleme", also Reibungsflächen oder „Eigenmächtigkeiten", möglichst ausgeschlossen sein sollten. Durch Planung und „Controlling" soll sichergestellt werden, daß alle Prozesse „unter beherrschten Bedingungen in der spezifischen Weise und Reihenfolge ablaufen" (ISO 9004-1, S. 33), denn Qualitätssicherung wird als „die Durchsetzung von Standards" verstanden (Innerhofer/Innerhofer 1996, 371). Das Ergebnis stellt sich als eine systematische und hierarchisierte Strategie einer Qualitätssicherung im Sinne überwachter und harmonistisch angelegter, d. h. vermeintlich demokratischer Strukturen dar.

Was leistet also die ISO 9000-Strategie im Bereich sozialer Dienstleistungen? Ist sie eine wirkliche Hilfe zur Verbesserung der sozialen Qualität? Es heißt, sie korrigiere die bisherigen Schwachstellen, die darin bestanden hätten, daß soziale Einrichtungen ihre Arbeit allzu selbstbestimmt gestaltet hätten und sich zu wenig an den Bedürfnissen ihrer Adressaten, ihrer „Kunden", orientiert hätten. Damit sei der Bezug zur Wirklichkeit der Abnehmer dieser Hilfen und auch deren Qualität herabgesetzt worden.

Dieser Vorwurf trifft nur z. T. zu und zwar nur so weit, als die großen Hilfe-Organisationen aufgrund ihrer gesetzlich verankerten Monopolstellung tatsächlich lange Zeit zu wenig genötigt waren, sich an den Abnehmern ihrer selbstdefinierten Dienste zu orientieren. Es sei daran erinnert, daß erst die energischen Aktionen der Selbsthilfebewegung im Bereich der Behindertenhilfe, die Psychiatriereform und die Gemeindepsychologischen Dienste, die vor allem gegen die wie selbstverständliche Dominanz der stationären Unterbringung gerichtet waren, dazu geführt haben, daß sich die großen Verbände doch auch entschlossen, ambulante Dienstleistungen zu akzeptieren und einzurichten (Vereinigung Integrationsförderung 1982).

Wenn es nun heißt, durch die ISO 9000-Strategie werde diese Einseitigkeit der Selbstgesetzlichkeit aufgehoben und an ihre Stelle ein Feedback-System gesetzt, das sich primär an den Bedürfnissen und an der Zufriedenheit der Kunden orientiere, so ist dies nur zum Teil zutreffend, und zwar vor allem unter wirtschaftlichen oder Markt-Gesichtspunkten der Organisationen. Es ginge jedenfalls zu weit, pauschal zu behaupten, die eigentliche Hilfeleistung vor Ort, also von Mensch zu Mensch, habe sich bisher schlechthin nicht oder zu wenig an den wirklichen Bedürfnissen der hilfebedürftigen Menschen orientiert. Der neue Impuls zur (marktorientierten) Änderung der Qualitätsentwicklung kam immerhin von oben und nicht von der Basis her.

Kundenorientierung in ökonomischem Sinne: Im übrigen wäre näher nach dem Begriff der „Kundenorientierung" zu fragen, die als das wichtigste Erneuerungs- und Qualitätssicherungsprinzip angesehen wird. Was ist damit wirklich gemeint?

- Zum einen wäre zunächst zu klären, *wer* als Kunde gilt. Die Klienten können es nicht ohne weiteres sein, denn sie zahlen nicht für die Dienstleistung und können diese deshalb auch nicht beliebig und überall auswählen. Sie sind nach wie vor darauf angewiesen, was ihnen vor Ort angeboten wird. Die Erfahrung zeigt z. B., wie schwer – wenn nicht unmöglich – es ist, ein nachgewiesenermaßen unqualifiziert arbeitendes Altenpflegeheim dazu zu bringen, daß es den abgeschlossenen Verträgen über die Einhaltung von Qualitätsrichtlinien gemäß seine Qualität verbessert, oder daß es gar geschlossen wird, weil die Verhältnisse darin unmenschlich geworden sind.

- Zum anderen sind „Kunden" nicht ohne weiteres mit „Menschen" und deren ganzheitlichen und speziellen Bedürfnissen gleichzusetzen. Man kann bekanntlich auch „Kunden fangen". Der Begriff „Kunde" bezieht sich lediglich auf die Käufer-Funktion, also auf sein Kaufverhalten und seine Zahlungsfähigkeit. Er ist also primär *ökonomisch* konnotiert, auch wenn dies zunächst nicht in der Absicht der Autoren lag, die mit diesem Begriff die Hoffnung verbunden hatten, den Eigenbedürfnissen und der Selbstbestimmung der Hilfe-Abnehmer zu entsprechen.

  Zu wenig beachtet wurde, daß mit einer radikalen Kundenorientierung im sozialen Bereich eben auch die Effizienzkriterien eines primär ökonomisch geprägten Begriffes übernommen wurden, also ein primär marktgeprägtes Interesse (Schiepek/Bauer 1998, 26). Wer sich ein Auto kaufen will, hat es primär mit dem Interesse des Autoverkäufers zu tun, daß er ein Auto verkauft und der Käufer damit „zufrieden" ist. Der „Verkauf" sozialer Dienstleistungen kann zu einer marktbestimmten Umorientierung sozialer Dienste führen. Die „sonstige" persönliche und soziale Situation tritt dann an Bedeutung zurück. Wenn der Verkäufer sie berücksichtigte, dann nur in der Weise, daß er sie dazu *benutzt*, zu *seinem* Ziele zu gelangen. Was der Käufer mit diesem Auto „ansonsten" anfängt, welche Rolle es in seinem Leben spielt, ist nicht Sache des Verkäufers, „nicht sein Bier"! Der Begriff „Kunde" beinhaltet also nur einen Teilaspekt des Verhältnisses von Dienstleistendem und Adressaten. Im übrigen hat sich Qualität auch an anderen Interessenten und Mitbeteiligten zu orientieren, an den Mitarbeitern, an der Öffentlichkeit, an den Trägerverbänden, an den Geldgebern. Schiepek u. Bauer sprechen deshalb von einer „multiplen Adressatenorientierung".

- Schließlich wäre es zu wenig, „Kundenorientierung" mit dem gleichzusetzen, was die Verantwortbarkeit von Hilfe und Dasein für einen anderen Menschen ausmacht. Es handelt sich nicht einfach um eine bloße Bedürfnisorientierung. Das gleiche gilt für „Nutzerorientierung". (Hier dürfte die Assoziation mit *Nutzen* und *Utilitärem,* aber auch „benutzen" auf berechtigte Kritik stoßen.) So wichtig eine Orientierung an den Menschen, denen die Hilfe gilt, im Prinzip auch ist und zwar als Korrektiv zur möglichen Eigenmächtigkeit der Organisationen, so unsicher wird man, wenn es darum geht zu bestimmen, was im konkreten und individuellen Fall „das Richtige" ist, wenn es um sozial benachteiligte, aus der Bahn geworfene, funktionsuntüchtige Menschen geht. Ihre „Bedürfnisse“ können u. U. an den „Erfordernissen“ für ein längerfristig besser gestaltetes Leben vorbeigehen.

Die pädagogische Unsinnigkeit bloßer Kundenorientierung: Erziehung kann sich nicht einfach an dem orientieren, was Kinder, z. B. solche mit Verhaltensstörungen, sich gerade wünschen. Das zu erziehende Kind zum *Kunden-König* zu machen, wäre blanker Unsinn, würde eine pädagogische Bankrotterklärung bedeuten und müßte „kleine Tyrannen“ erzeugen. Die Unzulänglichkeit einer bloßen und primären Bedürfnisorientierung in der Erziehung dürfte nach den Erfahrungen einer antiautoritären (Nicht-) Erziehung hinlänglich bekannt sein. Längst wird wieder vermehrt nach (wirklicher) erzieherischer Autorität, d. h. nach Glaubwürdigkeit, inhaltlicher Gültigkeit, Orientierungshilfe, Konsequenz, Beispiel und Verantwortung verlangt.

Die *Eltern* weisen zudem eine derart ausgeprägte Vielfalt von Normen und normativen Bedürfnissen auf, daß diese nicht alle ohne weiteres pädagogisch akzeptabel und miteinander vereinbar sind und auch nicht durch Mehrheitsbeschluß zu einem Konsens zu bringen sind. Bloße „Kunden- oder Nutzerorientierung“ könnte hier zu reinem Opportunismus führen.

Opportunistische Nutzer-Orientierung: Aus den USA wurde z. B. berichtet, daß das hier sehr ausgeprägte Evaluierungssystem der lokal und finanziell abhängigen Schulen dazu geführt hat, daß die *Lehrpläne* so abgefaßt werden, daß deren Ziele ohne besondere Mühen zu erreichen sind, damit die Endkontrolle positiv ausfällt. Im übrigen entsteht das Problem derjenigen Schulen, die von ihren Nutzern als zu wenig qualifiziert bewertet werden: Diejenigen Eltern, die es sich leisten können, melden ihre Kinder hier ab, während die anderen sich mit dem gegebenen Minderen abfinden müssen, das zudem noch schlechter wird, weil bestimmte Fördermittel abgezogen werden.

Gegenüber einer bloßen vom *Verkauf* bestimmten „Kunden- oder Nutzerorientierung“ ist aus ethisch-normativer und fachlich-therapeutischer Sicht festzuhalten, daß die zu leistende Hilfe auch von ihrem *Wertgehalt* verantwortet werden muß, und der deckt sich nicht immer mit mehr oder weniger zufälligen „Kundeninteressen“. Auch die eigene Normativität des Dienstleistenden hat Geltung zu beanspruchen. In der sozialen Begegnung zählt auch seine ganz persönliche normative und auch seine fachliche Autonomie. Befragungen „der Kunden“ sagen also nicht unbedingt alles aus, was menschlich wichtig und erforderlich wäre und Klarheit brächte. Subjektive, auch kollektive subjektive Zufriedenheit kann durchaus auch einen falschen Weg bedeuten, der später nur unter großen Mühen korrigiert werden kann.

Eine primär und einseitig vom Markt bestimmte Qualitätssicherung läuft dem durch qualitativen Diskurs erreichten fachlichen Entwicklungsstand der Arbeit in sozialen Einrichtungen zuwider. Sie vernachlässigt den Aspekt der Beziehungen und den der Selbstbestimmung. Sie läuft auf ein primäres Gelenktwerden und damit auf mehr Abhängigkeit hinaus. Eine vom Markt her bestimmte „Kundenorientierung" reduziert das Soziale in der mitmenschlichen Begegnung. Sie wäre nicht gleichzusetzen mit dem Prinzip der Achtung vor dem Anderen, bei der der Andere der erste ist (Lévinas) – nicht aber mein System oder das des Betriebs, der etwas zu verkaufen hat.

Es darf nicht übersehen werden, daß das ISO 9000-System (TQM) eben aus der *Wirtschaft* stammt, sich also auf „Dienstleistungen" bezieht, die dort auf die Erbringung einer objektiv definierten und standardisierbaren *Produktqualität* gerichtet sind. Derartige Dienstleistungen sind nicht gleichzusetzen mit sozialen Tätigkeiten und Beziehungen. Auf die Unterschiede haben Innerhofer u. Innerhofer (1996) hingewiesen. Ein wichtiger Unterschied bezieht sich auf die wesentlich höhere Bedeutung von Innovationskraft und Führungskultur in der Wirtschaft unter dem Druck des Marktwettbewerbs. In sozialen Einrichtungen schöpft der einzelne Mitarbeiter seine berufliche Motivation mehr aus der sozialen Arbeit selber. Er hat also ein anderes Verhältnis zur „Führung". So lautet etwa ein Slogan für die neue Qualitätsentwicklung in sozialen Einrichtungen: „Von der ‚Leitung' zum Management!"

Führung und Controlling als Leitbegriffe? Obwohl also die Funktion von „Führung" und von damit verbundener „Kontrolle" in sozialen Einrichtungen eine kritische oder mehr sperrige ist, fällt doch auf, wie ein Begriff wie „controlling" in der sozialen Szene weithin unkritisch hingenommen wird. Dazu trägt wohl auch die englische Terminologie bei, die das Ganze unverdächtig erscheinen läßt. Dies gilt auch für andere Termini, wie z. B. „total corporate identitiy" oder „total quality management". Warum eigentlich „total"? Totaler Markt? Totale Steuerung? Totale Kontrolle? Wollen wir wirklich den totalen Betrieb? Wie kann da noch etwas übrigbleiben, was als Selbst, als das Nicht-geplante oder das Kreative verstanden wird, von Freiheit ganz zu schweigen!?

Die Folgen wären schlimm: „Alles-unter-Kontrolle" kann letztlich nur bedeuten, daß letztlich nichts Neues entsteht. Alle Totalität ist wider die kreative Weiterentwicklung. Sie beugt die innere Freiheit und Autonomie. – Im Grunde wird hier der Begriff „total" falsch angewandt. Gemeint ist eigentlich etwas *Ganzheitliches,* nämlich ein möglichst hoher Abstimmungsgrad innerhalb eines Organisationssystems – bei Wahrung aller Teil-Autonomien.

Noch vor etwa zwanzig Jahren hatte niemand gewagt, derartige Termini des „Totalen" und der „Kontrolle" zu verwenden. Es gab wohl schon den Begriff der „sozialen Kontrolle", aber dieser konnte sich nur im wissenschaftlichen Bereich behaupten. Um kritischen Deutungen vorzubeugen, werden die neuen Inhalte heute so verpackt, daß sie harmlos und irgendwie selbstverständlich anmuten. So beruhigt z. B. geradezu naiv, aber sicherlich in guter Absicht ein junger betriebswirtschaftlich vorgebildeter „Controller" im Mitteilungsblatt seiner Behinderteneinrichtung seine Kolleginnen und Kollegen, Controlling sei nicht mit „kontrollieren" und „überwachen" gleichzusetzen, sondern mit *Führungsunterstützung* durch Erfassung, Aufbereitung und Bereitstellung von Informationen, um die Effektivität, die Effizienz und den Finanzmittelbedarf zu steuern. Warum muß er sich rechtfertigen? Ganz offensichtlich ist ihm Mißtrauen begegnet, was seine berufliche Controller-Funktion betrifft. Ist derartiges Mißtrauen wirklich unbegründet und überflüssig?

Gründe für den Run auf die ISO 9000: Es kann kaum bestritten werden, daß ein System kontrollierter Effizienzsteigerung auch die Mentalitäten, Wertigkeiten, Inhalte und Aufgaben einer Einrichtung entsprechend verändert. Es ist kaum vorstellbar, daß eine primär auf wirtschaftliche Effizienz und die Sicherung von Marktanteilen ausgerichtete Organisation ein Ideal sozialer Tätigkeit für sozial benachteiligte Menschen darstellt. Wenn also einige Trägerverbände sozialer Einrichtungen sich relativ rasch daran gemacht haben, diesen aus der Industrie stammenden Ansatz einer „Qualitätssicherung" (EN ISO 9000-„Familie") für sich nutzbar zu machen, so muß es einen anderen Grund geben; denn sie wollen schließlich ihre Einrichtungen nicht ruinieren. Sie sahen sich genötigt, ein Instrument zur Verfügung zu haben, mit dessen Hilfe es möglich sein könnte, die Qualität ihrer Leistungen überhaupt kontrollierbar zu machen.

Den Verdacht, damit den Zweck einer Kostensenkung, eines Personalabbaues und einer dadurch bedingten Qualitätsminderung zu verbinden, wiesen sie immer wieder und ausdrücklich – auch verständlicherweise – von sich. Da sich aber bis dahin kein anderes Verfahren für diesen Zweck anbot als die gerade entworfene EN ISO 9000, versuchten sie, diese für sich nutzbar zu machen, und diejenigen formalen Elemente herauszufiltern und zu modifizieren, die sich auf soziale Dienstleistungen übertragen ließen, z. B. ein Teil der Terminologie oder Bestandteile, wie Qualitätselemente, Qualitätszirkel, Audits, Teamkommunikation, gezielte Weiterbildung etc. Immerhin konnte sich die neue Aktion mit einer „Europäischen Norm" auch offiziell autorisieren.

Die Zertifizierungsfalle: In diesem Zusammenhang stellt sich die Frage nach dem *„Zertifizieren"*. Was sagt es wirklich aus, wenn es sich um mehr als um ein Herausstellen des eigenen Image handeln soll, das etwa mit einer Tafel in der Eingangshalle der eigenen Einrichtung dokumentiert wird? Eine Zertifizierung ist an sich lediglich ein Beleg dafür, daß hier bestimmte Standards und Arbeitsabläufe zu einem bestimmten Zeitpunkt gemessen worden sind, und daß die *gemessenen Daten* bestimmten Normen entsprechen. Der Beleg geht aus bestimmten Dokumentationen hervor. – Deren Erstellung beansprucht im übrigen einen beachtlichen Teil der Arbeitszeit (bis zu 20 %?), geht also für die eigentliche soziale Tätigkeit verloren.

Das Entscheidende unter dem Aspekt von sozialer Qualität aber ist eine Verschiebung der Akzente, die im allgemeinen unbeachtet bleibt: Das Normhafte, das Meßbare, das Zertifizierbare wird maßgebend, während das

Unberechenbare und unvergleichlich und unaustauschbar Eigene, also Menschlichkeit und Eigenverantwortlichkeit des Anderen in den Hintergrund treten und an Bedeutung einbüßen. Damit wird eigentlich diejenige Qualität eher verhindert, von der gesagt werden muß, daß sie für die Beteiligten bedeutungsvoll ist, nämlich diejenige, die auf der Persönlichkeit beruht, deren freie Entfaltung durch das Grundgesetz garantiert ist. Eigenmotivierung und Zertifizierung sind kaum miteinander vereinbar (Krönes 1998, 85).

Neue Kosten zur Kostenreduzierung? Das „Zertifizieren“ kostet im übrigen *Geld*, pro Betrieb, je nach Größe, bis zu 250.000 DM oder mehr; hinzu kommen dann die regelmäßigen Nachbegutachtungen und Aktualisierungen, so daß das Ganze auch ein finanzieller Selbstläufer und ein „gutes Geschäft“ werden kann. Rechnet man noch eigens anzustellende *Qualitätsbeauftragte* hinzu, so ergibt diese Art des Qualitätsmanagements einen neuen, nicht unbeträchtlichen Kostenfaktor. War das Ganze so gedacht, als es darum ging, höhere Effizienz und *zugleich* Kostendämpfungseffekte zu erzielen? In Anbetracht der bekannten finanziellen Engpässe ist eher davon auszugehen, daß die von den Qualitätsspezialisten entworfenen Management-Systeme *generell* nicht bezahlbar sind. Sie haben gegenwärtig nur da Chancen, wo entsprechendes Geld und Interesse vorhanden ist, z. B. in Einrichtungen großer Industriebetriebe.

Wie kritisch ein zertifizierter Sozialbetrieb bei aller Würdigung des organisationell bisher Erreichten sein QM-System selber bewertet, geht aus dem folgenden hausinternen Bericht hervor:

„Insgesamt erweist sich der Aufbau eines QM-Systems in einer sehr komplexen Einrichtung ... als doch sehr aufwendig. Wenn man sich das Ziel eines umfassenden QM-Systems setzt, beinhaltet dies die Gefahr, daß eine Vielzahl an Unterlagen, Formularen, Listen etc. entsteht, die das System sehr umfangreich machen.

Der Umfang unserers Systems beinhaltet die Gefahr, den Überblick zu verlieren und in die Eigendynamik eines Systems zu geraten. Insgesamt ist festzustellen, daß das System von den Mitarbeitern angenommen wurde ... Es zeigt sich jedoch auch, daß dies einen nicht unerheblichen Erstellungs- und Verteilungsaufwand mit sich bringt. Es muß abgewogen werden, inwieweit dieser Differenzierungs- und Pflegeaufwand bei enger werdenden Ressourcen noch zu leisten ist und inwieweit durch EDV ... hier Entlastung erreicht werden kann. Als weiteres Manko zeigt sich, daß durch die Formalisierung die Gefahr besteht, daß die unmittelbare Kommunikation leidet. In einer Reha-Einrichtung sind jedoch diese persönlichen Kontakte auch wichtig ... Als weiterer Schwachpunkt zeigt sich die Doppelbelastung unserer QMB (QM-Mitarbeiterin). Die enger werdende finanzielle Gesamtsituation läßt jedoch zukünftig keine wesentlichen Änderungen erwarten.“

Auch wenn in der gegenwärtigen Impuls- und Übergangsphase die Erfahrung gemacht wird, daß durch TQM „ein neuer Wind“ in die Einrichtungen kommt und sich vieles positiv neu ordnet, was bisher eher Chaos war, daß „alles besser klappt“, so muß es nicht das TQM-System selber sein, das diesen Wandel bewirkt. Es gibt einen Reiz zur Erneuerung, der in erster

Linie vom Impuls des Neuen an sich ausgeht. Das zeigte sich z. B. vergleichsweise seinerzeit, als Verhaltenspsychologen glaubten, mit dem System der Verhaltensmodifikation die gesamte Erziehung neu konzipieren bzw. ersetzen zu müssen; letztlich blieben aber im wesentlichen neue Akzentuierungen alter Prinzipien erhalten, nämlich die Bedeutung unmittelbarer persönlicher und aktiver Zuwendung an das einzelne Kind und differenziertere Einsichten in das System von Lohn und Strafe.

Beinhartes Management und profitable Resultate – eine neue Sozialphilosophie? Es erscheint höchst fragwürdig, ein auf die Erzeugung von Waren bezogenes Instrument der Rationalisierung und Kostenreduzierung – in modifizierter Form – auch auf soziale Dienstleistungen anzuwenden, ohne die sozial- oder heilpädagogische Unschuld zu riskieren. Es kann kein Zweifel bestehen, daß im Ansatz, in der „Philosophie" und den Anweisungen zur ISO 9000-Strategie „der Mensch" kaum vorkommt. Das, was im ethischen Sinne seinen unverfügbaren Selbstzweck ausmacht, an dem sich menschliches Handeln zu orientieren hat, sucht man vergebens. Es handelt sich um ein formalisiertes Instrument, das dazu dient, extern festgelegte Ziele auf festgelegten Wegen, also hierarchisch gesteuert, anzugehen. „Beinhartes Management und profitable Resultate!" Ist das eine neue Sozialphilosophie, in der – „natürlich"! – „der Mensch im Mittelpunkt" steht? In Wirklichkeit entfernt man sich mit einer derartigen Orientierung immer weiter vom Menschen (Fischer 1998, 217). Den ganz offensichtlichen Widerspruch brachte ein Betriebsrat von Ford-Deutschland mit ironischem Unterton seinem Vorstandsvorsitzenden gegenüber auf den Punkt: „Wissen Sie, Herr Goeudevert, bei uns steht der Mensch im Mittelpunkt, und gerade da steht er uns im Wege" (zit. b. Goeudevert 1999, 41).

ISO 9000 besser als gar nichts? Wenn entgegnet wird, daß sich aber bestimmte Elemente doch auch für die Qualitätsentwicklung im sozialen Dienstleistungsbereich eigneten, so muß dies nicht generell falsch sein; entgegenzuhalten wäre allerdings, daß

- zum einen der soziale Bereich eben keine Unterabteilung des ökonomischen Bereiches darstellt und seinem eigenen Wertsystem zu folgen hat, das im übrigen über diesen hinaus in die Gültigkeit eines allgemeinverbindlichen Ethos hineinreicht, von dem er sich nicht ohne Schaden für das gesellschaftliche Ganze abkoppeln kann, und daß es
- zum anderen durchaus bereichseigene Methoden der Qualitätsentwicklung gibt, die geeigneter sind, soziale Qualität tatsächlich zu sichern, und gegen Ökonomisierungszwänge und damit gegen ideologische Verfremdungen zu schützen.

Kritisches Resümee: Es wäre sicherlich verfehlt, sämtliche Details abzuweisen, die dem ISO 9000-Modell entnommen werden, um sie für Zwecke einer internen Qualitätsentwicklung im sozialen Bereich zu verwenden; aber generell sollte eine klare Trennungslinie gezogen werden: Für den Markt eingerichtete, d. h. primär kommerziell bestimmte Qualitätssicherungssysteme, sind auf einen festlegbaren Zweck gerichtet. Das primär wirtschaftlich auf Endprodukte und auf die Mehrung des Marktanteils hin organisierte System eines entsprechenden Betriebes ist ein relativ geschlossenes System im Unterschied zu den relativ offenen sozialen Systemen, in denen sich selbst regulierende (autonome) Menschen agieren.

Nach wirtschaftlichen Normen hierarchisch organisierte Kontrollsysteme, die auf die effizienteste Produktion hin ausgerichtet sind, gehören deshalb generell nicht in den Humanbereich. Was für die Herstellung von Waren maßgebend sein mag, ist es noch lange nicht für den Umgang mit Menschen. Auch der Behaviorismus ist mit seinem Versuch gescheitert, das Verhalten von Menschen mit dem von Tieren gleichzusetzen, und das tradierte normative System der Heilpädagogik aus den Angeln zu heben. Im übrigen sind die oben beschriebenen Controlling-Methoden inzwischen auch in der Industrie umstritten bzw. überholt. Gauer u. Scriba (1998) weisen darauf hin, daß moderne Managementprinzipien und -instrumente, wie Total Quality Management, Benchmarking oder Time Based Competition nur zu *kurzfristigen* Einsparungen und Kostenvorteilen führen; längerfristig gesehen laufe sich ein solcher Wettbewerb mit standardisierten Rezepten, wenn er von allen Konkurrenten bestritten wird, tot (74). Der Schlüssel für erfolgreiche Neuentwicklungen liege vielmehr im *Empowerment,* einem Ansatz, bei dem die Mitarbeiter fortwährend in Bewertungen und Entscheidungen einbezogen werden, nicht also von einem dirigistischen Management her bloßen standardisierten Routinearbeiten angepaßt *werden* (206).

Sie sind also klar zu unterscheiden von primär humanorientierten offenen Modellen. Diese benötigen selbstverständlich auch Prüfkriterien und Prüfinstrumente. Das Überprüfen selber erfordert aber eine entsprechende Fachkompetenz und erweist sich weniger als ein objektiviertes Messen als vielmehr als ein Bewerten mit hohem subjektivem Anteil.

Modelle der Qualitätsentwicklung: Kontrollansatz versus Reflexionsansatz

Die Fülle und Vielfalt der inzwischen vorliegenden oder im Entstehen begriffenen Methoden und Modelle zur fachlich orientierten Qualitätsentwicklung ist groß und verwirrend. Für eine Bewertung erscheint es dienlich, sie nach den Orientierungswerten zu unterscheiden, die jeweils priorisiert werden. Geht man von Extrempositionen aus, so wären es zwei, die sich polar gegenüberstehen:

- zum einen der Wert sicherzustellender ökonomischer Effizienz und
- zum anderen der Wert gemeinsam hervorzubringender sozialer Qualität.

Dem *ersteren* (Kontrollansatz) entsprechen Verfahren, die vor allem auf Methoden des *Controlling*, also *externer* Wertmaßstäbe einschließlich hierarchischer Führungsstrukturen, beruhen, von denen aus Evaluationen vorgenommen werden, auch wenn dazu die „freiwillige" Mitwirkung aller Beteiligten mit in Anspruch genommen, also eingefordert wird. Wir wollen von *Controlling-Verfahren* reden.

Der *zweite* Ansatz (Reflexionsansatz) dagegen geht primär von der persönlichen (moralischen) und fachlichen Autonomie jedes einzelnen Beteiligten aus, die auf dem Wege über gemeinsame *Reflexion* aus eigenem Interesse und in Selbstverantwortung, aber ebenso in Abstimmung mit den Menschen, denen ihr Tun gilt, eine Verbesserung und größere Entsprechung der Qualität in der sozialen Realität anstreben. Wir wollen diese Ansätze *Reflexionsansätze* nennen.

Die begriffliche Unterscheidung von Kontroll- und Reflexionsansätzen erfolgt aus prinzipiellen Gründen. Sie bedeutet zunächst einmal nicht, daß in dem einen nur kontrolliert und in dem anderen nur reflektiert würde. Jede Umsetzung von Reflexionsergebnissen in die Praxis benötigt auch Regelungen und Kontrollelemente, und jeder Kontrollansatz ist auch auf reflektierende Abstimmung angewiesen. Worauf es bei der Unterscheidung ankommt, ist die *primäre* Wertorientierung. Sie muß dem eigenen Arbeitsansatz entsprechen, hier also dem Prinzip der Wahrung der Menschenwürde und dem der sozialen Integration. Da diese Werte nicht als absolute Werte gelten, ist ihre Gültigkeit immer neu zu bewirken, was aber nur dadurch geschehen kann, daß die Einzelnen sich selbst in diese Gültigkeit einbinden lassen, eben auch über Reflexion. Ihnen durch hierarchisch geordnete Macht und entsprechende Kontrolle Geltung zu verschaffen, ist nur begrenzt möglich und nur bedingt tragfähig. Was gut ist im Umgang miteinander, läßt sich in einer individualistisch geprägten Gesellschaft oder Gruppe nicht durch Machtentscheidungen klären.

Auf der anderen Seite wäre ein primärer Kontrollansatz dann akzeptabel, wenn die dahinterstehenden Werte als indiskutabel gültig wären, wie z. B. der Prozeß einer chirurgischen Operation, der Einsatz von Rettungshubschraubern oder die Handhabung eines bestimmten therapeutischen Geräts. Im Bereich der produzierenden Wirtschaft könnte man an die lückenlose Funktionabilität bei der Herstellung einer Ware im Sinne eines möglichst hohen Verkaufswertes oder Marktanteils denken. Um einen derartigen Primärwert umzusetzen, sind im entsprechenden Betriebssystem die nötigen Mechanismen zu seiner Durchsetzung festzulegen und deren Einhaltung zu kontrollieren.

Der Vollständigkeit halber sei noch angemerkt, daß es auch für einen Sozial-Betrieb wertideologische Maximen geben kann, wie z. B. weltanschaulich-fundamentalistische Werte, die dann ebenfalls eine strikte Kontrolle des gesamten Systems nach sich ziehen, um das eigene System zu sichern.

Während im Kontrollansatz die hierarchische Wertdurchsetzung „von oben" und die Indienstnahme aller untergeordneten Kompetenzen dominant sind, stützt sich der Reflexionsansatz primär auf die Kreativität, Autonomie und Verantwortung des Einzelnen und sein autonomes Eingebundensein in soziale Verpflichtungen. Die in der Natur der Sache begründeten Notwendigkeiten, immer wieder die Qualität des eigenen Vorgehens zu prüfen, erfordert gemeinsames Überdenken, aber auch Klären der zugrundeliegenden Wertigkeiten. Permanente Reflexivität wird nötig, weil die Planenden und Handelnden fehlbar sind und die zu verwirklichenden Werte keine absoluten und definitiven sind. Eine offene Gesellschaft, als die sich die demokratische versteht, bedarf reflektierender Individuen im Unterschied zu autoritär-totalen politischen Systemen. Und dieses Demokratieverständnis muß sich im Prinzip auch in jeder sozialen Gruppe wiederfinden.

Unsere Unterscheidung von Kontroll- und Reflexionsansatz ist als prinzipielle zu verstehen. Eine scharfe Trennung beider Ansätze ist nicht möglich. Es handelt sich vielmehr um polar angelegtes Rasterinstrument, das uns die Möglichkeit gibt, Qualitätsentwicklungsansätze zu prüfen und zu bewerten. Dabei ist auch mit Mischformen zu rechnen, die nicht ohne weiteres dem einen oder dem anderen Wertepol zuzuordnen sind. Es wird vor allem darauf ankommen, kritische Gewichtungen und Verzerrungen auszumachen, wie z. B. allzu autoritäre Kontrollansätze oder allzu unverbindliche Diskursregelungen.

Qualitätshandbücher – Sinn und Unsinn

Die verschiedenen Ansätze und Modelle schlagen sich insbesondere in einer wachsenden Zahl von „Qualitätshandbüchern" nieder. Sie enthalten ein Höchstmaß an Wissen, das für jeden sozialen Einzelberich nötig ist, um qualitativ sinnvoll und überprüfbar zu arbeiten. Zu nennen ist beispielsweise die vom Bundesministerium für Familie, Senioren, Frauen und Jugend herausgegebene Broschürenreihe „Qs", die sich auf die „Qualitätssicherung in der Kinder- und Jugendhilfe" bezieht. Sie ist nach den verschiedenen Bereichen der Kinder- und Jugendhilfe gegliedert.

Zahlreiche Handbücher weisen einen derartig großen Umfang auf, daß ihre Handhabung dadurch nicht gerade erleichtert wird. Beispielsweise umfaßt das „Qualitätshandbuch Wohnen im Heim", herausgegeben vom Kuratorium Deutsche Altershilfe (1998), 628 Seiten! Es wird sicher nicht erwartet, daß jemand mit diesen Büchern unterm Arm seinen täglichen Dienst versieht. Sie stellen also eher ein *Kompendium* all dessen dar, was fachliche Kompetenz ausmacht, und wie professionell gearbeitet werden muß oder müßte.

Eine fatale Rückstoßwirkung könnte darin bestehen, daß die im Vergleich zur Realität zutagetretende negative Differenz den einzelnen Mitarbeiter innerlich belastet und demotiviert. Im Grund aber sollte doch ein solches Kompendium der professionellen Rechtfertigung gegenüber den Kostenträgern dienen. Es wäre weiterhin sehr bedauerlich, wenn die darin vorgesehenen differenzierten, aber auch umfangreichen Dokumentationseinträge eine abschreckende Wirkung hätten.

Der Inhalt bezieht sich auf die verschiedensten Evaluierungs-, Dokumentations- und Kontrollmethoden und gliedert sich im allgemeinen nach dem bekannten Kategorienmuster der

- Strukturqualität,
- der Prozeßqualität und
- der Ergebnisqualität.

Die Detailfülle ist groß. Die nötigen Arbeitsabläufe und Erfordernisse, die bei der Durchführung zu beachten sind, sind z. T. minutiös geregelt, z. B. Sicherheitsbestimmungen bei erlebnispädagogischen Unternehmungen. Im Grunde darf nichts fehlen, was beachtenswert und etwa bei einer gerichtlichen Klage prozeßrelevant wäre. Das kann dazu führen, daß es, wenn diese Handbücher fortgeschrieben werden – und das müssen sie – zu einem nicht mehr zu bewältigenden Umfang kommt. Es ist auch zu befürchten, daß derartige diffizilen und komplizierten Regelungen umso eher dazu führen, auf derartige Aktivitäten zu verzichten, je differenzierter und lückenloser sie abgefaßt sind. Die paradoxe Folge wäre ein Qualitätsabbau.

Die Fülle der Handbücher ist im wesentlichen die zwangsmäßige Folge aus den gesetzlichen Regelungen über Qualitätsrichtlinien und deren Überprüfbarkeit. Ihr Vorteil besteht darin, daß sie alles Wissen zusammenfassen, das im Sinne der nötigen Qualität bestimmter Dienstleistungen vorhanden sein muß und an dem sich jeder Beteiligte und Betroffene zu orientieren hat bzw. orientieren kann. Der Kontrollinstanz (den Kostenträgern) gegenüber läßt sich das dokumentieren, was als Qualität der eigenen Dienstleistungen zu gelten hat. Natürlich wird den Vertragspartnern die Vorlage eines derartigen Handbuches nicht genügen. Es muß auch laufend dokumentiert werden.

Es entsteht die Frage nach der tatsächlichen Realisierbarkeit und Umsetzung. Diese kann z. B. empfindlich beeinträchtigt werden, wenn die entsprechenden institutionellen und personellen Voraussetzungen nicht gegeben sind. Es wäre im übrigen eine Vergeudung wertvoller Ressourcen, wenn diese Handbücher – bei der gegenwärtigen an sich schon hohen Arbeitsbelastung – am Ende „nur Papier“ blieben! Die Produktion von „Papieren“ hat Ausmaße angenommen, daß es immer unwahrscheinlicher erscheint, daß sie auch gelesen und umgesetzt werden. Für die Gewissenhafteren können sie zum Alptraum oder zur Überforderung werden: Sie erzeugen den Eindruck wünschenswerter und geforderter Perfektion! Oder sie werden zum Selbstzweck. Mit der Produktion von Qualitätshandbüchern und entsprechenden Formularen ist immerhin eine neue Marktlücke erschlossen worden.

Die Gefahr von Standardmaßstäben: Eine weitere Gefahr besteht darin, daß – aus Gründen der begrifflichen Genauigkeit und der Überprüfbarkeit – Standardabläufe und Standardmaßstäbe dominieren, mit denen die Handlungsspielräume der einzelnen Mitarbeiter derart eingeschränkt werden, daß sich die geleisteten Dienste auf einem niedrigen Qualitätsniveau einpendeln. Das könnte vor allem dann der Fall sein, wenn nicht auch gleichzeitig Maximalstandards benannt und anerkannt sind. Damit wäre aber die genannte Gefahr nicht völlig gebannt. Es erscheint deshalb prinzipiell sehr fragwürdig, Standards überhaupt zum Maßstab zu machen. Wenn sich auch manches und vieles in Standards fassen läßt, so eben nicht alles und nicht das Wesentliche und menschlich subjektiv Wichtige.

Daß *Ökonomisierungstendenzen* entscheidend im Spiel sind, geht beispielsweise aus einem Qualitätshandbuch hervor, bei dem es im Vorwort heißt, es werde „die Umformung sozialer Einrichtungen in ökonomisch orientierte Unternehmen" angestrebt, es werde nach Sparmöglichkeiten gesucht und nach einem Steuerungsinstrument für größere Effizienz.

Qualitätshandbücher für die Kostenträger? Generell müßte eigentlich auffallen, daß all die vielen differenzierten und umfangreichen Handbücher einschließlich Benutzer-Hilfsmitteln nur auf der einen Seite der Vertragspartner entstehen, nämlich auf der der Fachleute und der Fachinstitutionen, während die andere Seite, verkörpert durch die Kostenträger, diese Belege nur einfordert, ohne über die entsprechende Kompetenz zu ihrer Beurteilung zu verfügen. Die Widersinnigkeit wird deutlich, wenn man diese merkwürdige Schieflage mit dem im staatlichen Schulbereich praktizierten Lehrplänen und Unterrichtsregelungen vergleicht. Diese werden eben nicht von den Dienststellen erstellt, die sich der Schulaufsicht zu stellen haben, sondern eben von der Behörde, die als Kontrollinstanz gilt. Diese verfügt immerhin über die entsprechenden Fachleute, so daß eine fachlich kompetente Kontrolle möglich und sinnvoll wird.

Wie *wirkungslos* im übrigen verfaßte und vertraglich geregelte Qualitätsstandards in der Realität sein können, belegen die menschlich unwürdigen und offensichtlich kaum korrigierbaren Verhältnisse in Altenpflegeheimen. Sie bestehen *trotz* sämtlicher Qualitätshandbücher und Qu-sicherungsvereinbarungen. *Qualitätssicherungssysteme garantieren durchaus nicht eine entsprechende Qualität.* Das heißt aber nicht, sie seien generell nicht nötig, sondern nur, daß sie nicht alle Qualitätsprobleme lösen können und deshalb nicht überbewertet werden sollten.

Controlling-Ansätze - Externe Führung

Hierunter wären – mehr oder weniger pauschal – Ansätze oder „Strategien" zu fassen, die auf eine totale Inanspruchnahme aller Beteiligten abzielen, um ein Höchstmaß an Effizienz bzw. ein Verhindern von Qualitätsmängeln „systematisch sicherzustellen". Hierzu gehören vor allem Modelle eines „Total Quality Management" (TQM). Alles, was Qualität betrifft, ist „Führungsaufgabe" und „wird geplant". Nichts soll „dem Zufall" überlassen sein, und zwar schon während des Dienstleistungsprozesses.

Daß ein derartig einbahnig und dominant hierarchisches System, wie in Abb. 3 gezeigt, auch in der Wirtschaft als unproduktiv und überholt gilt, hat D. Goeudevert, der frühere Vorstandsvorsitzende von Ford-Deutschland und von VW, in seinem Bestseller (1998) hervorgehoben:

„Wenn Kommunikation als Einbahnstraße von oben nach unten begriffen wird, als eine Art human engineering, bei dem die Entscheidung oben immer schon getroffen ist und durch Gespräche nach unten nur abgesichert werden soll, dann wird Kommunikation nur als kosmetisches Schmiermittel eingesetzt. Sie bleibt so ein Instrument der Hierarchie und dient vor allem dem Zweck, den Willen dessen an der Spitze eines Unternehmens bis zur untersten Ebene durchzusetzen. Das bedeutet Abhängigkeit derer da unten von denen da oben – keine besonders motivierende und stimulierende Situation" (251 f.).

Es ist sicherlich zuzugestehen, daß eine derartige kontrastierende Bewertung nicht unbedingt die Intentionen vieler trifft, die sich solcher Verfahren in „guter Absicht" bedienen und versuchen, im Sinne wirklicher sozialer Qualität das Beste aus ihnen zu machen. Der Grundorientierung wegen aber ist es notwendig, deutliche Konturen zu zeichnen, nötigenfalls auch zu überzeichnen, um das Wesentliche schärfer hervortreten zu lassen. Eine solche relativ scharfe Trennlinie ist eher eine formale und normative. Sie ist gerechtfertigt, da es durchaus andere Verfahren gibt, die besser geeignet sind, soziale Qualität zu sichern und zu verbessern. Man muß also angesichts der ökonomischen Zwänge nicht unbedingt „mit den Wölfen heulen"

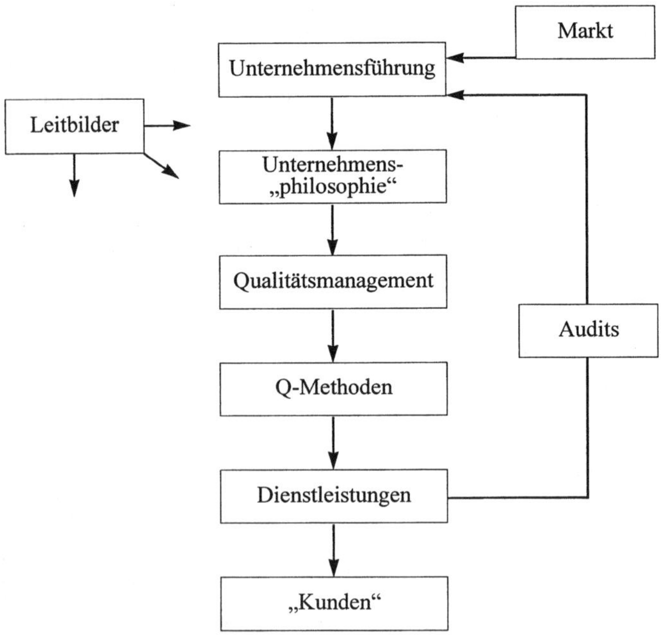

Abb. 3: Eine dominante Marktorientierung, die über ein hierarchisches Führungs- und Kontrollsystem umgesetzt wird. Die normativ-ethisch bestimmten „Leitbilder" stehen – mehr oder weniger – unverbindlich außerhalb des betriebswirtschaftlich (relativ) geschlossenen Systems und haben im besten Falle eine persönlich-normative Funktion für den einzelnen Betriebsangehörigen.

und Qualitätssicherung aus sachfremden Bereichen kopieren. Es ginge vielmehr darum, aus der neuen Situation – angesichts von „Wölfen" – das Beste zu machen, ohne die eigene soziale und fachliche Identität aufs Spiel zu setzen (Gerull 1997).

Ein klassisches Verfahren in Sinne von Controlling sind die ISO 9000-Strategien, auf die schon ausführlich eingegangen worden ist. Sie sind auf ein nahezu lückenloses Verplanen und Verorganisieren aller Mitarbeiter abgestellt und zwar unter einer hierarchischen („Führungs-") Maßgabe. Von einem „ganzheitlichen" Ansatz zu reden, klingt ebenso euphemistisch, also beschönigend, wie andere Termini, wie z. B. „freiwillige" Beteiligung.

Diese Art von *Verpflichtungen* („auf freiwilliger Basis") berühren selbstverständlich immer auch Gewissensangelegenheiten, zumal gegenüber Kollegen. Derartige von oben auferlegte Verpflichtungen der „Loyalität" gegenüber dem eigenen Betrieb können sehr leicht in Widerstreit zur Loyalität des Betriebs gegenüber seinen Mitgliedern treten; denn die Effizienz als höchste Norm eines Betriebes gebietet eben auch, daß diejenigen ausgeschaltet werden, die nicht genügend die Qualität der Leistungen sichern. Das Ökonomisierungsprinzip duldet keine Rücksicht auf soziale Belange. Im übrigen ist zu fragen, ob tatsächlich die lückenlose Erfüllung von Standards die höchste Qualität garantiert. Originelle und kreative Fachleute, die im allgemeinen eben nicht nach Standards arbeiten, haben da weniger Chancen. Das heißt, eigentliche Qualität, die immer auch auf Unberechenbarkeit beruht und stets auch Fehlbarkeit einschließt, kann dadurch geradezu reduziert oder verhindert werden. Die Gefahr, daß das Arbeits- und Kollegenklima durch Vertrauensschwund in Mitleidenschaft gezogen wird, ist nicht von der Hand zu weisen.

Unbegrenzte Möglichkeiten der Perfektion von Überwachung: Details finden sich im Entwurf für ein computergestütztes Qualitätssicherungsverfahren, wo es heißt, daß „regelmäßig und automatisch alle Qualitätsstandards zum Abgleich mit der umgesetzten Qualität in Wiedervorlage gebracht" werden, daß die „Einhaltung der Qualitätsstandards durch Checklisten überprüft wird, und daß „über Statusabfragen definierter Qualitätsstandards in Form eines internen oder externen Benchmarking Längs- oder Querschnittsvergleiche durchgeführt werden."

Oder: „Die zu erfüllenden Qualitätsstandards müssen (...) überwacht werden", und „die Aktualität des Datenbestandes im Gesamtsystem ist für den Spitzenverband und die Einrichtungen sicherzustellen" (!) Es handle sich um ein „Steuerungsinstrument für die Mitarbeiter/innen mit Leitungsfunktion in den Einrichtungen". Es soll als Dokumentationssystem „in einer Client-Server-Umgebung auf der Basis des Kommunikationsdienstes Intranet die Einrichtungen mit dem Spitzenverband verbinden." Unwillkürlich kommt einem die Vorstellung von der „gläsernen Einrichtung", wo alle mit allen vernetzt sind und überwacht werden können. Im Sinne eines „Praxisstrategischen Controlling" erstellt die Einrichtung als Abschluß ihrer Analyse eine „strategische Bilanz".

Qualitätszirkel im inneren Widerspruch: Als zentrale Arbeitseinheit zur Qualitätssicherung gelten die sog. Qualitätszirkel. Es handelt sich um kleine und feste Gruppen von Mitarbeitern, die regelmäßig „freiwillig und selbständig" auftretende Probleme in ihrem Arbeitsbereich „zu bearbeiten" und zu untersuchen haben, und zwar während der Arbeitszeit! Die Umsetzung von Lösungen bzw. Verbesserungsvorschlägen bedarf der „Genehmigung des Entscheidungsträgers", erfolgt aber „eigenverantwortlich durch die Gruppe".

Mögliche Fehldeutungen und Widersprüchlichkeiten solcher Formulierungen und Maßgaben sind nicht zu übersehen. Solange sie bestehen, dürfte es fraglich sein, was derartige Gruppen qualitativ wirklich bringen. Es wird darauf ankommen, wieweit sie für Kontrollzwecke verwendet werden. Das Soziale einschließlich der Autonomie, Kreativität, Menschlichkeit und Persönlichkeit jedes Beteiligten darf nicht zu kurz kommen oder ausgeklammert werden. Fatal wäre es, wenn – mit Hilfe eines euphemistischen Begriffes, wie Zirkel – versucht würde, eine strategisch systematisierte Hierarchisierung der Arbeitsprozesse im Sinne eines linearen Zweck-Mittel-Denkens zu installieren, etwa im Sinne einer ökonomisch bestimmten „Kundenorientierung". Den damit entstehenden „Qualitätsdruck" könnte der Einzelne nur deshalb durchhalten, weil er unter erhöhter Arbeitsplatz-Angst steht. Müßte es nicht auch führungs*unabhängige* Mitarbeiter-Zirkel geben?

„Führung" – ein neuer Leitbegriff? Wie selbstverständlich und unauffällig wird nebenbei ein Begriff wie „Führung" wieder maßgebend, ohne daß klar würde, was hier eigentlich und nach welchen Gesichtspunkten und mit welchen Absichten und Zielsetzungen „geführt wird", d. h. was darunter zu verstehen ist. Eine Diskussion darüber ist nicht überflüssig. Natürlich hat „Führung" an sich auch ihre Bedeutung; aber sie ist als Wert nicht in sich klar und verabsolutierbar. Gefährlich könnte es z. B. werden, wenn dieser Begriff in einem direktiven Sinne von „Sicherstellung der Produktqualität" etc. verwendet wird.

Im übrigen ist durchaus nicht erwiesen, daß derartiges soziales Engineering-Kontroll-System tatsächlich und garantiert soziale Qualität verbessert! Es ist eher zu bezweifeln! Wenn immer noch das alberne Beispiel vom bloßen „Kaffeetrinken" beim Hausbesuch in der Frühförderung statt effizient zu „arbeiten" als Beleg dafür angeführt wird, daß soziale Dienstleistungen einer straffen Arbeitsdisziplin zu unterwerfen seien, so spricht das nicht unbedingt für eine komplexe soziale Erfahrung mit den wirklichen Bedürfnissen und Situationen hilfebedürftiger Menschen und den tatsächlichen Sinn sozialer Zuwendung. Man sollte sich davor hüten, ein Extrem durch ein anderes auszutauschen! Die verheerenden Verhältnisse in Altenpflegeheimen, wo die minutiös diktierten Standards überhaupt keine Zeit mehr für persönliche Zuwendung zulassen, sind ein Beleg für die Unhaltbarkeit des anderen Extrems und gegen den Sinn Perfektion anstrebender Kontrollsysteme!

Wie sich die Kontrollverpflichtungen innerhalb eines (sozialen) Betriebes auf die Mitarbeiter auswirken können, zeigen folgende Aussagen. Sie beziehen sich auf den Zertifizierungsvorgang:

- „Es brach eine riesige Papierflut über uns herein."
- „Bei uns ist der Regulierungswahn ausgebrochen."
- „Es war eigentlich alles am Laufen, die Formularflut hat sicher nichts verbessert."
- „Der Aufwand steht in keinem Verhältnis zum Nutzen."
- „Viel zu viel Aufwand! Für wen soll sich das rechnen? Was steht denn dahinter? Ich kann mir nicht vorstellen, daß man 250.000 DM ausgibt, nur um zertifiziert zu sein; da muß noch was kommen."
- „Wir brauchten noch eine Planstelle für eine Kopierfachkraft."
- „Das ist pure Kontrolle!"
- „Ich dachte, als ich aus der DDR hierher kam, daß man jetzt endlich arbeitet. Jetzt, wo das QM uns heimgesucht hat, ist alles wie früher; es gibt wieder Leute, die damit beschäftigt sind, andere zu beschäftigen.
- „Es geht nicht mehr um die Jugendlichen, wir müssen Kohle machen, und das möglichst viel und nachvollziehbar, man kann auch sagen kontrolliert."
- „Die Handbuchinhalte! Wann soll ich die nachvollziehen?"
- „ Eigeninitiative und Kommunikationsförderung ist nicht mehr angesagt."
- „Persönliche Beziehungen leiden darunter, nicht nur wegen der Zettel, sondern auch, weil man sich in der Sache gespalten hat, weil jeder vom anderen denkt, warum macht er mit, obwohl er doch dagegen sein müßte, weil es ihm um die Jugendlichen geht – so hat er wenigstens früher gesagt."
- „Das Ganze hat keinerlei Verbesserungen im Umgang miteinander gebracht, ganz im Gegenteil, Kommunikation wird abgebaut, weil es für alles einen Zettel gibt."
- „Es werden Details geregelt, die keinerlei Regelung bedürfen, weil sie so was von selbstverständlich sind oder immer schon waren oder einfach nur so sein können oder müssen."
- „Wir bekommen hunderte von Kopien, nahezu täglich Änderungen zur Änderung. Das kann keiner durchlesen; wenn man es tun würde (man müßte es wohl tun), dann kommt man nicht zum Arbeiten."
- „Ich bin drei Stunden in der Woche damit beschäftigt, Kreuzchen zu machen. Damit dokumentiere ich, daß ich mit einem Jugendlichen das mache, was ich schon immer gemacht habe. Nur jetzt gehen eben drei Stunden Arbeitszeit ab, weil ich das so nachweisen muß."
- „Was mich ärgert, ist, daß hier so viel gelogen wird. Kaum einer steht zu dieser Sache; aber wenn man dann die Leute so sieht, jeder arbeitet und ist voll eingespannt und steht hinter der Sache – solange der QB (Qualitätsbeauftragte) im Raum ist."
- „Ich hab da mitgemacht, weil es um meinen Arbeitsplatz geht. Hätte ich gesagt, daß das eigentlich so gar nicht sinnvoll ist, hätte ich in meinem Alter keine neue Stelle gefunden."
- „In der Abteilung hat keiner mehr Zeit!"

Bleibt das Menschliche gesichert? Es kommt in all den QM-Texten und Checklisten eigentlich nicht vor. Wie könnte man es auch „abchecken"? Von einem „Garten des Menschlichen", wie noch vor mehr als 20 Jahren C. F. v. Weizsäcker, immerhin ein Physiker, seine Beiträge zur Anthropologie (1977) nannte, ist nichts mehr zu sehen! Wo ist das Menschliche geblieben? Man findet es am ehesten noch in den Leitsätzen der traditionell religiös oder anthroposophisch fundierten Einrichtungen oder Verbände vor (Herrmannstorfer 1999).

Im wirtschaftspsychologischen Management kommt es nicht vor. Hier geht es um ökonomisch-psychologisches *Engineering!* Wer als Sozialpädagoge und Heilpädagoge – bei aller Aufgeschlossenheit für Neues und wirtschaftlich Notwendiges – seinen klaren Kopf behalten hat, kann es nicht fassen, wie man sich derart vom ökonomischen Effizienzwahn hat anstecken lassen, als sei man „von allen guten Geistern verlassen". Vielleicht ist es auch die nicht zu überbietende deutsche Gründlichkeit, die dafür berühmt ist, jedes System „zu Ende zu denken", und die dazu führt, daß es als Tugend gilt, „klare Verhältnisse zu schaffen", auch wenn manches in Scherben fällt!

Um nicht mißverstanden zu werden: Die Zurückweisung totalisierender Kontrollsysteme bedeutet keinen Verzicht auf jegliche Kontrolle; im Gegenteil: Jedes System, auch ein soziales System, bedarf einer *wirksamen Qualitätskontrolle.* Diese Notwendigkeit zeigte sich nicht zuletzt in den Altenpflegeheimen, in denen sie ganz offensichtlich bisher versagt und deshalb würdelose und unhaltbare Zustände heraufbeschwört. Wir brauchen funktionsfähige und effektiv arbeitende Dienstleistungssysteme. Jedes von ihnen ist Rechenschaft darüber schuldig, ob es seinen Aufgaben gerecht wird. Eine wirksame Qualitätskontrolle aber ist vor allem darauf angewiesen, daß ihr auf seiten der Dienstleistenden Verantwortlichkeit entspricht. In diesem Sinne ist sie ein Doppelprinzip.

Reflexionsansätze – Interne Vergewisserung

Reflexion oder reflexive Evaluation ist die zwingende Folgerung aus der Tatsache, daß wir es bei der Organisation und Effektivität von zwischenmenschlichen (sozialen) Arbeitsprozessen nicht einfach und linear mit verabsolutierbaren Werten oder planerisch sicherzustellenden Ergebnissen zu tun haben, sondern auch mit der Unverplanbarkeit und Unverfügbarkeit menschlichen Denkens, Wertens und Handelns. Dabei ist generell mit Unvorhersehbarem zu rechnen und zwar sowohl auf seiten der helfenden Personen als auch bei den Betroffenen. Immer ist mit „ungeplantem", unstandardisiertem, eben nicht immer „pflegeleichtem" Verhalten zu rechnen, das nicht einfach als Eigensinn, Altersstarrsinn oder Therapieresistenz zu denunzieren und womöglich anzupassen wäre.

Der Umgang mit Unvorhersehbaren, das aus der Freiheit und der strukturbedingten Eigenheit jedes Menschen hervorgeht, erfordert einen grundsätzlich anderen Ansatz in der sozialen Begegnung und Arbeit als einen primär standardisierten, der von feststehenden Planzielen ausgeht und deren Errreichung zu *gewährleisten* ist. So bekannt und anerkannt diese anthropologische Einsicht auch ist, so sehr hat sie offensichtlich ihre Gültigkeit heute in den Bereichen verloren, die sich mehr pragmatisch am Erfolg orientieren, sich auf die entsprechend nötigen Techniken konzentrieren und sich also längst von einer als allzu metaphysisch diskreditierten Anthropologie mitsamt Ethik und normativer Orientierung gelöst haben.

Werte, auch – oder gerade – die, die in der Behindertenhilfe und Sozialarbeit zu verwirklichen sind, erfordern eine offene Auseinandersetzung mit ihnen. Unter Umständen muß um Werte gestritten werden. Soziale Verhältnisse sind immer auch offene Verhältnisse, in denen jeder Teilnehmer prinzipiell gleichberechtigt ist. Weil jeder von ihnen eigen und fehlbar ist, kann ein auf einseitig festen Standards beruhender Kontrollansatz kein adäquater sein. Er macht den Anderen zum Objekt, auch wenn er beschönigend zum „König-Kunden" avanciert. Es kann kein Zweifel bestehen, daß Kundenbedürfnisse auch *gemacht,* also künstlich *erzeugt* werden, wenn der Zweck stets im eigenen Ertrag und in der Sicherung eines möglichst großen Marktanteils gesehen wird.

Zugleich gilt es ohne jeden Zweifel als notwendig, soziale Qualität zu sichern und zu verbessern, und zwar als eine permanente Aufgabe. Sie hat immer zum Selbstverständnis wirklicher Professionalität und sozialer Verantwortung der Einrichtungen gehört. Der Weg zur Qualitätsverbesserung muß also von Umgangsweisen und Verfahren bestimmt sein, die die eigenen, strukturbedingt entstandenen Sicht- und Handlungsweisen und Bewertungen einschließlich ihrer prinzipiellen Unzulänglichkeit berücksichtigen, wenn persönliche Verantwortung entstehen soll. Der zentrale Wert gemeinsamen Reflektierens liegt in der gemeinsamen *Selbstvergewisserung* professionellen Handelns.

Der Austausch miteinander, einschließlich einer gemeinsamen Orientierung an übergreifenden Wert- und Zielsetzungen, erfordert ein gemeinsames Wahrnehmen der eigenen und der gemeinsamen Wirklichkeit und ein gemeinsames Nachdenken und Bewerten dieser sozialen Wirklichkeit im Verhältnis zu den gemeinsamen und immer wieder neu zu definierenden Zielsetzungen und Werten. Dieser immerwährende Prozeß des Bewertens eigenen und gemeinsamen Handelns ist ein *reflexiver* oder *dialogischer* (s. Abb. 4).

Ein differenziert durchgearbeitetes Beispiel bietet der Kronberger Kreis für Qualitätsentwicklung in Kindertagesstätten (1998). Sein Ansatz ist bewußt ein anderer, als ihn „die neuen Qualitätsspezialisten", vor allem unter betriebswirtschaftlichen Maßgaben, nahelegten, nämlich Qualität von außen festzulegen und zu messen. Orientiert man sich an der Entwicklung der Kinder, an der nötigen professionellen Qualität und an der Zufriedenheit aller Beteiligten, so kommt eine *Qualitätsentwicklung im Dialog* zustande.

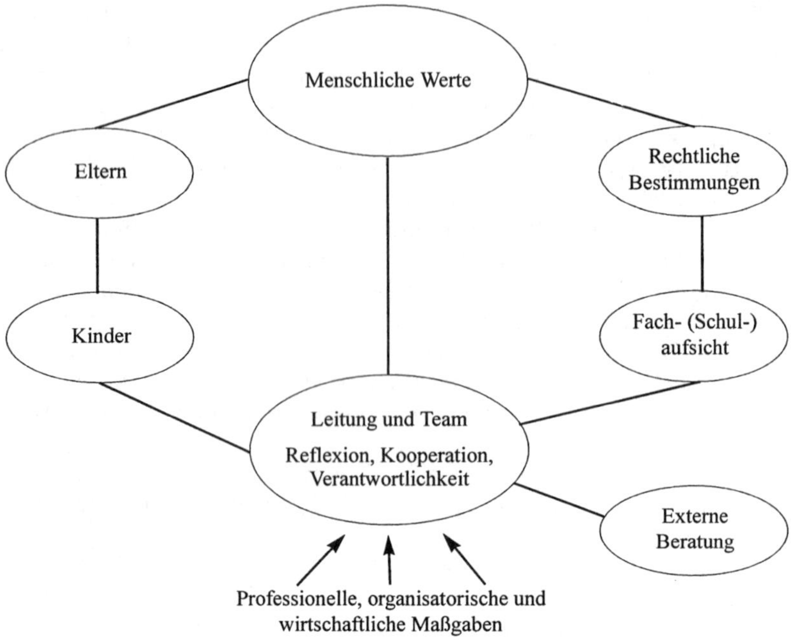

Abb. 4: Institutionsinternes Reflexionssystem zur Selbstkontrolle und Selbstbewertung im Sinne eines Zusammenwirkens aller beteiligten Personen, Instanzen und Faktoren.

Evaluationsverfahren

Eine auf menschlichen Werten beruhende aktive Qualitätsentwicklung ist im besonderen auf *reflexive Evaluationsverfahren* angewiesen. Sie ermöglichen eine eigene und zugleich gemeinsame Bewertung, der sich eine Gruppe von Menschen stellt, die zusammenarbeiten wollen. *Interne Evaluation* wird im Unterschied zu einer *externen Evaluation*, die durchaus auch ihre (begrenzte) Bedeutung hat, heute übereinstimmend als die adäquate Form von Qualitätssicherung und Qualitätsverbesserung sozialer Praxis angesehen. Man spricht auch von *Selbstevaluation* und meint damit, daß der Bewertungsprozeß vom eigenen Team oder der eigenen Organisation vorgenommen wird im Unterschied zu einer *Fremdevaluation*, die durch Außenstehende (Fachleute oder Institutionen) erfolgt.

Diese Unterscheidungen sind mehr pauschaler Art; in Wirklichkeit gibt es in aller Regel die verschiedensten Mischformen (Heiner 1996). Der spezifische Wert reflexiver, selbstevaluativer Verfahren liegt in der Konzentrierung auf die eigene Organisation und Situation, auch in normativer und personeller Hinsicht, und in der bewußten Einbeziehung der je eigenen (autonomen) Persönlichkeiten und der Aktivierung ihrer Verantwortung, die sich in gemeinsame Interessen einbindet.

Der Begriff Evaluation war ursprünglich ein rein wissenschaftlicher Begriff, der auf die Bewährungskontrolle durchgeführter wissenschaftlicher Projekte bezogen war. Inzwischen wird er auch zur nicht-wissenschaftlichen Überprüfung und Bewertung von Institutionen und Methoden in der Praxis benutzt. Es ist durchaus wahrscheinlich, daß das ursprüngliche wissenschaftliche Flair dieser Erweiterung in die Praxis hinein wirkt und dort manchmal auch illusorische Erwartungen bezüglich der Perfektion („Objektivität") solcher Messungen und Bewertungen weckt.

Differenzierte und motivierende reflexive Bewertungen sind auf ausreichende *Dokumentationen* angewiesen. Es werden hierfür gegenwärtig recht verschiedene Verfahren praktiziert. Allgemeine Beurteilungen ihrer Tauglichkeit sind erschwert, da in aller Regel jedes Team oder jede Institution aufgrund spezieller Aufgabenstellungen, eigener Interessen und Prioritäten eigene Schwerpunkte setzt und deshalb andere Verfahren vorzieht. Verwendet werden vor allem Checklisten, Ratinginventare und Fragebögen, aber auch computerisierte Beobachtungs- und Diagnoseverfahren. Einen nach Crepet et al. modifizierten „Nutzer-Bewertungsfragebogen psychosozialer und psychiatrischer Einrichtungen" haben u. a. Manteufel u. Schiepek (1998) entwickelt.

In der eigenen Forschungsgruppe (Peterander/Speck 1998) ist in direkter Zusammenarbeit mit Experten der Frühförderung ein computergestütztes Dokumentationssystem erarbeitet worden. Es eignet sich für die verschiedensten sozialen Einrichtungen und Berufsgruppen. Es bezieht sich auf Funktionen der Anamnese, der Verhaltensbeobachtung, der Diagnostik, der Befunderstellung oder der Dokumentation sonstiger Dienstleistungen. Es erleichtert nicht nur die Arbeit, sondern systematisiert sie auch. Sie kontrolliert sich selbst. Die Programme sind pro Einrichtung modifizierbar.

Es ist damit zu rechnen, daß jede Institution aufgrund ihres eigenen Ansatzes sich ein eigenes Dokumentationssystem zulegen wird.

Das SYLQUE-Modell: Ein differenziertes „System der Leistungsbeschreibung, Qualitätsbeschreibung, Qualitätsprüfung und Entgeldberechnung (SYLQUE)" ist vom Verband der kath. Einrichtungen und Dienste für lern- und geistigbehinderte Menschen e. V. Freiburg i. Br. (1996) entwickelt worden. Es bezieht sich primär auf Wohneinrichtungen für Menschen mit geistiger Behinderung, ist aber im Prinzip auch auf andere Institutionen der Behindertenhilfe erweiterbar und soll durch entsprechende Handbücher im Sinne der Qualitätsentwicklung pro Einrichtung umgesetzt werden. Mit Hilfe detaillierter Leistungsbeschreibungen und Qualitätsprüfkriterien läßt sich der jeweils individuelle *Bedarf* einer Institution genau bestimmen; es kann damit nach außen, vor allem gegenüber den Kostenträgern, „offensiv" dokumentiert werden, was eigentlich erforderlich wäre, aber nicht bezahlt wird.

SILQUE stellt damit eigentlich ein *Qualitätsforderungssystem* mit politischen Absichten dar; es soll die Differenz zwischen Erforderlichem und Zugestandenem deutlich machen und damit aufzeigen, wer die Verantwortung dafür zu übernehmen hat. Dieses System unterscheidet sich also bewußt von bloßen Leistungskontrollverfahren, wie z. B. der ISO 9000. Es ist freilich die Frage, wieweit es möglich ist, mit Quantitäten, also „exakten" Berechnungsgrößen, die bis zur „Berechnung einer Personalmeßzahl" reichen, unberechenbare Individualität zu berücksichtigen, und soziale Qualität politisch zu verteidigen.

Das LEWO-Modell: Aus einem wissenschaftlichen Begleitprojekt der Universität-GH-Siegen ist ein anderes Instrumentarium zur Evaluation und Entwicklung von Lebensqualität in gemeindenahen Wohnstätten für erwachsene Menschen mit geistiger Behinderung entwickelt worden, das LEWO-Modell (Schwarte 1994). Es handelt sich um ein Indikatoren-Modell, mit dessen Hilfe eine systematische Bestandsaufnahme bezüglich der vorhandenen materiellen und personellen Ressourcen und Konzepte vorgenommen werden kann, und zwar nutzer- und dienstbezogen, und das auch externe Vergleiche ermöglicht. Dadurch soll Ergebnisqualität sichtbar gemacht werden können.

Die Auswertung ist zunächst über externe Experten gedacht, wäre aber auch als Selbstevaluation unter externer Beratung möglich. Trotz der systematischen Standardisierungen und Quantifizierungen wird LEWO als ein qualitätsbezogenes und qualitätsförderndes Verfahren angesehen, das ganz im Sinne sozialer Arbeit auf Mehrdimensionalität, Perspektivenwechsel und mehrstufigen, prozeßorientierten und längsschnittlichen Analysen beruht. Schwarte distanziert sich dabei ausdrücklich von Verfahren, die in gängiger Manier allzu eilfertig aus der Industrie übernommen werden, dort aber inzwischen längst an Bedeutung verloren hätten (206).

Externe Berater und Qualitätsbeauftragte: Auch eine selbstorganisierte Qualitätsentwicklung ist auf eigens qualifizierte Hilfen angewiesen. Sie können in *externen Beratern* bestehen, die nach Bedarf für eine begrenzte Zeit zusätzlich herangezogen werden. Sie fungieren dann eher als Moderatoren, koordinierende Begleiter oder Diskussionsleiter in der Funktion eines „unabhängigen Dritten". Hier liegen Vorerfahrungen der *Supervision* vor.

Anders bei den *Qualitätsbeauftragten:* Hier handelt es sich um eigens qualifizierte Fachleute, die in aller Regel aus dem eigenen Mitarbeiterkreis stammen (Nüßle 1998). Sie sollten über eine Zusatzausbildung verfügen und mit einem Teil ihrer Dienstzeit für Aufgaben der internen Qualitätsentwicklung zur Verfügung stehen. Nur größere Einrichtungen werden sich eine eigene Planstelle erlauben können. Die Forderung nach Qualitätsbeauftragten endet da, wo diese einen zusätzlichen Kostenbedarf erzeugen, der im Widerspruch zum ursprünglichen Qualitätsanspruch *less for more* steht. Der Vorteil systemeigener, temporär tätiger und zusätzlich ausgebildeter Qu-Beauftragter läge in der zugleich gegebenen Fachkompetenz und in deren Nähe zur Wirklichkeit einer Einrichtung. Dabei möglicherweise entstehende Spannungen zwischen Team und Leitung sind nicht als unüberbrückbar anzusehen, sondern als Anlaß, kooperative Prozesse in Gang zu bringen.

Als weitere Möglichkeiten und Verfahren kommen in Betracht: Führungsgespräche (coaching), Fort- und Weiterbildung in verschiedensten Formen, Plan- und Systemspiele (Life-Simulationen), Gespräche mit dem Management u. a. Ziel ist es vor allem, Strukturen und Prozesse zu entwickeln, durch die eine Institution zur „lernenden Organisation“ wird, also ihre Lernfähigkeit und Erneuerungsbereitschaft selber fördert, nicht in Routine erstarrt oder sich gar einem Laissez-faire-Zustand ergibt.

Der innere Zusammenhang von sozialem Handeln, Bewerten und Lernen

Reflexion und Evaluation gehören zusammen, meinen sogar, wenn man will, das gleiche. Menschliches Verhalten ist ständig von Bewertungen begleitet. Man kann nicht nicht werten. Erfahrung und Verbesserung des Verhaltens im Lebensvollzug geht aus einer permanenten Kette wechselwirkender Bewertungen hervor, die ein Überdenken und Beurteilen des eigenen Handelns darstellen und einen fortwährenden Lernprozeß („lebenslanges Lernen“) ermöglichen. Die bewertende Instanz ist dabei immer auch der Einzelne, seine Selbstreferenz, aber stets in Wechselwirkung mit der Fremdreferenz, dem Bezug auf externe ebenfalls bewertende Instanzen, wie z. B. Kolleginnen oder Vorgesetzte, aber auch geltende Normen und Werte. Alle Reflexion führt immer nur zu offenen Ergebnissen, die wiederum weitere Beobachtungen und Bewertungen herausfordern.

Das Prinzip der Offenheit ist kein Widerspruch zum Prinzip verbindlicher Gültigkeit (Autorität) eines Wertesystems, jedoch zu einem fundamentalistisch-autoritären Anspruch von Gültigkeit, der mehr oder weniger strikt durchgesetzt werden soll. Das Prinzip der Offenheit beruht u. a. auf dem Einbringen von Kritik, insbesondere gegenüber ideologisch verbrämten Entstellungen des geltenden Auftrags, die in der euphorischen Begeisterung für Neues oft übersehen werden. „Hinter der Maske einer scheinheilig zur Schau getragenen Verbesserungswut (kann sich) auch das wahre Gesicht falscher Propheten verbergen, die zwar das Wort von der Innovation im Munde führen, aber in Wirklichkeit Kürzungen“ des vermeintlich überzogenen Sozialbereichs im Auge haben (Brunner 1998, 8).

Permanente Qualitätsreflexion: Die laufende Reflexion sozialer Normen, Prozesse und Handlungsweisen, im besonderen im pädagogischen Bereich, gilt längst als eine konstitutive Bedingung für sinnvolles, d. h. dem Menschen dienendes Handeln und hat eine zentrale Bedeutung erlangt. Ihr Sinn hängt wesentlich von der Gründlichkeit, Differenziertheit und Kontinuität einer entsprechenden Praxis ab, d. h. sie bedarf einer geordneten und regelmäßigen Handhabung und kann nicht dem Zufall und der Willkür überlassen bleiben.

Sinnvolle und effektive Evaluation ist auf bestimmte Verfahren und Instrumente angewiesen. Wirkliche Professionalität ist von einer permanenten Überprüfung abhängig. Es mag Zeiten gegeben haben, in denen ein Pädagoge oder Sozialarbeiter sein Rüstzeug ein für alle Mal zu „haben“

glaubte und sich einfach seiner Routine bedienen oder „seinen Stiefel“ praktizieren konnte. Eine derartige statische Auffassung, die einen abgebrochenen Lernprozeß bedeutete, ist heute zum Scheitern verurteilt. Die Erfordernisse der permanenten Qualitätsreflexion werden die Einrichtungen und ihre Praxis spürbar verändern. Es ist längst ein ausgeprägtes Bedürfnis der Praktiker zu beobachten, im Miteinander den eigenen Weg und Ansatz immer wieder neu abzuklären, weil sonst Überforderung (Burnout), Ineffektivität und Isolierung drohen.

Da *Evaluierungsmethoden* direkt in das Agieren und in die Einstellungen der Praktiker eingreifen, wird es sehr darauf ankommen, Anreize für Neuorientierungen zu schaffen. Sie müssen wirklichen Bedürfnissen entsprechen und können nicht einfach übergestülpt werden. Da es im übrigen oft schwierig ist, aus der eigenen Gruppe heraus Qualitätsinnovationen zu starten und durchzuhalten, ist es dienlich, sich von außen *beraten* zu lassen. Die Wirksamkeit einer derartigen externen Unterstützung wird wesentlich davon abhängen, wieweit es ihr gelingt, die Selbstreflexions- und Umorientierungskräfte eines Teams zu aktivieren, und nicht als Normengeber und Führungsautorität in Erscheinung zu treten. Je mehr Impulse aus dem eigenen Team kommen und an kooperativer Dynamik gewinnen, umso größer dürfte die Wahrscheinlichkeit sein, daß es zu Lernprozessen und zu qualitativen Verbesserungen kommt.

Es werden gegenwärtig zahlreiche Verfahren praktiziert, ohne daß eine hinreichende Sicherheit bestünde, welche „die richtigen“, d. h. die wirklich fruchtbaren sind oder sein werden. Eine wichtige Frage, die sich immer wieder stellt, ist in diesem Zusammenhang die nach der *Meßbarkeit* qualitativen Verhaltens, also von Qualität. Im Grunde ist Qualität, erst recht zwischenmenschlich bestimmte, im Unterschied zu Quantitäten nicht meßbar. Richtig ist allerdings, daß Quantitäten gewisse Aufschlüsse über Qualitäten geben können. Man sollte aber derartige Quantitäten nicht überbewerten. Dies lehrt immer wieder die Erfahrung beim Rückkoppeln mit Betroffenen, also mit Schülern oder Klienten. Ihre evaluativen Einschätzungen decken sich oft ganz und gar nicht mit denen der Fachleute.

Gemeinsame Wertmaßstäbe und organisationales Lernen

Daraus ergibt sich die Einsicht, daß sich eine Evaluation sozialer Dienstleistungen und Einrichtungen nicht allein auf den professionellen Ansatz beziehen kann, sondern auch die verschiedenen Adressaten oder Betroffenen miteinbeziehen muß. Der Akt des Helfens bildet eine wechselwirkende Einheit. Diese aber wird wesentlich gebildet und zusammengehalten von dem, was verbindet, was die gemeinsamen Interessen sind; und diese beruhen letztlich auf gemeinsamen Werten, z. B. dem der unbedingten Achtung voreinander oder der Redlichkeit und Authentizität.

Bei dem von der verbreiteten Wertepluralität und der ihr entsprechenden individualistischen Werteauffassung ist es schwer geworden, Gemeinsames auszumachen, in ihm einen Wert zu sehen und sich ihm anzuschließen. Selbst innerhalb einer Einrichtung kann – allerdings eher bei einer pointiert ideologisierten Werte- und Normendefinition – das normativ Trennende im Vordergrund stehen. Und doch gilt, daß gemeinsame Werte zu finden sind, vor allem dann, wenn man sich öffnet und der anderen Position prinzipiell auch Wert zuspricht. Es ist nötig geworden, sich mehr für das Gemeinsame als für das Trennende zu interessieren.

Bei aller immanenten Wertedifferenziertheit und Werteunsicherheit bilden gemeinsame Interessen einen wichtigen Rückhalt und eine unverzichtbare Orientierungsbasis. Brunner (1998) schlägt für diese Qualität der gemeinsamen Reflexion den Begriff der „Orientierungsqualität" vor. In sie geht vor allem Verantwortlichkeit ein. Von ihrer Geltung sei wesentlich das abhängig, was auch als „Reflexionskultur" zu bezeichnen wäre. In ihr spiegele sich „der Geist" einer Einrichtung wider, sein Ethos.

Reflexion ist von Intentionen bestimmt. Ein neuer Zustand oder neue Verhaltensweisen werden angestrebt. Die Erfahrungen miteinander und ihr Überdenken bedeuten *lernen.* Kooperation und Adressatenorientierung intendieren Nutzen für alle Beteiligten. Die damit gemeinten Veränderungsprozesse auf bessere Qualität hin werden auch als *organisationales Lernen* bezeichnet (v. Rosenstiel 1999). Es erfordert Sensibilität für die ablaufenden Prozesse, wie sie etwa durch sich wandelnde Kontextbedingungen oder aus der Dynamik des eigenen Systems entstehen. Es sind jeweils Differenzen, die sich als Unsicherheit oder Instabilität zeigen, wenn z. B. Routine ins Leere läuft oder bisherige Ordnungen verfallen. Es können aber auch einfach Fehler sein, die bemerkt werden und Anlaß zum Überdenken geben.

Für ein konstruktives Lernen wird es sehr darauf ankommen, wieweit innerhalb eines Systems eine „Kultur der Fehlerfreundlichkeit" ausgebildet ist (Schiepek/Bauer 1998, 29) und ein Klima gepflegt wird, das von gegenseitiger Unterstützung und gemeinsamem Interesse an Neuem geprägt ist. Das Gefühl, in einen gemeinsamen Lernprozeß einbezogen zu sein, erhöht die Motivation und die Identität mit der eigenen Institution. Umgekehrt zerstört die Angst vor Fehler-Konsequenzen (Arbeitsplatzverlust) die Loyalität zum Betrieb.

Ein Beispiel für ein solches Verfahren, das zudem auch die Eltern einschließt, ist das „KREIS-Verfahren" (Schlienger u. a. 1996), das im Bereich der Frühförderung in Zürich entstanden ist. Es handelt sich um eine „Kooperative Reflexion zwischen Eltern und interdisziplinären Systemen". Der Grundansatz geht methodisch auf das „reflektierende Team" nach Anderson (1991) zurück.

Zu nennen wären auch die sog. *Empowerment-Ansätze,* bei denen die Stärkung der Eigenkräfte der Betroffenen im Vordergrund steht (Weiß 1992).

Beispiel Österreich: Evaluation ohne Gesetzeszwang: Aufschlußreich für einen internationalen Vergleich sind die Entwicklung und der Ansatz von Qualitätssicherung im Nachbarland Österreich, und zwar hier bezogen auf Institutionen für Menschen mit geistiger Behinderung. Letztere haben wohl eine Vorreiterrolle in der ganzen Qualitätsdiskussion gespielt. Schon 1992 hatte Walter Eigner, der Geschäftsführer der „Lebenshilfe Wien", auf die Notwendigkeit einer Sicherung der Lebensqualität dieser Menschen als „Sicherung von Recht und Würde" hingewiesen. Im Unterschied zur deutschen Umsetzung dieses Gedankens konnte hier ein Konzept entwickelt werden, das primär von der sozialen und heilpädagogischen Wirklichkeit und Verantwortung her bestimmt war, also vom Begriff der Lebensqualität ausging, nicht also von plötzlich erlassenen Gesetzen, die einen völlig neuen oder fremden Geist in die Szene einführten und priorisierten, den Sparökonomismus.

Skeptiker könnten fragen, wie Österreich es sich leisten könne, ohne finanzielle Sanktionen gegenüber den Sozialverbänden auszukommen. Offensichtlich funktioniert ein soziales System, das sich selber einer freiwilligen Selbstkontrolle unterzieht, durchaus auch und möglicherweise besser. Gegenüber dem, was nun etwa von der Lebenshilfe Wien als Modell-Paket zur „Sicherung von Qualität" vorgelegt worden ist (1998), nimmt sich das, was in Deutschland durch die gesetzlichen Vorschriften aufgezwungen worden ist, als ein typisch deutscher, perfektionistischer Qualitätswahn aus. Er ist in Gefahr, das umzusetzen, was man in Österreich offensichtlich abzuwehren geschafft hat, daß nämlich „unter dem Mäntelchen ‚Qualitätskontrolle' die Absicht finanzieller Kürzungen verborgen werden soll" (Eigner 1992, H.1).

Hervorzuheben ist, daß im österreichischen Modell, das von Heilpädagogen erarbeitet worden ist, der Begriff „Qualität" in einen direkten interdependenten Zusammenhang mit

- Lebensqualität für den behinderten Menschen,
- Qualität der Dienste und Hilfen und
- Qualität „unseres Staates und unserer Gesellschaft"

gestellt wird. Statt von „Qualitätsstandards" ist vom „Qualitätswegweiser" die Rede. Dieser orientiert sich normativ und praktisch prinzipiell an den „Konsumenten", also an den Menschen, die Hilfe brauchen. Ganz konsequent, nicht nur verbal, wird der Mensch mit einer geistigen Behinderung als der primäre gesehen. Qualitätsentwicklung einer Einrichtung soll direkt im Dienst *seiner* Entwicklung und *seiner* Lebensqualität stehen. Zur Weiterentwicklung der Qualität in den Diensten für Menschen mit geistiger Behinderung werden differenzierte Evaluationshilfen und Kontrollfragen aufgeführt, allerdings nicht in der Manier eines „Elektronen-Mikroskops", d.h. einer ellenlangen und äußerst detaillierten Auflistung von Kriterien und Handlungsschritten. Das Modell bewegt sich durchaus auch auf internationalem Boden und kann sich auf Modelle verschiedener Länder berufen, war doch W. Eigner jahrelang Präsident der „Inclusion International".

Beispiel: „Münchener Analyse- und Lernsystem" (MAL): Als Beispiel für ein differenziertes, computergestütztes Arbeits- und Dokumentationssystem darf hier noch das Programm der eigenen Forschungsgruppe „Frühförderung" an der Universität München kurz vorgestellt werden. Es ist aus mehreren Projekten hervorgegangen, die vor allem auf Initiativen von F. Peterander zurückgehen, und mit denen die Qualifizierung der Mitarbeiter in den bayerischen Frühförderstellen begleitet wurde (Peterander/Speck 1993; Speck/Peterander 1994; Peterander 1996 a; 1997; 1999). – Die Gesamtaufgabe einer ständigen und kontinuierlichen Unterstützung und qualitativen Förderung der praktischen Arbeit stützt sich in Bayern im übrigen seit 1974 auf eine landeseigene Koordinierungs- und Fortbildungsinstitution, die „Arbeitsstelle Frühförderung" München (1982).

Unsere Forschungsprojekte sind praxisorientiert. Sie sind so angelegt, daß die Befragungen sich direkt auf Fragen der Mitarbeiter beziehen und die Befunde, die sich übrigens auch auf Befragungen der *Eltern* stützen, wieder in die Praxis zurückfließen. Indem wir auch die Eltern einbeziehen konnten, entstand ein umfassendes Bild der Situation, das beiden Seiten Anlaß zu intensiven und gemeinsamen Reflexionen bot. Aus den Gesamtergebnissen ging dann auch hervor, daß die in den Einrichtungen erreichte professionelle Qualität von den Abnehmern (den Eltern) klar bestätigt wurde und zwar von mehr als 90 % (Speck/Peterander 1994).

Gegenwärtig arbeiten wir an einem computergestützten Lehr-Lern-System (software) vor allem für Zwecke der Dokumentation, Analyse und Förderung der diagnostisch-therapeutischen Arbeit und der Zusammenarbeit mit den Eltern. Es handelt sich um ein Instrument, das der Qualitätsverbesserung gilt, ohne daß – anfangs – dazu Begriffe, wie QS oder QM nötig gewesen wären.

Wir können dies am Ansatz der eigenen Forschungsarbeit belegen. Als wir damit im Bereich der Frühförderung begannen, standen wir nicht unter dem Druck und der Maßgabe einer ökonomisch gebotenen Sparwelle und gesetzlicher Zwänge. Wir gingen vielmehr in engem Kontakt mit den Praktikern der Frühförderung und mit den Eltern (Speck/Warnke 1989; Weiß 1989; Speck/Thurmair 1989) daran, dieses neue Arbeitsfeld fachlich zu analysieren und zu verorten, das sich im besonderen durch die interdisziplinäre Kooperation und eine enge Zusammenarbeit mit den Eltern auszeichnete. Die Mitarbeiter selber waren hochmotiviert und an den Forschungsbefunden sehr interessiert.

Ein wichtiges Ergebnis war schon in der ersten Untersuchung der Befund, daß die fachliche Qualität einer Frühförderstelle entscheidend von „klimatischen" Bedingungen im *Team* abhängt, vor allem aber von der *Leitung*, im besonderen von ihrer fachlichen, ihrer kommunikativen und ihrer organisationalen Kompetenz, aber auch ihrer moralischen Glaubwürdigkeit. Wir konnten eine Reihe von Kriterien ermitteln, die für eine konstruktive und verantwortungsbewußte Leitung wichtig sind.

Von dieser Bedeutsamkeit der Leitungskompetenz läßt sich aber auf keine neue Autoritätsbedürftigkeit der Mitarbeiter schließen. Es ist vielmehr so, daß von der Leitung die Akzeptanz und Berücksichtigung der eigenen Sichtweisen, Probleme, Einstellungen und Impulse erwartet wird, d. h. daß es zu einer echten *Mitbestimmung* kommt. Der oder die Einzelne will sich mit seiner Eigenaktivität und Verantwortlichkeit im Arbeitsteam wiederfinden. Die Qualität der Arbeit ist von diesen kommunikativen und ko-konstruktiven Prozessen wesentlich abhängig. Bloße Anordnungen „von oben" und tradierte professionelle Muster erwiesen sich ebenso als unzureichend wie bloße Fachausbildungen. Die Qualität einer Einrichtung (Systemqualität) ist wesentlich auf offene Kooperation auf der Basis von Selbstregulierung und Mitbestimmung angewiesen. Sie würde gefährdet, wenn es zu formalisierten Hierarchisierungen käme.

Der Hauptakzent der Qualitätsentwicklung liegt aus dieser Sicht nicht auf der Produktorientierung, sondern auf der *Prozeßorientierung*. Fachliche und institutionelle Qualität sind in besonderem Maße als Ergebnis interner Prozesse zu werten. Qualitätsentwicklung ist ein permanenter Reflexionsprozeß aller Beteiligten. Sie selber, auch die „Abnehmer" ihrer Hilfe, sind an diesen kommunikativen Prozessen interessiert, weil von ihrem Gelingen auch die eigene Motivation, die fachliche Identität und das eigene Wohlbefinden in der Gruppe abhängen. Diese Reflexionen schließen selbstverständlich auch die fachlichen Inhalte ein und sind durch gemeinsame Leitprinzipien und gemeinsame Interessen fundiert (Speck/Peterander 1994; Peterander 1995).

Einen Beleg für die Bedeutung des Prozessualen fanden wir in einer analogen Befragung der Eltern wie der Mitarbeiter: Beide Gruppen stimmten in sehr hohem Maße in der Angabe ihrer Zielvorstellungen überein. Sie gaben u. a. an, das wichtigste Ziel der Frühförderung und der Zusammenarbeit darin zu sehen, daß sich „das Kind wohlfühlt" (> 90 %). Wir hatten eher erwartet, daß bestimmte Lern- und Leistungsziele (Produkte) für die Kinder genannt würden.

Es war für uns auch wichtig, daß die qualitativen Befunde von den Mitarbeitern der einzelnen Einrichtungen als Hilfen für eigene Reflexionen benutzt wurden. Die damit entstandenen Diskussionen erwiesen sich deshalb als nützlich, weil sie auf empirischen Befunden beruhten. Als hilfreich erwies sich die damit entstandene *Transparenz* der eigenen personellen und institutionellen Situation. Wichtig war und ist das Interesse jeder Berufsgruppe, eigene fachliche Identität in der Zusammenarbeit mit anderen zu finden, und die verbindende Erfahrung, daß über eine bessere Verständigung mit den „Leistungsabnehmern", den Eltern wie den Kindern, die Qualität der eigenen Leistungen verbessert werden kann. Die weiteren Möglichkeiten liegen u. a. in der fortlaufenden Weiterbildung.

Der *Computer* hat sich inzwischen als wichtiges zusätzliches Hilfsmittel für Zwecke der Qualitätsverbesserung erwiesen. Im gegenwärtigen MAL-Projekt werden thematisch differenzierte Anwenderprogramme entwickelt und zwar in unmittelbarer Zusammenarbeit mit Fachleuten einzelner Frühförderstellen. Der Computer unterstützt zusammen mit anderen Medien (Video, Bild, Ton) den qualifizierenden Lernprozeß in einem Team und einer Organisation. Die Inhalte der verschiedenen Programme, die sich – auf der Basis eines gemeinsamen Grundprogramms – auf spezielle Bedürfnisse der einzelnen Einrichtung hin variieren lassen („Anwender-Programme"), beziehen sich inhaltlich u. a. auf die Diagnostik und Gutachtenerstellung, auf Elternberatung, auf Lernprogramme für Eltern, auf die Zusammenarbeit mit anderen Diensten, auf die Selbstevaluation des Teams, auf Dokumentations- und Informationssysteme, auf die Weiterbildung der Mitarbeiterinnen und auf die Durchführung von Langzeitstudien (Peterander 1996 b).

Das Beispiel unserer Frühförderungsprojekte, die ohne Unterbrechung seit 1974 die Arbeit der Frühförderstellen eines ganzen Bundeslandes in qualifizierender Absicht begleiten, ohne daß es die längste Zeit eine so genannte Qualitätsdiskussion gegeben hätte, zeigt, daß Qualitätsentwicklung im Grunde nichts Neues ist und auch systemimmanent möglich, sinnvoll und erfolgreich ist.

7. Qualitätsentwicklung in der Schule

Der Begriff „Qualität" hat längst auch im Bereich der Schule an Bedeutung gewonnen und zwar in einem doppelten Sinne:

- Zum einen unter *ökonomischem* Druck im Sinne erhöhter Qualitätsanforderungen (Förderung von Spitzenqualitäten) und
- zum anderen unter *pädagogisch-ökologischem* Aspekt im Sinne verstärkter lebensweltlich-erzieherischer Aufgabenstellungen.

Auf den ersteren Gesichtspunkt ist oben bereits hingewiesen worden. Der schärfer werdende wirtschaftliche Wettbewerb und die geringer werdenden Chancen auf dem Arbeitsmarkt bedingen eine Verschärfung der Qualitätsanforderungen, die an die Schulen gestellt werden. Wer sich besser qualifiziert und mehr leistet, hat mehr Chancen, heißt es. Die Förderung von *Hochbegabten* wird erstmals offiziell als wichtige Aufgabe herausgestellt.

Damit es bei dem dadurch bedingten Leistungswettbewerb aber nicht zu kritischen Nebenwirkungen und sozialen Spaltungen kommt, erhält die Frage der *schulischen Integration* behinderter und nichtbehinderter Kinder eine erhöhte pädagogische Bedeutung. Qualitätsverbesserung der Schule, wie sie allenthalben gefordert wird, kann sich also nicht dominant auf Leistungssteigerung konzentrieren. Sie muß das Ganze des Bildungswesens samt seinen dramatisch veränderten sozio-ökonomischen Bedingungen ins Auge fassen und lebensweltliche (ökologische) Zusammenhänge und Sicherungen mitbedenken.

In der Schule geht es nicht nur um Höherqualifizierung, sondern auch und vor allem um *Bildung* in Sinne des allgemeinen Bildungsauftrags, der sich am Menschenbild orientiert und an alle Schülerinnen und Schüler gerichtet ist, nicht nur an die höherqualifizierbaren. Damit und auch im Zusammenhang mit dem Erziehungsverlust in vielen Familien erhält das *Normativ-Erzieherische* einen höheren Stellenwert, als er ihm bisher eingeräumt wurde. Die sich somit stellende Doppelaufgabe erfordert große Anstrengungen aller beteiligten Instanzen und Personen, wenn sie nicht zu einer Zerreißprobe werden soll.

Unter unserem Aspekt hier soll *Schulqualität* im besonderen als *soziale Qualität* gesehen werden. Sie ist damit Teil dessen, was heute als *Schulkultur* bezeichnet wird. Um deutlich zu machen, wie komplex sich die damit verbundene Aufgabe stellt, soll die Situation kurz angesprochen werden, in der die Schule heute steht.

Die erschwerte Situation der Schule heute

Die Situation der Schule heute stellt sich nach übereinstimmenden Befunden als in vieler Hinsicht erschwert dar. Zum einen haben sich die gesellschaftlichen Bedingungen erheblich verändert (Dalin 1997, Deutsche UNESCO-Kommission 1997). Zum anderen befinden sich die internen Strukturen und Orientierungen im Umbruch. Schule müsse *neu gedacht* werden (v. Hentig 1993). Unter pädagogisch-sozialem Aspekt ist die entstandene Vielfalt von Lebensformen und Werten von besonderer Bedeutung. Sie erschwert eine allgemein verbindliche Werteordnung, an der sich Bildung und Erziehung orientieren könnten. Sie hat zu einer hohen Differenziertheit der pädagogischen Ansätze, aber auch zu nur schwer steuerbaren organisatorischen und sozio-emotionalen (individuellen) Bedingungen geführt. Die erschwerte Situation drückt sich u. a. in wachsenden Disziplinproblemen, einer erhöhten Leistungsvarianz und dem Verlust an Schulinteresse bei allen Beteiligten aus.

Die immer wieder vorgelegten wissenschaftlichen Analysen können nicht die gewünschte Klarheit erbringen. Die Wirklichkeit übersteigt sie immer wieder und zwar relativ rasch. Umso wichtiger ist es, diese veränderten Bedingungen selber aktuell zu verfolgen und zu reflektieren. Die Schulforschung bietet hierzu eine Fülle von Material (Fend 1998).

Divergente Erziehungsbedingungen und Lebensperspektiven

Die Schule ist vor allem *normativ verunsichert*. Die wachsenden Verhaltensprobleme behindern den gewohnten Ablauf von Unterricht und gefährden die Lernergebnisse. Aus Sicht der Schule liegen die Gründe vor allem in der gewandelten häuslichen Situation. Die Kinder würden zu wenig zu einem disziplinierten Lernen angehalten; die Eltern unterstützten zu wenig die Schule. Die Alltagswelt (Multi-Medienwelt) und die Lebensperspektiven von Eltern und Kindern hätten sich in einem Maße verändert, daß die Schule in Schwierigkeiten gerät, ihren „originären" Bildungsauftrag zu erfüllen und zugleich eine tragfähige Brücke zur Lebenswelt außerhalb der Schule zu bilden. Wieweit und wie tief diese Veränderungen reichen, wird erkennbar, wenn man zum Vergleich Untersuchungsbefunde heranzieht, wie sie H. Fend in den siebziger Jahren ermittelt hatte, wo offensichtlich ein eher ausgeglichenes und verständnisvolles Verhältnis zwischen Schule und Schülern zu verzeichnen war (Fend 1998).

Aus der Shell-Studie 1997 geht hervor, daß die *gesellschaftliche* Krise, die sich schon seit einigen Jahren abzeichnete, nun bei den Jugendlichen angekommen ist. Der Zehnte Kinder- und Jugendbericht der Bundesregierung (1998) zeigt auf, daß die gesellschaftlichen Krisenphänomene inzwischen auch für die Kinder zu unmittelbaren Lebenserfahrungen geworden sind. Die Verunsicherung reicht tief, was aber nicht bedeutet, daß bei ihnen nur düstere und zuversichtliche Zukunftsvorstellungen vorherrschten.

Die persönliche Zukunft wird vor allem bedroht gesehen durch die steigende Arbeitslosigkeit, die Zerstörung der Umwelt, die Unsicherheit der Renten, die Staatsverschuldung, aber auch durch die Vernachlässigung von Zukunftsausgaben, das Sparen an der Bildung, die Armut von immer mehr Menschen und durch den wachsenden Gegensatz von Arm und Reich (290). Der gesellschaftliche Umbruch mache es schwer, dessen Folgewirkungen für die Zukunft der Kinder und Jugendlichen abzuschätzen. Sorgen bereite nicht nur die Tatsache, daß die Familien ihre Erziehungsaufgabe nicht mehr allein bewältigen können, und die schwächer werdende, auf ungerechter Verteilung des Wohlstandes beruhende ökonomische Situation vieler Familien, sondern die Unsicherheit der Erziehungsverantwortlichen, die Alltagsprobleme zu bewältigen. Sie führen vielfach zu neuen Problemen (287).

Die Folge ist ein Autoritätsschwund der Erwachsenen. Viele Jugendliche scheinen den Erwachsenen nicht recht zuzutrauen, daß sie die notwendigen Konsequenzen ziehen, um sie sinnvoll darauf vorzubereiten. Sie haben das Gefühl, ihre Lehrer lehrten an der Wirklichkeit vorbei und beharrten auf den ihnen vertrauten, aber nun nicht mehr hinreichend tauglichen Lebensmustern und Lehrinhalten. Die Distanz zwischen den Schülern und der Schule wird größer.

Es entsteht der Eindruck, daß viele Schüler zwar physisch anwesend aber nicht eigentlich da sind, also nicht „mit Leib und Seele bei der Sache" sind. Sie absolvieren mehr oder weniger pflichtgemäß ihre Schulzeit. Den Eltern kommt dabei u. a. die Aufgabe zu, sie zu unterstützen und zum Durchhalten zu ermuntern. Schüler sind eben nicht nur Schüler, sondern auch Kinder ihrer Familien bzw. ihrer häuslichen Umwelt und ihrer Zeit mit allen impliziten Sicherheiten und Gefährdungen.

Verbreitete Schulunlust – Verhaltensstörungen

Mit dem Wachsen der Diskrepanzen in den subjektiven Vorstellungen von einer „guten" Schule wachsen auch die Enttäuschungen bezüglich der Realisierbarkeit einer „guten" Schule heute. Schulunlust breitet sich aus, bei Schülern wie bei Lehrern. Wenn sich auch die Unzufriedenheit jeweils nur auf einen Teil der Schulverhältnisse bezieht, so hat sie doch Gewicht für das Ganze. Man braucht vergleichsweise nur an das vieldiskutierte Phänomen der *Gewalttätigkeiten* in der Schule zu denken: Es belastet das schulische Leben, auch wenn es sich nur auf eine relativ kleine Minderheit bezieht.

Schulunlust zeigt sich im besonderen in einer relativ hohen Quote von Schulschwänzen. Wie hoch sie tatsächlich ist, ist von außen her nur schwer zu ermitteln. Sie kann nur aufgrund von Lehrererfahrung eingeschätzt werden, und danach ist sie relativ hoch, jedoch unterschiedlich je nach Schulart. Offiziell wird sie nicht bekannt gegeben. Man ist auf Fakten angewiesen, wie das folgende: 1991 wurden – nach einer Zeitungsmeldung –

allein vom Münchener Jugendgericht 3000 Bußgeldverfahren wegen Schuleschwänzens (im Berufsschulbereich) eingeleitet. Dabei kann es sich nur um die „Spitze eines Eisbergs" handeln. Viele Schulen haben es längst aufgegeben, dem häufigen Fehlen von Schülern überhaupt noch nachzugehen. Aufschlußreich und beunruhigend zugleich ist auch die Tatsache, daß immer mehr Schüler ihre Schulausbildung abbrechen. Nach einer Zeitungsmeldung (SZ Nr. 223, 1996) waren es 11%. – In den USA reicht die Schulabbrecherquote bis zu 30 % (Opp 1999)!

Unterrichts- und Verhaltensstörungen bringen immer mehr Lehrer in psychophysische Probleme und können die besten Unterrichts- und Erziehungsansätze zunichte machen. Die tagtäglichen Provokationen durch Rüpeleien, Uninteresse oder Langeweile lösen Gegenreaktionen auf Lehrerseite aus, so daß sich die Probleme wechselseitig verschärfen und kaum mehr zu entwirren sind.

In dieser schwieriger gewordenen Situation „Qualitätsentwicklung in der Schule" betreiben zu wollen, stößt auf verbreitete Distanz und Ablehnung. Viele Lehrer sehen in dem neuen Programm eine weitere Zumutung, die ihre jetzt schon vorhandene Überforderung noch steigern könnte. Im Grunde aber sollte es sich umgekehrt verhalten: Das Schulentwicklungsprogramm soll Wege aufzeigen, die aus dem qualitativen Dilemma herausführen könnten. Das aber dürfte nur möglich sein, wenn die Schule dabei nicht allein gesehen und allein gelassen wird. Sie ist auf mehr Konsens und Unterstützung von außen angewiesen.

Um die bisher noch zu beobachtende Reserviertheit zu lockern, ist es nötig, bestimmte Details und Dilemmata der neuen Situation aufzuzeigen:

Problem: Förderung selbständigen Denkens und Lerndisziplin

Ein Erfordernis mit hoher Priorität stellt heute die Befähigung zu selbständigem Denken dar. Von einer „neuen Kultur der Selbständigkeit" ist die Rede, auch von der besonderen Bedeutung der Persönlichkeitsentwicklung und -förderung. Der Schule wird hierbei eine besondere Bedeutung zugesprochen.

An sich ist diese Forderung pädagogisch nicht neu. „Der Mensch ist Werk seiner selbst", wußte schon Pestalozzi. Es scheint aber Schwierigkeiten zu bereiten, diese Bedeutung pädagogisch umzusetzen. Der allgemeine Wandel zum *Individualismus* wird auch kritisch gesehen, zumal von der Schule. Die häusliche Erziehung dagegen hat sich längst umgestellt bzw. umstellen müssen. Längst wird in der Familie – mit Recht – mehr Selbständigkeit zugelassen und gefördert – nicht einfach „Antiautorität" praktiziert! An sich kennt auch die Schule das Prinzip der Individualisierung, zumal in seiner Bedeutung für die Entwicklung von Kreativität; sie ist aber zugleich auch auf *Lerndisziplin* angewiesen. Beide Erziehungsfelder sind also nicht gleichzusetzen: Die Schule tut sich beim Individualisieren schwerer als die Familie. Umgekehrt gesehen hätte die Schule weniger Probleme, wenn auch in den Familien die Regelorientierung mehr Gültigkeit hätte.

Daß bei einer Umstellung auf mehr persönliche Initiative und persönliche Verantwortung schulisch auch Schwierigkeiten entstehen können, ist verständlich. Sie können aber nicht dazu führen, das Prinzip an sich zu verwerfen, und womöglich wieder hierarchische Verhältnisse einführen zu wollen. *Gegen die Schüler* zu agieren,wie man es bereits wieder als Forderung hören kann, und sie transitiv härteren Anstrengungen zu unterwerfen, ohne für die entsprechenden Voraussetzungen individueller Lernmotivation Sorge zu tragen, muß in Konflikte führen, bei denen die *Lehrer* mit größter Wahrscheinlichkeit am Ende den kürzeren ziehen werden.

Die Frage ist nicht, wie man *gegen die Schüler* ankommen könnte, sondern wie man ihr Interesse und ihre Verantwortung für ko-konstruktives Lernen wecken könnte. Damit erst erschließt sich eigentliche erzieherische Autorität und Qualität als Glaubwürdigkeit und normative Gültigkeit, ohne die es keine normativen Erziehungsprozesse mit entsprechenden Motivationen gibt. Gefragt ist, wie sich *Lernautonomie* aufbauen läßt, so daß die Schüler selber das Optimum ihrer Lernbereitschaft entfalten können. Es gibt anthropologisch gesehen keine größere Gewähr für das Streben des Menschen nach Verbesserung seiner Lebensverhältnisse und nach mehr Leistung als sein eigenes Interesse in Verbindung mit einer konstruktiven Unterstützung von außen, also durch das *Lehren.*

Normative Verunsicherung

Einschneidende Folgen für die Bildung qualitätsvoller Lebensperspektiven hatte das, was man *Wertewandel* nennt, und zwar in mehrfacher Hinsicht. Zum einen löste sich die hierarchische Tradierung des bisherigen Wertesystems einer relativ einheitlich normierten Gesellschaft auf. Zum anderen schoben sich neue Werte in den Vordergrund, wie z. B. Glückswerte anstelle von Verzichtswerten. Vor allem aber prägte sich auf der Basis eines sich verstärkenden Individualismus eine bisher nicht gekannte normative Vielfalt aus. Jeder und jede Familie entwickelt praktisch sein/ihr eigenes Werte- und Normensystem. Universale, also für alle verbindlich gültige Werte und Maximen sind weithin in den Hintergrund getreten. Ein neuer und größerer Wertekonsens ist bestenfalls erst im Entstehen.

Aus der letzten Shell-Studie (Jugendwerk der Deutschen Shell 1997, 299) geht u. a. hervor, welche *Prioritäten* junge Menschen heute – ganz im Sinne des erlebten Individualismus der Erwachsenen in ihrer Umwelt – setzen. Sie bevorzugen zwar auf sich selbst bezogene Werte, auch ökonomisch-materielle und hedonistische Werte, ohne daß man aber den Eindruck haben müßte, man hätte es durchwegs mit Egoisten zu tun. So wurden etwa folgende Werte in Form von Verhaltensweisen besonders hoch eingeschätzt:

Eigene Fähigkeiten entfalten	68,8 %
das Leben genießen	65,4 %
unabhängig sein	62,0 %
durchsetzungsfähig sein	61,9 %
sich selbst verwirklichen	60,9 %
etwas leisten	56,3 %
pflichtbewußt sein	55,6 %
sich gegen Bevormundung stellen	54,5 %
ein hohes Einkommen anstreben	52,1 %

Andererseits wollen sie auch

anderen Menschen helfen	54,2 %
Rücksicht auf andere nehmen	51,7 %

Wie zu erkennen, handelt es sich bei ihrer Wahl selbstbezogener und altruistischer Werte nicht um Gegensätze, also um ein Entweder-Oder, wie vielfach behauptet wird, sondern um Korrelationen. Man kann sich selbst verwirklichen und zugleich auf andere Rücksicht nehmen. Unverkennbar ist aber auch die starke Gewichtung selbstbezogener Prioritäten. Mit ihnen ist auch in der Schule zu rechnen.

Eine Schulklasse stellt für einen Lehrer heute eine Ansammlung verschiedener häuslicher Normensysteme dar. Er hat nicht das Recht, in die Normensysteme der einzelnen Familie einzugreifen, und seine persönlichen Werte und Normen den Kindern aufzunötigen. Erzieherisch normativ geht das Recht der Eltern vor. Es hilft wenig, darüber zu klagen, daß sich bestimmte Kinder nicht in das Normensystem der Schule einfügen und z. B. eine mangelnde Anstrengungs- oder Einordnungsbereitschaft zeigen. Die Werteprioritäten innerhalb und außerhalb der Schule sind unterschiedliche. Zu Hause kann man den Fernsehkanal wechseln, wenn er nicht zusagt. In der Schule dagegen kann man das Programm nicht abschalten, das der Lehrer vorgibt. Das aber bedeutet nicht, daß die Schule aus ihrer erzieherischen Verantwortung zu entlassen wäre. Im Gegenteil: Deren Bedeutung wird in dem Maße wachsen, in dem die häusliche Erziehung Schwächen zeigt.

Für diese kritischen Entwicklungen ist die Schule nicht allein verantwortlich. In sie hinein wirken die aktuellen gesellschaftlichen Veränderungen, u. a. auch die normative Vielfalt. Da hilft es wenig, wenn von außen her gefordert wird, die Lehrer sollten entschiedener Normen und Werte vertreten, und die Stellung der Lehrer müsse gestärkt werden, damit sie sich „gegen Schüler durchsetzen können“, wie es in einem Parteiprogramm hieß. Die meisten Lehrer wissen nur zu gut, daß sie mit einem solchen Versuch scheitern, da die entsprechenden gesellschaftlichen Konsensbedingungen nicht mehr gegeben sind.

Zu beachten ist auch, daß die jüngere Generation der älteren in mancher Beziehung voraus ist und entsprechenden Einfluß auf sie ausübt – eine Umkehrung des gewohnten Verhältnisses! Die Jüngeren glauben vielfach nicht daran, daß die Älteren die „richtigen“ Normen vertreten (Schmidtchen 1993, 80). Die ermittelten Diskontinuitäten sind groß. Was als Qualität oder Wert Geltung haben soll, muß von beiden Seiten her gefunden und bestimmt werden. Versuche, erzieherische Qualität autoritär zu bestimmen und durchzusetzen, wären zum Scheitern verurteilt.

Wissens- und Informationsexplosion

Soziale Qualität in der Schule gerät heute in besonderem Maße unter den Druck exponentiell wachsenden und sich vernetzenden Wissens. Damit erhöhen sich die Anforderungen an den Einzelnen, die Wissensmassen zu bewältigen. Die Schule insgesamt tut sich schwer mitzuhalten. Sie ist längst nicht mehr die Hauptquelle für den Wissenserwerb, fühlt sich aber dieser Erwartung ausgesetzt.

Multimedia und Internet, Informationsflut und Wissensexplosion beherrschen den Alltag, bedeuten aber für immer mehr Menschen auch Chaos. Bisherige Verläßlichkeiten und Verbindlichkeiten drohen sich aufzulösen. Die Informationsfülle erzeugt Mißtrauen oder führt in die Irre. Vertrauen in den, der es zu wissen hätte, schwindet. Man erlebt, daß schon wenige Jahre nach der Schulzeit heute der in der Schule erworbene Informationsstand überholt ist.

Das Vermitteln und das Ordnen der Wissensmassen erfordern neue Methoden des Umgangs mit ihnen. Sie stellen den bisherig dominanten Belehrungsansatz der Schule und damit auch die bisherige Funktion von schulischer Bildung in Frage. Gefragt sind „Wissensmanagement" – und lebenslanges Lernen. Nötig sei eine *neue Lernkultur.* Neue Kompetenzen des Einzelnen sind dabei ebenso herausgefordert wie die Zusammenarbeit mit anderen, also Kooperation, aber auch Wertmaßstäbe zur Beurteilung der Wissensfragmente. Regelmäßige Weiterbildungen sind ebenso nötig wie eine Sichtung der bisherigen Programme (Lehrinhalte). Ein Problem bereitet dabei die Vereinbarkeit von fortschrittsbezogenem Lehr-Lern-Management und der Vermittlung von *Schlüsselqualifikationen.* Dazu gehören vor allem die sog. Kulturtechniken. Beunruhigend verbreitet ist der neue Analphabetismus, ohne daß Chancen für dessen Bewältigung in Sicht wären.

Demotivierend auf das Lernen als Meisterung der Wissensmassen wirkt allerdings die immer deutlicher werdende Tatsache, daß für viele Schüler die Arbeit ausgeht und einem beachtlichen Teil von ihnen die *Arbeitslosigkeit* droht. Sie spüren auch, daß das, was Arbeit und Beruf einst zu einer verläßlichen Existenzgröße machte, sich allmählich auflöst. Die Bedeutung der *beruflichen Bildung* als einer unabdingbaren Grundlage für die berufliche Laufbahn sinkt. Die Zeiten, als der Schulabschluß den Einstieg in eine relativ sichere Berufslaufbahn darstellte, sind vorbei (Geißler/Orthey 1998).

Diese Veränderungen machen deutlich, daß es schwer geworden ist, nicht nur eine neue und tragfähige Qualität in der Schule hervorzubringen, sondern sie überhaupt zu definieren.

Ansätze schulischer Qualitätsentwicklung

Die sich in diesem Kontext abzeichnende Doppelaufgabe (ökonomischer und lebensweltlicher Aspekt) stellt an alle Beteiligten und Verantwortlichen hohe Anforderungen. Das gesamte Bildungssystem ist herausgefordert, sich auf die neuen Bedingungen umzustellen, um seine Qualität zu behaupten und zu verbessern. Die Entwicklung von Schulqualität ist also zu einer erstrangigen Aufgabe des Bildungswesens geworden.

Die Schule ist auf diese Aufgabe noch nicht genügend eingestellt, was u. a. damit zusammenhängt, daß sie durch die Auswirkungen gesellschaftlicher Veränderungen in den letzten Jahrzehnte ohnehin enormen Belastungen und z. T. Überforderungen ausgesetzt war. Wenn es um Qualitätsentwicklung der Schule geht, so gelten dafür an sich die gleichen Prinzipien, wie sie bereits für andere Institutionen des sozialen Bereichs aufgezeigt worden sind. Auch die Schule ist eine soziale Organisation. Sie hat aber auch ganz eigene Strukturen, so daß auch wichtige Unterschiede zu beachten sind.

Generell ließe sich zunächst feststellen, daß die schulpädagogische Forschung, zumal in den USA, schon seit längerem über einschlägige Befunde zur Qualitätsentwicklung der Schule verfügt. Zu nennen sind u. a. die Forschungen von Fend (zusammengefaßt in: 1998) und von Dalin (1986), Dalin et al. (1990), Rolff (1990; 1995) und Keuffer u. a. (1998). An der Universität Dortmund existiert seit Mitte der achtziger Jahre ein eigenes Institut für Schulentwicklungsforschung (Leitung H.-G. Rolff).

Die Umsetzung in die Praxis stößt auf gewisse Schwierigkeiten, u. a. auch auf Reserviertheiten der Lehrerinnen und Lehrer. Im Unterschied zum Sozial- und Gesundheitsbereich sind sie – bisher – nicht durch eigene gesetzliche Bestimmungen gezwungen worden, die Qualität ihrer Arbeit nachzuweisen und überprüfbare Verfahren zur Qualitätsentwicklung einzuführen. Sie sind im übrigen Beamte, unterliegen also den geltenden Schulordnungen und der *Schulaufsicht*; sie können nicht ohne weiteres für ihren eigenen schulischen Bereich neue Regelungen einführen.

Ein anderer Umstand, der die Qualitätsentwicklung der Schule entscheidend mitbestimmt und sie der Gefahr der Einseitigkeit aussetzt, ist in der staatlichen Einheit von Finanzierung und Verwaltung (Schulaufsicht) zu sehen. Die Schule steht unter der Schulhoheit des Staates. Das Schulsystem ist ein relativ geschlossenes System. Es hat sich zwar auch der Kritik der Öffentlichkeit und der Politik, auch der Eltern, zu stellen; es ist aber als ganzes ein derart kompaktes und verrechtlichtes System, daß strukturelle Veränderungen nur schwer durchsetzbar sind, zumal solche, die auf substantielle qualitative Bildungsprozesse im Gesamtsystem abzielen.

Was ist eine gute Schule? Wie wäre *schulische Qualität* inhaltlich zu fassen? Wie unterschiedlich diese Frage beantwortet werden kann, zeigt folgender Kriterienkatalog (Specht/Thonhauser 1996, 10). Danach könnte die Schule ein Ort sein,

- „wo fachliche Eliten gebildet werden;
- wo behinderte Kinder eine soziale Heimat und einen Ort personaler und sozialer Förderung vorfinden;
- wo Schüler lernen, Computer und neue Technologien zur Effizienzsteigerung inhaltlicher Arbeit optimal zu nutzen;
- wo junge Menschen erfahren, wie man trotz unterschiedlicher Herkunft, Sprache, Religion, Interessen solidarisch miteinander umgeht, zusammenarbeitet, Konflikte löst;
- wo Prinzipien der Wirtschaft und des Wirtschaftens neben denen des Rechts und der Gerechtigkeit lebensnah erfahren und gelernt werden;
- wo man Hilfe findet, Verletzungen zu verarbeiten, Wärme und Geborgenheit zu erleben, Persönlichkeit zu entwickeln, Sinn im Leben zu finden;
- wo die Probleme unserer Welt benannt, aber nicht dämonisiert werden; wo Lösungskompetenz und -zuversicht anstelle von Resignation und Defätismus erworben werden".

Geht man von einem negativen Aspekt aus, so könnte man sagen, Schule müsse so beschaffen sein, daß sie die heute beklagten Mängel überwindet, also ihre Leistungsergebnisse verbessert, ihrem Erziehungsauftrag gerecht wird, sich besser mit den Erziehungsberechtigten abstimmt, bei Lehrerinnen und Lehrern pädagogisches Engagement anregt und für ihre Schüler ein wichtiger Ort der Orientierung auf ihr zukünftiges Leben hin wird. Positiv gesehen wäre unter Qualität der Schule eine Beschaffenheit gemeint, die ihrem Bildungsauftrag, wie er in Verfassung und Schulgesetzen verankert ist, entspricht, aber auch in ihrer pädagogischen Wirklichkeit den Menschen gerecht wird, die in ihr arbeiten, und denen ihre Arbeit gilt.

Diese *Orientierung an der Lebenswirklichkeit* ist der Schule, die im Prinzip „von oben" bzw. vom „Stoff" her organisiert ist, nicht unbedingt geläufig. Ihre staatlich abgesicherte Hoheitlichkeit wirkt formal regulierend in die schulischen Prozesse hinein. Die in der Qualitätsdiskussion dominierende Frage nach der „Kunden- oder Nutzer-Orientierung" findet nur schwer Resonanz. Schule hat die längste Zeit ohne solches Feedback existiert. Sie war „autonom": *Schule ist Schule!* Sie ist eine Pflicht- oder Zwangsschule. Der Staat war und ist für die Regelung ihrer Funktion verantwortlich und ist berechtigt und verpflichtet, ihren Besuch mit bestimmten Mitteln durchzusetzen.

Damit war und ist aber auch er für die Sicherung schulischer Qualität zuständig. So gesehen, brauchte sich die öffentliche Schule nicht dem Markt zu stellen. Sie bestimmt ihren Wert selber. – So war es einmal, nämlich in einer Zeit, in der Schule, Familie und Gesellschaft normativ noch einigermaßen aufeinander abgestimmt waren. Die heutige normative Pluralität läßt dies nicht mehr zu, und kein Teilsystem kann sich allein definieren oder ausschließlich nach eigenen Normen fungieren.

Bildungsauftrag der Schule und Lebenswirklichkeit: Der genannte Umstand hat zu spezifischen Problemen und Kritiken geführt, da er die Gefahr in sich birgt, daß die Schule in ihren eigenen Strukturen und Routinen erstarrt und sich damit selber die Kraft und die Initiative zu Erneuerungen nimmt, die von der grundlegend veränderten Lebenswirklichkeit her dringend erforderlich wären. Die advokatorische Berufung der staatlichen Schule auf ihren Bildungsauftrag im Sinne der tradierten und unüberholbaren universalen Werte ist dabei durchaus legitim, reicht aber zur Rechtfertigung heute bei weitem nicht mehr aus. Sie klingt u. U. phrasenhaft, soweit sie der drängenden komplexen und normativ pluralen Realität ausweicht bzw. lediglich nachgeschoben erscheint.

Trend zur alternativen Schule: Daß die Schule sich qualitativ zu erneuern hat, geht u. a. aus einem Trend hervor, der direkt aus der Erfahrung stammt und viele *Eltern*, aber in verstärktem Maße auch immer mehr unzufriedene *Lehrer* veranlaßt, eine andere Schulform zu wählen: Die *Privatschule* als Alternative! Damit entsteht ein Konkurrenz-Verhältnis, das sich u. U. zu einem Marktverhältnis entwickeln könnte. Die Frage ist, wieweit der Staat in der Lage sein wird, sich diesem Konkurrenzdruck positiv zu stellen, oder ob er lediglich – wie bisher – versuchen wird, diese Konkurrenz abzudrängen. Er gerät dabei in ein Dilemma, da er heute aus finanziell-ökonomischen Gründen vermehrt auf Privatisierungen setzt.

Eine verstärkte *Privatisierung* des Schulwesens zum Zweck einer internen Qualitätsverbesserung müßte die öffentliche Schule in eine wenig aussichtsreiche Position bringen: Sie könnte immer mehr Eltern und vor allem die verantwortungsbewußteren unter ihnen veranlassen, ihr Kind aus der öffentlichen Schule abzumelden. Dieser verbliebe dann gewissermaßen ein Selektionsrest, wie es z. B. in den USA verbreitet geschieht. Qualitätsverbesserung auf der einen Seite und Qualitätsverlust auf der anderen Seite könnte so durch die Qualitätsbewußtheit und Flexibilität der Eltern bewirkt werden.

Da in Deutschland im ganzen gesehen kein Grund besteht, die einheitlich verfaßte öffentliche Schule aufzulösen, und auch keine Mehrheit zugunsten eines verbreiteten Privatschulwesens in Sicht ist – im Unterschied etwa zu den Vereinigten Staaten oder auch zu den Niederlanden – wird es darum gehen müssen, daß sich die öffentliche Schule ernsthaft daran macht, ihre eigene Qualität zu überprüfen, um sie zu verbessern, und zwar eben auch unter „Nutzer-Aspekten". Sie läuft sonst Gefahr, daß sie nicht nur ihre Schüler samt Eltern verfremdet, sondern daß sie sich auch selber in immer größere Probleme bringt, wie sie jetzt schon an den wachsenden Verhaltensschwierigkeiten der Schüler und an den enormen Abnutzungserscheinungen (Erschöpfungszuständen) ihrer Lehrkräfte abzulesen sind (Müller-Limmroth 1993). Dabei wird es darauf ankommen, daß die bisherige hierarchische Qualitätssicherung (von oben) zugunsten von mehr „Schulautonomie" (von unten) umgebaut wird.

Eigenheiten, Erfordernisse und Probleme schulischer Qualitätsentwicklung

Schulische Qualitätsentwicklung hat spezifische Eigenheiten des Schulsystems zu beachten. Sie bedingen – etwa im Vergleich mit dem Sozialbereich – eigene Wege, aber auch eigene Sichtweisen und Schwierigkeiten.

Auf einzelne wichtige soll hier Bezug genommen werden, und zwar auf

- spezifische Gesichtspunkte der Schule als sozialer Organisation,
- die Qualitätsentwicklung als primäre Aufgabe der Einzelschule,
- Möglichkeiten und Erfordernisse der Selbstorganisation von Schulentwicklung,
- die Rolle der Schulleiter und der Schulaufsicht,
- das Problem der lebensweltlichen Orientierung (Elternmitwirkung, Schülerorientierung).

Die Schule als soziale Organisation

Die Schule ist – zumal unter dem Gesichtspunkt der Qualitätsentwicklung – eine soziale Organisation (wie andere auch). Sie verfügt über eine Ordnung, die den Zweck hat, gemeinsame Ziele zu erreichen. Diese schlägt sich in einer differenziert und dauerhaft geregelten (bürokratischen) Struktur nieder. Sie bezieht sich vor allem auf die Gliederung des Schulsystems, auf die Ressourcenzuteilung, auf eine feste Verteilung von Aufgaben, Pflichten und Rechten der Lehrer und eine klare hierarchisch aufgebaute Schulverwaltung und Schulaufsicht. Das Ausmaß der *Verrechtlichung* und der Bürokratisierung hat – auch unter dem Druck der Erziehungsberechtigten – inzwischen kaum mehr erträgliche Ausmaße angenommen, von einer Behinderung ihres Bildungsauftrags ganz zu schweigen!

Sie ist über ihre rechtlich-bürokratische Verfaßtheit hinaus ein „lebendiges System", aber auch „Lebenswelt" (Keuffer u. a. 1998). Diese Qualität wird im wesentlichen von Persönlichkeiten, Inhalten und offenen Interaktionen bestimmt. Sie muß also auch offen sein für neue Inhalte und geistigen Wandel. Sie als zweckrational verplanbaren Block zu verstehen, der auf das Erreichen bestimmter definierter Ziele hin organisiert ist, müßte sie erstarren lassen. Als Bildungseinrichtung muß sie sich als ein offenes System verstehen, das sich in der Gemeinsamkeit der Lehrenden und Lernenden immer wieder neu und selber hervorbringt. Damit ist zugleich ein permanenter Konflikt programmiert, der es schwer macht, daß sich die reale Qualität der Schule an die sich wandelnde Bildungswirklichkeit anpaßt und sie zu einer Lebenswelt werden läßt, die für alle, die zu ihr gehören, neue Orientierungen bietet.

Problem: Leistungssteigerung und Erziehungsauftrag. Eine weitere Besonderheit schulischer Organisation ergibt sich aus der offiziellen Qualifizierungsfunktion der Schule, die in einen Widerstreit mit ihrem Erziehungsauftrag treten kann. Sie hat vorgeschriebene Leistungen hervorzubringen, diese zu benoten und ihre Abgänger zu zertifizieren. Sie verfügt dafür über ein entsprechendes hierarchisches System, in dem auch die Lehrenden zensiert werden.

Zugleich aber hat sie sich erzieherischen Aufgaben zu stellen. In jeder Präambel eines Schulgesetzes erscheint der traditionelle „Erziehungsauftrag" der Schule. Er dürfte in der Realität eher einer Beschwörungsformel gleichkommen. Um das einst pädagogisch zentrale „erzieherische Verhältnis" ist es in der heutigen Schule relativ still geworden. Dafür sind sicherlich verschiedene Gründe maßgebend. Einer ist darin zu sehen, daß die „Verhältnisse" normativ allzu diffus und zu strapaziös geworden sind und zu persönlichen Annäherungen nicht gerade einladen, abgesehen davon, daß man zu sehr unter Zeitdruck steht.

Manche Lehrer haben möglicherweise auch den Anschluß an die rasanten technologischen und kommunikativen Veränderungen verloren und sind eher verunsichert. Ihre Schüler sind ihnen in mancher Hinsicht voraus, denkt man allein an die enormen Fortschritte der Informationssysteme. Umgekehrt aber besteht auch von seiten der Schüler ein ausdrückliches Bedürfnis, daß sich die Lehrer auch mehr „persönlich einbringen". Wer da als Lehrer versucht, seine Person strikt „herauszuhalten", handelt sich wahrscheinlich belastende und störende Distanzierungen ein.

Was sind gute Lehrer? Weinert u. Helmke (1996) konnten in einer Längsschnittsuntersuchung an Grundschullehrkräften nachweisen, daß die pädagogischen Vorzüge „guter Lehrer" eher in kognitiven als in sozio-emotionalen Aspekten der Unterrichtsgestaltung liegen (231). Dieses „rätselhafte empirische Faktum" ist sicherlich nicht so zu verstehen, daß es auf die sozio-emotionale Dimension in der Schule nicht ankäme, und schon gar nicht in der Weise, daß Lehrer umso erfolgreicher sind, je weniger sie sich um diese Belange kümmern.

Es spricht vielmehr manches dafür, daß es jeweils ein ganzes Bündel von Merkmalen ist, das den „guten Lehrer" ausmacht, und daß dazu in erster Linie Qualitätsmerkmale gehören, die auf „eine zielgerichtete Orientierung, Steuerung und Unterstützung der Lernenden" gerichtet ist, daneben aber auch auf den emotionalen Gehalt der Interaktionen im Klassenzimmer. Die Kinder kommen in erster Linie in die Schule, damit sie dort etwas lernen. Man fühlt sich deshalb auch dann wirklich wohl in der Schule, wenn der Lehrer auch genügend viel weiß und kann.

Schwierigkeiten entstehen vielfach dadurch, daß die Lehrerin oder der Lehrer jeweils allein und auf sich angewiesen in seiner Klasse arbeitet. Es entgehen ihm dadurch für seine Selbstreflektion wichtige Informationen, die man am ehesten von Dritten als Beobachtern erhält. Interessant ist in diesem Zusammenhang die Feststellung von Weinert u. Helmke, daß es – im Gegensatz zu anderen Berufen – bei Lehrern keinen signifikanten Zusammenhang zwischen der Dauer und Menge der beruflichen Erfahrung und dem Expertenwissen und Unterrichtserfolg gibt (232).

Durch die Aufteilung in relativ getrennte Teileinheiten (Klassen, Unterrichtsfächer) und Teilverantwortlichkeiten entsteht ein festgefügtes Zellsystem mit nur schwachen Beziehungen der Einzelzellen untereinander. An sich stellt die längerzeitlich angelegte pädagogische Verantwortung eines Lehrers oder einer Lehrerin für eine Lerngruppe eine wichtige Bedingung für erzieherische und didaktische Wirksamkeit dar. In Zeiten starken Wandels der Lehrinhalte und der erzieherischen Normen aber entsteht damit die Gefahr, daß sich der einzelne Lehrer oder die einzelne Lehrerin durch einen professionellen Feedback-Mangel selber isoliert und abhängt.

Kollegialität in der Schule bedeutet etwas grundlegend anderes als etwa in einem Erziehungsheim oder in einem herstellenden Betrieb. Es kommt eher eine „gefügeartige Kooperation“ (Rolff 1995) zustande, die vom Funktionieren der Organisation geboten ist, nicht aber eine „teamartige“, die auf freien Entscheidungen, offener Beweglichkeit und einer gegenseitig zugestandenen Unterstützung beruhen.

Das staatlich geregelte Organisationssystem der Schule erweist sich als seine Stärke und Schwäche zugleich. Es bedingt ein Spannungsverhältnis zwischen organisationalen Vorgaben und freien pädagogischen Möglichkeiten im Rahmen des Bildungsauftrags, das auf jeden Fall genügend Chancen birgt, aus der Schule „das Beste zu machen“.

Qualitätsentwicklung als primäre Aufgabe der Einzelschule – Schulautonomie

Schulentwicklung als Programm nahm erst dann eine wirkliche Wende, als sich die Perspektive änderte und die spezifische Bedeutung der Einzelschule entdeckt wurde (Fend 1998; Keuffer u. a. 1998). Der neue Leitbegriff „Qualität der Schule“ bildete sich aus der Einsicht heraus, daß das Großsystem Schule zu wenig Spielräume für qualitative Entwicklungen erlaubt, und daß das, was die Qualität einer Schule im Sinne aller Beteiligten wirklich ausmacht, sich im wesentlichen in der einzelnen Schule bewirken läßt (Rolff 1995; Fend 1998).

Die einzelne Schule ist die Handlungseinheit, von der unmittelbar Qualität bestimmt wird. Hier entscheidet sich, was eine „gute Schule“ ist. *Wirkliche Innovationen müssen von den Menschen selber ausgehen,* die sie auch umsetzen möchten. Vom Gesamtsystem her, also „von oben“, vorgegebene Standardisierungen sind zum Scheitern verurteilt (Rolff 1995, 108). Sie können nicht einfach adoptiert werden, sondern müssen der Wirklichkeit der einzelnen Schule mit ihren je eigenen Situationen und Problemen angepaßt, also adaptiert werden. Jede Schule braucht ein gewisses Maß an Eigenständigkeit, an Schulautonomie (Daschner u. a. 1995). Daß Autonomie immer nur *relative* Autonomie bedeutet und nicht gleichzusetzen ist mit gesetzlicher Unabhängigkeit und Selbstherrlichkeit, sollte inzwischen Allgemeingut sein (Speck 1997).

Schulkultur: Um den neuen Leitbegriff „Qualität der Schule“ vor einer vereinseitigenden Leistungseffektivitätsmanie zu bewahren, wurde der Begriff „Schulkultur“ als ein Orientierungskorrektiv kreiert (Seibert 1997; Fend 1998; Keuffer u. a. 1998). Er soll dazu beitragen, daß nicht nur die Leistungsverbesserung und der Leistungswettbewerb das schulische Lernen bestimmen, sondern auch „die zwischenmenschlichen Qualitäten des Lernprozesses und die Chancen aller Beteiligten, auch daran teilnehmen zu können“ (Rolff 1995, 111).

In den Begriff der Schulkultur gehen also Inhalte ein, die im allgemeinen vom dominanten Leistungsansatz her vernachlässigt werden: Erziehung, gegenseitige Akzeptanz und Integration, Schulklima etc. Wenn in einem guten Lernklima auch eine wichtige Grundlage für das Leistungslernen gesehen werden kann, so dürfte doch Schulkultur ihren Sinn verfehlen, wenn sie lediglich als Mittel zum Zwecke der Leistungssteigerung verstanden und instrumentalisiert würde. Helmke (1988) hat aufgezeigt, wie sich diese mit einem qualitätsvollen Unterricht verbinden läßt.

Einen initiativen empirischen Beitrag zur Bedeutung einer Schulkultur bildete die Untersuchung von Rutter u. a. (1980). Hier wurde der Begriff „Schulethos“ verwendet. Es konnte nachgewiesen werden, daß die Schüler einer Schule in „ausschlaggebendem“ Maße in ihrem Lern- und Sozialverhalten vom normativen Alltagsstil einer Schule bestimmt werden. Jede Schule sei als ein Ganzes zu sehen, das sich an einem auf Mehrheitsakzeptanz beruhenden Werte- und Regelsystem orientiert. Zu der so entstehenden Schulatmosphäre tragen alle Beteiligten bei, also auch die Lehrer als Kollegium und die Schüler über Mitbestimmung.

Schulkultur wird gemeinsam hervorgebracht und bedarf der ständigen Pflege. Darunter aber ist mehr zu verstehen als der bloße Austausch verbaler Verständigungsformeln. Sie lebt vielmehr – wie alles Gute – vom Tun, von der aktiven Gestaltung, vor allem von gemeinsamem Tun auf der Basis einer gemeinsam abgestimmten normativen Grundordnung, die vor allem auf der Achtung vor dem Anderen und offener Zusammenarbeit beruht (Speck 1996).

Schulentwicklung als Organisationslernen und Selbstorganisation

Die einzelne Schule ist ein relativ offenes System, das sich selbst organisiert und – bei gleichzeitiger Geltung externer Rahmenregelungen – seinen eigenen Organisationsablauf selber regelt. Im Unterschied zu rein hierarchischen Systemen, wo Arbeitsverteilung und Arbeitsablauf „von oben“ klar und bündig auf bestimmte vorgegebene Ziele hingeordnet sind, sind die in der Schule ablaufenden Prozesse zwar generell geplante, in ihrem tatsächlichen Ablauf und in ihrem Ergebnis aber nicht vorausbestimmbare. Das „Selbst“ bezieht sich auf das unaufhebbare, komplex bedingte Zusammenwirken aller Beteiligten, im Unterschied zu bloßem Nachvollzug von Vorschriften, genormten Berufsrollen und reproduzierten Verhaltensweisen.

Organisationsentwicklung in der Schule ist als pädagogisches und selbstreflexives Konzept zu verstehen, das den Sinn hat, eine *Organisation von innen heraus weiterzuentwickeln* (Rolff 1995, 153). Es ist ein „offenes, planmäßiges, zielorientiertes und langfristiges“ Unternehmen mit qualitativ motivierten Veränderungserfordernissen. Einstellungen und Glaubwürdigkeit spielen dabei eine ebenso wichtige Rolle wie die Anwendung geeigneter Techniken. Unverzichtbar ist die Würdigung aller Beteiligten als mündiger (autonomer) und zu Verantwortung und zum Lernen befähigter Menschen.

Schulische Qualität kann sich am ehesten entwickeln, wenn eine Schule alle in ihr wirkenden Kräfte derart einsetzt und synergetisch bündelt, daß es zu gemeinsamen Interessen, zu kreativen Ideen, zur Selbstevaluation und zu gemeinsam abgestimmten Veränderungen kommt. Damit ist *Lernen* angesprochen. Schulen sind „lernende Organisationen" (Argyris 1990), und nur wenn sie sich als solche verstehen, kann Qualität entstehen. Schulen sind nicht nur Einrichtungen, die das Lehren und Lernen organisieren, sondern sie sind selber lernfähig bzw. haben ihre eigene Lernfähigkeit zu entwickeln.

Man spricht von „Organisationslernen", einem Begriff, der in Deutschland noch wenig verbreitet ist (Rolff 1995). Lernen bezieht sich hier auf das *Ganze* einer Organisation, die ein aktives Interesse daran hat, zu qualitativen Verbesserungen zu gelangen, und die deshalb selber entsprechende Methoden entwickelt und anwendet: Gemeinsame Bestandsaufnahme, Reflexion der gemeinsamen Erfahrungen, gemeinsame Planung der als notwendig erkannten Veränderungen, gemeinsame Überprüfung der Ergebnisse und erneute Reflexion.

Mit „gemeinsam" ist die Beteiligung aller in der Schule Tätigen und an ihren Weiterentwicklungen und Ergebnissen Interessierten, also auch die „Betroffenen"; das wären Schüler und Eltern. Sie alle müssen sich in den organisationalen Lernprozeß eingebunden fühlen, wenn sie auch Mitverantwortung entwickeln sollen. Das Bild einer „guten Schule" wirkt dann orientierend und verpflichtend, wenn es ein ko-konstruiertes ist, ein gemeinsam entwickeltes. Es erleichtert dann auch die immer wieder erforderliche Lösung von Problemen und Konflikten.

Ein solches Modell, das offene Lernräume schafft und neue Erkenntnisse freisetzt, reicht über das Modell hierarchisch organisierter Lehr-Strategien hinaus. Letzteres beruhe, wie es Fred Kofman, Leiter eines Forschungsprojektes am Massachusetts Institute of Technology (MIT), ausdrückt, auf „strategischem Denken" (Interview in der SZ v. 6./7.12.1997). Dieses erlaube zwar klare Planvorgaben, aber es schule einseitiges Wahrnehmen und Denken. Es beruhe auf Kontrolle, Zielen, Plänen, Erfolg und Sicherheit. Wer sich von ihm gefangen nehmen läßt, benutze diese Elemente entsprechend den strategischen Zielen einseitig und komme in Versuchung zu manipulieren. Strategisches Denken könne zwar nützliche Dienste leisten, aktiviere aber nur *eine* Seite im Menschen. Es halte ihn ab, Neues zu denken und zu wagen und trage zur inneren Spaltung bei. Es verhindere übrigens auch wirtschaftlichen Erfolg.

Ein *offenes Lernen* dagegen müsse so organisiert sein, daß es den Lernenden als ganzen Menschen fördert, d. h. ihm die Möglichkeit eröffnet, authentisch zu denken und zu handeln, und nicht in den Vorstellungen anderer gefangen zu sein. Damit erschließt sich ihm eine höhere Lebenqualität. Schule macht dann Spaß, auch wenn sie einem viel abfordert.

Unterstützung von außen: Die einzelne Schule braucht jedoch für einen erfolgreichen organisationalen Selbst-Lernprozeß im allgemeinen auch Unterstützung von außen, z. B. Berater oder Moderatoren, u. U. auch Prüfinstanzen. Ein Vorläufer des von außen unterstützten Selbstlernprozesses war die *Supervision.* Die *Schulaufsicht* wäre dazu ungeeignet, wenn sie auch ansonsten als externe Regulationsinstanz unverzichtbar ist. Sie kann vor allem dazu beitragen, daß interne Schulevaluation und Schulentwicklung nicht in einen Verdrängungswettbewerb der Schulen untereinander ausarten, wie er etwa in den USA zu beobachten ist und dort zu demotivierenden und destabilisierenden Selektionen mit geradezu sozialdarwinistischen Auswirkungen geführt hat; die Schwächeren werden benachteiligt.

Die Schulen in Deutschland stehen erst am Anfang dieses Organisationslernens und des systematisierten Selbstevaluierens. Lernen können sie von anderen Ländern, u. a. von den Niederlanden (Liket 1993). Im Unterschied zum Ausland, angefangen von Finnland über Irland bis Portugal, wo der Evaluation des Schulwesens ein hoher bildungs- und gesellschaftspolitischer Stellenwert zukommt, verläuft hierzulande die Diskussion fast ausschließlich auf der schmalen Spur der Wissenschaft und der Schulverwaltung. Der zentrale Begriff der Evaluation sei für die hiesigen Lehrer vielfach noch ein Fremdwort, meinen Rolff u. a. (1998, 236).

Was Details dieses Begriffes und die Anwendbarkeit und Probleme von interner und externer Evaluation betrifft, sei auf den Beitrag Nr. VII von Buhren, Killus und Müller im eben genannten Buch verwiesen. Auch, was für die Einzelheiten der Durchführung schulischer Qualitätssicherung insgesamt von Interesse ist, kann in der einschlägigen Literatur nachgelesen werden (Rolff 1995; Dalin et al. 1995; Philipps 1995; Kline/Saunders 1996; Keller 1997; Fend 1998).

Rolle der Schulleiter und der Schulaufsicht

Das Gelingen organisationalen Lernens und Selbstevaluierens ist in erster Linie vom eigenen Kollegium, d. h. von einem kooperierenden Team, abhängig, das selber initiativ wird und die nötigen Schritte einleitet, koordiniert und reflektiert, um die Qualität der eigenen Schule zu verbessern. Dabei sind in aller Regel zahlreiche Widerstände, wie Vorurteile und innere Distanzierungen, abzubauen. Qualitätsentwicklung gelingt umso eher, je weniger Druck ausgeübt und nicht der Versuch gemacht wird, der Schule ein neues Konzept überzustülpen.

All dies ist ohne die aktive Mitwirkung des *Schulleiters* nicht möglich. Eine gute Schule braucht einen guten Schulleiter! Ohne seine Unterstützung hätten kollegiale Schulentwicklungsvorhaben keine Realisierungschancen (Schratz 1996). Es kommt gerade auf seine Art der Entwicklungshilfe an: Wie er neue Ideen einbringt bzw. aus dem Kollegium aufnimmt und fördert, wie er Teambildungen und das teamartige Kooperieren unterstützt und selber mitarbeitet, und wie er bei der Problemlösung hilft – ohne dominant zu werden. Er müßte es verstehen, seine Leitungsfunktion möglichst sinnvoll in das Team hinein zu transformieren („Transformationale Schulleitung", Rolff).

Schulaufsicht als Unterstützung: So notwendig eine amtliche „Schulaufsicht" in einem staatlich geregelten Schulsystem auch ist, so kann sie doch nicht direkt schulische Qualität bewirken. Sie ist gut beraten, Initiativen der Einzelschulen möglichst zu unterstützen und deren „Autonomie“ zu fördern. In dem Maß, in dem sie ihre Kontrollfunktion zurücknimmt und Initiativen und Eigenverantwortlichkeiten der einzelnen Schule nicht lediglich „duldet“, sondern Vertrauen in sie setzt. Ein derartiger Dialog ist in Anbetracht der offiziellen hierarchischen Dienstverhältnisse nicht einfach, aber er muß von beiden Seiten her gewagt werden, wenn es zu wirklichen Qualitätsverbesserungen kommen soll.

Dazu müßte die Schulaufsicht auf Direktivität und Kontrolle möglichst verzichten und sich mehr auf Beratungs- und Vermittlungsfunktionen einstellen. Sie nähme damit von den Lehrerinnen und Lehrern nicht nur Ängste bezüglich der Beachtung von Vorschriften, sondern motivierte zu mehr Eigeninitiativen. Mißtrauen demotiviert und blockt ab. Es genügt aber auch nicht, mehr Schulautonomie lediglich zu fordern, ohne sie aktiv in Anspruch zu nehmen, und dabei auch Risiken einzugehen.

Die Schulen in Deutschland stehen erst am Anfang einer derartigen Entwicklung organisationalen Lernens und Selbstevaluierens. Es stellt sich die Frage, woher die dazu nötigen Anreize kommen sollen. Wird das Lehrerteam samt Schulleitung und Schulaufsicht genügen? Dies ist zu bezweifeln und zwar deshalb, weil auch die Einzelschule keine geschlossene Einheit ist und die Orientierung an der schulischen *Umwelt*, an der Lebenswelt der Kinder, sich noch im Entstehungsstadium befindet bzw. abgeblockt wird (Schwarz, H. 1999). Ein wichtiger Grund dafür könnte in der Qualität der Lehrer gesehen werden.

Die Qualität guter Lehrer

Was ist ein „guter Lehrer“? F. E. Weinert, emer. Direktor des Max-Planck-Instituts für psychologische Forschung, München, hat sich im besonderen mit der Frage nach der Qualität von Lehrerinnen und Lehrern befaßt (Weinert/Helmke 1996). Aus diesen Forschungen (an Grundschulen) ergibt sich, daß bei erfolgreichen Lehrern vor allem eine Klarheit und Strukturiertheit des Unterrichts, eine effektive Klassenführung und die Förderung aufgabenbezogener Schüleraktivitäten mit der Folge eines gesteigerten Aktivitätsniveaus, eine individualisierte Unterstützung der Lernenden und eine Variabilität der Unterrichtsformen zu beobachten sei (230).

Gute Lehrer seien deshalb so erfolgreich, weil sie über eine besondere Qualität *professionellen Wissens und Könnens* verfügten (232). Es komme ihnen nicht primär auf den „Lehrplan“ und auf „Leistungsergebnisse“ an, also auf das Absolvieren von Stoffvermittlung, auch nicht auf bloße mediale Wissensarrangements, sondern darauf, daß jeder Schüler die Dinge auch wirklich versteht, die gelehrt werden, d. h. in seinem Denken konstruktiv internalisiert. Wichtig sei dabei, daß die Lernenden Selbstvertrauen und den Glauben an sich selbst erhielten. Sie lernen dann auch gern.

Das alles ist durchaus nicht neu. Schon die Reformpädagogik oder „Arbeitsschulbewegung“ mit ihrem Prinzip der „Selbsttätigkeit“ kannte und praktizierte diese Prinzipien und zwar bewußt gegen eine „Lernschule“, die selbständiges Denken und Kreativität abtötete. Wir stehen offensichtlich wiederum vor einer ähnlichen Notwendigkeit.

Gibt es zu wenig gute Lehrer? Weinert resümiert, daß es zwar viele durchschnittliche, aber zu wenig gute Lehrer gebe (Zit. in: MPG Spiegel, Max-Planck-Gesellschaft München, 5/6 1998, 9). Sie seien zu wenig bereit, sich weiterzubilden. Ihr Unterricht sei zu schematisch. Daran ändere sich auch nichts, wenn die Klassen kleiner würden. Bessere Schülerleistungen seien vielmehr von besseren Leistungen der Schule abhängig.

Hier ist zu fragen, warum es so ist. Wir haben schließlich eine akademisch hochentwickelte, wissenschaftlich fundierte Lehrerbildung. Man muß also auch an Gründe denken, die zeit– und persönlichkeitsbedingt sind. Zwei wären zu nennen:

1. Zu wenig talentierte Bewerber für das Lehramt? Im Unterschied zu früher findet eine akademische Selektion in der Weise statt, daß sich die Wahl des Studiums an den späteren Karrieren und Einkünften orientiert, möglicherweise auch an höheren Ansprüchen, wie sie etwa durch einen Numerus clausus markiert sind. Ein Studium der Medizin oder der Informatik übt heute eine stärkere Anziehungskraft aus als das Studium für eine Tätigkeit an der Hauptschule. Generell genießt heute der Lehrerberuf kein sehr hohes Ansehen in der Allgemeinheit.

Aus der Sicht der amerikanischen Verhältnisse bemerkt Reich (1993, 288), daß talentierte Menschen heute nicht mehr so leicht auf den Lehrerberuf verfallen wie vor 20 Jahren. Damals konnten die Schulkinder von den eingeschränkten Karrieremöglichkeiten talentierter Frauen außerhalb des Schuldienstes profitieren. Das Gesetz von Angebot und Nachfrage mache eben auch vor den Schultoren nicht halt. Es findet also eine Vorsortierung statt. Hinzu kommt aber ein zweiter Grund:

2. Die Lehrertätigkeit zu strapaziös? Die ehemaligen Schüler haben allein schon aufgrund ihrer wenig erhebenden eigenen Schulerfahrungen „null Bock“ auf eine spätere Tätigkeit dieser Art, die mit allzu viel Chaos, Stress und Unbefriedigtheit verbunden ist. „Lehrer-werden – nein, danke!“ Diejenigen aber, die sich doch für diesen Beruf entscheiden, erleben bald die Grenzen, auf die ihre pädagogischen Ideale in der Schulwirklichkeit stoßen. Hilflosigkeit und Machtlosigkeit können so groß sein, daß man sich in Muster und Schemata zurückzieht und sich einigelt, um sich behaupten und um beruflich und gesundheitlich überleben zu können. Hinzu kann die Erfahrung kommen, daß selbst über Weiterbildungen keine Auswege aus der eigenen Schulchaotik gefunden werden können.

In dieser Beziehung hatten es frühere Lehrer-Generationen leichter. Sie konnten sich auf eine familiär mitgestützte und von übereinstimmenden Werten getragene Lerndisziplin stützen. Bei der heutigen normativen Pluralität steht jede Lehrerin mit ihrem eigenen Normen- und Wertesystem ziemlich isoliert vor der Pluralität der verschiedenen und hochindividualisiert aufgewachsenen Kinder mit ihrem liberalen Verständnis von Eigeninteresse. Den Kindern fehlt es an realen sozialen Erfahrungen in Gemeinschaften, beschäftigen sie sich doch zumeist mit Computer und Fernsehen und leben sie doch vielfach in verinselten Lebenswelten.

Sollte der Trend einer sich sozial teilenden Gesellschaft weitergehen, könnte es dazu kommen, daß die tüchtigeren Lehrer Schulen anstreben, in denen sie am ehesten ihre pädagogischen Vorstellungen umsetzen können, also auch mit entsprechenden normativen Übereinstimmungen (mit den Elternhäusern) rechnen können. Dies aber fänden sie am ehesten in privaten Schulen vor. Die Folge aber wäre die, daß die sonstigen (allgemeinen) Schulen mit denjenigen Lehrern arbeiten müßten, die dort übrigbleiben. Eine derartige Selektion der Lehrer ist vor allem in den USA zu beobachten. Sie hat verheerende Folgen für die öffentlichen Schulen. Diese geraten in einen Teufelskreis der eigenen Hilflosigkeit und Überforderung.

Qualitätsentwicklung zusammen mit den Eltern

Auch die Einzelschule betreibt, wie nahezu alle einschlägigen Publikationen zeigen, eine im wesentlichen auf die eigene Organisation und das eigene Fachpersonal bezogene und am Auftrag der Schule orientierte Qualitätsentwicklung. Selbstevaluation bedeutet jeweils, daß sich die Pädagogen mit Hilfe professioneller Methoden bezüglich des eigenen und gemeinsamen (professionellen) Agierens selber ins Visier nehmen und sich einer kollegialen Reflexion und Überprüfung stellen. Die Frage der *lebensweltlichen* Orientierung der Schule wird dabei im wesentlichen über die Sichtweisen, Erfahrungen und Kenntnisse der *Lehrer* eingebracht und beantwortet. Es sind im allgemeinen die Mitglieder der Schule, die Daten zur Befindlichkeit der Kinder und zu ihrer Lebenswelt erheben. Schüler und Eltern selber werden nicht systematisch einbezogen und am Qualitätsentwicklungsprozeß beteiligt. Die Schule lehnt ein solches Ansinnen sogar prinzipiell ab.

Damit stellt sich die Frage, wie sich Qualität einer Einrichtung oder ihre „Schulkultur" überhaupt hinreichend bestimmen und entwickeln läßt, wenn nicht auch die Betroffenen, also auch die *Eltern*, direkt in die Gemeinsamkeit der Qualitätsinteressierten und -verantwortlichen einbezogen werden, oder – um es im QM-Jargon zu sagen – wenn die anvisierte Qualität nicht auch den Bedürfnissen der „Kunden" oder „Nutzer" entspricht. Ist dieses Modell der „Kundenorientierung" der sozialen Arbeit auf die Schule übertragbar?

Familie und Eltern als Störvariablen? Aus der Sicht der Schule rangieren Familie und Eltern eher als Problem- und Störvariablen (Herzog 1997). Sowohl in der Schultheorie wie in der Praxis der Schule sei eine auffallende Distanz der Lehrer gegenüber den Eltern zu beobachten. – Es ist bezeichnend, daß in dem neu erschienenen umfangreichen Werk zur „Schulkultur als Gestaltungsaufgabe" (Keuffer u. a. 1998) ausschließlich schulprofessionelle Ansätze und Modelle vertreten werden. – Für die Pädagogik sei die Familie geradezu „kein pädagogischer Gegenstand", stellt Herzog fest. Die familialen Bedingungen der Kinder seien am ehesten noch Forschungsgegenstände anderer Wissenschaften. Die Schule versuche geradezu systematisch, sich der familialen Lebenswelt der Kinder gegenüber abzuschotten. Es entstehe dadurch ein Gegensatz: Hier Schule und da Familie! Diese Gegeneinanderstellung sei aber eine Absurdität.

Wie ist sie zu erklären? Zunächst einmal entspricht die Eigenbezogenheit der Schule ihrer eigenen Geschichte: Sie ist als Pflichtschule auch gegen den Willen der Eltern gegründet worden und hatte sich gegen sie zu behaupten. Dabei bediente sie sich u. a. auch der obrigkeitsstaatlichen Maßgaben und Mittel. Solange die normativen Differenzen zwischen beiden pädagogischen Instanzen nicht gravierend waren – und das waren sie über mehr als ein Jahrhundert hinweg – ergaben sich keine größeren Probleme. Seitdem sich aber die gesellschaftlichen Bedingungen einschneidend geändert und die Familien in ihrer Erziehungsfunktion geschwächt haben, hat sich eine völlig neue Lage ergeben. Sie belastet nicht nur die Familien selber, sondern auch die Schule, und zwar nicht nur in bezug auf Verhaltens- und Disziplinprobleme, mit denen sie immer weniger fertig wird, sondern auch in bezug auf die Schulleistungen.

Ist die Schule überfordert? Wenn die Schule in dieser Konstellation im Augenblick versucht, sich auf ihre „Stärke“ und ureigene Funktion als „Unterrichtsschule“ zurückzuziehen, also Lebensweltprobleme der Schüler auf Distanz zu halten, so ist das zwar systemtheoretisch als Prinzip der Selbsterhaltung erklärbar aber nutzlos. Kein System kann sich gegen seine Umwelt auf die Dauer und ohne Schaden für sich selbst behaupten. Tatsache ist aber, daß sich die Schule gegenwärtig überfordert fühlt, wenn sie sich *auch noch* der familialen Verhältnisse und Probleme annehmen sollte. „Was sollen wir denn noch alles tun?“ lautet die Abwehrformel.

Das *sozialpädagogische Konzept* zur Unterstützung der Schule wird nur bedingt hilfreich sein, soweit hier nur Probleme der Schule abgeladen werden sollen. Im übrigen greifen einseitig akzentuierte sozialpädagogische Maßnahmen an den Schulen zu kurz, wenn mit ihnen gesellschaftlich-strukturelle Probleme, wie z. B. das Fehlen von Lehrstellen und Arbeitsplätzen, kompensiert werden soll (Wenzel 1998, 242). Eine stärkere lebensweltliche Orientierung würde im übrigen auch mehr bedeuten als eine bloße (additive) Entwicklung zur Tagesschule einschließlich Mittagsbetreuung und Hausaufgabendiensten.

Auf *normative Divergenzen* zwischen familialer und schulischer Erziehung ist bereits hingewiesen worden. In den Familien werden heute bewußt oder indirekt mehr Eigenaktivität und Selbständigkeit praktiziert. Sie können in der Schule indirekt das hervorbringen, was als mangelnde Disziplin im Sinne eines effektiven Unterrichts nicht hingenommen werden kann (Herzog 1997). Die Schule wird mit Sicherheit die häusliche Liberalisierung nicht übernehmen können, wird aber auf die Dauer diese Differenz der pädagogischen Kulturen von Familie und Schule nicht ignorieren können, wenn es ihr um wirkliche Qualität geht.

Bedeutung der Familie für die schulischen Leistungen: Zu verweisen ist auch auf die hohe Bedeutung der Familie in ihrer unterstützenden Funktion für die Schulleistungen, wie sie u. a. aus den Forschungen von Coleman bekannt ist (1996). Dieser spricht in einem umfassenden Sinn von „sozialem Kapital" als gesellschaftlichen Hilfsquellen, aus denen das menschliche Kapital in entscheidendem Maße gespeist werde, auch die Leistungen in der Schule. Dieses soziale Kapital, das man erst jetzt voll einschätzen könne, nachdem diese Quellen mit dem Verlust an familialem Zusammenhalt zu versiegen drohten, stütze sich im besonderen auf Vertrauen und Vertrauenswürdigkeit, auf ein Sicherheit gebendes Netz von Verpflichtungen, auf ein allgemeines Einvernehmen und auf effektive Zusammenarbeit.

Qualitative Abweichungen bezüglich dieses Familienhintergrundes, die sich auch in der Menge des dort entwickelten menschlichen und sozialen Kapitals empirisch erkennen ließen, hätten bei weitem mehr Einfluß auf die schulischen Leistungen als Unterschiede zwischen den Schulen, die die verschiedenen Kinder besuchen.

Auch Herzog weist auf dieses geradezu paradoxe Forschungsergebnis hin: Der Schulerfolg sei in zunehmendem Maße nicht von der Qualität der Schule abhängig, sondern von der Qualität der Familie (190). Die Schule könne sich ihre Zurückhaltung gegenüber der Familie nicht länger leisten. Man könnte hinzufügen: Wenn sie es trotzdem tut, riskiert sie ihre Qualität, sei sie auch noch so sehr binnenpädagogisch und planerisch organisiert und hochqualifiziert.

Die reale Entwicklung der Schule zeigt, daß sie von den veränderten Umständen verunsichert, aber auch genötigt wird, sich umzustellen, wenn sie ihre Probleme meistern will. Die Frage ist, in welcher Weise sie sich auf die Elternfrage einstellen kann. Drei Lösungen scheinen sich anzubieten:

1. Die *kooperative Lösung*: Für sie setzt sich u. a. Krumm (1996) ein. Er zeigte im Anschluß an die amerikanischen Forschungsergebnisse die Notwendigkeiten und Möglichkeiten einer offenen pädagogischen Kooperation von Schule und Eltern auf. Ein gemeinsamer Bezugspunkt für beide Seiten wäre der oft zitierte „Erziehungsauftrag" der Schule. Wenn er nicht bloße Beschwörungsformel sein soll, ist ein gegenseitiger Austausch von Normen und Werten mit der gemeinsamen Absicht, einen Grundkonsens bzw. mehr normativen Konsens zu finden, unabweislich. Wie könnte die Schule sonst eine Erziehungsfunktion wahrnehmen, wenn es nicht auch zu einer Abklärung der Unterschiedlichkeiten und Voreingenommenheiten auf beiden Seiten kommt?

Dabei kann die Schule als professionelle Institution nicht einfach auf die Familie warten. Längst hat es sich bei den Schülern herumgesprochen: „Der Erziehungsauftrag an uns wird zwischen Eltern ohne Zeit und überforderten Lehrern hin– und hergeschoben; wir gewinnen Freiraum in diesem Chaos, und der gefällt uns. Wir verwildern in diesem Vakuum, dessen Ränder aus Watte sind und dessen Grenzen wir selbst setzen." (Ein ehemaliger Gymnasiast). Die Schule wird nicht umhinkommen, sich dem Riesenproblem der normativen Pluralität zusammen mit den Eltern zu stellen. Dabei kann sie davon ausgehen, daß sich auch auf Elternseite längst ähnliche Bedürfnisse anmelden, da das normative Chaos auf Dauer für niemanden auszuhalten ist, vor allem aber sonst eine ganze Generation der Hilf- und Orientierungslosigkeit überantwortet wird. Krumm (1997) spricht von „neuen Eltern", die sich mehr als Gesprächspartner der Schule verstehen möchten und ihre Zusammenarbeit anbieten.

Der gegenseitige Austausch von Informationen und Reflexionen läßt sich mit Sicherheit noch weiter ausbauen. Dabei könnten allmählich auch die hemmenden Vorurteile zugunsten einer für die Schüler förderlichen besseren Zusammenarbeit aufgearbeitet werden. Die Frage ist allerdings, wieweit die Kooperationsbereitschaft tatsächlich (auf beiden Seiten!) reicht. Die normativen Unterschiede sind enorm und scheinen manchmal kaum überbrückbar. In Konsequenz dessen streben viele Eltern – und auch Lehrer – einen anderen Weg an:

2. Die *normativ abgestimmte Privatschule:* Sie wird vor allem von Eltern und Lehrern angestrebt, die eine bewußte Erziehungsausrichtung auf einer gemeinsamen normativen, z. B. religiösen, Grundlage anstreben. Wie stark diese Interessen sind, zeigten vor einigen Jahren in Frankreich die großen Eltern- und Schülerdemonstrationen, als die Regierung versuchte, die Mittel für die Privatschulen zu kürzen. In der normativ abgestimmten Privatschule kommt es zu einer weitgehenden Übertragung der *Erziehungsautorität* von der Familie auf die Schule, wodurch zugleich ein hohes Maß an Leistungsfähigkeit mobilisieren werden kann. Diese Lösung aber ist nicht verallgemeinerbar; sie bedeutet keinen generalisierbaren Ausweg für die Probleme der allgemeinen und öffentlichen Schule.

Wie groß die Differenz zwischen ihr und erziehungsbewußten Eltern sein kann, zeigt eine Meldung aus den USA (SZ v. 15.9.1998). Danach melden dort immer mehr Eltern aus Unzufriedenheit mit der Schule ihre Kinder ganz ab und unterrichten sie zu Hause selber. Dieses *Homeschooling* habe sich von 1985 bis 1995 verzehnfacht. Die Zahl der betroffenen Kinder wird auf ca. 1,5 Millionen geschätzt; es gibt aber keine genauen Zahlen. Als Gründe für diese Verabschiedung vom öffentlichen Schulwesen werden u. a. die Gefährdung durch Drogen und Gewalt, aber auch das Interesse an mehr Ordnung, Disziplin und normativer (religiöser) Fundierung der Erziehung angegeben. – Diese Lösung kann eigentlich nur als Verzweiflungsakt angesehen werden.

3. Die *schulautonome Lösung*: Coleman (1996) nennt diesen Ausweg – neben der normativ einheitlichen Schule – und meint damit eine Konsequenz aus der Nicht-Überbrückbarkeit der unterschiedlichen Lebenswelten von Schule und Familie. Die Schule müßte sich unabhängig von der (gesetzlich verankerten) Erziehungsautorität der Eltern auf ihre eigene Autorität und damit auch auf den autonomen Schüler stützen und einen direkt zu gestaltenden Bildungsauftrag wahrnehmen. Dazu wäre allerdings die Zustimmung der Eltern nötig. Eine solche Lösung wäre zwar konsequent,

dürfte aber kaum auf allgemeine Zustimmung stoßen, abgesehen davon, daß sich für die Schule dabei auch neue Probleme ergäben.

Feststehen dürfte, daß eine Nichteinbeziehung der Eltern in eine gemeinsam aufzubauende und gemeinsam zu verantwortende Qualitätsentwicklung, sei sie auch noch so schwierig, die Auseinanderentwicklung von familialer Lebenswelt und schulischer Lehranstalt noch beschleunigen und in zunehmendem Maße zu einer weiteren Belastung der Schule führen müßte.

Schüler und Schule

Nicht für die Schule, sondern für das Leben lernen wir. „Wir": Das sind die Schüler. Sie wären es, für die Schule gedacht werden muß. Diese alte Weisheit muß wohl deshalb ständig wiederholt werden, weil es offensichtlich immer schwieriger geworden ist, sie im Lehren und Schule-Einrichten umzusetzen. Die autoritäre Schule von einst hatte es leichter. Wie ein Stachel muß der Befund wirken, daß die Schulleistungen in den früheren oder noch verbliebenen totalitären Staaten die des „Westens" übertrafen bzw. übertreffen (Thurow 1999).

Obwohl die Schülerinnen und Schüler die eigentlichen Adressaten des Unternehmens Schule sind, bereitet ihre Einbeziehung in die Qualitätsentwicklung einer Schule nach wie vor Probleme, jedenfalls für eine demokratische Schule. Sie müßte aber wissen, wie sie die Qualität ihrer Schule beurteilen. Sind ihre Urteile überhaupt gefragt? Wieweit sind sie verwertbar, und wieweit kann sich die Schule auch nach ihnen richten, da sie auch staatlichen Maßgaben zu folgen hat?

Die Frage, was die Lehrer von ihren Schülern und ihrer Lebenswelt wissen, wieweit sie an ihr interessiert sind, und welche Konsequenzen sind sie zu ziehen bereit, hat sehr viel mit der Frage nach der Qualität von Schule zu tun; denn Lehren und Lernen lassen sich nur verbessern, wenn Schüler- und Schulinteressen sich aufeinander abstimmen lassen.

Befragt man heute Schüler, wie sie ihre Schule beurteilen, so ist u. a. häufig zu hören, daß sie sich unverstanden und zu sehr kontrolliert fühlen. Sie klagen über eine innere Distanziertheit ihrer Lehrer. „Jeder macht seinen Stiefel!" „Kaum ein persönliches Wort!" Manche von ihnen flüchten in bloßes Unterrichten mit Arbeitsblättern oder ins bloße Dozieren.

Wenn es in neueren Studien (u. a. Giesecke 1996) heißt, die Kinder seien anspruchsvoller, maßloser, frecher und aggressiver geworden; sie seien weniger erzogen, erwarteten mehr Zuwendung und persönliche Betreuung und könnten sich im Unterricht nicht konzentrieren und disziplinieren, so ist das eine sicherlich wichtige, aber auch eine bloße Feststellung, die einer näheren Erklärung bedarf, weil sie vielfältig begründet ist. Zu fragen ist nach Gründen, die – abgesehen von außerschulischen Bedingungen – u. U. auch im Verhalten der Lehrer zu suchen sind, z. B. im Unterrichtsstil oder im Umgang mit den Schülern.

Was hier an Unterricht praktiziert wird, läßt vielfach eine didaktische und psychologische Fundierung vermissen und ist vor allem an Schulen anzutreffen, deren Lehrer in ihrer Ausbildung wenig an pädagogisch-psychologischem Know-how mitbekommen haben, bzw. die sich im wesentlichen auf ihr „Fach“ und „den Stoff“ beschränken. Alle einem solchen – veralteten – Stil nicht entsprechenden Reaktionen der Schüler werden dann zu bloßen Störvariablen. Hier dürften auch ernstzunehmende Gründe für die relativ bescheidenen Schulerfolge deutscher Schüler liegen, wie sie die TIMSS-Studie ans Tageslicht gefördert hat.

Lehrer-Schüler-Verhältnis: Die Qualität von Erziehung hat Schaden genommen. Das einst hochgeschätzte Thema Lehrer-Schüler-Verhältnis scheint seine Bedeutung verloren zu haben. Die Schüler vermissen diese Beziehung sehr. Einige Beispiele aus der Sammlung von Schüler-Aufsätzen zum Thema „Wenn ich zu bestimmen hätte“ von Sochatzy (1988, 117):

„Ich würde bestimmen, daß Lehrer und Schüler freundlicher zueinander sind“ (w 12).

“Ich würde bestimmen, daß die Schule als etwas Schönes empfunden wird, also daß die Lehrer nett und hilfsbereit sind und nicht so aggressiv“ (m 13).

„Ich will, daß man sich mehr Zeit für die Schüler nimmt“ (w 14 HS).

Insgesamt wünschen sich die Schüler

- mehr persönliche Gespräche mit ihren Lehrern, damit man auch einmal die Einstellungen des Lehrers kennenlernt,
- daß die Lehrer sich „auch einmal als Menschen aufführen“,
- daß sie sich auch für das Zuhause ihrer Schüler interessieren und
- auch außerhalb der Schule mal mit den Schülern zusammenkommen. „Es sollte eine viel bessere Beziehung zueinander herrschen“ (w 14 Gy).

Eine Schülersprecherin (Abiturientin) meinte:

„Am Unterricht sollte sich sehr viel ändern. Wir müssen uns vom Frontalunterricht verabschieden und benötigen modernere Lehr- und Lernformen. Vor allem aber brauchen wir menschlichere Lehrer, die uns Schülern zuhören. Die Klage über Lehrer, die Schüler abblocken und nicht auf sie zugehen, kommt von fast allen ... Schulen.“ (SZ v. 29.7.1998)

Fend (1998) bestätigt aufgrund einer neueren Untersuchung diese Beobachtungen weithin. Besonders aufschlußreich sei die Beobachtung der Lehrer, daß die Schülerinnen und Schüler *„heutzutage individueller behandelt werden“ wollen*, ein wichtiger Hinweis auf die Bedeutung der Schule in erzieherischer Hinsicht (342). Als ein Grund für die Überforderung der Lehrer wird u. a. die größere Belastung durch administrative Tätigkeiten genannt. Zugleich stellen die Lehrer aber auch fest, daß sich eine Schere zwischen *gesteigerten Anforderungen und reduzierten Bewältigungsstrategien* aufgetan habe. Bei einem Vergleich der Problemschwerpunkte mit der Schweiz ergab sich u. a., daß in Deutschland die Bewältigungskompetenz der Lehrer negativ ausgeprägt sei, so daß eher eine „Leidensstimmung“ vorherrsche (344).

Die Diskrepanz zwischen Schule und Schülern, von der immer wieder berichtet wird, trifft sicherlich nicht für jede Schule und jeden Schüler zu. Es gibt Schulen und Klassen, in denen sich die Schüler wohlfühlen und gewiß sind, daß sie etwas für ihr späteres Leben lernen. Dabei bleibt allerdings offen, wieweit dies ein Verdienst der Schule ist.

An sich kennt die Schule das Prinzip der *Schülerorientierung,* allerdings fast ausschließlich nur aus der Didaktik und der Unterrichtsmethodik. In einem ganzheitlichen bildungstheoretischen Sinne geht es darum, daß der Schüler bzw. die Schülerin als ein Lernsubjekt, nicht also als bloßes Lehr-Objekt, gesehen wird, das die Fähigkeit zu Selbst– und Mitbestimmung und zur Kooperation erlernen soll, der Schüler also als ein Sich-selbst-Bildender gesehen wird, der auch in die Planung und Gestaltung der Lehr-Lern-Prozesse einbezogen wird, mitreflektiert und so auch Mitverantwortung erlernt.

Ein derartiger, vornehmlich *didaktischer* Bezug von „Schülerorientierung" dürfte bei den heutigen grundlegend veränderten Sozialisationsbedingungen, nicht mehr ausreichen. Er könnte angesichts der heutigen Belastung des Unterrichts und des Schullebens mit Verhaltens- und Disziplinproblemen und einer unzureichenden Ausbildung der Lehrer sogar neue Probleme heraufbeschwören. Viele Lehrer flüchten – jedenfalls in den Augen der Schüler – vor der unberechenbaren individuellen didaktischen Kommunikation in den verbreiteten Gebrauch von Arbeitsblättern im Unterricht. Er fungiert als unterrichtlicher Abwehrmechanismus. Generell erwarten die Schüler aber von der Schule etwas anderes als eine allzu „trockene" und „mechanische" Darbietung. An dieser Diskrepanz fühlen sie sich nicht allein schuldig; ihre Erwartungen aber sind von substantieller Bedeutung für das, was aus ihrer Sicht eine „gute Schule" wäre.

Befragung der Schüler? Wie Schüler befragt werden können, hat die Forschung in zahlreichen Projekten aufgezeigt (Fend 1998). Auch aus Schüler-Aufsätzen geht vielfach das hervor, was sich Schüler unter einer guten Schule vorstellen, aber nicht vorfinden. Sie meinen vor allem das Verhalten der Lehrer ihnen gegenüber: „Sie sollten den psychischen Druck von den Kindern nehmen, ... einem zuhören können und sich die Zeit nehmen", schulische Probleme „mit dem Schüler zu lösen und sie nicht abweisen" (gesamm. v. Apel 1997; siehe auch Pettilion 1987; Sochatzy 1988; Czerwenka 1990; Nölle 1995).

Die Schule wird sich gemäß ihrem Bildungsauftrag der Realität ihrer *Schüler* nicht entziehen können. Die Schwächung der Familien hat die Bedeutung der Schule als Lebenswelt erhöht. Mit einer stärkeren Orientierung der Schule an der Lebenswirklichkeit der Schüler ist ganz und gar nicht ein Abbau von Autorität gemeint; im Gegenteil: Schüler schätzen überzeugende und fachliche Autorität. Sie wollen nur auch ernstgenommen werden.

Amtliche Schülerbefragungen? Sollte es nicht gelingen, daß sich die Schule bei ihren Qualitätsbemühungen mehr auf die von ihr unmittelbar Betroffenen einstellt, könnte es dazu kommen, daß die Verhältnisse derart kritisch werden, daß von den Schulen Schüler- und auch Elternbefragungen eingefordert werden. Derartige Auflagen sind in den USA längst eingeführt worden. So bezieht sich z. B. in Ohio die extern gesteuerte Datensammlung zur „Messung der Schulqualität“ auf Erfassungsbögen, die von allen Schülern der Klassen 4–12, von allen Lehrern einer Schule, von einer Auswahl von Eltern pro Schule und einer Auswahl von Gemeindemitgliedern je Schule zu beantworten sind.

Zur Veranschaulichung dieser für hiesige Verhältnisse höchst befremdenden Befragungssystematik seien einige Fragen aus einer Schülerbefragung bezüglich Sicherheit und Ordnung an einer Schule wiedergegeben (Sheehan 1999):

- Fühlst Du Dich sicher innerhalb des Schulgebäudes?
- Fühlst Du Dich sicher auf dem Schulweg?
- Kannst Du ohne Scheu einem Lehrer sagen, daß Du Angst hast?
- Meinst Du, daß die Lehrer mit Erfolg dafür sorgen, daß die Toiletten sauber bleiben?
- Meinst Du, daß die Lehrer mit Erfolg dafür sorgen, daß die Klassenräume ordentlich bleiben?
- Meinst Du, daß die Lehrer mit Erfolg für das gute Benehmen der Schüler sorgen?
- Meinst Du, daß die Hausordnung gut ist?
- Meinst Du, daß die Einhaltung der Hausordnung durchgesetzt wird?
- Gehst Du gern in die Schule?

Fragen bezüglich der Bemühung der Schule, beim Lernen zu helfen:

- Erwarten Deine Lehrer, daß Du Dein Bestes gibst?
- Erwarten Deine Lehrer von Dir, daß Du Dich anständig benimmst?
- Erwarten Deine Lehrer von Dir, daß Du Probleme löst?
- Fördern Dich Deine Lehrer?
- Bieten Dir Deine Lehrer außerhalb des Unterrichts Unterstützung, wenn Du sie brauchst?
- Zeigen Dir Deine Lehrer genügend Möglichkeiten auf, um Dir zu zeigen, was Du lernst?
- Bitte erteile Deiner Schule eine Gesamtnote für die Lernunterstützung, die sie Dir bietet!

Dieses Beispiel soll lediglich die Dimensionen und die Bedeutung aufzeigen, die einer stärkeren Orientierung an den Schülern einer Schule zukommen. Es ist hier also lediglich prophylaktisch gemeint. Im übrigen werden, berichteweise und auf eigene Projekte bezogen, auch an einigen hiesigen Großstadtschulen derartige Befragungen von Schülern durchgeführt.

Beispiel: Eine Heimschule organisiert sich neu: Als Beispiel dafür, daß Schulen, die unter besonderen Druck geraten sind, in besonderem Maße bereit und in der Lage sind, sich selber an eine Qualitätsverbesserung ihrer Schule heranzumachen, sei hier von einer Schule zur Erziehungshilfe (Förderschule) in einer oberbayerischen Kleinstadt berichtet (Spitzauer/Stieler 1997).

Die Schule war durch ein gerichtliches Verfahren wegen unzulässiger Vorfälle an der Schule in die Schlagzeilen geraten. Die damit verbundenen Begleitkonflikte unter den Lehrern und im Verhältnis zu den Eltern hatten das Image der Schule und damit die Vertrauensbasis auf den Nullpunkt sinken lassen. Für die Schüler hatte die erzieherische Autorität schweren Schaden genommen. Es drohte ein zerstörerisches Chaos. Lehrer wurden ausgewechselt.

Das neue Kollegium gab aber nicht auf. Es schloß sich unter dem externen Druck sogar enger zusammen und war, im besonderen unterstützt durch die neue Schulleiterin, entschlossen, die heilpädagogische Qualität neu aufzubauen. Das *Lehrerteam* machte sich daran, die entstandene Situation offen zu analysieren, und entsprechende Konsequenzen zu ziehen. Die wichtigste bestand zunächst darin, dieses Vorhaben zu institutionalisieren. Zur Moderierung der regelmäßigen Gesprächsrunden und zur organisationalen und psychologischen Beratung wurde eine Organisationspsychologin angestellt. Die Kosten übernahm der Trägerverein der Schule.

Für die Entwicklung eines neuen Konzeptes war die offene und ermunternde Bereitschaft der Schulaufsicht wichtig, aber auch das positive Klima im Team. Da es sich um eine Heimschule handelte, war auch die Mitwirkung des Heimes wichtig. Die ersten Überlegungen bezogen sich in erster Linie auf die Situation der *Schüler*. Es kam zu einem vertieften sowie intensiv und gemeinsam reflektierten Verständnis ihrer Probleme und Bedürfnisse. „Was ist für die Schüler wichtig? Was muß vermittelt werden?" Von besonderer Bedeutung war der offene Austausch von Beobachtungen und Einschätzungen. Er bewirkte eine gegenseitige Verstärkung und Bindung in bezug auf gemeinsame Planungs- und Handlungsfolgerungen.

Entscheidend war dann die Erkenntnis, daß es für diese Kinder angesichts der bei ihnen verbreiteten Perspektivlosigkeit und sozialen Apathie besonders darauf ankommen mußte, ihre sozialen Fähigkeiten auszubilden, und ihre individuellen Bedürfnisse und Interessen mehr zu beachten als sich primär auf die Förderung der Schulleistungen zu konzentrieren. Daraus wurden für den Ablauf und die Gliederung des Unterrichts geradezu revolutionäre Schlußfolgerungen gezogen. Obwohl diese z. T. nicht der amtlichen Schulordnung entsprachen, erhob die Schulaufsicht keine Einwände. Es lag klar auf der Hand, daß nur durch eine neue organisationale Ordnung sich diese Schule qualitativ *selber helfen* konnte.

Das bisherige starre Stundenschema mit gleichen Verpflichtungen für alle Schüler einer Klasse gemäß dem amtlichen Fächerkanon wurde aufgehoben. Stattdessen wurde ein Kursprinzip auf der Basis von Freiwilligkeit eingeführt. Die Lehrerinnen und Lehrer brachten die entsprechend notwendige Flexibilität auf und konnten erleben, daß sich das Unterrichtsklima verbesserte. Die Auflockerung des Schulalltags und die Miteinbeziehung der Schüler in seine Neugestaltung brachten immer neue Ideen hervor. Die Schüler übernahmen sichtlich mehr Verantwortung für das, was Schule nun für sie – auch in ihrem Interesse – bot.

Entscheidend war, daß der Schule nicht von außen oder von oben ein neues Konzept verordnet wurde, sondern daß sie dieses *selber* entwickelte. Die Schulleiterin sorgte vor allem für Kontakte und Verständnis auf Seiten der äußeren Instanzen. Für die Lehrerinnen und Lehrer – in der Mehrzahl waren es *Frauen* – war es wichtig, auf der Basis gemeinsamen Nachdenkens, Akzeptierens und Planens wieder mehr eigene Zuversicht zu gewinnen. Dem Primat des Erzieherischen konnte Geltung verschafft werden. Das ständige bloße Jammern und Klagen hörte auf. Die Schule machte nun für alle, Lehrerinnen und Schüler, „mehr Spaß". Auch bei den Eltern und in der Öffentlichkeit konnte Vertrauen wiedergefunden werden.

Das Bayerische Kultusministerium nahm in Verbindung mit dem Staatsinstitut für Schulpädagogik und Bildungsforschung dieses erfolgreiche Modell sogar zum Anlaß, für alle entsprechenden Schulen ein eigenes Projekt „Interne Schulentwicklung durch Externe Beratung" (1998) ins Leben zu rufen, wobei allerdings gleichzeitig darauf hingewiesen wurde, daß die externe professionelle Beratung mit einem sehr hohen Kostenaufwand verbunden sei, den die Schulen nicht vom Staat erwarten dürften.

Das bedeutet, schulische Qualitätsentwicklung wird staatlicherseits als wichtig bestätigt und als Aufgabe der einzelnen Schule angesehen. Zugleich aber wird sie auch für die Beschaffung der nötigen Ressourcen selber verantwortlich gemacht, sie, die vom Staat und den Kommunen laut Gesetz finanzierte Schule! Ein Zirkelschluß des staatlichen Pflichtschulwesens, der seine Schwäche als Monopol offenlegt und deutlich macht, daß der Staat auch an finanziellen Entlastungen im Bildungswesen interessiert ist.

Er ist aus diesem Grunde, wie man immer häufiger hören kann, auch bestrebt, zu prüfen, wieweit ein Transfer der aus der Wirtschaft stammenden und als äußerst effizient eingeschätzten Modelle des Qualitätsmanagements in das Bildungswesen möglich sei. – Aber dieser Weg zu einer ökonomischen Reform und zur Kostenersparnis kostet eben auch Geld! Man muß in solchen Tendenzen einer Verlagerung von Verantwortlichkeiten „nach unten" nicht eine Bestätigung des Privatisierungsprinzips als Ablösung von staatlicher Regie sehen. Eher wäre an eine *Teilprivatisierung* öffentlicher Aufgaben im Sinne einer stärkeren Mitbeteiligung externer (privater) Investoren zu denken.

Perspektiven für das heilpädagogische Schulsystem

Das heilpädagogische Schulsystem spielt in der gegenwärtigen Diskussion um eine schulische Qualitätsentwicklung kaum eine eigene Rolle. Die schulpolitischen Schwerpunkte werden ausdrücklich auf die Steigerung schulischer Leistungen gesetzt. Schulische Bildung für Kinder und Jugendliche mit erheblichen Lernhindernissen (und vermehrten Kosten) rückt an den Rand des allgemeinen Bildungsinteresses. Kongresse, Resolutionen und Programme zum Abbau der „Bildungsmisere" beziehen sich – wenn überhaupt – höchstens mit Randbemerkungen auf das Schulsystem für Schülerinnen und Schüler mit Behinderungen. Auch die bislang öffentlich favorisierte schulische Gemeinsamkeit von behinderten und nichtbehinderten Kindern scheint an Bedeutung eingebüßt zu haben. Sie tritt eher in den Hintergrund. Von den neuen Segregationstendenzen war bereits oben die Rede. Neu eingerichtet werden allerdings Hochbegabtenklassen.

Das heilpädagogische Schulsystem samt Integrationsklassen droht zu einem Rest-Thema zu werden. Bei der Konzentration des staatlichen und des elterlichen Interesses an höheren Schulleistungen werden Fragen, die sich auf Hindernisse und Erschwerungen und damit auf größeren Aufwand bei niedrigerer Effizienz und Verwertbarkeit der „Produkte" beziehen, nicht nur uninteressant für die Allgemeinheit, sondern u. U. eher als hemmend bewertet. Die Solidarität mit ihnen nimmt ab. Behinderte Kinder werden bei der vornehmlich ökonomischen Sichtweise als erhöhte Kostenfaktoren oder gar als „Kostentreiber" eingestuft. Gravierendes Beispiel ist der enorme Chancenverlust behinderter Jugendlicher und Erwachsener, einen Arbeitsplatz zu finden. Sie erhalten das Image von „Nicht-Brauchbaren" und deshalb eigentlich „Überflüssigen".

Viele Anzeichen sprechen dafür, daß eine zunehmende – bislang eher verdeckte – *Selektionstendenz* wirksam wird. Sie zeigte sich schon vor Jahren, als immer wieder einmal der Versuch gemacht wurde, den Bildungsanspruch für geistig am schwersten Behinderte aufzuheben. Bei der gegenwärtigen Forcierung der Förderung von Spitzenqualitäten drohen Kinder und Jugendliche mit schulischer Leistungsschwäche zu Verlierern der Leistungs- und Marktwettbewerbsgesellschaft zu werden.

Schulische Integration – die billigere Lösung? Als fatal oder geradezu pervers sind schulpolitische Tendenzen anzusehen, die, ökonomisch begründet, auf einen Abbau der Sonderschulen hinauslaufen, und der unter dem Aspekt der Kostenreduzierung mit dem Integrationsprinzip begründet wird! Wenn dies in einem heilpädagogisch unterentwickelten Lande geschähe, so würde ein solcher Versuch weniger Aufsehen erregen. Wenn er aber aus der Schweiz, einem ökonomisch und heilpädagogisch hochentwickelten Land, gemeldet wird, so bedeutet dies Alarm. Haeberlin (1998) wandte sich empört an die Öffentlichkeit und Fachwelt, die hier beabsichtigte Desavouierung des Integrationsprinzips, aber auch den Abbau der an sich unbedingt erforderlichen Mehrkosten für Sonderklassen und Sonderschulen zu verhindern.

Aufschlußreich ist in diesem Zusammenhang die Konsequenz, die Haeberlin als entschiedener Vertreter einer Heilpädagogik als Integrationspädagogik zieht, nämlich für die „vorläufige" Erhaltung der Sonder- und Kleinklassen als eines „kleineren Übels" zu plädieren. Wenn ich auch die Attribuierung eines „Übels" nicht nachvollziehen kann (Speck 1996), so lag schon seit einiger Zeit Grund vor, sich für die gleichzeitige Erhaltung des Sonderschulwesens einzusetzen, d. h. es nicht verfrüht um eines künftigen durchgehend gemeinsamen Unterricht wegen preiszugeben, und zwar vor allem deshalb, weil die besonderen Rechte und Erfordernisse für eine adäquate Bildung in einem eigenen System besser zu verteidigen sind, eben dem System der Sonderschulen und Sonderklassen (Förderschulen).

Im übrigen war Skepsis gegenüber der allgemeinen Integrationsbereitschaft und dem Willen der Allgemeinheit schon seit längerem dahingehend angebracht, daß sie trotz dominant werdender Ökonomisierungstendenzen die Mehrkosten für die Bildung behinderter Kinder und Jugendlicher weiterhin aufzubringen bereit sein wird (Speck 1998). Das Argument der „billigeren" Integrationslösung war längst – wenn auch aus eher heilpädagogisch unterentwickelten Ländern – bekannt. Es war mir stets wichtig, auf die Gefahr der „billigeren Lösung" und der damit verbundenen Konsequenzen eines Einbruchs jeglichen heilpädagogisch-speziellen Aufwandes auch für unsere Breiten hinzuweisen (Speck 1998, 1. Aufl. 1988, 308).

Daß nun auch im reichen Zentraleuropa das Billig-Argument priorisiert wird, bestätigt die nun vorherrschende Marktideologie, die für Menschen, die zum „Kostenfaktor" werden, nichts Gutes verheißt. Sie macht es überdeutlich: Die sich durchsetzende Ökonomisierung ist primär an Kostenreduzierung interessiert, nicht an sozialen Ideen (Integration u. ä.); sie bedient sich jeder dafür geeigneten Möglichkeit und Argumentation. Die Forderung nach Auflösung der Sonderschulen zugunsten eines durchgehend gemeinsamen Unterrichts tendiert zu einer Verringerung des Kostenaufwandes! Es war also falsch, die Sonderschulen pauschal zu diskreditieren. *Unter dem Ökonomisierungsaspekt lassen sich die speziellen Erziehungserfordernisse für Kinder und Jugendliche mit Lernhindernissen noch am ehesten im Rahmen eines eigenen schulischen Systems verteidigen.*

Es wird sehr darauf ankommen, die sozial und moralisch begründete und bisher allgemein akzeptierte Mehrkostenforderung im Sinne des Bildungsrechtes auch behinderter Kinder und Jugendlicher aktiv zu vertreten, und den dabei ökonomisch angepeilten Mißbrauch der Integrationsidee zurückzuweisen. Im übrigen wird die Verteidigung eigener Bildungseinrichtungen und vergrößerten Kostenansatzes für Kinder und Jugendliche mit Behinderungen des Lernens vor allem dann gelingen, wenn sich die schulischen Einrichtungen für diese Kinder ganz bewußt der Qualitätssicherung stellen und die besondere Qualität dieser Einrichtungen nachweisen können.

8. Zusammenfassung: Qualitätsentwicklung als Aufbau sozialer Qualität

Daß uns nach einer bereits historisch gewordenen Aufschwungphase sondersgleichen nun der Wind wieder schärfer und kalt entgegenbläst und sich auch wieder mehr Elend ankündigt, ist an sich nichts Neues in der Geschichte. Neu sind die Umstände und damit auch die erforderlichen Denk- und Handlungsansätze, um die neue Herausforderung zu meistern. Heil- und Sozialpädagogik bzw. Sozialarbeit können nur das bleiben wollen, was sie in ihrem Grundansatz sind. Soziale Dienste werden sich nicht zu ökonomischen Unternehmen ummodeln lassen, wenn sie nicht ihren Auftrag für den Menschen und damit ihre eigene Identität verlieren sollen.

Als Zusammenfassung sollen thesenartig einige Punkte genannt werden, die es wert sind, bei der Frage nach einer verantwortbaren Qualität sozialer und heilpädagogischer Dienste beachtet zu werden:

1. Die Weiterentwicklung von Qualität im Bereich sozialer und rehabilitativer Dienste ist eine Aufgabe, der sich jede soziale und heilpädagogische Einrichtung zu stellen hat. Dabei bestimmen sich die Kriterien dessen, was unter Qualität zu verstehen ist, aus der entsprechenden fachlichen Kompetenz und aus der Bewertung von *Lebensqualität*, wie sie von den betroffenen Menschen vorgenommen wird. Dieser vertikal und subjektiv bestimmten Qualität gegenüber kommt der Berücksichtigung der wirtschaftlichen Komponente eine horizontale Reglerwirkung zu. Ein dominant werdender Faktor Wirtschaftlichkeit, z. B. begründet in Kostenreduzierungszwängen, würde die fachliche und die menschliche Qualität (Lebensqualität) gefährden. Die soziale Begrifflichkeit wie auch Bildungsprozesse sperren sich gegen eine sich ihnen aufdrängende ökonomische Rationalität.

2. Soziale Qualität ist *nicht meßbar* wie ein Warenprodukt oder eine Dienstleistung im Produktionsprozeß. Sie kann immer nur gedeutet und eingeschätzt werden, ist also nicht berechenbar. Soziale Beziehungen beruhen auf Wechselwirkungen und sind deshalb nur begrenzt planbar. Normierende Qualitätsstandards können also nur sehr bedingte Gültigkeit beanspruchen. Das Prinzip der Individualisierung kann auch durch ökonomische Erfordernisse nicht außer Kraft gesetzt werden.

3. Soziale Qualität stellt sich im sozialen Prozeß aufgrund personaler und sozialer bzw. moralischer Wertungen und Handlungen ein, läßt sich also nicht ohne weiteres „objektivieren" und in Effektivität und Effizienz erkennen. Ein geforderter *Erfolgsnachweis*, zumal auf der Basis eines Input-Out-

put-Musters, ist in aller Regel nicht erbringbar. Er wäre kausal nicht eindeutig bestimmbar und könnte in Fällen, wo „kein Erfolg" zu erkennen oder zu erwarten ist, dazu führen, daß Investitionen unterbleiben, was bei schwerstbehinderten Menschen katastrophale Folgen haben müßte.

4. Qualitätsentwicklung im Sinne der eigenen fachlichen und sozialen Aufgabe ist im besonderen auf *Kooperation* innerhalb einer Einrichtung angewiesen. Dem Team und einer integrationsfähigen und zugleich als gültig anerkannten *Leitung* kommen besondere Bedeutung zu. Qualitätssteigernde Kooperation ist aber auch auf eine direkte und konstruktive Kontaktnahme mit den Betroffenen, im wesentlichen den anvertrauten behinderten und sozialgefährdeten Menschen und ihren Eltern bzw. Angehörigen angewiesen.

5. Qualitätssicherung ist zwar primär Sache jeder einzelnen Einrichtung. Sie kann aber diese Aufgabe nur bewältigen, wenn sie auch von außen unterstützt wird, d. h. wenn Rahmenbedingungen bestehen, die das eigene (autonome) Qualitätshandeln begünstigen. *Staat und Kommunen* müssen ihre soziale Grundverantwortung weiter behalten.

6. Das unserer sozialen Kultur zugrundeliegende *Menschenbild* und *Ethos* ist mit einem dem Primat der Wirtschaftlichkeit und des dominanten Eigennutzes folgenden Typus eines homo oeconomicus nicht vereinbar. Der wahre Wert einer Gesellschaft als einer „guten" oder „anständigen Gesellschaft" (Margalit 1997), in der niemand erniedrigt und entwürdigt wird, läßt sich nicht einseitig vom Nutzen- und Marktwert seiner Mitglieder her bestimmen. Humanität wird nicht durch einen imaginären Markt erzeugt oder gesichert. Wirklicher Wert menschlichen Zusammenlebens wird immer auch davon bestimmt, was dabei diejenigen wert sind, die soziale Hilfe in besonderem Maße brauchen. Qualitätssicherung hat deshalb unter einer sozialen Perspektive als Sicherung dieses Wertes der *Hilfe zum menschenwürdigen Leben* zu gelten.

Aufschlußreich und wichtig erscheint uns schließlich ein *Vergleich schulischer und (nichtschulischer) sozialpädagogischer oder sozialtherapeutischer Einrichtungen* bezüglich unterschiedlicher und gemeinsamer Sicht- und Vorgehensweisen in Sachen Qualitätsentwicklung.

Unverkennbar sind gewisse *Gemeinsamkeiten.* Sie beziehen sich vor allem auf die Notwendigkeit systematischer Qualitätsentwicklung an sich sowie auf deren fachliche Begründung: Veränderte gesellschaftliche und institutionelle Bedingungen. Beide Bereiche streben ausdrücklich eine stärkere Adressatenorientierung an, und beide sehen sich genötigt, angesichts „leerer Kassen" und eines allgemeinen Investitionsabbaues fachliche Qualität zu sichern, um die bisherigen Aufgaben weiterführen zu können, auch wenn sie schwerer werden.

Deutlich zeigen sich aber auch die *Unterschiede.* Sie beziehen sich vor allem auf die gesetzlichen Grundlagen und die daraus folgenden Methoden. In ihnen spiegelt sich zugleich die traditionelle Verschiedenheit der fachlichen Kultur beider Bereiche wider, die bekanntermaßen das Zusammenwirken nicht immer leicht macht.

- *Unterschiedliche Regulierungsbedürfnisse:* Im Unterschied zu den sozialen Einrichtungen zeigt das Schulsystem keinerlei Neigung, weitere Regulierungen einzuführen. Im Gegenteil: Es stützt sich explizit auf Verfahren, die eine interne, relativ offene Evaluation ermöglichen. Dagegen überwiegen in den sozialpädagogischen Ansätzen deutlich Verfahren, die eine straffere Organisation unter dem Aspekt größerer institutioneller und wirtschaftlicher Effizienz intendieren. Die einfachste Erklärung dürfte darin liegen, daß die sozialen Einrichtungen im Unterschied zur staatlich und hoheitlich organisierten, rechtlich geregelten und durch Schulaufsicht kontrollierten Schule bisher weniger geregelt und kontrolliert waren. Hinzu kommt der Aspekt der privaten Träger mit ihren eigenen Regelungsrechten.
- *Unterschiedliche Gewichtung ökonomischer Maßgaben*: Da die Schule auf einer anderen Finanzierungsgrundlage steht, die sie nicht ökonomischen Wettbewerbszwängen aussetzt und ihre Einzelexistenz in Frage stellt, spielt bei ihren Qualitätsansätzen der ökonomische Aspekt nur eine untergeordnete Rolle. Dagegen steht für die sozialen Einrichtungen aufgrund gesetzlicher Bestimmungen, die sie direkt dem Wettbewerbsprinzip unterwerfen, bei ihren Qualitätsüberlegungen die wirtschaftliche Komponente betont im Vordergrund. Dies erklärt wohl auch die Tatsache, daß sie eher an Verfahren interessiert waren, die aus der ökonomischen Unternehmer-Szenerie stammen (ISO 9 000).

Die unterschiedlichen Strukturen sind zu beachten, wenn beide Bereiche verglichen werden. Sie können nicht gleichgesetzt werden, wenn es um Ansätze zur Qualitätsentwicklung geht. Möglicherweise bahnt sich, sowohl was Regulierungserfordernisse als auch ökonomische Maßgaben betrifft, ein struktureller Ausgleich an. Er könnte für eine bessere Zusammenarbeit nur förderlich sein.

9. Künftige Chancen für soziale Qualität

Es ist grundsätzlich davon auszugehen, daß die gegenwärtige kritische Phase der sozialen und rehabilitativen Sicherung sozial benachteiligter und von Ausgrenzung bedrohter Menschen sich noch weiter verschärfen wird. Längerfristig gesehen aber besteht Grund zur Hoffnung. Jede Veränderung stützt sich auch darauf, daß sich Wesentliches *nicht* ändert, daß gewissermaßen „die Bäume nicht in den Himmel wachsen".

- *Der Mensch ist und bleibt Zoon politikon*, ein Gemeinschaftswesen, auch wenn es zeitenweise so aussehen kann, als ob sich ein Teil der Menschen auf Kosten der anderen davonstehlen könnte. Globalisierung bedeutet eben auch Herausvorderung der verantwortlichkeiten füreinander über den Globus hinweg.
- Ein zweiter Grund für Zuversicht besteht aus rein volkswirtschaftlicher Sicht. Es ist offensichtlich nicht wahr, was gemeinhin von der Krise des Wirtschaftsstandortes Deutschland aus zweckrationalen und ideologischen Gründen behauptet wird; im Gegenteil: Die deutsche Wirtschaft ist auf einem gesunden Wachstumskurs und zwar deshalb, weil sie eine *höhere Produktivität* aufweist. Nach Gauer u. Scriba (1998, 122) war der Produktionsgewinn hier etwa zweieinhalb mal so hoch wie in den USA. „Jobless Growth", ein Wachstum ohne Netto-Arbeitsplatzgewinn, sei „ein Zeichen einer gesunden hochproduktiven Wirtschaft" (123). Deutschlands witschaftliches Plus ist also seine *hohe witschaftliche Produktivität.*
- Hoffnung ist weiterhin in unserer mitteleuropäischen *Kultur* begründet. Sie ist historisch tiefer verwurzelt als die unseres Wirtschaftspartners USA, der so sehr auf den Abbau des Sozialen in Europa, des „Rheinischen Modells", drängt. Es mag dabei auch etwas Neid gegenüber Old Europe mitschwingen, dem man sich vom bisherigen wirtschaftlichen Erfolg her immer nur überlegen fühlte. Von der kulturellen Verankerung des Sozialen in Europa ist jedenfalls nicht zu erwarten, daß es hierzulande zu amerikanischen Verhältnissen kommt.

Die sich neu stellende Aufgabe wird gegenwärtig erst in Umrissen erkennbar. Allzu stark verwurzelt und eingefahren sind noch die alten Muster der Durchsetzungsstrategien der Mächtigeren. Die sich bislang abzeichnenden Differenzen in bezug auf Zukunftschancen müssen noch deutlicher in das allgemeine Bewußtsein, aber auch in das konstruktive Denken des *Einzelnen* eindringen, damit die Herausforderungen wirklich angenommen und im

Sinne einer neuen Zukunft moralisch und politisch angepackt werden können.

Für die Überwindung der gegenwärtigen Krise des Sozialen erweist sich der *Staat* als relativ machtlos. Mehr oder weniger passiv muß er es geschehen lassen, daß die Gesellschaft auf eine kritische Spaltung zuläuft. Das Prinzip sozialer Gerechtigkeit ist unter Druck geraten. Die Abhängigkeit vom Wirtschafts- und Finanzsystem bindet ihn zusehends. Zugleich aber zeichnet sich auch die Gefahr ab, daß eine entfesselte ökonomische Entwicklung sich selbst und damit alle gefährdet.

In einer derartigen Situation fragt man sich, wie es zu einer *neuen Ordnung* kommen kann. Sie ist sicherlich von zwei Seiten her anzugehen, vom Staat und vom Einzelnen her.

Was den Staat betrifft, so hat er nach wie vor wichtige und unverzichtbare Aufgaben. Er ist vor allem dafür verantwortlich, Rahmenregelungen zu schaffen, damit sich die Unternehmen nicht primär am eigenen Profit orientieren, sondern daß *volkswirtschaftliche Belange* über betriebliche Interessen gestellt werden. Vor allem muß er für längerfristige *Investitionen* sorgen, so vor allem im Bereich der Bildung und der Infrastruktur. „Weniger Staat" ist also durchaus kein Patentrezept für wirtschaftliches Wachstum (Gauer/Scriba 1998, 231); und globale Stellenkürzungen können eher zum wirtschaftlichen Stillstand führen.

Eine bloße Wiederverstärkung staatlicher Regulierungsmacht wäre aber zu wenig. Der Staat: das sind seine *Bürger*. Unersetzliche Chancen liegen auch in dem, was man „Humankapital" nennt. Die Makro-Institutionen sind keine geschlossenen Systeme, sondern auch sie werden von Menschen gesteuert. Entscheidend ist also auch ihre Verantwortlichkeit und ihre Befähigung zur Selbsterkenntnis, Selbstregulation und Selbstorganisation, also ihr eigener Verstand, damit sie Gefahren erkennen und abwenden, vor allem neue Lösungen finden können.

Die gegenwärtige Verunsicherung und Hilflosigkeit hat mit einem grundlegenden *Umbau* der Gesellschaft zu tun, der technologisch bedingt ist und mit der ungeheuren Vermehrung des Wissens und der hohen Geschwindigkeit des spezialisierten Informationszuwachses und -austausches völlig neue Probleme geschaffen hat.

Es käme also darauf an, sich ausreichend *Wissen und Qualifikationen* zu verschaffen und es auch „zu wagen, sich seines Verstandes zu bedienen" (Kant), auch wenn zunächst manches noch unbeholfen wirkt und nicht unbedingt erfolgversprechend aufgenommen wird. Daß es durchaus Sinn hat, sich als denkender und persönlich verantwortlicher Mensch gegen gefährliche Entwicklungen zu wehren, hat die Umweltpolitik gezeigt. Die Verteidigung der Lebensgrundlagen gegen technologische Über-Entwicklungen hat eindeutig zu Korrekturen geführt. Die Leitbilder des Umwelt- und Naturschutzes haben geradezu allgemeinverbindliche Gültigkeit erlangt, der sich heute keine Partei mehr entziehen kann, auch wenn sie Geld kosten.

Warum sollte nicht auch eine entschiedene Verteidigung der für ein friedliches und humanes Zusammenleben aller notwendigen und unverzichtbaren Leitbilder der Menschlichkeit und der sozialen Qualität möglich sein?

Zukunftsperspektiven sind nötig: Eine wichtige Voraussetzung wäre die, daß sich – bei aller erklärlichen Resignation – doch auch visionäre Vorstellungen eröffnen lassen und für Gruppen von Menschen als gemeinsame Ideale belebt werden können. Wie sehr die Menschen darauf angewiesen sind, an ein besseres Leben und an einen guten Ausgang glauben zu können, zeigt u. a. das zunehmende Interesse an religiösen Fragen und Gruppen. Der Mensch braucht Mittragende und Stützen, um nicht nur als Verlierer und Dummer zu gelten oder ins Nichts zu fallen. Er kann es dann leichter ertragen, als „Gutmensch" zynisch denunziert und lächerlich gemacht zu werden.

Die gute Gesellschaft als Zielvorstellung? Ein solches Ideal wäre z. B. eine „gute" oder „anständige Gesellschaft" (Margalit1997), eine Gesellschaft, in der man nicht ständiger Demütigung und Erniedrigung ausgesetzt ist. Ideale haben nach wie vor ihren *Sinn*, gerade in Zeiten der Sinnkrise. Der Tübinger Moralphilosoph Otfried Höffe hat in seinem Buch „Moral als Preis der Moderne" (1993) von der aktuell geforderten Tugend der „Sinnfähigkeit in der Sinnkrise" gesprochen, einer Fähigkeit, die dem Einzelnen zukommt, wenn es darum geht, verlorenen Sinn nicht bloß zu beklagen, sondern ihn neu zu finden und zwar in Lebensformen, die in seinem Umfeld Sinn erlebbar machen. Es sei schließlich nicht der Sinn, der sich quasi „auf und davon gemacht" hat, sondern es seien die Menschen, die ihn nicht mehr erkennen könnten.

Maßgebend daür ist vor allem die neue Unübersichtlichkeit und Pluralität alles Geltenden. Es nütze freilich nichts, meint Höffe, wenn der Einzelne in seiner Verunsicherung nur zurückschaue auf das Verlorene. Das wäre „Sinn-Nostalgie". Gefragt ist – wie eh und je – eine „Zukunftsfähigkeit, die für neue, auch andere Sinnperspektiven offen bleibt" (150). Sie beginnt im kleinen. Sinnkrisen zu erleben, sei keine Schwäche, eher ein Zeichen von Lebendigkeit. Sie erfordere im übrigen die Tugend der Besonnenheit und Gelassenheit. Letztere wäre die Fähigkeit, menschliches Leben trotz Abhängigkeit von Fremdbestimmung dadurch gelingen zu lassen, daß man es auch unter nicht veränderbaren Bedingungen (Grenzen) bejaht und behauptet.

Neue Gemeinschaften: Eine wichtige Voraussetzung dafür ist freilich ein Ort, eine Gemeinschaft, ein Haus (oikos), wo man Schutz, Geborgenheit und Vertrauen findet. Höffe spricht von „Oikopoiese" als einem notwendigen und aktiv zu besorgenden Prozeß, durch den die Lebenswelt so gestaltet wird, daß sie dem Menschen dient. Man könnte auch von Humanisierung oder Ökologisierung sprechen. Hier wird der wichtige und unaufhebbare Zusammenhang von Ökologie und Ökonomie deutlich, aber auch die Bedeutung des Einzelnen und seiner Gemeinschaften. Was wir heute erleben, ist die Herausforderung, das autopoietische Können nicht nur technologisch und ökonomisch zu steigern, sondern es auf globale Dimensionen auszudehnen. Bloße Selbstbehauptung auf dem Weg der bloßen Konkurrenz müßte ein Überleben auf Kosten anderer bedeuten (118).

Die bisher gewohnten Perspektiven und eingefahrenen Handlungsmuster in der weithin individualisierten Gesellschaft sind allzu sehr vom Eigeninteresse einerseits und von einer Konsumentenmentalität gegenüber dem Staat andererseits geprägt. Dieses Muster dürfte seine begrenzte Gültigkeit nachgewiesen haben. Ein neues Bewältigungsmuster wird sowohl in einer stärkeren Einbeziehung der Verantwortung des Einzelnen als auch in seiner aktiven Partizipierung an Aufgaben des Gemeinwesens zu suchen sein müssen.

Die sozial aktive Bürgergesellschaft: Eine konkrete und zukunftsträchtige Vorstellung, die soziale Qualität sichern könnte, wäre in einer Bürgergesellschaft zu sehen, die das anpackt, was die großen Mächte der Wirtschaft und des Staates offensichtlich allein nicht – mehr – schaffen. Sie müßte von der sozialen Realität her Aktivitäten entwickeln, an denen auch die Finanzkräfte – auch zu ihrem Vorteil – partizipieren. Es ist davon auszugehen, daß die Zeiten einer maximalen Finanzierung nahezu der gesamten sozialen Sicherung durch den *Staat* vorbei sind.

Es ist nicht absehbar, wann und ob die Öffentliche Hand jemals wieder über das dafür nötige Finanzvolumen verfügen wird.

Neue Finanzierungsmodelle für soziale Aufgaben: Andererseits aber ist das Geld vorhanden, jedoch in privater Hand. Es handelt sich immerhin um ein Billionen-Vermögen, das sich *neben* der Wirtschaft angesammelt hat. Es käme also darauf an, dieses zu mobilisieren und in den sozialen Bereich umzuleiten.

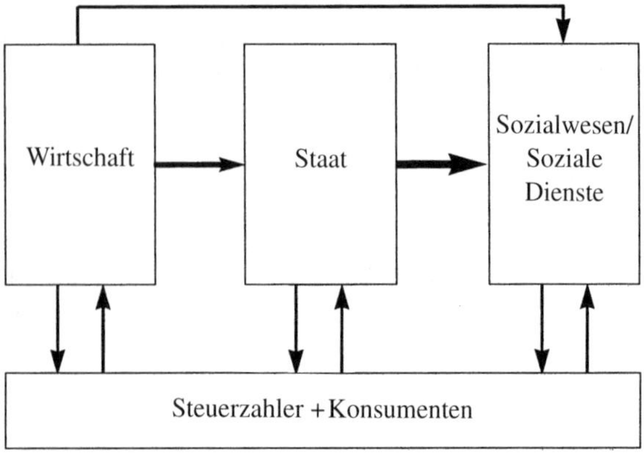

Abb. 5: Maximalfinanzierung des Sozialwesens durch den Staat (Pfeile = Geldströme)

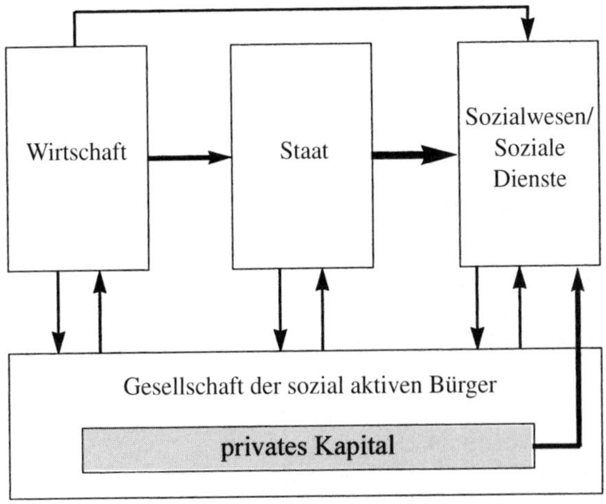

Abb. 6: Modell gemischter Finanzierung in einer Gesellschaft sozial aktiver Bürger: Zusätzliche Umleitung zivilen Kapitals in die sozialen Dienste.

Gesellschaft der sozial aktiven Bürger: Wolfgang Reinicke, Ökonom bei der Weltbank, sagte in einem Interview mit der Zeit (Die Zeit Nr. 6, 1999) anläßlich des Weltwirtschaftsforums in Davos 1999, daß die bisherige Arbeitsteilung zwischen öffentlichem und privatem Sektor seit der Globalisierung nicht mehr bestehe. Der Staat könne das öffentliche Interesse nicht mehr durchsetzen. „Also müssen die Privaten so beeinflußt werden, daß sie für das Gemeinwohl tätig werden.“ Es wären dafür erkennbare Chancen gegeben.

Die zusätzliche Finanzierung des Sozialwesens durch *privates Kapital* auf dem Wege über Bürgeraktivitäten ist durchaus auch als ein Positivum anzusehen. Allzu sehr hatte sich in der Gesellschaft eine dominante Anspruchs- und Konsumhaltung ihm gegenüber ausgeprägt. Untersuchungen (Schmidtchen 1993) hatten gezeigt, daß sich eine ausgesprochen passive Einstellung gegenüber „dem Staat“ gebildet hatte. Das Individuum fühlte sich allzu sicher auf der „Empfängerseite der politischen Investitionen“. Es wurde gemeinhin erwartet, daß der Staat für den Einzelnen „verpflichtungsfreie“ Dienstleistungen erbringt (52) Auf diese Weise wurde für viele der Staat zu einem Instrument des eigenen Individualismus. Soziale Werte verloren dabei an Geltung.

Das Motto lautete: „Ich zahle meine Steuern. Für alles andere – also auch für die sozialen Dienste – ist der Staat zuständig!“ Die Situation hat sich aber grundlegend verändert, seit die Steuern nicht mehr in dem Maße fließen wie in der einstigen Hochkonjunktur.

Inzwischen steht fest, daß der Staat seine bisherigen Leistungen nicht mehr erbringen kann, und es zeigt sich auch bereits ein Umschwung von unten her: Weil ein Qualitätsabbau droht, ergreifen immer mehr Menschen die Initiative und machen sich daran, die nötigen Mittel über eigene soziale Aktivität aufzutreiben. Dabei zielt ihre Aktivität aber letztlich auf finanzstarke Mitbürger, die es in ihrer (privaten) sozialen Verantwortung zu gewinnen gilt.

Konstituierung eines *Dritten Systems*: Auf diese Weise könnte ein drittes System entstehen, das auf der Basis staatlicher und kommunaler (finanzieller) Zuständigkeit mit zusätzlichen Geldmitteln aus dem Privatbereich die entstehenden Lücken auffüllt. Ein solches Modell liefe auf eine *aktive und partizipative Bürgergesellschaft* hinaus, die sich nicht mehr einfach vom Wohlfahrtsstaat bedienen läßt, sondern die sich sozial selber mobilisiert, um soziale Qualität zu sichern, ohne aber zugleich den Staat aus seiner Sozialverantwortung völlig zu entlassen.

Bürgerschaftliche Modelle: Daß derartige Modelle sich sehr verbreitet gerade in den USA entwickelt haben, hat seinen Grund sicherlich auch in der dort weniger entwickelten Sozialstaatlichkeit in Verbindung mit der historisch entsprechend stärker ausgeprägten Selbsthilfe- und Mithilfe-Einstellung. Man denke an die verschiedenen Stiftungen, wie die Ford-Stiftung oder die Soros-Stiftung. Es gibt in den USA über vierhundert derartige Bürgerstiftungen mit einem Gesamtkapital von mehr als zehn Milliarden Dollar (Pfeiffer 1998). Warum sollte es nicht möglich sein, derartige Community Foundations unter den veränderten Bedingungen auch hier vermehrt ins Leben zu rufen? Christian Pfeiffer, Direktor des Kriminologischen Forschungsinstituts Niedersachsen, Hannover, hat es geschafft, in einigen deutschen Städten sog. *Bürgerstiftungen* zu errichten (1998). Es handelt sich um gemeinnützige Stiftungen, die von engagierten Bürgern als Stiftern getragen werden. Über die Zinserträge können einzelne Projekte in Bereichen, wie Jugendarbeit, Schule, Familienhilfe, Kultur u. ä. finanziert werden. Es wäre ein Anfang!

Die Erfahrung zeige, daß einerseits auf der Kapitalseite durchaus Bereitschaft besteht, sich an solchen Bürger-Stiftungen zu beteiligen, und sich sozial zu engagieren, d. h. nicht alles dem Staat zu überlassen. Ein Motto für diesen Aufbruch in Stuttgart 1997 lautete: „Der Staat: inkompetent, unsozial und pleite. Selbst ist der Bürger!" Hier bekäme auch der Verfassungsgrundsatz „Eigentum verpflichtet" von unten her eine Chance, praktisch umgesetzt zu werden.

Henderson (1989) hatte schon früh auf die Bedeutung *freiwilliger Dienstleistungen* und ihren hohen gesellschaftlich-ökonomischen Wert hingewiesen. Die Gesellschaft könnte ohne sie gar nicht bestehen; trotzdem blieben sie bisher weithin ohne eine entsprechende Würdigung von außen. Die Folge sei, daß sie nicht mehr ausgeübt werden, z. B. in Familie, Nachbarschaft und Gemeinde, daß das soziale Engagement abnehme, immer mehr soziale Tätigkeiten als zu bezahlende angeboten werden müßten, das Ganze aber am Ende nicht mehr „bezahlbar" sei. Sie schlägt eine Art „Gegenökonomie" vor, d. h. ein Produktionssystem, das nicht oder nur z. T. an Geld gebunden ist. Wenn derartige Dienstleistungen in der Gesellschaft mehr unterstützt und gewürdigt würden, könnte dadurch die soziale Verantwortung des Einzelnen gestärkt werden, und man würde allmählich lernen, daß nicht alles Sache der Regierung ist, sondern daß man viele Dinge selbst in die Hand nehmen muß (97). Das Eigeninteresse könnte so mehr und enger mit dem Allgemeininteresse verwoben werden. Ethik sei „endlich pragmatisch geworden" (117).

Sozialpolitik mit gemischten Systemen: Dettling (1995) hat das Leitbild einer „demokratischen Wohlfahrtsgesellschaft" entworfen, die von der „Rekonstruktion des Sozialen durch eine aktive und kompetente Gesellschaft" geprägt sein müßte, d. h. von einer Überwindung des „Wohlfahrtsstaates" (21). Dieser habe sich allzu sehr zu einer bloßen Finanzierungsmaschinerie für das Soziale entwicklelt und sei zu sehr quantitativ bestimmt gewesen. Verkümmert sei dabei die aktive soziale Partizipation des einzelnen Bürgers. „Die soziale Qualität eines Gemeinwesens erweist sich nicht (nur) als Summe aller sozialen Dienste und Leistungen, sondern vor allem als dessen Bereitschaft und Fähigkeit, soziale Ressourcen zu mobilisieren, und die dafür notwendige soziale Infrastruktur bereitzustellen" (77). Solange der Staat der Dreh- und Angelpunkt für die Funktion des Sozialen ist, sei auch der Leistungsnehmer einer, der Sozialleistungen lediglich konsumiert und sich vom Staat versorgen läßt. Wenn eine weitere Schrumpfung des Sozialen in der Gesellschaft verhindert werden soll, so müsse eine neue Sozialpolitik darauf gerichtet sein, die Kreativität der Bürger zu aktivieren. Der gegenwärtige Zwang zum Sparen sei eine Chance hierfür und damit für eine bessere Gesellschaft (87).

Ein neuer Typ von sozialer Arbeit sei zu entwickeln, der der wachsenden Spaltung der Gesellschaft nicht nur proklamativ entgegentritt, sondern auch etwas real bewirkt (Manderscheid 1998). Derartige Ansätze seien eher dort zu finden, wo weniger über die Sicherung von Standards und dafür mehr über die professionelle Aktivierung der Gesellschaft nachgedacht werde. Mit „solidaritätsstiftenden Arrangements", einem Mix aus staatlichen Stellen, freigemeinnützigen Trägern, privatgewerblichen Dienstleistungen und aktiven Bürgern, werden die großen Wohlfahrtsverbände herausgefordert. Die Diskussion hat erst begonnen. (Siehe den Kommentar von Fink 1998, 15, zu Manderscheid!)

Mobilisierung von Selbsthilfekräften: Selbsthilfe-Kräfte innerhalb der Gesellschaft, also Ansätze zu einer partizipativen und aktiven Solidarität von unten her, gibt es seit längerem. Ende der achtziger Jahre waren es in der Bundesrepublik bereits etwa 45 000 Selbsthilfevereinigungen und ungezählte Bürgerinitiativen. Hondrich u. Koch-Arzberger (1994) konnten feststellen, daß es in der Bevölkerung eine hohe Bereitschaft gibt, sich sozialpolitisch zu engagieren. Auf ein neues Verhältnis zwischen Staat und Gesellschaft käme es an, bei dem sich beide mehr ergänzen, als daß die Bürgerinnen und Bürger sich vornehmlich auf den Staat verlassen (BUND & Misereor 1996).

In diesem Zusammenhang wird sich auch die Frage einer stärkeren Beteiligung *ehrenamtlicher und freiwilliger Helfer* nicht mehr länger verdrängen lassen. Die Zahl derer, die sich freiwillig verpflichten und sich sozial engagieren wollen, nimmt auf jeden Fall zu, und das ist einfach erfreulich gegenüber der gemeinhin erhobenen Klage, wir seien ein Volk von „Ichlingen" (griech. idiotes) geworden. Nach einer Untersuchung von Keupp u. Heinze (1997) waren es 1994 16 Millionen Menschen, die in der Bundesrepublik irgendeine ehrenamtliche Tätigkeit ausübten. Das bedeutete gegenüber 1985 einen Zuwachs von fünf Prozent.

Wichtig war aber eine Beobachtung, die sich auf die Motivation bezog: Diese Menschen streben eine *selbstgewählte* Tätigkeit an, die sie nicht auf Dauer und nicht an Großorganisationen bindet. Sie muß überschaubar sein, sich entsprechend dem eigenen Lebensplan zeitlich begrenzen lassen und „Spaß machen". Die Distanzierung gegenüber den übermächtigen Großorganisationen wird vor allem damit begründet, daß eine Tätigkeit dort demotivierend wirkt, weil sie von der professionellen Tätigkeit abgetrennt und ihr gegenüber abgewertet wird, sagte der Präsident der Bundesanstalt für Arbeit auf einem Forum in München 1998 (SZ v. 4./5.4.1998).

Grenzen der Professionalisierung: Die Zukunft der sozialen und heilpädagogischen Dienste wird wesentlich von ihrer Mitbeteiligung abhängen. Die Professionalisierung hat Spitzenwerte erreicht und droht, nicht mehr bezahlbar zu werden. Umgekehrt stellt eine stärkere Beteiligung von „Laien" einen wichtigen Beitrag zur sozialen Aktivierung der Gesellschaft, also der praktischen Solidarität, dar. Es wird übereinstimmend davon ausgegangen, daß noch ein großes Quantum an potentieller Hilfebereitschaft außerhalb der Erwerbsarbeit vorhanden, aber – vor allem von den größeren Sozialverbänden mit ihrem hohen Professionalisierungsgrad – nicht genügend gefragt sei. Hinzu kommt der verbreitete Schwund an Dauer- und Vollzeitarbeitsplätzen. Über eine stärkere Verankerung der ehrenamtlichen und freiwilligen helfenden Beschäftigung (samt entsprechender Entlohnung) im Bereich der sozialen und heilpädagogischen Arbeit könnten soziale Energien geweckt und sinnvoll eingebunden werden.

Die *Erziehung* wird bei der Installierung eines solchen dritten System eine wichtige Rolle spielen müssen. Auch wenn sie im Augenblick nicht gerade Hochkonjunktur hat, so ist sie doch nie am Ende! Hans Jonas (1980) hat darauf aufmerksam gemacht, daß gerade über das Kind, das dem Menschen anvertraut ist, sich das entfalten kann, was als entscheidend für eine gelingende Zukunft zu gelten hat: Verantwortung! Diese aber fällt nicht vom Himmel; sie muß gelernt werden; sie ist auf Vorbilder angewiesen. Wer in größeren politischen Zusammenhängen verantwortlkch handeln und mitbestimmen will, muß es im kleinen gelernt und als sinnvoll erfahren haben.

Pädagogische Basisimplikationen: Aus diesen Überlegungen ergeben sich einige pädagogische Basisimplikationen, die hier nur angedeutet werden können:

- Wenn die Achtung der Menschenwürde als allgemein akzeptierter Wert gilt, so muß die *Achtung vor dem Anderen* – auch im Alltag des Einzelnen – gültig sein. Mißachtung, Entwürdigung und Erniedrigung dürfen nicht zur Gewohnheit der bloßen Selbstbehauptung werden. Die Pädagogik hat sich mehr als bisher der normativen oder moralischen Erziehung zu stellen.
- Mit mehr Achtung vor dem Anderen werden auch *soziale Werte* im erzieherischen Alltag gestärkt. Kinder und Jugendliche fragen heute vermehrt nach mehr Verbindlichkeit und persönlichen Beziehungen und erwarten mehr Vertrauensvorschuß und Vertrauenssicherheit.
- In bezug auf die neue Unübersichtlichkeit und Pluralität von Normen und Werten innerhalb der Gesellschaft erhält der Einzelne erhöhte Bedeutung. Stärker als bisher ist seine *Autonomie,* die Fähigkeit zur Selbstbewertung äußerer Informationen und Einflüsse, seine Skepsis gegenüber Ideologien und seine Reflexionsfähigkeit gefragt und seine Verantwortung gefordert.
- Diese ist vor allem auf das Mitgetragenwerden von *Gemeinschaften* angewiesen. In der Zugehörigkeit zu ihnen, die ihn auch im Glauben an eine bessere Welt unterstützen können, findet der Einzelne Halt und geistige Orientierung. Der Zusammenhang des Sozialen mit dem Moralischen ist wieder stärker zu verknüpfen (Speck 1996).
- Ein spezielles pädagogisches Erfordernis wird sich auf die künftig verbreitete Arbeitslosigkeit beziehen. Es wird darauf ankommen, den wichtigen Sinn eigenen *Tätigseins* auch in Beschäftigungen finden zu können, die nicht mehr als Erwerbsberuf gelten.
- Unter praktischem Gesichtspunkt wird es pädagogisch darauf ankommen, Kinder und Jugendliche in den Übergang zu einer weniger luxuriösen Welt zu begleiten, und sie dabei zu unterstützen. Die Einübung in ein Weniger-haben-Müssen bzw. in ein *Nicht-alles-haben-Müssen* wird umso eher gelingen, je intensiver und zuverzichtlicher Fachleute des sozialen, (heil)pädagogischen oder gesundheitlichen Sektors zusammen mit den betroffenen und hilfebedürftigen Menschen eine *neue Kultur der Menschlichkeit* entwickeln und pflegen. Sie muß, auch wenn sie nicht unbedingt immer „Erfolg" hat, deutlich machen, daß die Unterscheidbarkeit von Menschlichem und Unmenschlichem, von Gutem und Schlechtem, weiter gilt.

Derartige Ideen sind keine bloßen Fiktionen. Die Geschichte kennt genügend Beispiele dafür, daß die Menschen nur bis zu einem gewissen Grad hinnehmen, daß ihre Grundrechte verletzt werden, und daß ethisch begründete Erfordernisse, wie sie der Einzelne erfährt, auch zu politischer Macht werden können.

Warum sollte es nicht möglich sein, daß auch das Soziale sich zu einer mächtigen Stimme in der Gesellschaft und Politik zusammenfindet, nicht nur die Arbeitgeber und die Arbeitnehmer. Eine *Spitzenvereinigung aller Sozialverbände* hätte die Rechte all derer zu vertreten, die auch dazugehören, auch wenn sie „nicht nennenswert zum Bruttosozialprodukt beitragen", die jedoch auf Hilfe und Schutz angewiesen sind, weil sie sich selbst nicht genügend helfen und schützen können, angefangen vom bedrohten Lebensstart über sozial Benachteiligte, Arbeitslose, Behinderte, gesundheitlich Gefährdete und Geschädigte bis zum Leben der Alten, seien sie pflegebedürftig oder nicht. Es wären schätzungsweise mehr als zehn Millionen Menschen, ein gewichtiger Teil der Gesellschaft! Wer sich selbstsicher – noch – nicht dazurechnet, kann demnächst dazugehören!

Ein solcher Zusammenschluß wie überhaupt jegliche Gemeinschaften von sozialen Randgruppen könnten durch die Nutzung der modernen Kommunikationstechnologien enorme Wirksamkeit erreichen.

Zukunft - nur für alle! Die gegenwärtige ökonomische Herausforderung, die vor allem von den global expandierenden Märkten ausgeht, kann mit Sicherheit nicht allein mit ökonomischen und auch nicht allein staatlichen Konzepten und Mitteln bewältigt werden. Sie betrifft vielmehr alle und verlangt deshalb eine Neuorientierung, die das Ganze ins Blickfeld nimmt und jeden in seine sozialen Verpflichtungen einbindet. Wirtschaftlicher Wohlstand ist nur in Interdependenz mit den sozialen Entwicklungen einer Gesellschaft möglich und kann auf die soziale Mitverantwortung des Einzelnen nicht verzichten.

Die gegenwärtige Verunsicherung steht im Zusammenhang mit einer einseitigen Forcierung wettbewerbsintensiver Märkte, durch die nicht marktorientierte Tätigkeiten an den Rand gedrängt werden und an Wert verlieren. Diese Entwicklung muß um des Ganzen wegen gestoppt und umgeleitet werden in eine „menschliche Entwicklung", d. h. in eine konstruktive Wechselwirkung ökonomischer und human-ökologischer Interessen und Bedürfnisse. Einseitige Gewinne ohne den Menschen müßten zur Zerstörung der gemeinsamen Grundlagen führen.

Wer sich heute Gedanken über die Zukunft des Menschen macht, kann nicht nur den wirtschaftlichen Marktwettbewerb im Auge haben. Mehr ins Blickfeld treten muß vielmehr genauso der Bereich, der eben nicht marktorientiert funktionieren kann, aber in seiner Qualität für den Menschen unverzichtbar ist. Dabei kommt sowohl der Beachtung der ökonomischen Globalisierung als auch der sozialen Verantwortung jedes Einzelnen gleiches Gewicht zu.

Dieses Erfordernis wird u. a. im jüngst erschienenen Bericht der Vereinten Nationen „über die menschliche Entwicklung" (Deutsche Gesellschaft für die Vereinten Nationen 1999) als Kernintention herausgearbeitet. Er wurde von einem Team hervorragender Wirtschaftsfachleute und anerkannter Entwicklungsexperten aus den verschiedensten Ländern der Welt verfaßt. Er tritt inhaltlich im besonderen „für die Sache der Schwachen auf der Welt" ein, die von der Globalisierung an den Rand gedrängt zu werden drohen (zu den ärmsten Ländern s. Abb. 7). Er fordert eine „kühnere Agenda für Reformen auf globaler wie auf nationaler Ebene, um eine Globalisie-

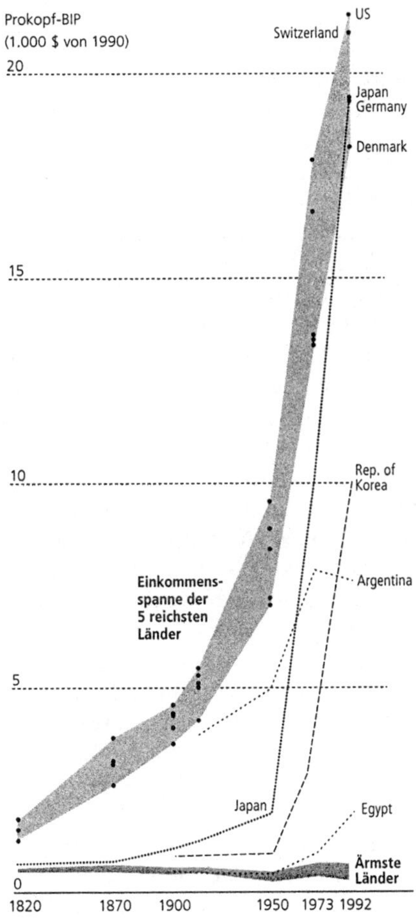

Abb. 7: Zunehmende Unterschiede zwischen Reich und Arm seit Anfang des 19. Jahrhunderts. BIP = Bruttoinlandsprodukt. (Quelle: Dt. Ges. f. d. Vereinten Nationen 1999, 44)

rung mit menschlichem Antlitz zu erreichen“, heißt es im Vorwort. Bestimmte politische Steuerungen seien unabweisbar; denn die gegenwärtige Entwicklung könne „gewaltiges Unheil anrichten wie auch enorm viel Gutes bewirken.“

Das Problem liege darin, daß die expandierenden Märkte die Tendenz hätten, Rentabilität und Effizienz zu belohnen, und Altruismus und Fürsorge zu bestrafen. Deshalb sei es auch weiterhin nötig, daß auch außerhalb der Märkte Güter und Dienstleistungen bereitgestellt werden. Ein Defizit bei den sozialen Diensten müßte nicht nur die Entwicklung sozialer Qualität in der Gesellschaft zerstören, sondern auch das Wirtschaftswachstum.

Das Grundübel liege darin, daß die Bedeutung sozialer Tätigkeit für die gesellschaftliche Entwicklung mißachtet werde. Es werde übersehen, daß die durch soziale Tätigkeit produzierten Güter auch von externaler sozialer Bedeutung seien. Folglich müßten die Kosten für ihre Erbringung auch auf *alle* verteilt werden, wenn die soziale Qualität keinen Schaden nehmen soll. Da bloße Kostensenkungen als Folge des zahlungsschwächer werdenden Staates die Qualität in Schulen, Krankenhäusern und Einrichtungen der Kinderbetreuung verringern, könne in öffentlich finanzierten sozialen Diensten allein nicht die ganze Lösung gesehen werden (99).

Wenn sich heute Wirtschaftsunternehmen vermehrt von ihren Stammländern verabschiedeten und sich das *ungebundene* Kapital vermehre, so werde die unverzichtbare Verbindung zwischen Unternehmen und Gemeinwesen ebenso geschwächt wie die Verpflichtungen gegenüber dem Staatsbürger. Dieser wiederum ist dann versucht, auch seinerseits Eigeninteressen stärker zu betonen als seine sozialen Verpflichtungen wahrzunehmen.

Es geht also darum, wie die soziale Verpflichtung des Einzelnen stärker angeregt und belohnt werden kann, damit sichergestellt werden kann, daß die auch außerhalb des Marktes nötigen sozialen Institutionen qualitätsvoll arbeiten können. Das dominante Streben der Märkte nach Effizienz lasse sich nicht mit der Förderung sozialer Qualität vereinbaren. Wenn die entsprechenden Belastungen nicht *von allen* getragen werden, wird es dabei bleiben, daß die Menschen, die soziale Tätigkeiten ausüben, weiter *ausgebeutet* werden (98). Dazu gehörten vor allem die Frauen. Die gegenwärtige Herausforderung bestehe darin, in der Fürsorge ein Gleichgewicht zwischen individuellen Rechten und sozialer Verpflichtung zu finden.

Wenn die Übernahme von mehr Verantwortung für Fürsorge innerhalb eines Gemeinwesens sichergestellt werden soll, so seien gründliche Überlegungen nötig, und zwar als *demokratische* Antworten auf die gegebene Situation. Dies erfordere vor allem, daß die sozialen Normen und Werte hinterfragt werden und eine entsprechende Politik gemacht wird. *Fürsorge ist als vorrangiges menschliches Bedürfnis und als gesellschaftliche Pflicht anzuerkennen.* Soziale Dienste seien mindestens so wertvoll wie der Militärdienst.

Die Förderung nach mehr Beachtung der sozialen Verpflichtungen könne nur von denjenigen als unproduktiv oder kostspielig angesehen werden, die sie unter dem bloßen Blickwinkel des Beitrags zum Brutto-Inlandsprodukt oder des kurzfristigen Profits betrachteten. Es werde zu wenig beachtet, daß die Aushöhlung der Solidarität in Familie und Gemeinschaft enorme Kosten verursacht, die in ineffizienten und erfolglosen Bildungsanstrengungen, hohen Kriminalitätsraten und einer sozialen Atmosphäre von Unzufriedenheit und Angst zum Ausdruck kämen.

„Ein wesentlicher Aspekt der Weltordnungspolitik ist die Verantwortung den Menschen gegenüber – für Gleichheit, Gerechtigkeit und für größere Chancen für alle" (16).

Literatur

Apel, H. J.: „Die Stühle sind hart." – „Wir haben nichts zu sagen." Schule von unten – ein vergleichender Blick auf Schulkultur aus der Sicht 12- bis 16jähriger Schülerinnen und Schüler von Hauptschule und Gymnasium. In: Seibert, N.: Anspruch Schulkultur. Interdisziplinäre Darstellung eines neuzeitlichen schulpädagogischen Begriffes. Bad Heilbrunn 1997, 119-139

Arbeitsstelle Frühförderung, München (Hrsg.): Pädagogische Frühförderung behinderter und von Behinderung bedrohter Kinder. München 1982

Argyris, C.: Organizational learning. Cambridge 1990

Bateson, G.: Ökologie des Geistes. Frankfurt a. M. 1985

Bauman, Z.: Postmoderne Ethik. Hamburg 1995

Baumert, J., Lehmann, R. u. a.: TIMSS – Mathematisch-naturwissenschaftlicher Unterricht im internationalen Vergleich. Deskriptive Befunde. Opladen 1997

Bayerisches Staatsministerium für Unterricht, Kultus. Wissenschaft und Kunst (Hrsg.): Wissen und Werte für die Welt von morgen. Bildungskongreß-Bericht. München 1998

Beck, I.: Neuorientierung in der Organisation pädagogisch-sozialer Dienstleistungen für behinderte Menschen. Zielperspektiven und Bewertungsfragen. Frankfurt a. M. 1994

Beck, U.: Risikogesellschaft. Auf dem Weg in eine andere Moderne. Frankfurt a. M. 1986

Bildungskommission NRW: Zukunft der Bildung – Schule der Zukunft. Neuwied 1995

Binding, K., Hoche, A.: Die Freigabe der Vernichtung lebensunwerten Lebens. Leipzig 1920

Blickle, G. (Hrsg.): Ethik in Organisationen. Göttingen 1998

Brunner, E. J.: Soziale Einrichtungen im Härtetest – Vom Nutzen und Nachteil von Evaluation und Qualitätssicherung für soziale Organisationen. In: Brunner u. a. 1998, 8-15

Brunner, E. J., Bauer, P., Volkmar, S. (Hrsg.): Soziale Einrichtungen bewerten. Theorie und Praxis der Qualitätssicherung. Freiburg i. Br. 1998

BUND & Misereor (Hrsg.): Zukunftsfähiges Deutschland. Ein Beitrag zu einer global nachhaltigen Entwicklung. Basel 1996

Bundesministerium für Arbeit und Sozialordnung (Hrsg.): Die Lage der Behinderten und die Entwicklung der Rehabilitation. Dritter Bricht der Bundesregierung. Bonn 1994

Bundesministerium für Familie, Senioren, Frauen und Jugend (Hrsg.): Zehnter Kinder- und Jugendbericht. Bericht über die Lebenssituation von Kindern und die Leistungen der Kinderhilfen in Deutschland. Bonn 1998

Chomsky, N.: Haben und Nichthaben. Bodenheim 1998

Cohen, D.: Fehldiagnose Globalisierung. Die Neubeurteilung des Wohlstandes nach der dritten industriellen Revolution. Frankfurt a. M./New York 1998

Coleman, J. S.: Der Verlust sozialen Kapitals und seine Auswirkungen auf die Schule. In: 34. Beiheft der Zeitschrift für Pädagogik. Weinheim/Basel 1996, 99-105

Conty, M., Pöld-Krämer, S. (Hrsg.): Recht auf Teilhabe. Eingliederungshilfen für Menschen mit Behinderungen. Bethel 1997

Cornelßen, I.: Das Kreuz mit der Moral. In: Management Wissen, H. 8, 1991, 49-52

Csikszentmihalyi, M.: Dem Sinn des Lebens eine Zukunft geben. Eine Psychologie für das 3. Jahrtausend. Stuttgart 1995

Czerwenka, K. u. a.: Schülerurteile über die Schule. Frankfurt a. M./Berlin 1990

Dalin, P.: Schule auf dem Weg in das 21. Jahrhundert. Berlin 1997

Dalin, P.: Organisationsentwicklung als Beitrag zur Schulentwicklung. Paderborn 1986

Dalin, P., Rolff, H.G. unter Mitarbeit von H. Buchen: Institutionelles Schulentwicklungs-Programm. Eine neue Perspektive für Schulleitung, Kollegium und Schulaufsicht. Soest 1990

Daschner, P., Rolff, H.-G., Stryck, T. (Hrsg.): Schulautonomie – Chancen und Grenzen. Impulse für die Schulentwicklung. Weinheim/München 1995

Dettling, W.: Politik und Lebenswelt. Vom Wohlfahrtsstaat zur Wohlfahrtsgesellschaft. Gütersloh 1995

Deutsche Gesellschaft f. d. Vereinten Nationen (Hrsg.): Bericht über die menschliche Entwicklung. Bonn 1999

Deutsche UNESCO-Kommission (Hrsg.): Lernfähigkeit. Unser verborgener Reichtum. Berlin 1997

Deutscher Bildungsrat. Empfehlungen der Bildungskommission: Strukturplan für das Bildungswesen. Bonn 1970

Deutscher Bildungsrat. Empfehlungen der Bildungskommission: Zur pädagogischen Förderung behinderter und von Behinderung bedrohter Kinder und Jugendlicher. Bonn 1973

Deutscher Caritasverband (Hrsg.): Mehr Markt in der sozialen Arbeit. Freiburg i. Br. 2. Aufl. 1997

Donabedian, A.: An Exploration of Structure, Process and Outcome as Approaches to Quality Assessment. In: Selbmann, H.-K., Überla, K. K.: Quality Assessment of Medical Care. Gerlingen 1982, 69-92

Etzioni, A.: Jenseits des Egoismus-Prinzips. Ein neues Bild von Wirtschaft, Politik und Gesellschaft. Stuttgart 1994

Fend, H.: Qualität im Bildungswesen. Schulforschung zu Systembedingungen, Schulprofilen und Lehrerleistung. Weinheim/München 1998

Eigner, W.: Sicherung von Recht und Würde. In: Lebenshilfe (Österreich) 1992, H.1 u. H. 2

Ferchhoff, W., Dewe, B.: Professionalität in der Rehabilitationspraxis. In: Handbuch der Rehabilitation, hrsg. v. A. Mühlum u. H. Oppl, Neuwied 1992, 593-612

Fink, F.: Qualitätssicherung und gesellschaftliche Verantwortung. In: Deutscher Caritasverband (Hrsg.): Caritas '97. Jahrbuch des Deutschen Caritasverbandes. Freiburg 1996, 157-162

Fink, F.: Wege zu einer bedarfsgerechten Leistung und einem leistungsgerechten Preis in der Eingliederungshilfe. In: Caritas 1998, Nr. 5, 226-233

Fischer, D.: Lebensqualität und Sonderpädagogik. Ein schwieriges Verhältnis. In: D. Fischer: ... den Dialog suchen. Behinderte Menschen fördern, begleiten und betreuen. Würzburg 1998, 214-288

Fischer, H.: Pflegezeitbedarf in Einrichtungen der stationären Altenhilfe. In: Leitungskompaß. Zeitung für das Heimmanagement, Nr. 22 u. 23, 1998, 5-6

Fliner, A., Mejer, K.: Memorandum „Startchancen für alle Jugendlichen – Zwanzig Empfehlungen zur Ausbildungskrise". Freudenberg-Stiftung Weinheim, Opladen 1998

Forrester, V.: Der Terror der Ökonomie. Wien 1997

Frühauf, Th.: Leistungsbeschreibung, Entgeldberechnung und Qualitätssicherung. Fachliche Überlegungen aus Sicht der Lebenshilfe für geistig Behinderte. In: Fachdienst der Lebenshilfe, Nr. 4/ 1995,1-18

Furger, F.: Christliche Sozialethik. Grundlagen und Zielsetzung. Stuttgart u. a. 1991

Gauer, Ch., Scriba, J.: Die Standortlüge. Abrechnung mit einem Mythos. Frankfurt a. M. 1998

Geißler, K., Orthey, F.-M.: Das traditionelle Arbeitsmodell gilt nicht mehr: Lebenslange Anstellungen werden durch flüchtige Tätigkeiten ersetzt. In: Hoch, M., Holzamer, H.-H. (Hrsg.): Zukunft der Arbeit – Zukunft der Bildung. München (Südd. Zeitung) 1998

Gerull, P.: Qualitätsmanagement in der Kinder– und Jugendhilfe. In: Unsere Jugend (49) 1997, H. 11, 485-497

Giesecke, H.: Wozu ist die Schule da? Die neue Rolle von Eltern und Lehrern. Stuttgart 1996

Glatzer, W., Zapf, W. (Hrsg.): Lebensqualität in der Bundsrepublik. Objektive Lebensbedingungen und subjektives Wohlbefinden. Frankfurt a. M./ New York 1984

Goeudevert, D.: Mit Träumen beginnt die Realität. Aus dem Leben eines Europäers. Berlin 1999

Goeudevert, D.: Wie ein Vogel im Aquarium. Aus dem Leben eines Managers. Reinbek bei Hamburg 1998

Grande, E.: Das Ende der Vollbeschäftigung. In: zur Debatte. Themen der Katholischen Akademie in Bayern. Nr. 6 / 1998, 16

Grossenbacher, S., Herzog, W., Hochstrasser, F., Rüegsegger, R. (Hrsg.): Schule und Soziale Arbeit in gefährdeter Gesellschaft. Bern/Stuttgart/Wien 1997

Haeberlin, U.: Heilpädagogik als wertgeleitete Wissenschaft. Ein propädeutisches Einführungsbuch in Grundfragen einer Pädagogik für Benachteiligte und Ausgegrenzte. Bern, Stuttgart, Wien 1996

Haeberlin, U.: Wehret der wirtschaftspolitischen Perversion schulischer Integration! In: Vierteljahresschrift für Heilpädagogik (VHN) (67) 1998, 313-318

Haisch, W.: Fachlich professionelle Kriterien der Personalbemessung in der Betreuung behinderter Menschen. In: Zur Orientierung (14) 1990, 16-24

Haisch, W.: Instrumentarium zur „Planung und Organisation in der Betreuung" (POB). Skizze der methodischen Grundlagen, des Instrumentariums und des Verfahrens. Manuskript. München 1992

Heimbach-Steins, M., Lienkamp, A. (Hrsg.): Für eine Zukunft in Solidarität und Gerechtigkeit: Wort des Rates der Evangelischen Kirche in Deutschland und der Deutschen Bischofskonferenz zur wirtschaftlichen und sozialen Lage in Deutschland. München 1997

Heiner, M. (Hrsg.): Qualitätsentwicklung durch Evaluation. Freiburg i. Br. 1996

Heitmeyer, W.: Auf dem Weg in eine desintegrierte Gesellschaft. In: Heitmeyer, W. (Hrsg.): Bundesrepublik Deutschland: Auf dem Weg von der Konsens- zur Kon-

fliktgesellschaft. Einleitung zu Band I: Was treibt die Gesellschaft auseinander? Frankfurt a. M. 1997
Helmke, A.: Leistungssteigerung und Ausgleich von Leistungsunterschieden in Schulklassen: Unvereinbare Ziele? In: Zeitschrift für Entwicklungspsychologie und Pädagogische Psychologie (10) 1988, H. 1, 45-76
Henderson, H.: Die neue Ökonomie. Menschliches und ökologisches Wirtschaften im Solarzeitalter. München 1989
Hentig, H. v.: Die Schule neu denken. München/Wien 1993
Herrmannstorfer, U.: Wege zur Qualität – Der Arbeitsansatz der anthroposophisch orientierten Einrichtungen der Heilpädagogik und Sozialtherapie. In: Peterander/Speck 1999
Herz, D.: Ein grandioses Mißverständnis. In: Süddeutsche Zeitung vom 29./30.8.1998
Herzog, W.: Der Wandel der Familie als Herausforderung der Schule. In: Grossenbacher 1997, 179-193
Hiller, G.G.: Ausbruch aus dem Bildungskeller. Langenau-Ulm, 3. Aufl. 1994
Höffe, O.: Moral als Preis der Moderne. Ein Versuch über Wissenschaft,Technik und Umwelt. Frankfurt a. M. 1993
Höfling, S., Mandl, H. (Hrsg.): Lernen für die Zukunft – Lernen in der Zukunft. Wissensmanagement in der Bildung. München 1997
Homann, K. u. Blome-Drees, F.: Wirtschafts- und Unternehmensethik. Göttingen 1992
Hondrich, K. O., Koch-Arzberger, C: Solidarität in der modernen Gesellschaft. Frankfurt a. M. 1997

Illich, I. u. a.: Entmündigung durch Experten. Zur Kritik der Dienstleistungsberufe. Reinbek 1979
Innerhofer, P., Innerhofer, C.: Qualitätssicherung nach ISO 9000 in sozialen Einrichtungen. In: Opp/Peterander 1996, 370-379

Jantzen, W.: Perspektiven der Behindertenpädagogik nach dem Systemwechsel in Ost und West. In: Vierteljahresschrift f. Heilpädagogik und ihre Nachbargebiete (VHN), 1994, H. 2, 201-215
Jantzen, W.: Die Zeit ist aus den Fugen. Marburg (BdWi) 1998
Japan Society for Promotion of Science (1998): Mitteilungen H. 3, Liaison Office Bonn (Nachricht aus Zeitung „Asahi" vom 24.7.1998)
Jonas, H.: Das Prinzip Verantwortung. Versuch einer Ethik für die technologische Zivilisation. Frankfurt a. M. 1980
Jugendwerk der Deutschen Shell (Hrsg.): Jugend '97. Zukunftsperspektiven, gesellschaftliches Engagement, politische Orientierungen. 12. Shell-Jugendstudie, Opladen 1997

Kell, A.: Bildung zwischen Staat und Markt. In: 35. Beiheft der Zeitschrift für Pädagogik. Weinheim/Basel 1996, 31-49
Keller, G.: Wir entwickeln unsere Schule weiter. Ein Praxisleitfaden für die Innere Schulentwicklung. Donauwörth 1997
Keuffer, J., Krüger, H.-H., Reinhardt, S., Wenzel, H. (Hrsg.): Schulkultur als Gestaltungsaufgabe. Partizipation – Management – Lebensweltgestaltung. Weinheim 1998
Keupp, H.: Qualität durch Partizipation und Empowerment. Kongreß-Eröffnungsrede (Manuskript) München 1998, publiz. in: Peterander/Speck 1999, 289-298
Keupp, H., Heinze, G.: Gesellschaftliche Bedeutung von Tätigkeiten außerhalb der

Erwerbsarbeit. In: Kommission für Zukunftsfragen der Freistaaten Bayern und Sachsen (Hrsg.): Erwerbstätigkeit und Arbeitslosigkeit in Deutschland. Entwicklung, Ursachen und Maßnahmen. Anlageband, Band 3: Zukunft der Arbeit sowie Entkoppelung von Erwerbsarbeit und sozialer Sicherung. Bonn 1998, 107-241

Kitcher, Ph.: Genetik und Ethik. Die Revolution der Humangenetik und ihre Folgen. München 1998

Klie, Th.: Zur Verbreitung unterbringungsähnlicher Maßnahmen im Sinne des § 1906 Abs. 4 BGB in bundesdeutschen Pflegeheimen. In: Betreuungsrechtliche Praxis. Zeitschrift für soziale Arbeit, gutachterliche Tätigkeit und Rechtsanwendung in der Betreuung. 1998, H. 2, 50-53

Klie, Th./Lörcher, U.: „Unterbringung und unterbringungsähnliche Maßnahmen" – Anspruch – Realität – Alternativen. Vortrag Köln 7.6.1997

Kline, R., Saunders, B.: Die lernende Organisation. Paderborn 1996

König, A.: „The Right of Habilitation". Eine sozialpolitische Diskussion in den USA. In: Zeitschr. f. Heilpädagogik (35) 1984, H. 8, 550-553

Korn, W. (Hrsg.): Bethel und das Geld 1867 – 1998. Die ökonomische Entwicklung der v. Bodelschwinghschen Anstalten Bethel. Bethel 1998

Krämer, W.: Die Krankheit des Gesundheitswesens. Frankfurt a. M. 1989

Kriwet, I.: Die Grenzen der Integrationsbewegung in Schweden. In: Zeitschrift für Heilpädagogik 47 (1996), 318-329

Krockow, Ch. v.: Der deutsche Niedergang. Ein Ausblick ins 21. Jahrhundert. Stuttgart 1998

Kronberger Kreis für Qualitätsentwicklung in Kindertagesstätten (Hrsg.): Qualität im Dialog entwickeln. Wie Kindertagesstätten besser werden. Seelze/Velber 1998

Krönes, G.: Paradigmen der Qualitätssicherung in sozialen Einrichtungen. In: Brunner. u. a. 1998, 69-86

Krumm, V.: Schulleistung – auch eine Leistung der Eltern. Die heimliche und die offene Zusammenarbeit von Eltern und Lehrern und wie sie verbessert werden kann. In: Specht/Thonhauser 1996, 256-290

Krumm, V.: Die Familie wandelt sich. Und die Schule? Über die Bereitschaft der Schule, sich den ‚neuen' Eltern und den ‚neuen' Kindern anzupassen. In: Grossenbacher u. a. 1997, 195-210

Kuhlmann, E.: Klinische Versorgung im Spannungsfeld zwischen Ökonomie und Ethik. In: Forum Public Health (6), Nr. 22, 1998, 10

Kuhlmann, E. u. Feuerstein, G.: Ökonomischer Zwang und moralischer Konflikt im klinischen Alltag. Ergebnisse einer empirischen Studie. In: impulse. Newsletter zur Gesundheitsförderung, Nr. 17, 4 / 1997, 7-8

Kühn, H.: Ökonomisch rationalisierte Medizin und Ethik. In: impulse. Newsletter zur Gesundheitsförderung, Nr. 17, 4 / 1997, 1

Küng, E.: Ökonomie und Moral. In: Enzyklopädische Bibliothek, hrsg. v. F. Böckle, F. X. Kaufmann, K. Rahner, B. Welte, Freiburg i. B. 1981, Bd. 17, 123-162

Küng, H.: Weltethos für Weltpolitik und Weltwirtschaft. München, Zürich 1997

Lebenshilfe Wien (Hrsg.): Sicherung von Qualität. Wien 1998

Lévinas, E.: Humanismus des anderen Menschen. Hamburg 1989

Lévinas, E.: Zwischen uns. Versuche über das Denken an den Anderen. München/Wien 1995

Liket, T. M. E.: Freiheit und Verantwortung. Gütersloh 1993

Luhmann, N.: Soziale Systeme. Grundriß einer allgemeinen Theorie. Frankfurt a. M. 1987

Luhmann, N.: Ökologische Kommunikation. Kann die moderne Gesellschaft sich auf ökologische Gefährdungen einstellen? Opladen, 2. Aufl. 1988
Luhmann, N.: Soziologie des Risikos. Berlin/New York 1991
Luhmann, N.: Die Gesellschaft der Gesellschaft. Frankfurt a. M. 1997

Manderscheid, H.: „Nah dran". Solidaritätsstiftende Arrangements statt Omnipotenzgehabe sozialer Einrichtungen. In: Sozialcourage H. 4/1998, 14
Manteufel, A., Schiepek, G.: Systeme spielen. Göttingen 1998
Marcel, G.: Die Erniedrigung des Menschen. Frankfurt a. M. 1957
Margalit, A.: Politik der Würde. Über Achtung und Verachtung. Berlin 1997
Martin, H.-P., Schumann, H.: Die Globalisierungsfalle. Der Angriff auf Demokratie und Wohlstand. Reinbek 1996
Mattson, B.-O.: Sozialpolitische Entwicklung in der EU im Hinblick auf behinderte Menschen, aus skandinavischer Sicht. In: 32. Beiheft der Zeitschrift für Pädagogik. Bildung und Erziehung in Europa. 1994, 409-411
Müller, J. H.: Wirtschaftliches Verhalten. In: Staatslexikon Recht, Wirtschaft, Gesellschaft. Hrsg. v. der Görres-Gesellschaft, 5. Bd., Freiburg 1989, 1025-1028
Müller-Limmroth, W.: Die Arbeitsbelastung des Lehrers. In: Die Höhere Schule. 1993, Nr. 12

Nakielski, H.: Gemeinsame Initiative gegen Gewalt in Pflegeheimen. Alten- und Sozial-Organisationen wollen Mißstände nicht länger dulden. In: Pro Alter 1998, H. 3, 35-37
Nationale Armutskonferenz für die Bundsrepublik Deutschland (Hrsg.): Sozialpolitische Bilanz 1997. Stuttgart 1998
Nölle, V.: Schüler sehen Schule anders. Frankfurt a. M. 1995
Nürnberger, Ch.: Freiheit macht arm. Sprengt die globale Leistungsgesellschaft das soziale Gefüge? In: Süddeutsche Zeitung v. 30.4./1.5. 1998
Nüßle, W.: Qualitätssicherung in der Sozialarbeit – Tabu oder Notwendigkeit?. In: Neue Praxis, 1994, H. 5, 434-442
Nüßle, W.: Qualitätsbeauftragte – Motor und Mentor der Qualitätsentwicklung. In: Peterander/Speck, 1999

Opp, G.: Schule: Chance und Risiko. In: Opp, G., Fingerle, M., Freytag, A. (Hrsg.): Was Kinder stärkt. Erziehung zwischen Risiko und Resilienz. München/Basel 1999
Opp, G., Peterander, F. (Hrsg): Focus Heilpädagogik – Projekt Zukunft. München/ Basel 1998
Oppl, H.: Mitarbeiter-Not der Freien Wohlfahrtspflege. In: Geistige Behinderung 1992, H. 3, 1-10

Peterander, F.: Verarbeitung der Informationsvielfalt – Perspektiven einer Weiterentwicklung der Frühförderung. In: Frühförderung interdisziplinär (14) 1995, 160-168
Peterander, F.: Neue Fragen zu einem alten Thema: Qualitätssicherung und -entwicklung in der Frühförderung. In: G. Opp u. a. (Hrsg.): Heilpädagogik in der Wendezeit. Luzern 1996 a, 90-103
Peterander, F.: Neue Medien in der Frühförderung: Perspektiven für Forschung und Praxis. In: Peterander, F. u. Speck, O. (Hrsg.): Frühförderung in Europa. München, Basel 1996 b, 145-157
Peterander, F.: Wege zu einem qualitätsvollen Handeln in der Frühförderung. Manuskript 1997

Peterander, F.: Qualitätsentwicklung durch neue Technologien in sozialen Einrichtungen. In: Peterander/Speck 1999, 119-133
Peterander, F., Speck, O.: Strukturelle und inhaltliche Bedingungen der Frühförderung. Abschlußbericht. Universität München 1993
Peterander, F., Speck, O.: Forschungsprojekt „Computergestützte Analyse-, Lern- und Beratungssysteme. LMU München 1998
Peterander, F., Speck, O. (Hrsg.): Qualitätsmanagement in sozialen Einrichtungen. München/Basel 1999
Pettilion, H.: Der Schüler. Rekonstruktion der Schule aus der Perspektive von Kindern und Jugendlichen. Darmstadt 1987
Pfeiffer, Ch.: Die Bürgerstiftung. Ein neuer Weg zur gesellschaftlichen Innovation. Unveröffentl. Manuskript, Hannover (Bürgerstiftung) 1998
Philipp, E.: Gute Schule verwirklichen. Ein Arbeitsbuch mit Methoden, Übungen und Beispielen der Organisationsentwicklung. Weinheim/Basel 2. Aufl. 1995
Praschak, W.: Abschied von der Menschenwürde!? Ein Essay zur Verschlechterung der Lebensqualität von dauerpflegebedürftigen Menschen. In: Behinderte in Familie, Schule und Gesellschaft, (21) 1998, H. 6, 55-64

Ramm, Th.: Jugendrecht. München 1990
Rawls, J.: Eine Theorie der Gerechtigkeit. Frankfurt a. M., 4. Aufl. 1988
Rawls, J.: Politischer Liberalismus. Frankfurt a. M. 1998
Reich, R. B.: Die neue Weltwirtschaft. Das Ende der nationalen Ökonomie. Frankfurt a. M./Berlin 1993
Rest, F.: Das kontrollierte Töten. Lebensethik gegen Euthanasie und Eugenik. Gütersloh 1992
Rifkin, J.: Das Ende der Arbeit und ihre Zukunft. Frankfurt a. M. 1997
Rolff, H.-G. u. a.: Jahrbuch der Schulentwicklung, Bd. 7. Weinheim/München 1990
Rolff, H.-G.: Wandel durch Selbstorganisation. Theoretische Grundlagen und praktische Hinweise für eine bessere Schule. Weinheim/München, 2. Aufl. 1995
Rolff, H.-G., Bauer, K.-O., Klemm, K., Pfeiffer, H. (Hrsg.): Jahrbuch der Schulentwicklung, Band 10. Daten, Beispiele und Perspektiven. Weinheim/München 1998
Rombach, H.: Leben des Geistes. Freiburg 1977
Rosenstiel, L. v.: Das „gute" Team: Spannungsfeld zwischen Autonomie, Kooperation und Führung. In: Opp/Peterander 1996, 380-391
Rosenstiel, L. v.: Die „lernende Organisation" als Ausgangspunkt für Qualitätsentwicklung. In: Peterander/Speck 1999, 41-62
Rüggeberg, A.: Autonom Leben – Gemeindenahe Formen von Beratung, Hilfe und Pflege zum selbständigen Leben von und für Menschen mit Behinderungen. Bonn-Bad Godesberg 1985
Rutter, M., Maughan, B., Mortimer, P., Ouston, J.: Fünfzehntausend Stunden. Schulen und ihre Wirkung auf die Kinder. Weinheim/Basel 1980

Sander, A.: Soziale Probleme und Spannungen in den Wohlfahrtsgesellschaften und ihre Konsequenzen für die Sonderpädagogik. In: Vierteljahresschrift f. Heilpädagogik und ihre Nachbargebiete (VHN), 63 (1994), H. 2, 181-189
Saul, J. R.: Der Markt frißt seine Kinder. Wider die Ökonomisierung der Gesellschaft. Frankfurt a. M./New York 1997
Schiepek, G., Bauer, P.: Produktion und Beurteilung von „Qualität" in psychosozialen Einrichtungen. In: Brunner, E. u. a. 1998, 16-53

Schlienger, I., Jantsch, H., Hasemann, K.: Interdisziplinäre Kooperation unter Beteiligung der Eltern – Das „KREIS-Verfahren" als innovativer Handlungsansatz im Frühbereich. In: Peterander, F., Speck, O. (Hrsg.): Frühförderung in Europa. München/Basel 1996, 103-115

Schmidtchen, G.: Ethik und Protest. Moralbilder und Wertkonflikte junger Menschen. Opladen, 2. Aufl. 1993

Schockenhoff, E.: Ethik des Lebens. Ein theologischer Grundriß. Mainz 1993

Schratz, M.: Die neue Qualität von Schulleitung. Schule als lernende Organisation. In: Specht/Thonhauser 1996, 173-222

Schwarte, N., Oberste-Ufer, R.: Indikatoren für Lebensqualität in Wohnstätten für erwachsene Menschen mit geistiger Behinderung. Konturen eines Forschungsprojektes. In: Geistige Behinderung (33) 1994, H. 4, 282-296

Schwarz, G.: Die Forderung nach mehr Markt. Folgen für die Professionalisierung sozialer Arbeit. In: Deutscher Caritasverband (Hrsg.) 1997, 34-71

Schwarz, H.: Die Lehrenden so stärken, daß sie die Lernenden stärken. 20 Thesen. Manuskript zur Fachtagung „Empirische Wende in der Hamburger Bildungspolitik". Hamburg 1999

Sheehan, R.: Qualitätsmanagement in sozialen Einrichtungen in den USA. In: Peterander/Speck 1999, 89-105

Shute, S., Hurley, S. (Hrsg.): Die Idee der Menschenrechte. Frankfurt a. M. 1996

Seibert, N.: Anspruch Schulkultur. Interdisziplinäre Darstellung eines neuzeitlichen schulpädagogischen Begriffes. Bad Heilbrunn 1997

Sennett, R.: Der flexible Mensch. Die Kultur des neuen Kapitalismus. Berlin 1998

Singer, P.: Praktische Ethik. Stuttgart 1984

Smith, A.: An inquiry into the nature and causes of the wealth of nations, 1776, deutsch: „Untersuchung über die Natur und die Ursachen des Nationalreichtums", 1978

Sochatzy, K.: „Wenn ich zu bestimmen hätte ..." Die Erwachsenenwelt im Meinungsspiegel von Kindern und Jugendlichen. Weinheim/Basel 1988

Soros, G.: Die Krise des globalen Kapitalismus. Offene Gesellschaft in Gefahr. Berlin 1998

Specht, W., Thonhauser, J. (Hrsg.): Schulqualität. Entwicklungen, Befunde, Perspektiven. Innsbruck/Wien 1996

Speck, O. (Hrsg.): Integration und Autonomie behinderter Menschen. Abschlußbericht der wissenschaftlichen Begleitung. Bonn-Bad Godesberg 1985

Speck, O.: Das gewandelte Verhältnis zwischen Eltern und Fachleuten in der Frühförderung. In: Speck/Warnke 1989

Speck, O.: Erziehung und Achtung vor dem Anderen. München/Basel 1996

Speck, O.: Chaos und Autonomie in der Erziehung. Erziehungsschwierigkeiten unter moralischem Aspekt. München/Basel, 2. Aufl. 1997

Speck, O.: System Heilpädagogik. Eine ökologisch reflexive Grundlegung. München/Basel, 4. Aufl. 1998 a

Speck, O.: Heilpädagogische Qualität unter Ökonomisierungsdruck. Gegen eine Remarginalisierung des Sozialen. In: Heilpädagogische Forschung, Bd. XXIV, 1998 b, H. 4, 146-152

Speck, O., Thurmair, M. (Hrsg.): Fortschritte der Frühförderung entwicklungsgefährdeter Kinder. München/Basel 1989

Speck, O., Martin, K.-R. (Hrsg.): Sonderpädagogik und Sozialarbeit. Bd. 10 Handbuch der Sonderpädagogik. Berlin 1990

Speck, O., Peterander, F.: Elternbildung, Autonomie und Kooperation in der Frühförderung. In: Frühförderung interdisziplinär (13) 1994, 108-120
Speck, O., Warnke, A. (Hrsg.): Frühförderung mit den Eltern. München/Basel, 2. Aufl. 1989
Spieker, M.: Sozialstaat. In: Staatslexikon Recht, Wirtschaft, Gesellschaft, hrsg. v. der Görres-Gesellschaft, 5. Bd., Freiburg 1989, 72-78
Spitzauer, V., Stieler, U.: Schule im Aufbruch. Konzept der Dr. E. Bamberger-Schule zur Erziehungshilfe. In: Krieg, O. u. Rumpler, F. (Hrsg.): Kinder in Not – Lehrer in Not?! Würzburg 1997, 150-159
Stevens, L. M.: Zu einem anderen Verständnis von „Leistung" in der Schule. In: Protz, S. (Hrsg.): Europa als Bildungsgemeinschaft. Rudolstadt 1997, 321-328
Straubhaar, Th.: Die staatliche Bildungskatastrophe. Liberales Institut Bonn 1996

Tenbrock, Ch.: Darwinismus in Reinkultur. In: Die Zeit, Nr. 49, 26.11.1998
Theunissen, G., Plaute, W.: Empowerment und Heilpädagogik. Freiburg i. B. 1995
Thurow. L.: Columbus irrte richtig. In: SZ 13./14.2.1999
Thurow, L. C.: Die Zukunft des Kapitalismus. Düsseldorf 3. Aufl. 1998
Tolmein, O.: Wann ist der Mensch ein Mensch? Ethik auf Abwegen. München/Wien 1993

Vereinigung Integrationsförderung München (Hrsg.): Behindernde Hilfe oder Selbstbestimmung der Behinderten. Neue Wege gemeindenaher Hilfen zum selbständigen Leben. Kongreßbericht. München 1982

Wacker, E.: Qualitätssicherung in der sozialwissenschaftlichen Diskussion. Grundfragestellungen und ihr Transfer in die bundesdeutsche Behindertenhilfe. In: Geistige Behinderung (33) 1994, H. 4, 267-281
Walzer, M.: Kritik und Gemeinsinn. Frankfurt a. M 1993
Walzer, M.: Sphären der Gerechtigkeit. Ein Plädoyer für Pluralität und Gleichheit. Frankfurt/New York 1994
Weber, M.: Soziologie, Universalgeschichtliche Analysen, Politik. Stuttgart 1973
Weinert, F. E., Helmke, A.: Der gute Lehrer: Person, Funktion oder Fiktion? In: In: 34. Beiheft der Zeitschrift für Pädagogik.Weinheim/Basel 1996, 223-233
Weiß, H.: Familie und Frühförderung. Analysen und Perspektiven der Zusammenarbeit mit Eltern entwicklungsgefährdeter Kinder, München/Basel 1989
Weiß, H.: Annäherung an den Empowerment-Ansatz als handlungsorientiertes Modell in der Frühförderung. In: Frühförderung interdisziplinär 1992, H. 4, 157-169
Weiß, H.: Armut als gesellschaftliche Normalität: Implikationen für die kindliche Entwicklung. In: Opp/Peterander 1996, 150-162
Weizsäcker, C. Ch. v.: Die ökonomischen und moralischen Grenzen des Sozialstaates. Vortrag auf Einladung der Fraktion der CSU im Bayerischen Landtag, 5. Nov. 1997
Wenzel, H.: Neue Konzepte zur pädagogischen Schulentwicklung und die Qualifizierung der Akteure. In: Keuffer u. a. 1998, 241-259
Wienand, M. W.: Qualitätssicherung bei der Leistungserbringung im Rahmen des Bundessozialhilfegesetzes (BSHG). In: Peterander/Speck 1999, 31-40
Wilken, U.: Vom Verlust der Selbstevidenz Sozialer Arbeit. In: Blätter der Wohlfahrtspflege – Deutsche Zeitschrift für Sozialarbeit, Nr. 11/12, 1998, 81-86

Ysseldyke, J. E., Algozzine, B.: Critical Issues in Special and Remedial Education. Boston 1982

Sachregister

Franz Peterander/Otto Speck (Hrsg.)

Qualitätsmanagement in sozialen Einrichtungen

1999. 303 Seiten. 26 Abbildungen. 5 Tabellen. (3-497-01503-2) gb

Total Quality Management, Evaluation, Wissensmanagement, lernende Organisation – diese Schlagworte sind aus Management und Betriebswirtschaft hinreichend bekannt. Auch soziale Einrichtungen werden zunehmend von betriebs- und marktwirtschaftlichen Konzepten bestimmt. Dabei sollen aber ethische und praktische Normen und Standards sozialer Arbeit erhalten bleiben. In dieser Situation suchen Trägerverbände und Organisationen nach Rat und Entscheidungshilfen. Was können Qualitätsmanagement-Systeme leisten? Wie kann man sie in sozialen Einrichtungen anwenden?

Die Beiträge dieses Buches stellen grundlegende theoretische Konzepte des Qualitätsmanagements vor. Die Umsetzung praktischer Erfahrungen wird an anschaulichen Beispielen in den Bereichen der Frühförderung, Kindergärten, Erziehungsberatung, Werkstätten der Behindertenhilfe und Altenheimen erläutert.

Aus dem Inhalt

Qualitätssicherung bei der Leistungserbringung im Rahmen des Bundessozialhilfe gesetzes – Qualitätsentwicklung durch Evaluation – Qualitätsmanagement in sozialen Einrichtungen in den USA – Qualitätsbeauftragte. Motor und Mentor der Qualitätsentwicklung – Qualitätsentwicklung in sozialen Einrichtungen durch neue Technologien – Wirtschaftlichkeit und Qualitätssicherung in sozialen Diensten – Wege zur Qualität. Ein anthroposophischer Arbeitsansatz – Changeover. Ein internationales Programm zur Qualitätsentwicklung in sozialen Organisationen – Partizipatives Qualitätsmanagement nach dem »Münchner Modell« – Das System der Leistungsbeschreibung, Qualitäts beschreibung, Qualitätsprüfung und Entgeltberechnung – Evaluation in der Frühförderung – Qualitätssicherung im Kindergarten – Entwicklung eines Instrumentes für die externe Qualitätsüberprüfung von Tageseinrichtungen für kleine Kinder – Zur Qualitätssicherung in Lebens- und Erziehungsberatungsstellen – Erfahrungen bei der Umsetzung von Qualitätsmanagement in Wohn- und Werkstätten der Behindertenhilfe – Qualitätssteigerung durch Nutzerzufriedenheit und Mitarbeitermotivation – Qualität durch Partizipation und Empowerment

Ernst Reinhardt Verlag München Basel

Otto Speck

System Heilpädagogik

Eine ökologisch reflexive Grundlegung

4. Auflage 1998. 580 Seiten. 22 Abbildungen. 7 Tabellen. (3-497-01411-7) gb

Ein Standardwerk der Heilpädagogik! Diese völlig neue Bearbeitung berücksichtigt Perspektiven einer neuen Heilpädagogik, die auf einer ethischen Basis der Achtung vor dem Lebenswert jedes Menschen beruht. Die Heil- und Sonderpädagogik sucht seit langem neue Positionen. Die Überbetonung des an sich unzulänglichen Behindertenbegriffes verbunden mit einer fortschreitenden Spezialisierung hatte den Blick auf den ganzen Menschen und die Zusammenhänge seiner Lebenssituation zu verstellen gedroht. Spezielle Pädagogik oder Heilpädagogik wird in einem komplementären Verhältnis zur allgemeinen Pädagogik gesehen. Sie legitimiert sich nicht durch Behinderungen, sondern durch spezielle Erziehungsbedürfnisse, soweit diese aus bestimmten Funktionseinschränkungen oder Entwicklungsstörungen hervorgehen.

Aus dem Inhalt

- Heilpädagogik – ein System im Wandel
- Wissenschaftlicher Zugang zu einer komplexen Wirklichkeit auf systemtheoretischer Grundlage
- Anthropologische Grundlagen
- Vom Behinderungsparadigma zum heilpädagogisch-ökologischen Paradigma
- Ökologisch-Heilpädagogischer Handlungsansatz
- Integration – ein normatives Prinzip im Widerstreit
- Heilpädagogische Arbeitsfelder
- Interdisziplinäre Kooperation

Ernst Reinhardt Verlag München Basel

Otto Speck

Menschen mit geistiger Behinderung und ihre Erziehung

Ein heilpädagogisches Lehrbuch

9. überarbeitete Auflage. 1999. ca. 367 Seiten. 14 Abbildungen. 26 Illustrationen. (3-497-01279-3) gb

Ein Standardwerk in der Sonderpädagogik! Seit vielen Jahren ist Specks Werk richtungsweisend und hilfreich für alle Berufsgruppen, die sich den geistig behinderten Kindern und Jugendlichen zuwenden. Diese überarbeitete Neuauflage berücksichtigt die wichtigsten Weiterentwicklungen der letzten Jahre in der Lebens- und Erziehungswirklichkeit der geistig Behinderten.

Aus dem Inhalt

I. Geschichtliche Entwicklung der sozialen und pädagogischen Hilfe
II. Geistige Behinderung – Begriff und Klassifikation
III. Ethische Grundlagen
IV. Psychologische Grundlagen
V. Pädagogisch-psychologische Beurteilung
VI. Erziehung und Bildung: Grundbegriffe
VII. Ziele für Erziehung und Bildung
VIII. Bildung und Lernen
IX. Erziehungssystem und Bildungsinstitutionen
X. Spezielle didaktische Fragen
XI. Das erzieherische Verhältnis
XII. Die Erziehung in der Familie
XIII. Die Erziehung im Heim
XIV. Erwachsene mit geistiger Behinderung

Ernst Reinhardt Verlag München Basel

Otto Speck

Chaos und Autonomie in der Erziehung

Erziehungsschwierigkeiten unter moralischem Aspekt

2. überarbeitete Auflage. 1997. 269 Seiten. (3-497-01439-7) gb

Chaos und Ordnung sind aufeinander bezogen, auch in der Erziehung. Die einstigen Ideen einer bloßen Selbstverwirklichung und einer einseitig gesellschaftlich bestimmten Erziehung haben ihren Leitwert verloren. Eine Neuorientierung wird sich angesichts der postmodernen Wertevielfalt im besonderen auf die Autonomiebildung und die Einbindung der Kinder in haltgebende Lebenswelten als Gemeinschaften stützen müssen. Otto Speck bezieht Autonomie nicht nur auf das Kind, sondern auch auf den Erziehenden. Es geht also um einen inner-autonomischen Ansatz von Erziehung und auch von Therapie. Erziehung und Autonomie als moralische Erziehung kann über das Prinzip der „Gerechtigkeit als Fairneß" umgesetzt werden. Eine besondere Chance bietet das Modell der Gerechten Gemeinschaft nach Lawrence Kohlberg.

„Dieses Buch verdient es, zu einem wichtigen Grundlagenwerk des Pädagogikstudiums im deutschen Sprachraum zu werden."

Prof. F. Oser, Universität Freiburg, Schweiz

Aus dem Inhalt

- Erziehung am Ende?
- chaotische Entwicklungen in der Erziehung
- Erziehungsschwierigkeiten im sozio-kulturellen Wandel
- Gegenwärtige Sozialisationsbedingungen
- Wandel der Erklärungsversuche für Erziehungsschwierigkeiten
- Autonomie und Moral – Ethische Grundlagen
- Ansätze zu einer selbstbestimmten Erziehung
- Bedeutung und Entwicklung der Autonomie
- Autonomie und Erziehung – ein Erklärungsversuch
- Pädagogische Konsequenzen

Ernst Reinhardt Verlag München Basel

Otto Speck

Erziehung und Achtung vor dem Anderen

Zur moralischen Dimension der Erziehung

1996. 228 Seiten. (3-497-01421-4) gb

Die Achtung der Menschenwürde gilt als allgemein anerkannter Grundwert. Unsicherheit herrscht dagegen bei der Erziehung zur Achtung vor dem Anderen. Angesichts einer nie dagewesenen Wertepluralität und eines ausgeprägten Individualismus in der postmodernen Gesellschaft steht dem Ruf nach einer verstärkten Werteerziehung oft erzieherische Hilflosigkeit gegenüber. Eine Neuorientierung im Umgang miteinander und Verantwortlichkeit füreinander werden immer dringlicher, wenn ein menschenwürdiges Zusammenleben in unserer Gesellschaft gewährleistet bleiben soll. Anders als frühere bloße moralische Belehrungen muß ein neuer Ansatz auf der Förderung des moralischen Selbst und im Grundprinzip aller Moral, nämlich auf der Achtung vor dem Anderen, basieren. Dabei wird es darauf ankommen, daß in der Erziehung nicht wie bisher einseitig das moralische Denken im Vordergrund steht, sondern daß die grundlegende Bedeutung der moralischen Gefühle beachtet wird. Das Buch zeigt konkret, wie bei aller Vielfalt der Lebenswerte und -formen heute eine von gegenseitiger Achtung getragene Erziehung in Familie und Schule verwirklicht werden kann.

Aus dem Inhalt

- Kritische Befunde: Fehlende Moral in der Erziehung?
- Werte und Wertepädagogik
- Das moralische Selbst
- Moralisch-Werden als Entwicklungsprozeß
- Achtung als Grundprinzip von Moral
- Eine Ethik vom Anderen her
- Moralische Erziehung als Erziehung zur Achtung
- Erziehung zur Achtung in der Praxis
- Unterstützende pädagogische Möglichkeiten
- Zum Schluß: Eine Geschichte!

Ernst Reinhardt Verlag München Basel